Heide Buhmann, Hanspeter Haeseler, Peter Unbehauen

MAGISCHE MOMENTE

Spielhilfen

ZUM LIEDERBUCH DER ROCK- UND SONGPOESIE

Verlag Buhmann und Haeseler, Schlüchtern

Verfasser Spielhilfen

Ralf Brandhorst, Heide Buhmann, Hanspeter Haeseler
Stefan Pitsch, Peter Unbehauen

Verfasser Spieltechniken für Gitarre

Peter Unbehauen

Einbandgestaltung und Schriftlogos

Linde und Manfred Hartmann

Das Buch ist zu beziehen bei

Verlag Buhmann und Haeseler • Feierabendgrund 15 • 6490 Schlüchtern

ISBN 3-927638-01-3

Erste Auflage 1992

Satz: Buhmann und Haeseler, Tabulatursatz: Uwe Breusch
Repros: b + k Druckform Service, Krefeld
Druck und Bindung: Fuldaer Verlagsanstalt, Fulda

Inhalt

Wie dieses Buch benutzt wird

Das Mosaikspiel oder der Griff in den Baukasten – nach diesem Prinzip ist der Spielhilfen-Band aufgebaut. Je nachdem, welche Instrumente, welches Können zur Verfügung stehen, sucht sich jeder raus, was er braucht. Und es finden sich viele Möglichkeiten, spielerische Fähigkeiten auszubauen und neue Ideen zu entwickeln.

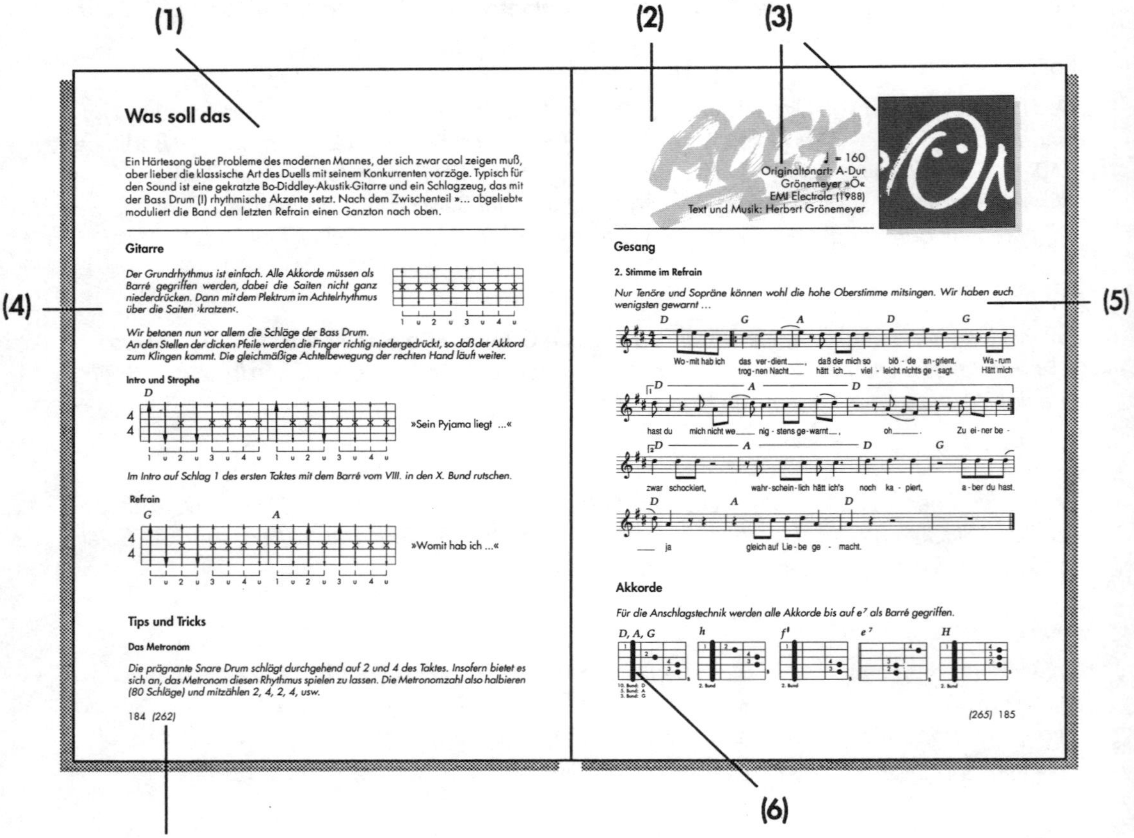

Wie finde ich meine Hilfedatei

Gehe direkt über Klammer: Die Seitenzahl in Klammern entspricht der Seitenzahl des Liedes im Liederbuch Magische Momente. So ist ein schneller Wechsel zwischen beiden Büchern ohne das Inhaltsverzeichnis möglich. Um die Spielhilfen zu einem Song, ausgehend vom Liederbuch Magische Momente zu finden, orientieren wir uns an der Seitenzahl in Klammern. Stimmt sie mit der Seitenzahl des Songs in Magische Momente überein, haben wir die richtige Seite gefunden. Natürlich ist auch der umgekehrte Weg möglich.

Spieltechniken und Glossar

Wer zusätzliche Anregungen für sein Gitarrenspiel sucht, schlage den Spieltechniken-Teil Rock, Folk, Jazz, Klassik, Blues, Latin auf. Unbekannte Begriffe finden sich im Glossar am Ende des Buches, z. B. was bedeutet Half Time oder was sind Swing-Achtel. Alle Zeichen der Gitarren-Tabulatur stehen ebenfalls im Anhang.

Kommentar zum Lied (1)

Hintergründiges zum Text und zur Komposition, das beim eigenen Spiel helfen soll, sich in die richtige Stimmungslage zu begeben. Erste Anregungen zur Interpretation und musikalischen Einordnung des Stücks wie Rockballade, Reggae, Latin-Rock, Chanson.

Musikstilrichtung des Stücks (2)

z. B. Rock, weist auf die musikalische Stilrichtung hin, die diesem Stück zugrunde liegt. Das Symbol taucht auch bei den Spieltechniken im Zusatzteil wieder auf. Dort werden Blues, Folk, Rock, Klassik, Latin, Jazz in Form kleiner Gitarrenlehrgänge vorgestellt. Beispielsweise, wie spielt man einen Hard-Rock-Riff oder welche klassischen Arpeggien können eingesetzt werden. Musikalische Mischformen wie Folk-Rock, Latin-Rock sind meist unter dem Grundstil Folk, Latin, etc. behandelt.

Angaben zum Originalsong (3)

Als Gedächtnisstütze für den Griff in die CD-Schublade oder den Plattenschrank das Cover, auf dem das Stück veröffentlicht ist, um es sich nochmal anzuhören. Die Angaben der Orginaltonart und Geschwindigkeit (Metronom ♩=) sind nicht nur für diejenigen hilfreich, die es möglicherweise direkt zum Tonträger mitspielen wollen. Unter Umständen müssen beim Mitspiel die Akkorde transponiert werden, da die Lieder zugunsten einer normalen Gesangsstimme und einfacher Harmonien notiert sind. Weiterhin kann auch nachgeschaut werden, wer das Stück eigentlich geschrieben hat und wann es das erste Mal veröffentlicht wurde.

Tabulaturen für einfache Gitarrenbegleitung (4)

Damit klappt der einfache Einstieg in das Stück. Es lohnt sich, es zumindest einmal damit zu versuchen, denn die Gitarrenmuster nehmen charakteristische Klang- und Rhythmusstrukturen des Originals auf. Oft sind sie eine Synthese aus mehreren Instrumenten der Band wie Rhythmusgitarre, Schlagzeug, Baß, Sologitarre. Neben der Tabulatur ist jeweils der (Text-) Abschnitt des Liedes angegeben, für den das Muster gedacht ist.

Besonderes Arrangement (5)

›Melodieinstrumente, Gesang oder Percussions‹

Darunter sind Intros, Zwischenspiele, Solos und Extros für Melodieinstrumente, Percussions oder zweite Stimmen für Gesang notiert. Angegeben ist das Instrument, auf dem das Thema im Original eingespielt wurde, die Notation im Violinschlüssel soll allerdings auch zum Spiel auf anderen Musikinstrumenten – Bläser, Streicher, Tasten – anregen.

›Fast wie in echt, Der besondere Pfiff‹

Darunter findet sich Spezielles für Gitarre, wie ein durchgehendes Arrangement, Solopassagen oder Riffs. Aber auch ein ausgefeilteres Spiel auf anderen Instrumenten, das dem Original sehr nahe kommt oder den Klangeindruck des Stücks wesentlich prägt, steht hier.

Akkorde (6)

Alle im Song vorkommenden Akkorde mit Ausnahme der ganz einfachen, wie C, G^7, e sind hier aufgeführt, in der Weise, wie sie im jeweiligen Stück am besten klingen. Spezielle Läufe haben das Symbol ☞. Bei einigen Griffen, wie verschiebbaren Barrés, stehen Bundangaben unterhalb des Griffbilds. Die Zeichen **B** (= Saite mit dem Baß- bzw. dem Grundton des Akkords) und **x** (= diese Saite darf nicht mitklingen) stehen rechts neben dem Griffbild.

Die Verfasser

Heide Buhmann

wächst auf einem idyllischen Bauernhof in Niedersachsen zwischen Pferden und frechen Brüdern auf und muß sich so schon früh mit ihrer Stimme durchsetzen. Während ihres Deutsch-, Politik- und Pädagogik-Studiums greift sie zunächst zur Gitarre, um mit Kindern gemeinsam zu singen, bringt es aber nie zur ›Feten-Fetzerin‹ und widmet sich fortan der Querflöte. Dieses Instrument mit seinen vier Oktaven Tonumfang bietet ihr reichlich Improvisationsspielraum. In den Spielhilfen fügt sie mit einfühlsamer Sprache die musikalischen Mosaiksteine zusammen.

Peter Unbehauen

bewegt sich im magischen Dreieck der Rock-, Jazz- und Folk-Gitarre. 1957 seine erste Gitarre, 1965 in der ersten Beat-Band, 1968 Hinwendung zum Folk, als Solist und in verschiedenen Folk-Gruppen, seit 1985 als Bassist in einer Jazz-Band. Er veröffentlicht eine »Fingerpicking-Werkstatt«, einen »Duo-Treff Blockflöte & Gitarre«, u. a. mit eigenen Kompositionen, und ist berühmt-berüchtigter Sammler von Straßenliedern aus Kindermund. Seit 1980 betreibt er eine Musikschule in Hamburg-Uhlenhorst.

Hanspeter Haeseler

studiert in seiner Kindheit in den Alpen aus unmittelbarer Nähe die Volksmusik und ist mit dem Akkordeon heißbegehrter Unterhalter auf Kinder-Geburtstagen seiner Freunde. Nur mit knapper Not entkommt er den Regensburger Domspatzen, singt später liederlich-schmuddeliges zur Gitarre. Während des Studiums in Marburg stellt er »Das kleine dicke Liederbuch« zusammen, eine Sozialgeschichte in Liedern vom Mittelalter bis heute. Mit Sammeln und Setzen von Rock- und Songpoetischem ist er die letzten Jahre beschäftigt, wird sich nun wohl eine E-Gitarre zulegen und das Akkordeon an den Verstärker anschließen.

Ralf Brandhorst

von der Oma als unmusikalisch eingestuft, widersetzt er sich erst mit 17 diesem Vorurteil. Strapaziert die Familie mit nächtlichem »Stairway to Heaven« und ersten sensiblen Songs zur Gitarre. Im Südfrankreich-Urlaub die Reisekasse mit Bach-Duos und Hannes Waders »Cocaine« wieder aufgefüllt. Während des Musikstudiums Straßenmusik und Konzerte mit der Gruppe »Kunterbunt« zwischen Harsum (Hildesheim) und Doolin (Irland). Bemüht sich heute an einer Hamburger Gesamtschule mit Geo-Dreieck und Snare-Drum den richtigen Ton zu treffen.

Stefan Pitsch

wird als Pfarrerssohn in Göttingen selbstverständlich mit Instrumental-Unterricht in Klavier, Cello und Gitarre groß, wendet sich dann aber nicht den Kirchentonleitern zu, sondern den ›Disharmonien‹ in Jazz und Rock. Spielt in Schüler-Bands, studiert in Bremen Musikpädagogik und findet Auszeichnung beim NDR-Hörfest 1985. Neben der Pflicht als Sprachheiltherapeut ist er in der Kür Komponist/Texter der Sparte Deutsche Popmusik. Als Keyboarder notiert er mit sicherem Ohr die Melodien in Magische Momente und den Spielhilfen.

Spielhilfen

zu allen Stücken
aus dem Liederbuch der Rock- und Songpoesie
Magische Momente

Lied vom Clown

Ein Clown, der auf seiner Persönlichkeit beharrt, seine Individualität nicht aufgibt und sich in der Öffentlichkeit nicht verstellt, war in der DDR vor 1989, in der der Einzelne als Teil der großen Masse gesehen wurde, etwas ganz besonderes. Sowohl Lyriker Andreas Reimann als auch Komponist Stephan Krawczyk eckten mit ihrer Haltung an.

Gitarre

Ein Chanson, das am besten nur mit Sologesang und Konzertgitarre interpretiert wird. Dabei müssen die Finger allerdings gut in Schwung sein.

Takt 1-11 und Takte 25-28 als Arpeggio

G

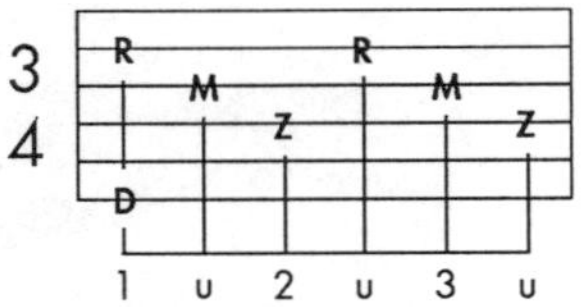

»Zum Teufel ...« *bis* »... August ist«
»– s'ist eben ein Clown.«

Takt 12-24 als Walzer

G

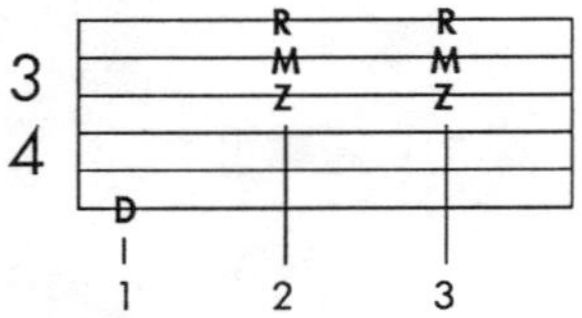

»dumm ...« *bis* »... kau'n«

Akkorde

Die reizvollen Akkordwechsel von G auf G⁴, e auf e⁶ und a⁹ auf a entstehen alle durch Hinzunahme des Zeigefingers auf die H - Saite.

G

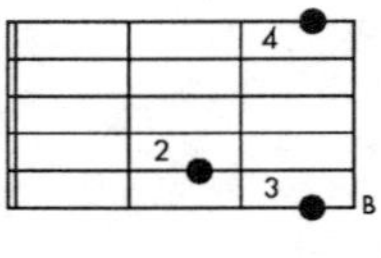

☞

G⁴

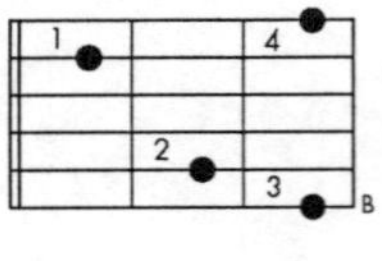

e

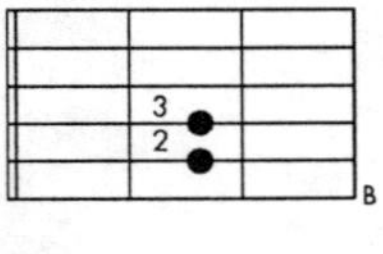

☞

e⁶

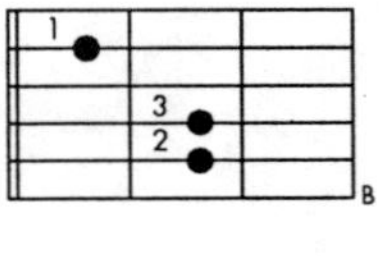

a⁹

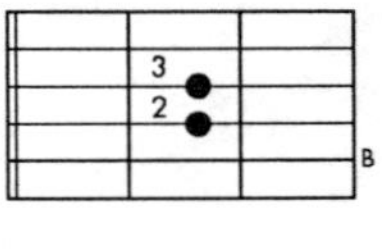

☞

a

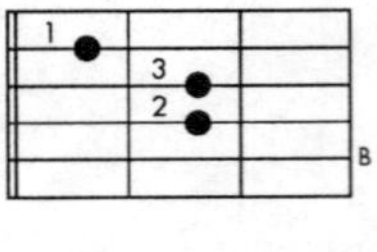

♩ = 160
Originaltonart: Gis-Dur
Liedehrlich »Liedehrlich«
Amiga (1982)
Text: Andreas Reimann, Musik: Stephan Krawczyk

Fast wie in echt

Verfeinerte Gitarrenbegleitung

Wer die beiden Grundmuster Arpeggio und Walzer mit den entsprechenden Akkorden beherrscht, dem wird auch eine komplette Begleitung à la Krawczyk nicht schwerfallen. Als Intro die ersten beiden Zeilen der Tabulatur vorwegspielen.

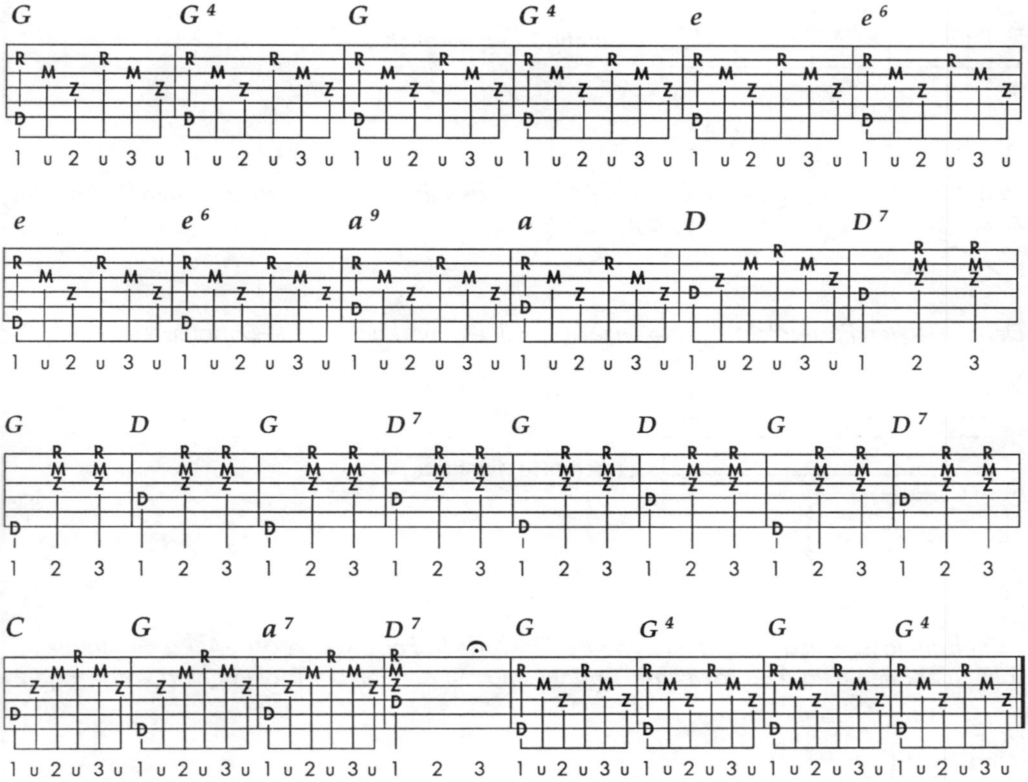

Die Tänzerin

Für alle, die immer mit dem Kopf durch die Wand müssen, 10 cm neben der offenen Tür, die ihren eigenen Weg nehmen, hat Ulla Meinecke dieses Lied geschrieben. Grundlage des Arrangements ist eine durchlaufende Hi-Hat-Figur, die wir auch mit der Gitarre oder stimmlich aufnehmen können. Synthesizer-Einwürfe in den Pausen sind eine unerläßliche Stütze für den Gesang, der aus der Zeit fließt ...

Gitarre

Spielt die Gitarre solo, muß sie den swingenden Hi-Hat-Rhythmus aufnehmen. Die Akkorde werden in der Jazz-Griffweise gespielt und durch Lockern der linken Hand nach dem Anschlag abgestoppt. In den Akkordmustern mit x gekennzeichnete Saiten dürfen nicht mitklingen.

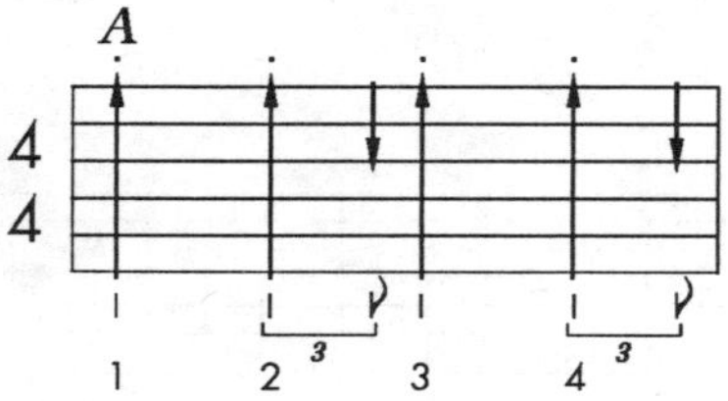

durchgängig möglich

Damit der Song eine gewisse Unregelmäßigkeit behält, sollte ab und zu nur ein Baßton des Akkords anstelle des Abschlags auf 1 anklingen.

Den vorletzten Pausentakt der Notenzeile 2 füllt ein markanter Slide-Baßaufgang.

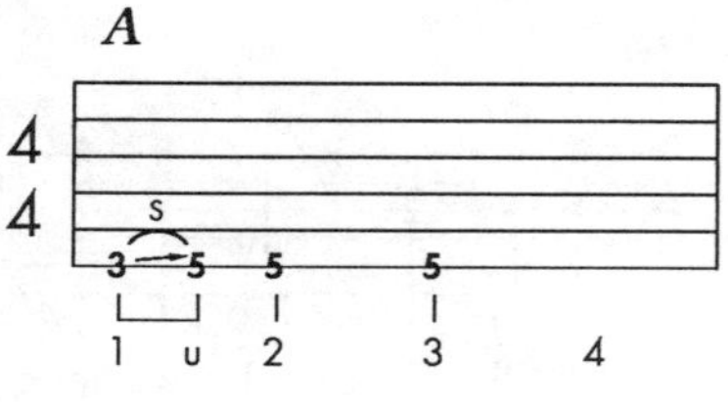

nach »sie nicht mag«

Im Refrain lassen sich noch die Keyboard-Einwürfe in Form von A$^{maj7/9}$*-Akkorden in die A-Takte einbauen. Die Akkordwechsel im Takt sind auf den letzten Triolenschlag vorgezogen.*

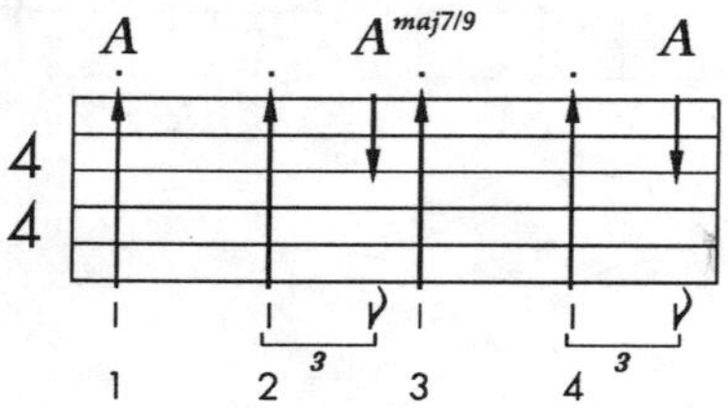

jeweils 3 x nach »Sturm«, »Eis«, »um dich«

Gitarre

Kommt die swingende Percussion dazu, kann sich die Gitarrenbegleitung auf abgerollte Abschläge in allen Takten mit einem Akkordsymbol beschränken.

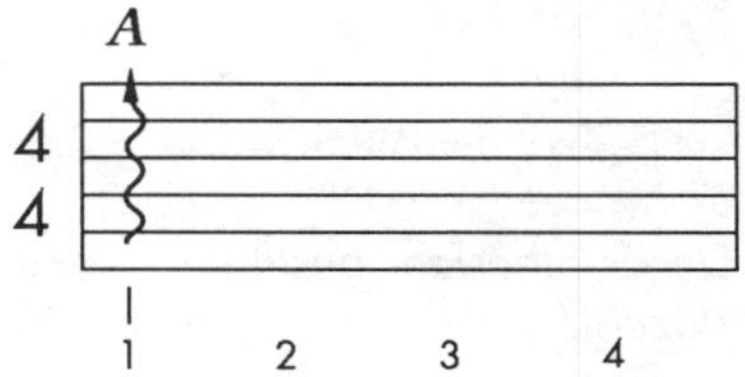

Percussion

Die Hi-Hat auf der LP wird von einem Rhythmuscomputer eingespielt. Witzig ist es allerdings, diese Figur mit der Stimme zu imitieren: Darauf achten, daß das »i« stimmlos kommt. Um fünf Minuten lang "di dipi di ..." ohne Verhaspler zu bringen, braucht es Kondition und am besten mehrere Personen.

Hi-Hat

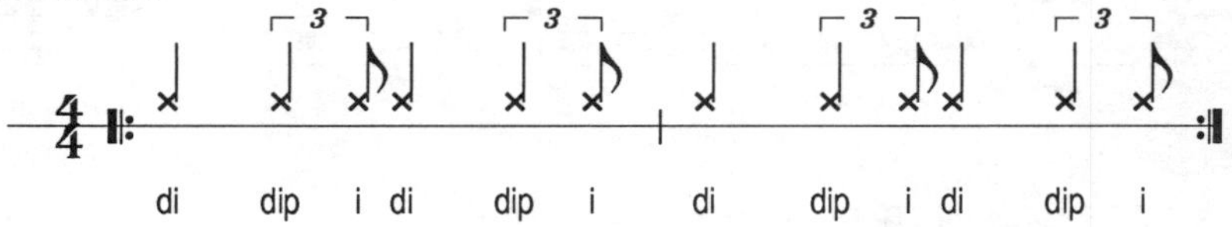

Im Refrain kommt noch ein Fingerschnippen hinzu.

Fingerschnippen

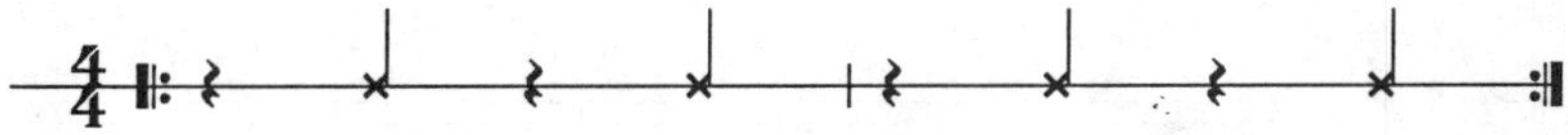

Akkorde

Wir verwenden typische Jazzakkorde. Die mit x versehenen Saiten klingen nicht mit, sie werden durch den Griff gedämpft.

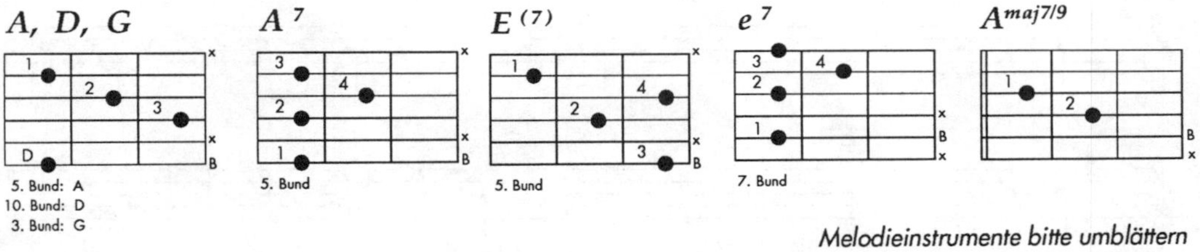

Melodieinstrumente bitte umblättern

Synthesizer

Intro, Zwischenspiel, Extro

Der Synthesizer bestimmt neben der Hi-Hat den Charakter des Stücks. Die Töne dürfen nur staccato anklingen, damit ein Klang wie ›klirrendes Eis‹ entsteht.

Als Zwischenspiel nach dem ersten und dritten Refrain, ohne Wiederholung.

Synthieinwürfe im Refrain

Die Synthieinwürfe im Refrain lassen sich auch gut auf Silben wie »ba ba da ba ...« singen. Sie stehen im Wechselspiel zum Refraingesang.

♩ = 168
Originaltonart: As-Dur
Meinecke »Wenn schon nicht für immer, dann wenigstens für ewig«
RCA (1983)
Text: Ulla Meinecke, Musik: Edo und Vilko Zanki

Gesang

Solo nach dem zweiten Refrain

Nach dem zweiten Refrain folgt ein Vocal-Solo. Es wird jazzig eingesungen mit kurz anklingenden freien Silben.

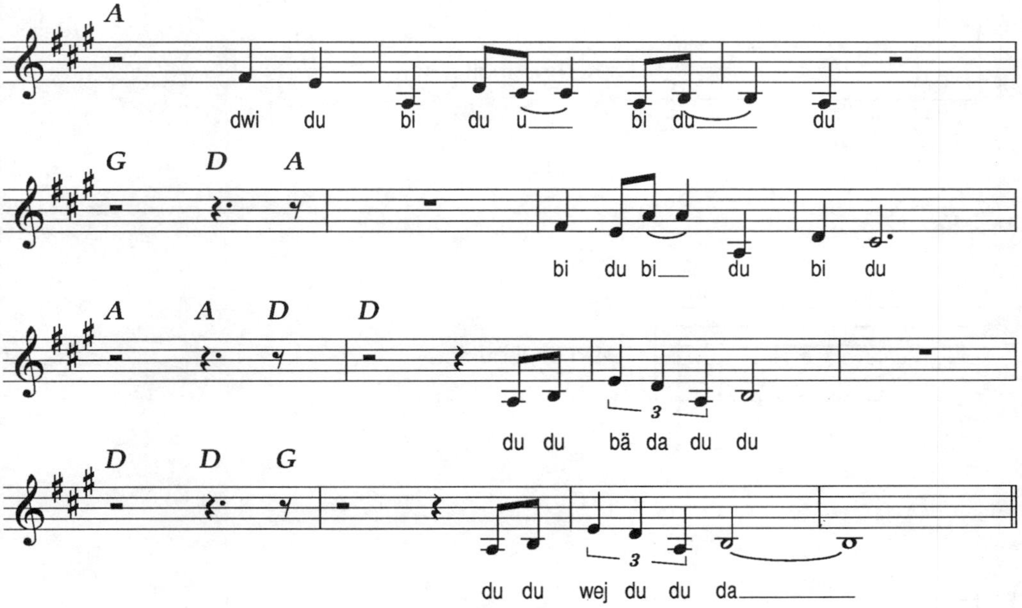

Ablauf

Intro
Strophe 1 – Refrain – Zwischenspiel
Strophe 2 (mit Coda »Und da saß sie ...«) – Refrain – Vocal-Solo – Refrain – Zwischenspiel
Strophe 3 – Refrain
Extro

Kathrin malt

Gerhard Schöne hat zahlreiche Lieder zu Bildern entworfen und auch ein Buch »Kinder-Lieder-Galerie« zum Anschauen, Träumen und Singen herausgegeben. In seinen Liedern und Bildern entsteht eine Welt, die zu Schritten ermuntert, die viele sich im Alltäglichen alleine nicht zutrauen. Kathrins Bilder machen Mut für die eigene Phantasie.

Gitarre

Die Gitarre spielt Arpeggien, spart aber dabei die hohe E-Saite aus.

Refrain

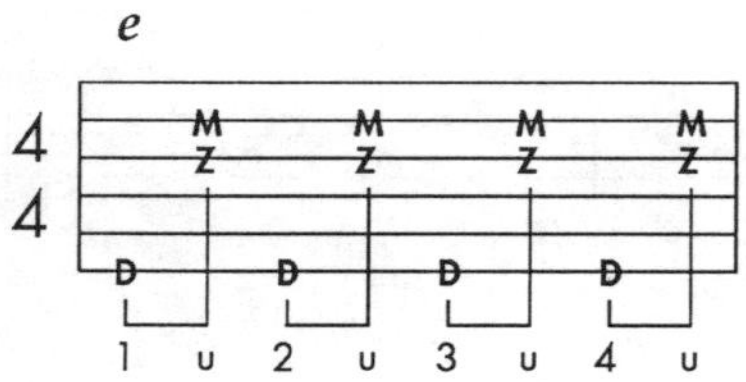

»Kathrin malt ...«

Strophe

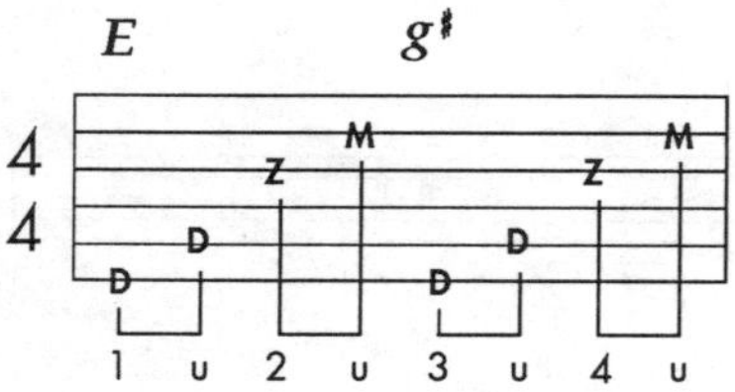

»Da ein Baum ...«

Fill In

Die Pausen am Ende des Refrains und der Strophe können mit kleinen Fill Ins ausgemalt werden.

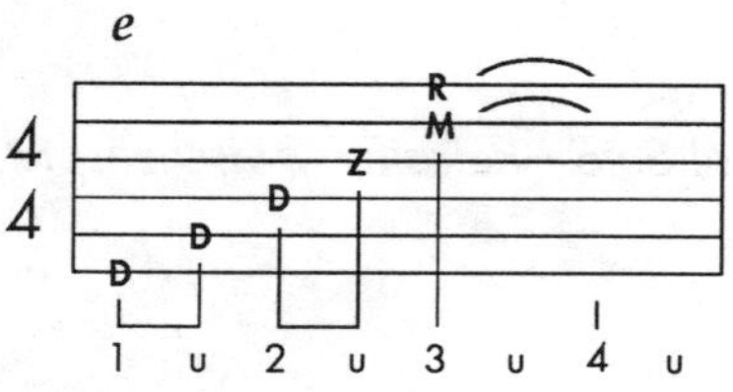

Notenzeile 2+6, letzter Takt

♩ = 135
Originaltonart: E-Dur
Schöne »Spar deinen Wein nicht auf für morgen«
Amiga (1981)
Text und Musik: Gerhard Schöne

Xylophon

Vor- und Zwischenspiel

Diese Töne wecken Erinnerung an die alte »Backe-Backe-Kuchen« -Melodie. Sie können auch von zwei Flöten oder klassisch mit Flageolett-Tönen auf der Gitarre gespielt werden.

Akkorde

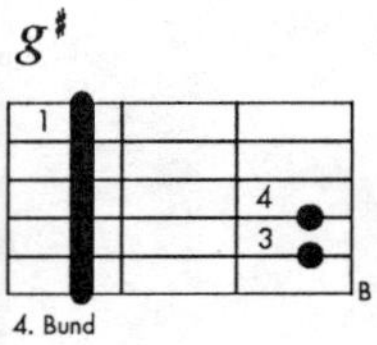

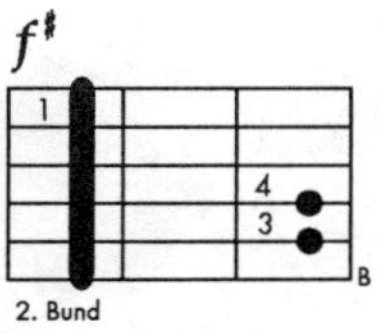

Kleiner Fratz

»Kleiner Fratz« ist eine Sonntagsmalerei, oder etwas heutiger, ein Foto einer Landschaft im Gegenlicht, wo nach einem Regenschauer die Sonne durchbricht, so daß jedes Blatt und jeder Grashalm glänzen. Also 1 / 250 s mit Blende 8 und Sonnenschutz. Damit der kleine Fratz wirklich zu einer Tour d'élégance kommt, fließen die Töne der Begleitung klar und gleichmäßig.

Gitarre

Versuche die Begleitung zweistimmig zu empfinden und mit den wechselnden Baßtönen eine eigene Melodie zu spielen.

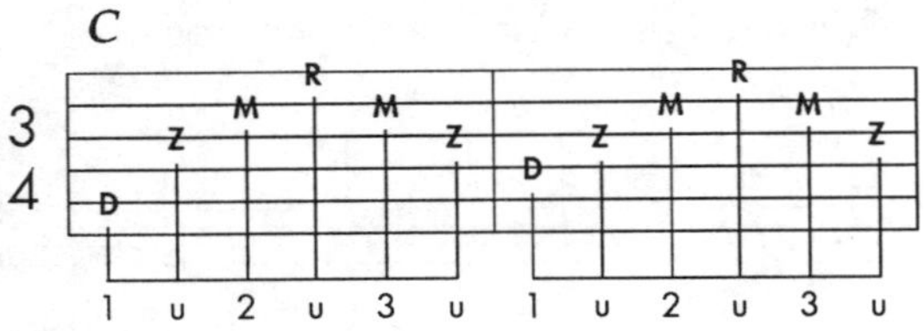

durchgängig

Dieses einfache Fill In auf der Gitarre ergibt eine schöne Überleitung zur nächsten Strophe.

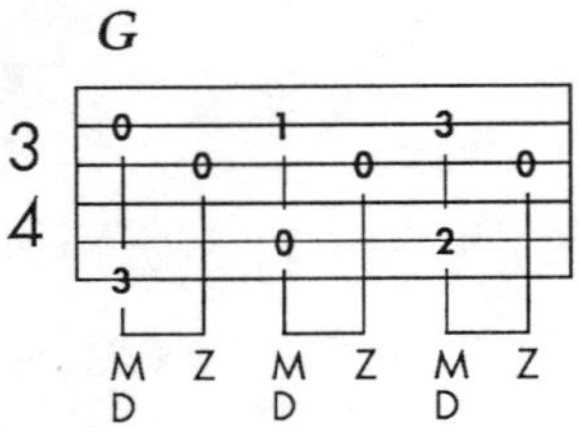

im letzten Takt

♩ = 130
Originaltonart: D-Dur
Van Veen »Ich hab ein zärtliches Gefühl«
Polydor (1973)
Text: Ralph McTell, dt. Text: Thomas Woitkewitsch,
Musik: G. Peterson

Akkorde

f

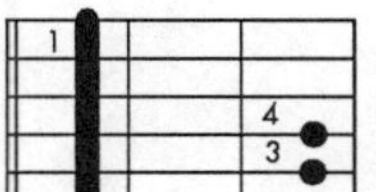

h

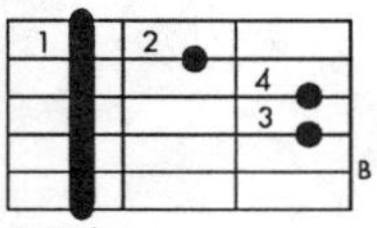

2. Bund

Der Clown

Ein verträumter Zirkuswalzer, auf Platte mit Gitarre und Trompete begleitet. Um Spannung wie bei einem Zirkusauftritt zu halten, wechseln wir zwei Zupfmuster in freier Folge ab. In welcher Weise, das soll ganz der jeweiligen Stimmung der Interpretation überlassen bleiben.

Gitarre

Walzer und Arpeggio können in beliebiger Folge gespielt werden.

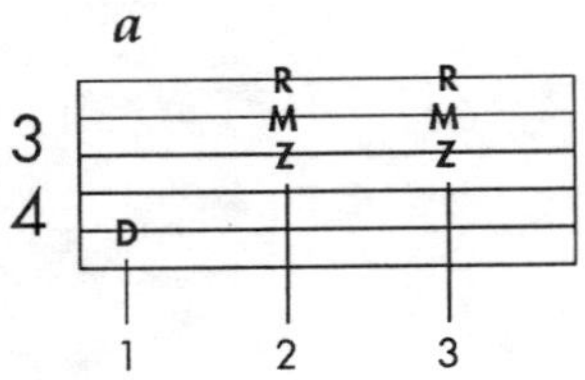

Walzer

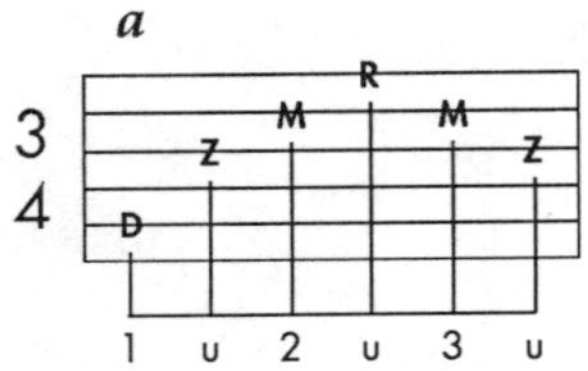

Arpeggio

Nach jedem Refrain erfolgt ein Abschlag auf a-Moll als Übergang zum Strophenteil.

♩ = 104
Originaltonart: h-Moll
Stählin »Feuer, Wasser, Luft und Erde«
Verlag Nomen + Omen, Tübingen (1981)
Text und Musik: Christof Stählin

Trompete

Begleitend zum Lied eine Trompetenstimme, wie in der Manege. Sie kann auch erst mit dem Übergang zum Refrain einsetzen.

König der Kinder

Ein frühes Hoffmann-Chanson mit einer Leierkastenmelodie, wie von einem Berliner Hinterhof. Diese Stimmung läßt sich gut mit dem Akkordeon wiedergeben. Wir haben deshalb eine komplette Begleitung für dieses Instrument notiert. Wenn in größerer Runde gesungen wird und sich die Gitarre auch noch gegen ein Akkordeon behaupten muß, bietet sich das Spiel mit einem Plektrum an.

Gitarre

Die Gitarrenbegleitung bewegt sich in ruhigen Viertelnoten.

Strophe

Arpeggio

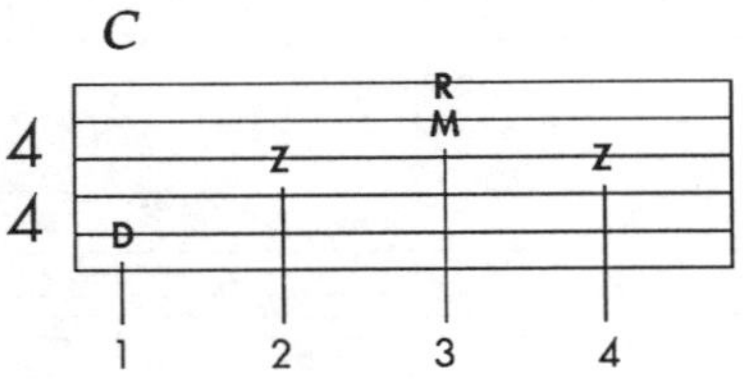

»Eines Tags in meiner Straße ...«

Refrain

Baß-Akkord-Anschlag

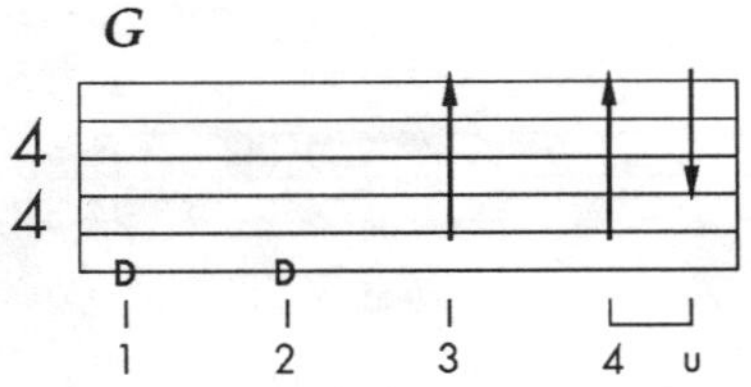

»König dieser Kinder ...«

Folk

♩ = 150
Originaltonart: D-Dur
»Ich will Gesang, will Spiel und Tanz«
RCA (1977)
Text: Klaus Hoffmann, Musik: J. Ferrat

Akkordeon

Begleitung zum Lied mit kleinem Zwischenspiel

Um den typischen Klang der Drehorgel zu erzeugen, wurden Baß- und Piano-Seite des Akkordeons quasi ›vertauscht‹. Die Bässe lassen Akkorde mit Grundton den ganzen Takt über stehen, während die Piano-Hand einen 2/4 Baß-Rhythmus aufnimmt.

Jupp

Eine wunderschöne Ballade über einen bekannten Kölner Stadtstreicher, die sich akustisch mit Konzertgitarre und Cello besonders toll anhört. Eingeleitet wird sie mit einem klassischen Gitarrenintro, das selbst den Komponisten desselben, Klaus ›Major‹ Heuser, bei Live-Auftritten ins Schwitzen bringt. Danach setzt das Cello mit einer Melodie ein, die den Gesang begleitet.

Fast wie in echt

Gitarrenintro

Das Intro ist eine echte Herausforderung für jeden, der es auf der Gitarre wissen will.

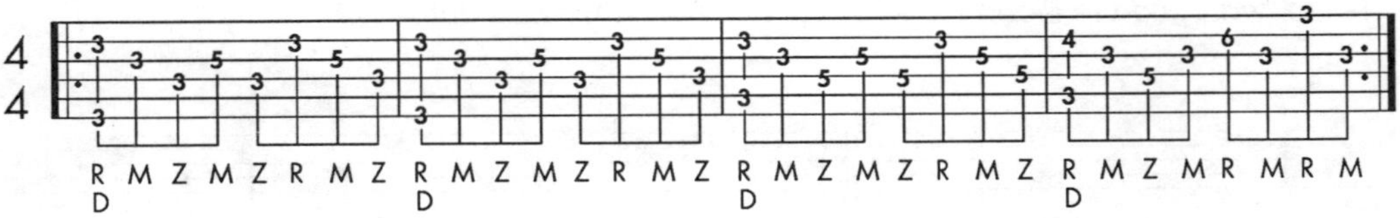

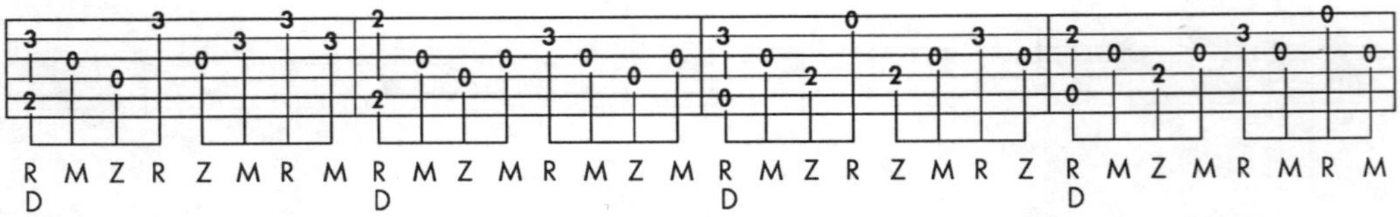

ab hier nochmal Zeile 1 mit Wiederholung, dann weiter mit Zeile 4

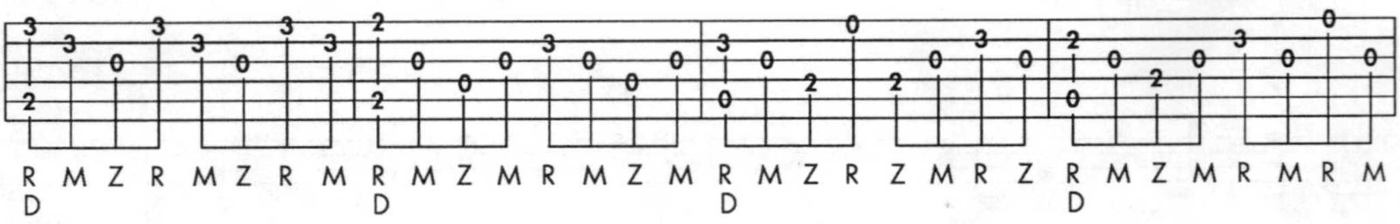

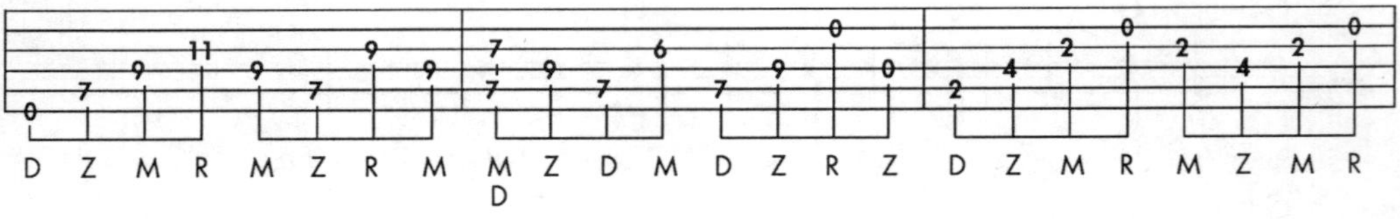

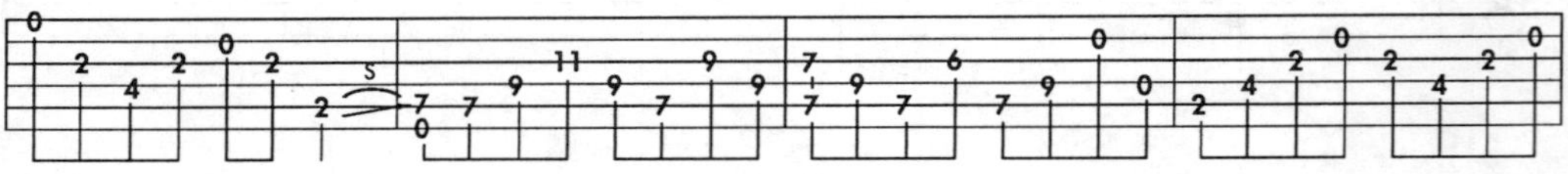

KLASSIK

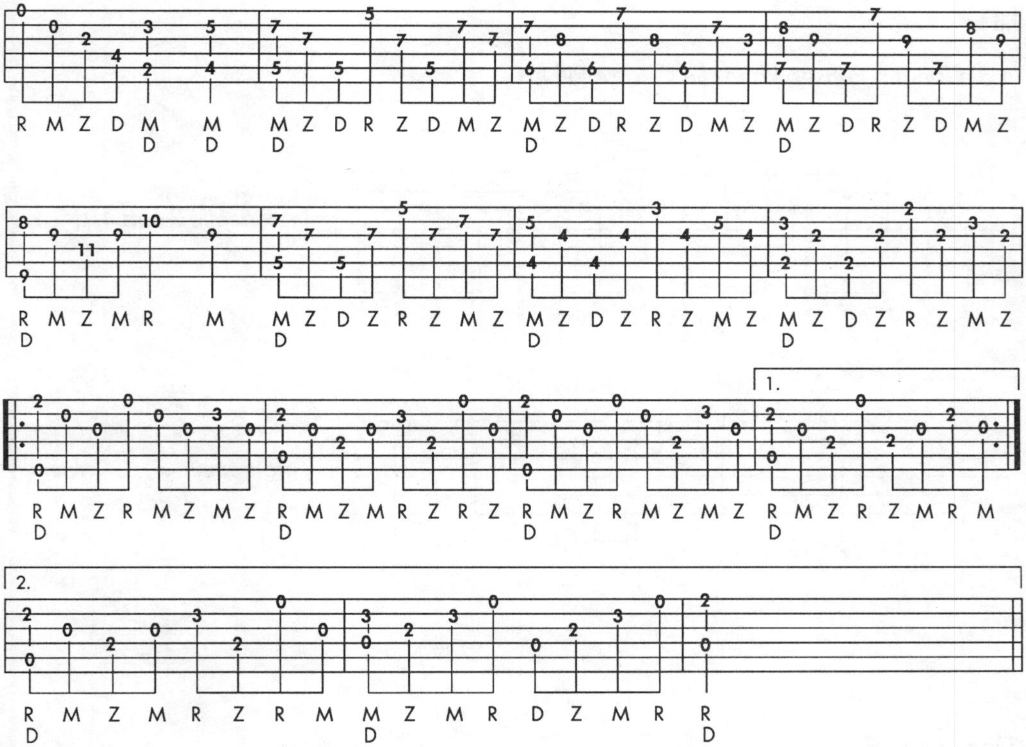

Gitarre

Strophe

Aber auch ohne klassisches Intro kann sich Jupp auf der Gitarre hören lassen. Die rechte Hand spielt die klassische Anschlagstechnik des Intros nun als festes Muster.

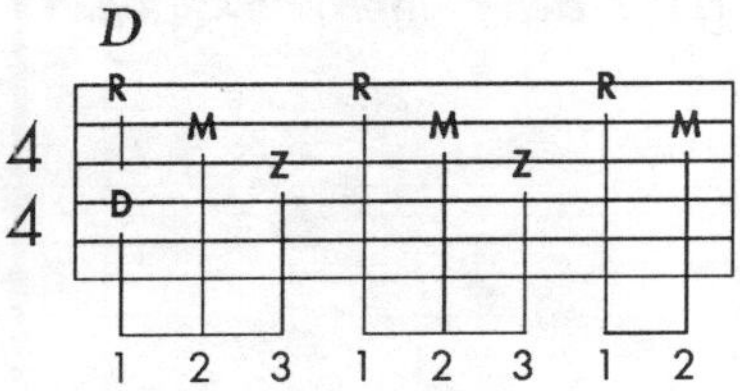

"Ahn der Vringspooz ..."

Für Akkorde und Cellobegleitung bitte umblättern

Fill In

In die langen Pausen kann die Gitarre Fill Ins spielen.

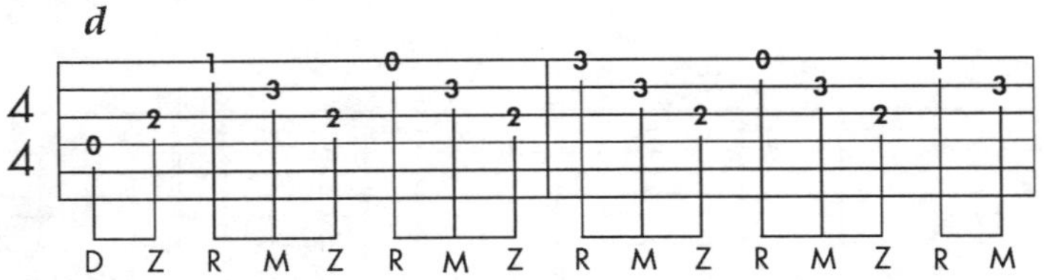

Notenzeile 2 und 4, d-Takte

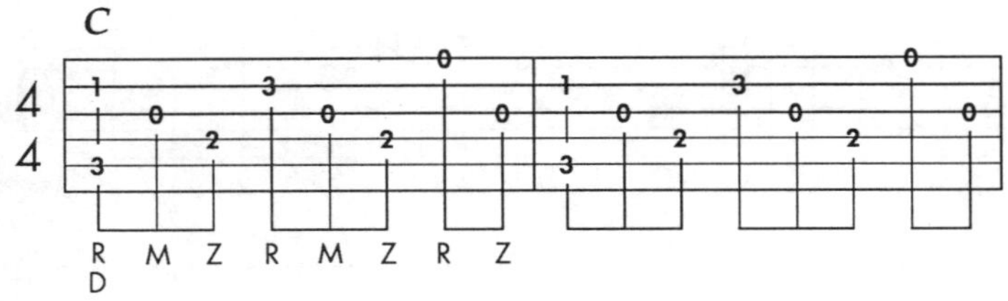

Notenzeile 7, C-Takte

Tips und Tricks

Klassisches Gitarrenspiel

Bei der ›klassischen Zupftechnik‹ kommt es vor allem auf die feste Position der rechten Hand an: Zeigefinger über der g-Saite, Mittelfinger über der h-Saite, Ringfinger über der e-Saite. Alle Finger kehren sofort nach dem Anschlag an ihre Saite zurück. Der Daumen dagegen ist für die drei Baßsaiten zuständig und sollte sich unabhängig von den Fingern bewegen.

Gitarrenintro und Strophenbegleitung bitte zurückblättern

♩ = 126
Originaltonart: d-Moll
BAP »Für usszeschnigge«
Musikant EMI (1981)
Text: Wolfgang Niedecken, Musik: Klaus Heuser

Cello

Strophenunterlegung

Das Cello setzt nach dem Gitarrenintro ein. Die ersten 6 Takte werden zunächst ohne Wiederholung vorweggespielt. Danach unterlegt die Melodie den Gesang der Strophen.

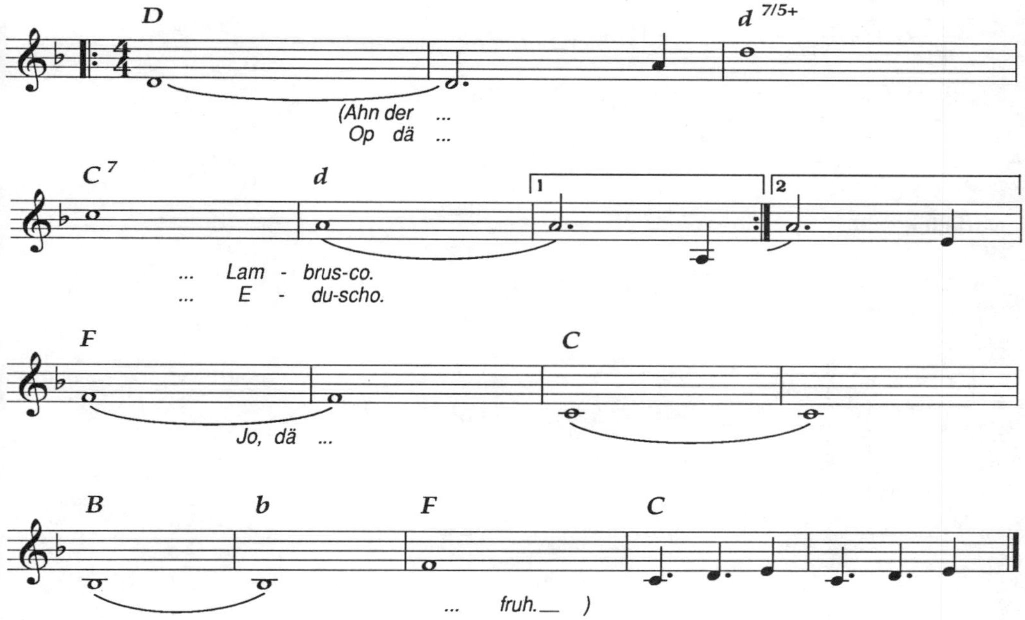

Akkorde

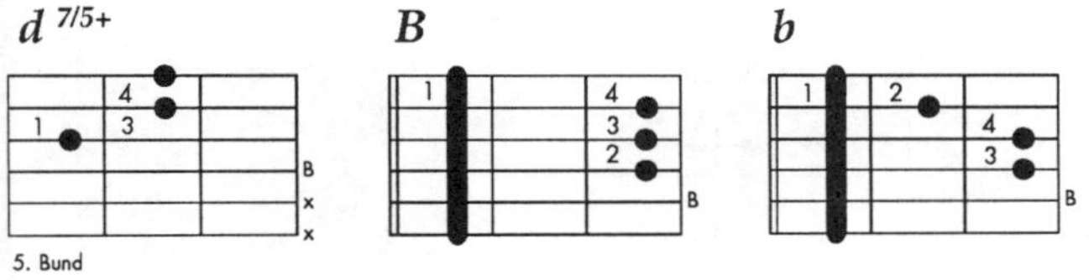

Ich hab ein zärtliches Gefühl

Ein Lieblingsthema und ein programmatisches Lied des Clowns, Schauspielers und Geschichtenerzählers Herman van Veen. Bei der Gitarrenbegleitung seines Gitarristen Harry Sacksioni kann man sich leicht ins Träumen verlieren.

Gitarre

Grundanschlag

Die Arpeggio-Begleitung gewinnt Leichtigkeit durch den fehlenden Anschlag auf 3.

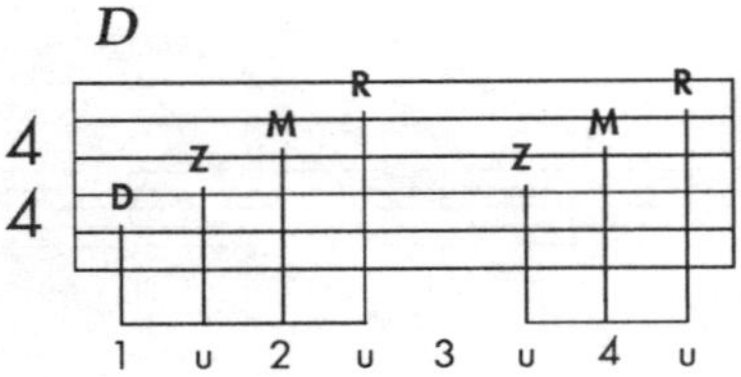

»Ich hab ein zärtliches Gefühl ...«

Variation

Ein fließendes Arpeggio zu Beginn des zweiten Melodieteils.

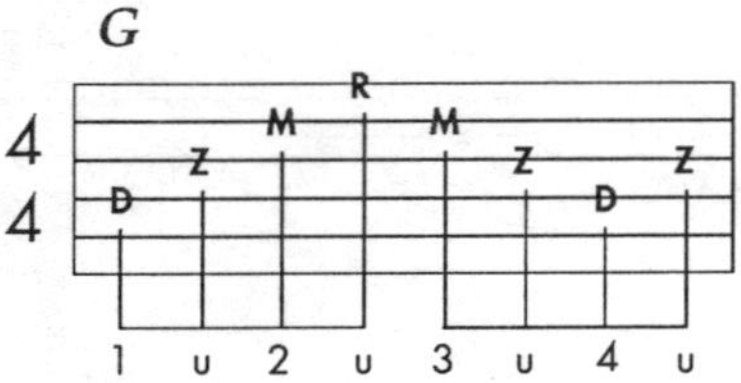

Takt 1-4 in Str. 2 und 3

Akkorde

Für die ›schwebende‹ Stimmung ist es angebracht, den Akkordlauf D / e / D$^{maj 7}$ in Spezialweise zu greifen. Bei e und D$^{maj 7}$ handelt es sich dabei um ein verschobenes d-moll.

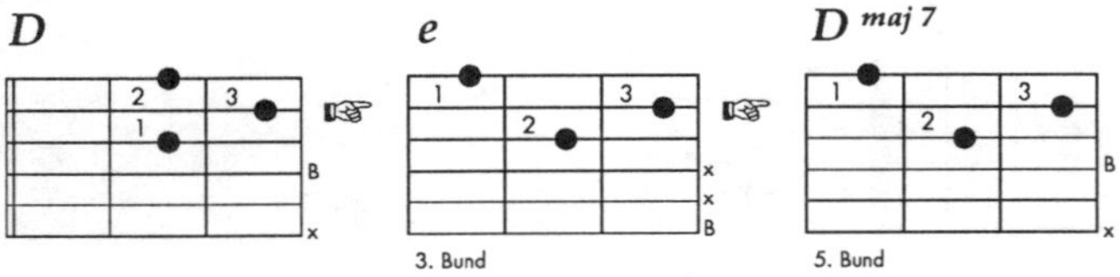

♩ = 54
Originaltonart: D-Dur
Van Veen »Ich hab ein zärtliches Gefühl«
Polydor (1973)
Text: R. Bruining, T. Woitkewitsch
Musik: Herman van Veen

Klavier

Begleitung und Solo

Die Melodie haben wir der E-Piano-Begleitung entnommen. Sie kann als Strophenunterlegung und als Solo nach der 3. Strophe gespielt werden.

Mel. Str. 1 und 4

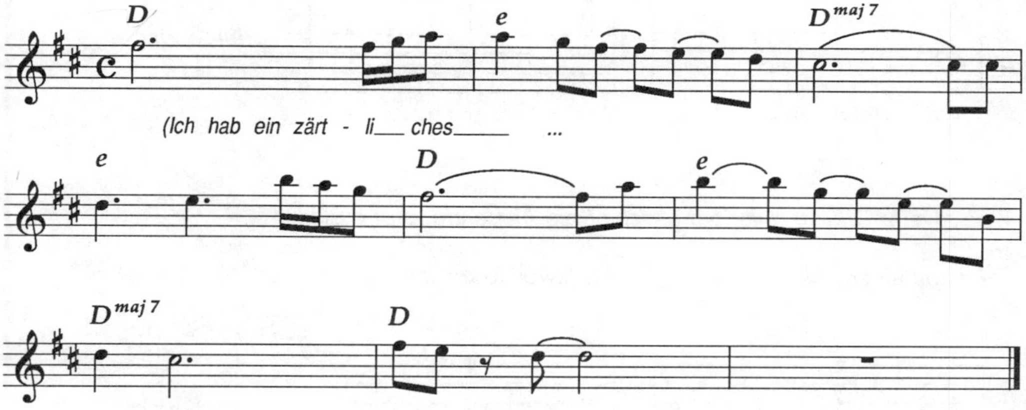

Mel. Str. 2 und 3

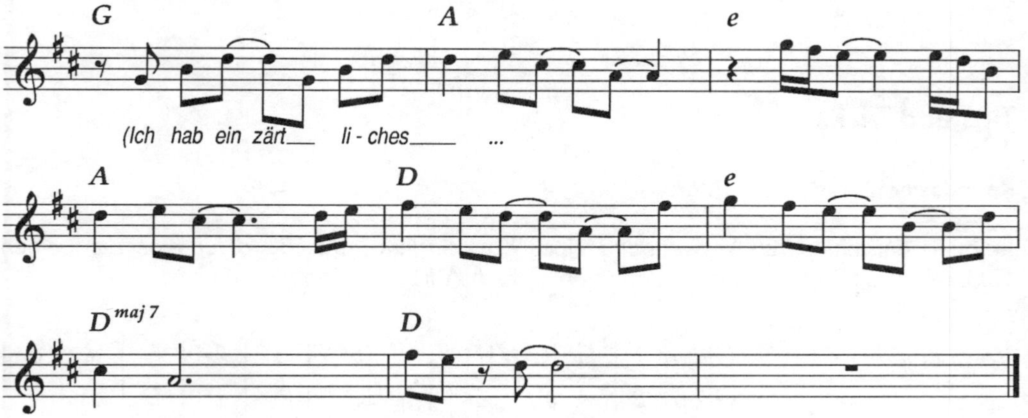

Daumen im Wind

Die relaxte Fernwehballade mit einem Hauch von Karibik im Arrangement, früher Hit von Udo Lindenberg auf seiner ersten deutschsprachigen LP, spielt sich gut auf zwei Stahlsaiten-Gitarren. Während die eine Gitarre mit einem Plektrumschlag rhythmische Akzente setzt, unterlegt die andere gleichmäßige Zupfmuster. Natürlich läßt sich der Song auch mit nur einer Gitarre, gezupft oder geschlagen, begleiten.

Gitarren

Eine erste Gitarre setzt rhythmische Akzente mit dem Plektrum.

Takte mit einem Akkord — *bei zwei Akkorden vorgezogene Wechsel*

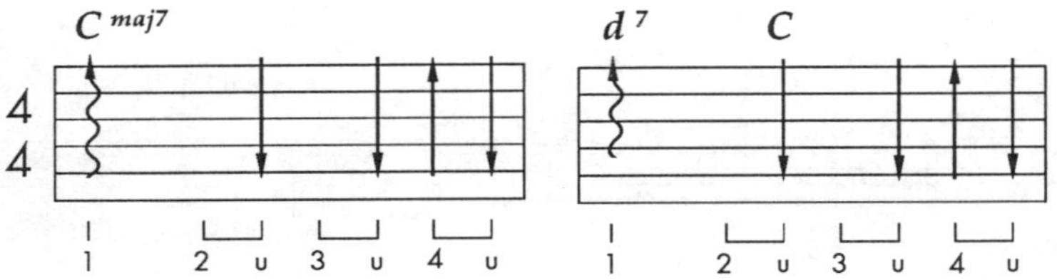

durchgängig

Eine zweite Gitarre unterlegt gleichmäßig fließende Zupfmuster.

Takte mit einem Akkord — *bei zwei Akkorden Baß auf den Wechsel setzen*

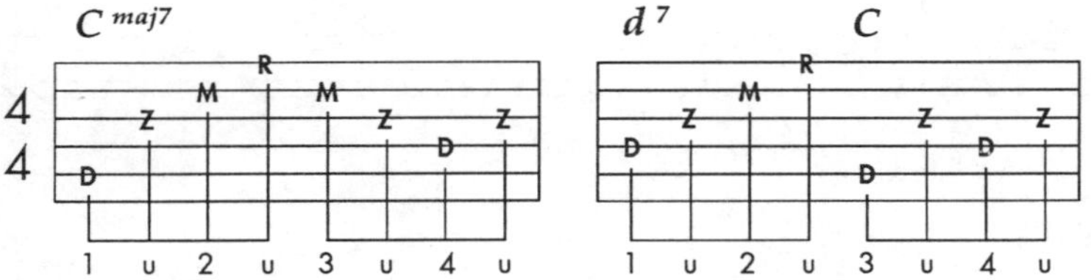

durchgängig

Tips und Tricks

Kapodaster für die zweite Gitarre

Reibung entsteht durch Verwendung eines Kapodasters im 3. Bund für eine der beiden Gitarren. Die Akkorde müssen dann von C nach A transponiert werden.

Transponierhilfe

Gitarre 1	C	C^{maj7}	F^{maj7}	d^7	B^{maj7}	a^7	G	F	e	a
Gitarre 2	A	A^{maj7}	D^{maj7}	h^7	G^{maj7}	fis^7	E	D	cis	fis

♩ = 92
Originaltonart: C-Dur
Lindenberg »Daumen im Wind«
Teldec (1972)
Text und Musik: Udo Lindenberg

Mundharmonika

Als Intro, Zwischenspiel und Extro

Die Mundharmonika versetzt in ein Tramperfeeling mit ihrer Improvisation über folgende Töne. Gespielt als Intro, nach dem Zwischenteil »... und ich geh« sowie als Extro.

Akkorde

Das Klangbild wird wesentlich durch maj 7 und moll 7 Akkorde bestimmt. Eine Gelegenheit, diese in der lateinamerikanischen Musik häufig anzutreffenden Gesellen einzuüben.

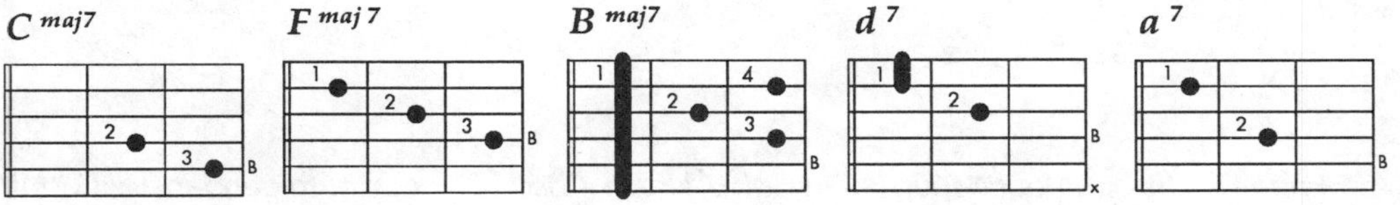

Entsprechende Akkorde bei Verwendung eines Kapos im 3. Bund.

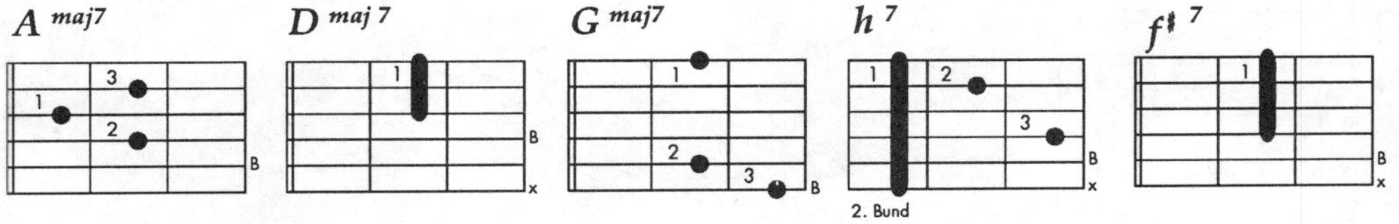

Ich habe meine Träume noch

Ein Lied für alle, bei denen Ideale und Wirklichkeit mit zunehmendem Alter auseinanderfallen – die sich in die Zeit ihrer Kindheit und Jugend zurückwünschen, weit weg vom harten Existenzkampfes des Alltags und Geschichten von nichts anderem als Geld und Kommerz. Das Saxophon verstärkt das Fernweh in die Vergangenheit.

Gitarre

Die Gitarre begleitet mit einem Arpeggio.

a

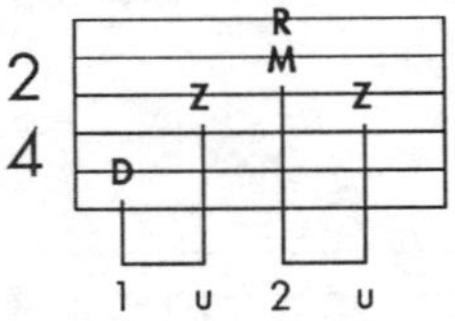

Grundanschlag

Tips und Tricks

Ein altes Leid der Liedbegleitung ist das stupide Durchziehen eines Anschlagmusters. Deshalb zwei Vorschläge, die für Abwechslung sorgen.

In den letzten Takt jeder Notenzeile bringen wir Schwung durch Einschub von Sechzehnteln.

C

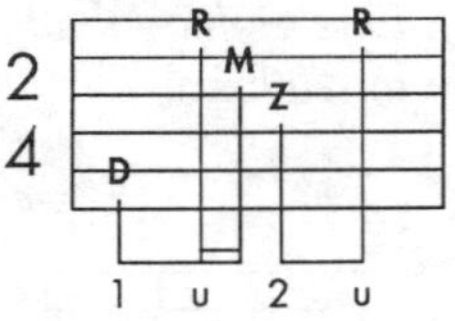

im letzten Takt jeder Notenzeile

Am Ende der Strophe auf »spürn« ein Baß-Akkord-Abschlag und im folgenden Takt dann eine Pause, in der die Gitarre aussetzt, als Break.

E

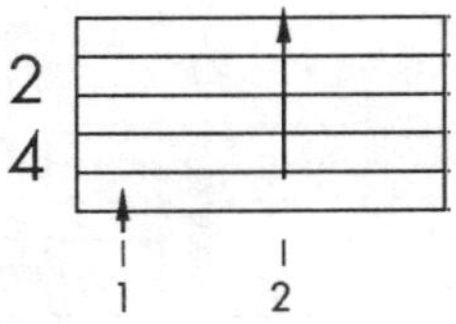

»spürn.«

♩ = 185
Originaltonart: a-Moll
Braukmann-Band »Ich habe meine Träume noch«
Folk Freak (1981)
Text und Musik: Peter Braukmann

Saxophon und Gesang

Ein Saxophon setzt in den letzten Takten der Strophe ein. Es improvisiert im Refrain und bringt anschließend ein Zwischenspiel. Der Refrain läßt sich gut zweistimmig singen.

Saxophon-Improvisation

Zweite Gesangstimme im Refrain

Der Traum ist aus

Ein Klassiker gesungener Anarchie aus der Zeit des Vietnamkriegs, der Straßenkämpfe und der ersten Häuserbesetzungen in Berlin. Der Menschheitstraum einer friedlichen Welt im Kontrast zur Realität, das macht die Spannung in diesem »Scherben«-Stück aus. Musikalisch umgesetzt wird sie in einem klassischen Strophen-Arpeggio und einer meditativen Improvisation im Wechsel mit harten Rock-Akzenten im Refrain.

Gitarre

Eingeleitet wird das Stück durch eine einfache Akkordfolge in Abschlägen.

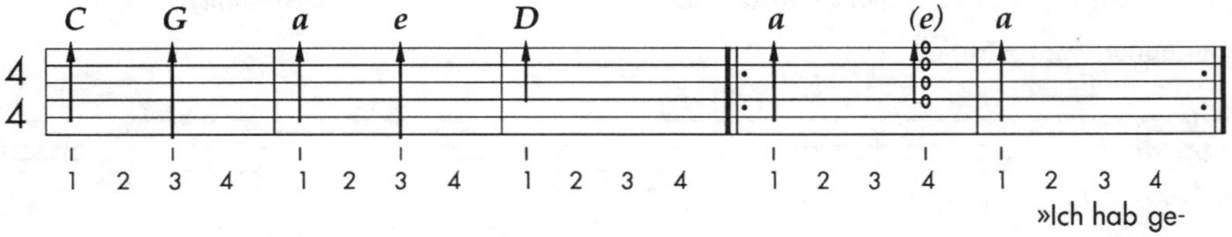

Strophen und »Gibt es ein Land ...«

Zu den ersten beiden Strophen werden Akkordauflösungen gespielt. »Gibt es ein Land ...« und die dritte Strophe können mit synkopierten Schlägen begleitet werden. In die a e/a-Takte der Strophen werden einfache Abschläge wie in den letzten beiden Introtakten gesetzt.

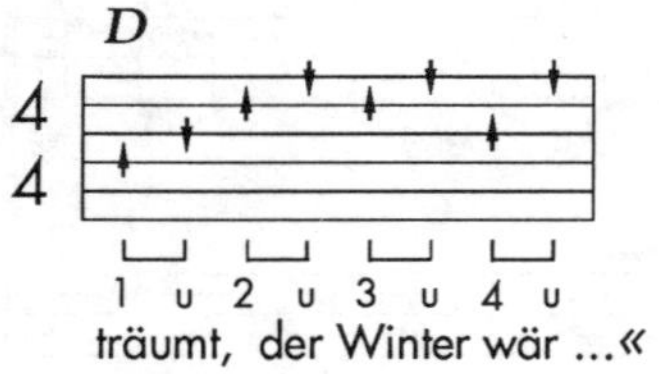

Refrain

Der Refrain setzt Akzente mit einem kleinen Rockriff.

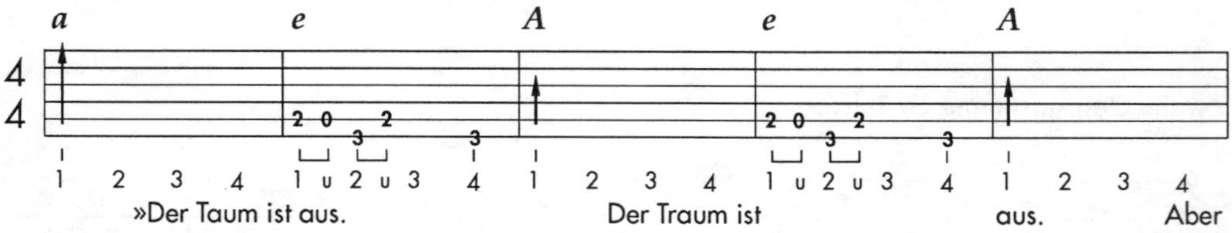

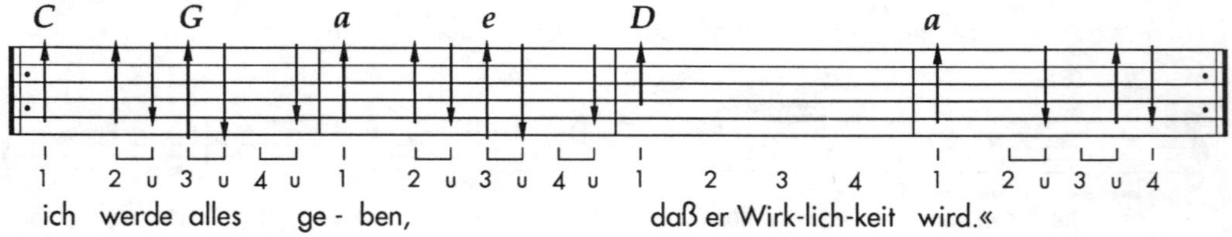

♩ = 129
Originaltonart: d-Moll dorisch
Ton Steine Scherben »Keine Macht für Niemand«
David Volksmund Produktion (1972)
Text und Musik: Ralph Steitz, Rio Reiser

Zwischenspiel für Querflöte mit Gitarre

Aus der langen Improvisation haben wir nur die Querflöten-Gitarren-Passage aufgeschrieben. Sie erfolgt zwischen dem 2. Refrain und »Gibt es ein Land ... «.

Querflöten-Improvisation

Die Querflöte improvisiert frei über die Töne des a^7 - Akkordes.

Gitarrenlinie

Von der Gitarre wird der Improvisation eine viertaktige klassische Linie unterlegt, die zur Einstimmung zweimal solo vorweg gespielt werden kann.

Am Ende der Improvisation leitet die Gitarre mit den Introtakten |: a (e) | a :|, die mehrfach wiederholt werden, zu »Gibt es ein Land ...« über.

Der Clown hat den Blues

Melancholie hat den Spaßmacher eiskalt erwischt, aber die Show muß weitergehn. Rhythm & Blues und Folkrock liegen eng beieinander in diesem Song Dylanscher Prägung. Die Strophen stehen im Sprechgesang und während der Clown »die Power, die von ihm sonst ausgeht« hier schon verloren hat, ziehen Wolf Maahn und seine fahnenflüchtige Band »Die Deserteure« im Refrain noch einmal voll durch.

Gitarre

Die Gitarre spielt durchgängig ›vor dem Beat‹, der Gesang wird nachgezogen.

Strophe

Wir haben die vier Takte einer Notenzeile am Stück notiert. Die Akkorde e und C werden vorgezogen mit Arpeggio-Abrollern, der Charakter des ›vor dem Beat‹ Liegens wird so erhöht, auf die D-Takte erfolgt ein Riff, das die Pausen des Gesangs auffüllt.

»Am Ende vom Sommer ...«

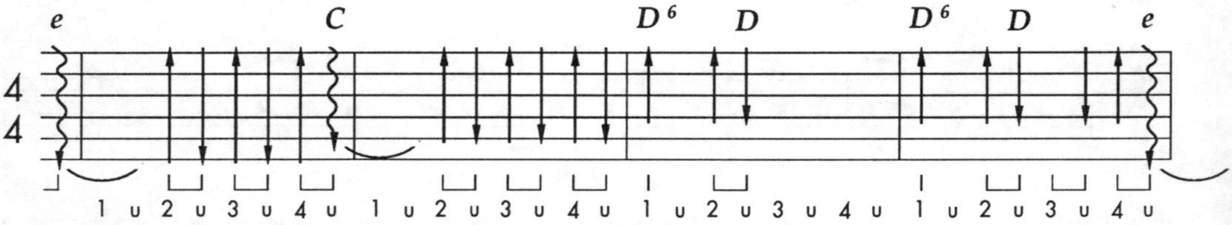

Refrain und Zwischenteil

Im Refrain lassen wir die Gitarre den Schlagzeugrhythmus aufnehmen. Durch eine Baß-Diskantteilung in hohe und tiefe Saiten imitieren wir die Bass- und die Snare-Drum.

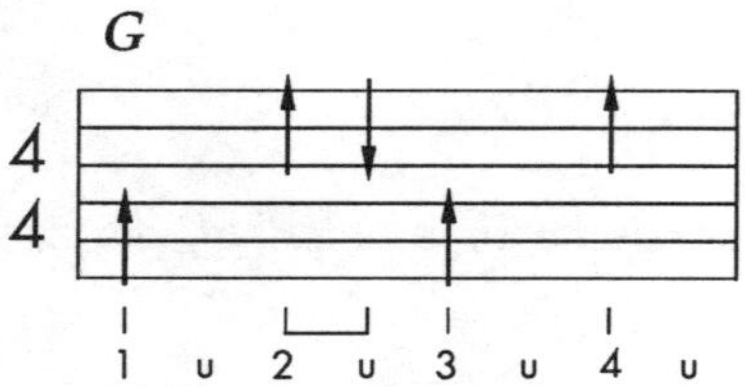

»Der Clown hat den Blues ...«
»Unsre Träume ...«

Akkorde

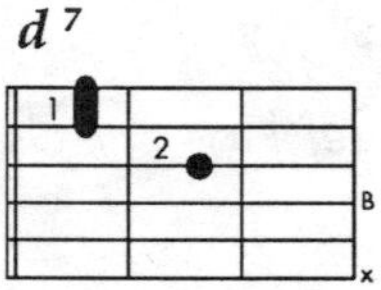

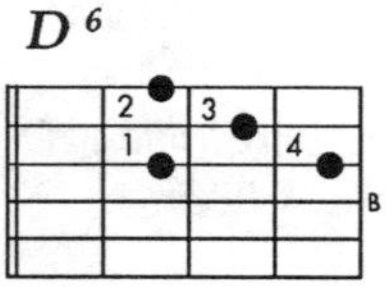

♩ = 132
Originaltonart: H-Dur
Maahn »Irgendwo in Deutschland«
EMI Electrola (1984)
Text: Maahn, Musik: Maahn, Palmer, Heilhecker

Keyboard, Vocals

Refrain-Einwürfe

Keyboard-Einwürfe im Refrain bringen erst den vollen Sound, sie sind im oberen System notiert. Background Vocals werden für powernden Gesang eingesetzt, sie stehen im unteren System.

Die Einwürfe im Refrain können auch von einer Querflöte gespielt werden.

Das Abschminklied

Wie ein ›Hofnarr‹ des Regimes betrachtete sich Hans-Eckardt Wenzel als Lyriker und Sänger in der DDR. Zwei Melodien wechseln sich in den Strophen ab. Die erste ist rezitativ angelegt und kommt mit nur drei verschiedenen Tönen aus. Sie bildet dadurch einen reizvollen Kontrast zum Melodiebogen der jeweils folgenden Strophe.

Gitarre

Den beiden Melodien tragen zwei verschiedene Muster Rechnung.

Strophen 1, 3, 5

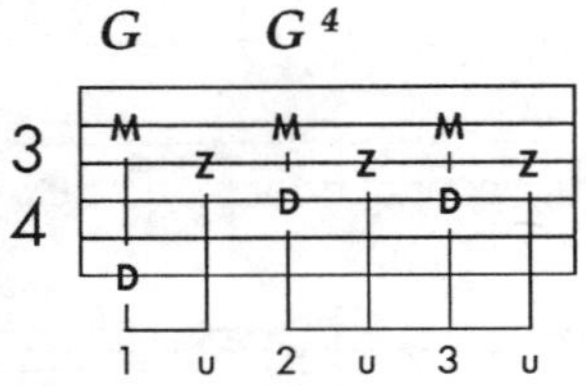

Notenzeile 1 - 2

Reizvoll klingt es, wenn die beiden G-Töne der Gesangsmelodie auf der hohen E-Saite mitgespielt werden. Hier das variierte Muster.

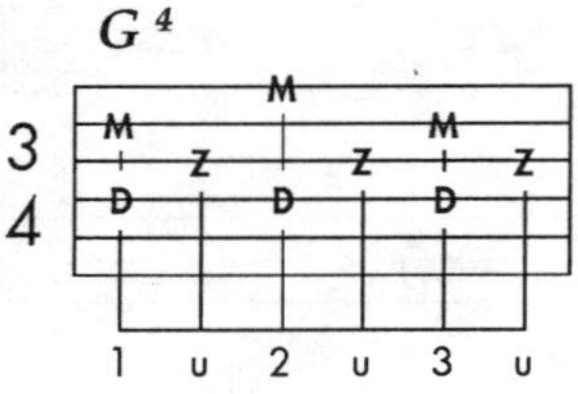

Notenzeile 1, Takt 2 und 3

Strophen 2, 4, 6

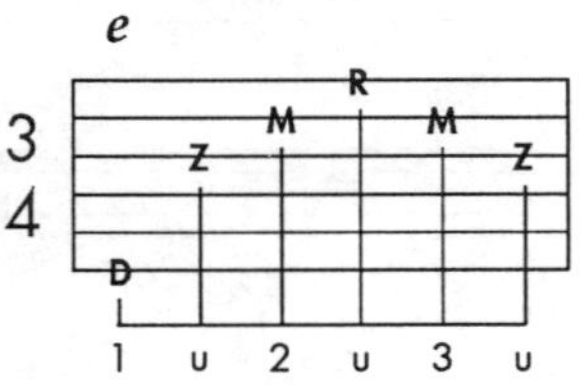

Notenzeile 3 - 5

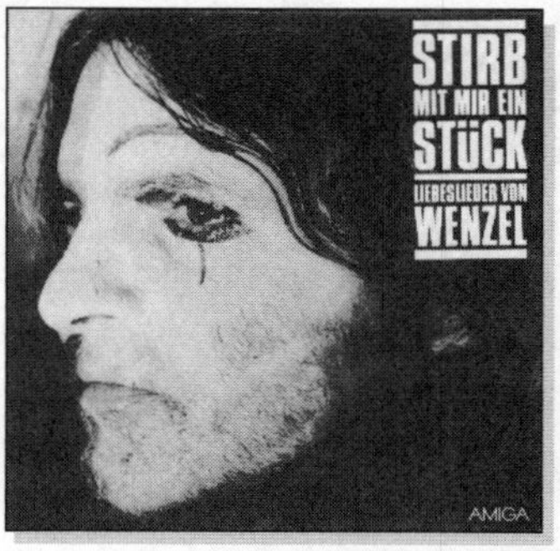

♩ = 110
Originaltonart: A-Dur
Wenzel »Stirb mit mir ein Stück – Liebeslieder«
Amiga (1986)
Text und Musik: Hans-Eckardt Wenzel

Akkorde

Die Akkordfolgen G - G^4 sowie H^4 - H im Ablauf.

G

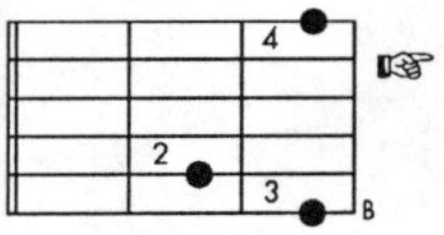

G^4

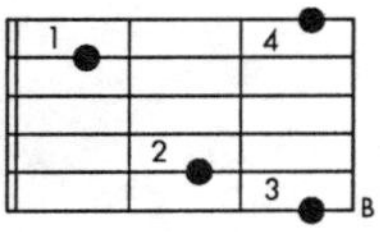

H^4

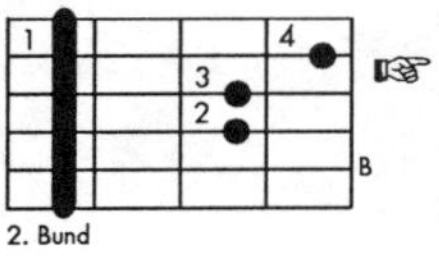

H

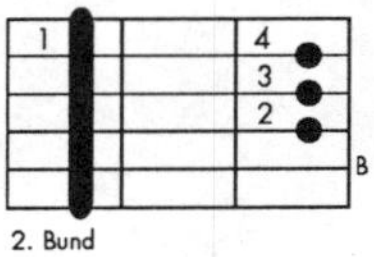

$G^{4/9}$, in der 1. Auflage Magische Momente notiert, entfällt.

Mir träumte

Eine Traumreise zu magischen Welten des André Heller, geschrieben im Zug nach Kanton.

Gitarre

Die Gitarre spielt einfache Arpeggien in beiden Melodieteilen.

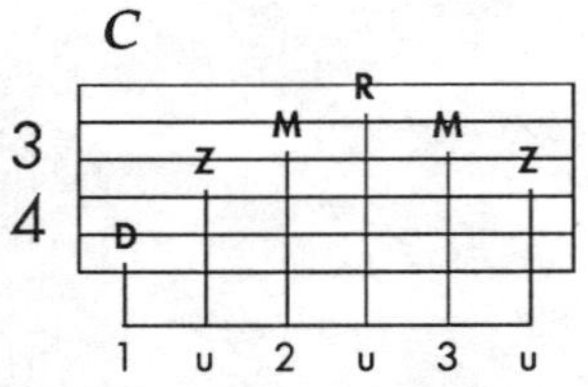

Takte mit einem Akkord

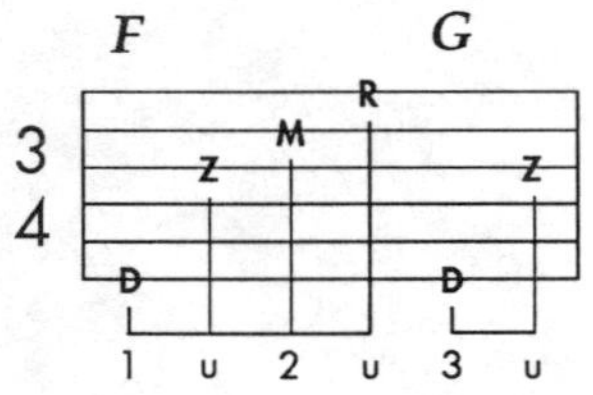

Takte mit zwei Akkorden

♩ = 100
Originaltonart: Cis-Dur
Heller »Stimmenhören«
EMI Electrola (1983)
Text: André Heller, Musik: Peter Wolf

Englisch Horn

Vor- und Zwischenspiel

Die Muschel

Ein rauher Sommertag und das Plätschern des Meeres am Strand. Ganz, ganz wichtig dabei ist Muschelnsammeln und Eintauchen in die Welt des Klabautermanns. Das beswingte Feeling gilt für die Gitarrenzupferei natürlich erst recht.

Gitarre

Strophe

Swing-Walzer, im Gegensatz zum normalen Walzer werden alle Achtel nicht gerade, wie notiert, sondern swingend gespielt: die erste Achtel erklingt doppelt so lang wie die zweite.

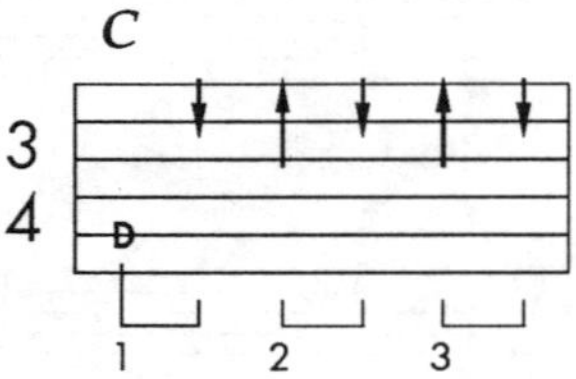

»Der Sommer war rauh ...«

Refrain

Bluesiges Arpeggio, ebenfalls in Swing-Achteln. In den letzten vier Takten nimmt die Gitarre dann die ›Wellen-Melodie‹ auf.

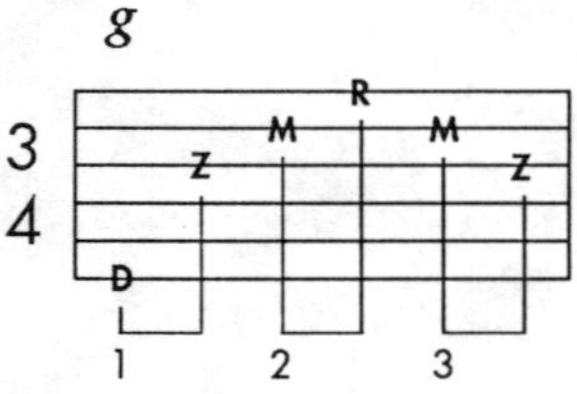

»Wie kommt in die Muschel ...«

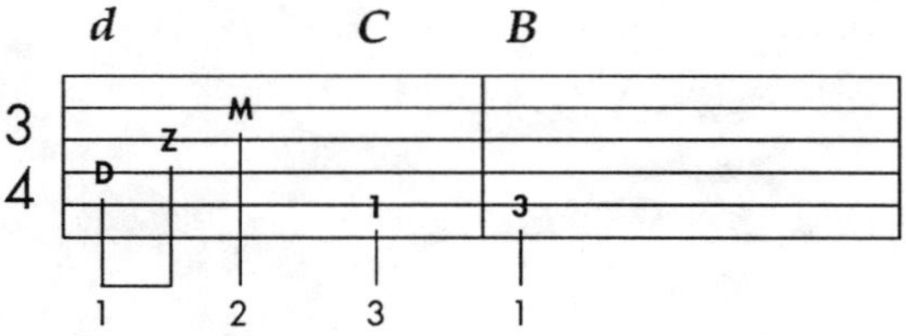

letzten Takte ab »... Land ?«
(2x spielen)

Akkorde

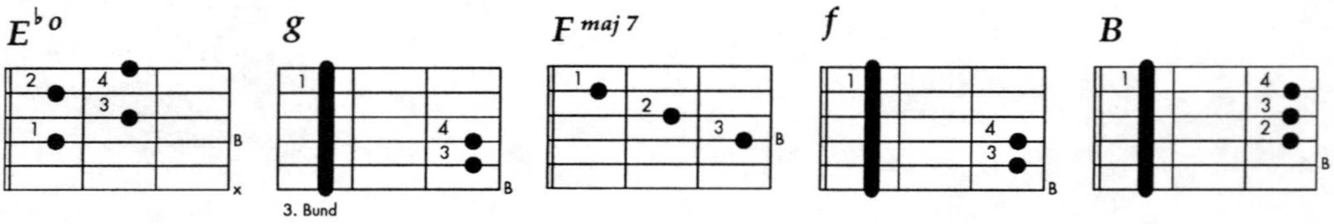

♩ = 132 *Swing* ♫ = ♪♪♪ (triplet)
Originaltonart: G-Dur
Birsner »Dreikäsehochs und Luftiküsse«
Schnoog (1984)
Text und Musik: Gerd Birsner

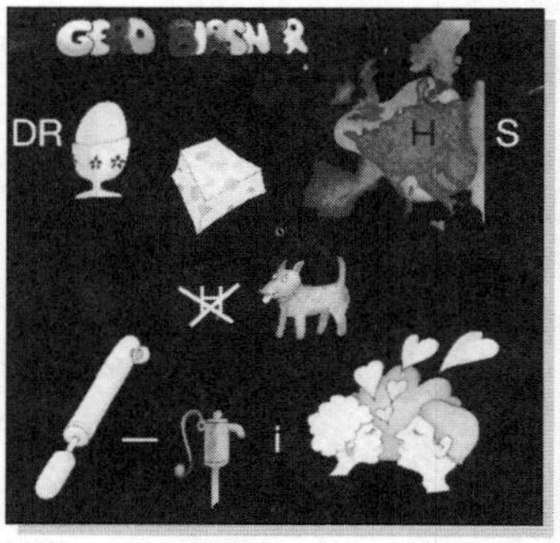

Fagott und Flöte

Intro, Zwischenspiel

Fagott und Flöte blasen einen zweistimmigen Satz, Fagott die obere, Flöte die untere Stimme.

Gesang

Zweite Stimme für den Refrain

Mondin

In alten Kulturen hatte der Mond meist eine weibliche Gestalt, sein Ab- und Zunehmen diente der Zeitrechnung. Die Mondgöttin war Spenderin der Fruchtbarkeit. Der weibliche Zyklus stimmt mit dem Mondzyklus überein. Auch Geburten ereignen sich häufiger bei Vollmond. Die alte Mondzeit lebt in vielen Geschichten, in Gebräuchen und im Aberglauben weiter. Die endlosen Gezeitenströme des Meeres, die vom Mond gesteuert werden – der in vielen Sprachen heute noch weiblich ›Mondin‹ genannt wird – geben hier versetzte Stimmen wieder.

Gitarre

Die Gitarre fließt sanft mit den Wellenbewegungen. Wir spielen und zählen durchgängig Achtel, um bei den zahlreichen Taktwechseln nicht abgetrieben zu werden.

Strophe

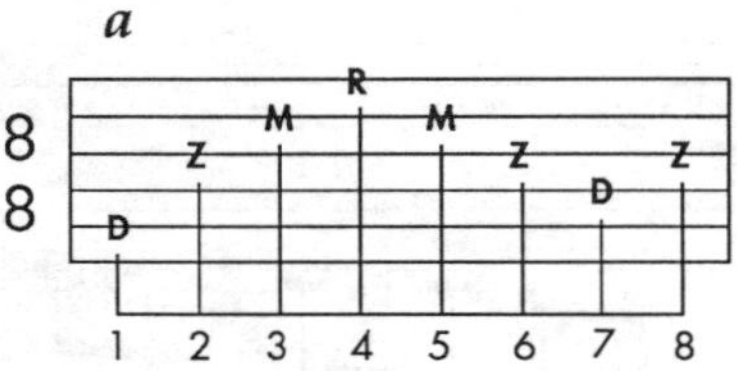

»Wir sind ein endloses Meer ...«

Refrain

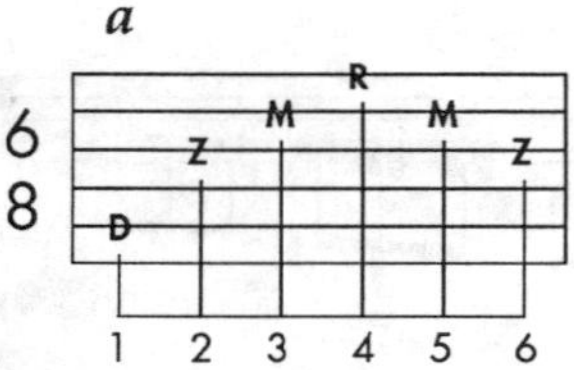

»Mondin, Mondfrau ...«

Akkord

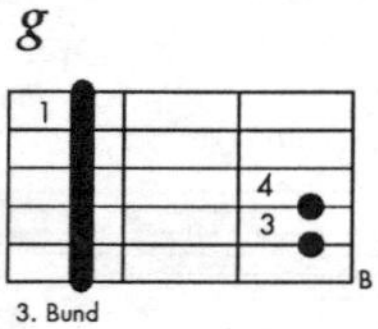

♪ = 168
Originaltonart: cis-moll
Schneewittchen »Mädchen die pfeifen«
Phonogram (1981)
Text und Musik: Bruni Regenbogen

Gesang

Schneewittchen arrangieren ihren Gesang mit zeitlich versetzten Stimmeinsätzen zu Beginn der ersten Strophe und im Refrain, so daß diese Passagen wie ein Kanon aufeinanderfolgen. Das erste System gibt nochmal die Hauptstimme wieder, das zweite System den Folgegesang der zweiten Stimme. Den Schluß der ersten Strophe intonieren sie zweistimmig.

Für den Refrain sind Ruf und Antwort im Liederbuch notiert: die Wiederholungen »Mondin« und »Mondfrau«. In Strophe 2 und 3 erfolgt kein versetzter Gesang.

Laß uns auf die Reise gehn

Dieser Landschaftstraum erinnert an romantische Dichtung und Malerei. Witthüser und Westrupp, Kultband all derer, die sich Ende der 60er Jahre auf ›langer Reise‹ befanden, erzählen in ihren Liedern phantastische Geschichten und Träume. Sie begleiten sich dabei mit Gitarre und anderen akustischen Instrumenten wie Trommel, Xylophon, Posaune, Trompete oder dem hier verwendeten Streichpsalter.

Gitarre

Als Begleitung ein Fingerpicking für die Gitarre. Das Muster wird auch in Takten mit zwei Akkorden gespielt, aber auf die wechselnden Baßtöne achten.

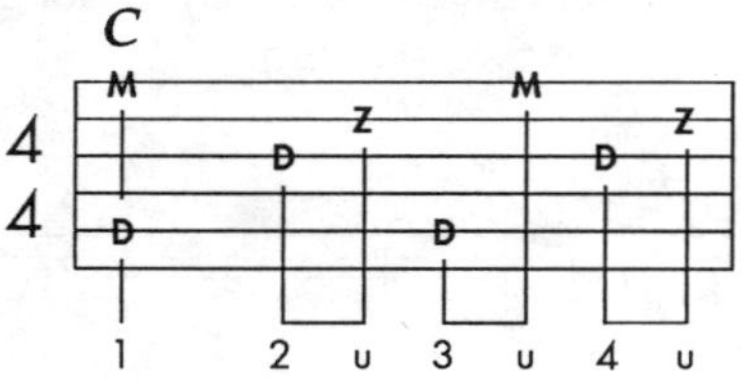

durchgängig

Streichpsalter

Meditative Grundstimmung entsteht durch einen Streichpsalter. Wir haben sein Intro und die Strophenunterlegung komplett ausnotiert. Das Intro ist zugleich Zwischenspiel.

Intro

♩ = 184
Originaltonart: C-Dur
Witthüser & Westrupp »Trips und Träume«
Ohr (1971)
Text: Thomas Rother, Musik: Bernd Witthüser

Strophe

Flöte, Geige oder andere Instrumente mit langen Tönen können den ungewöhnlichen Streichpsalter ersetzen.

Nora

Nora bezieht sich auf die gleichnamige Frauengestalt des norwegischen Dramatikers Henrik Ibsen, die allmählich in Widerspruch zu den bürgerlichen Konventionen der Ehe gerät, bisher verborgene Kräfte freisetzt und als selbständiger Mensch ihren Weg geht. In dem improvisatorischen Gesang zu Beginn baut sich die ganze Zerrissenheit und Spannung des Aufbruchs auf, die sich auch später nicht völlig auflöst, gehalten durch Flöteneinwürfe und einen dissonanten Schlußton.

Gitarre

Ein Spannungsbogen zwischen dem sich im Raum verlierenden »Nora, wohin gehst du ...« und dem selbstbewußten Refrain entsteht, wenn leises mit lautem Spiel abwechselt.

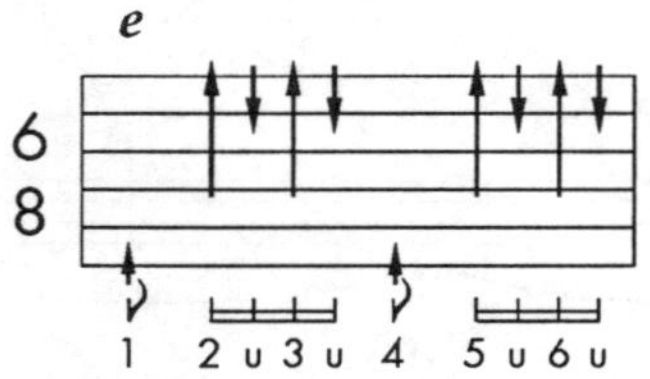

durchgängig

Querflöte und Gesang

Die Querflöte spielt in der Strophe improvisatorische Einwürfe. Im Refrain eine 2. Stimme für den Gesang, die auch die Flöte übernehmen kann.

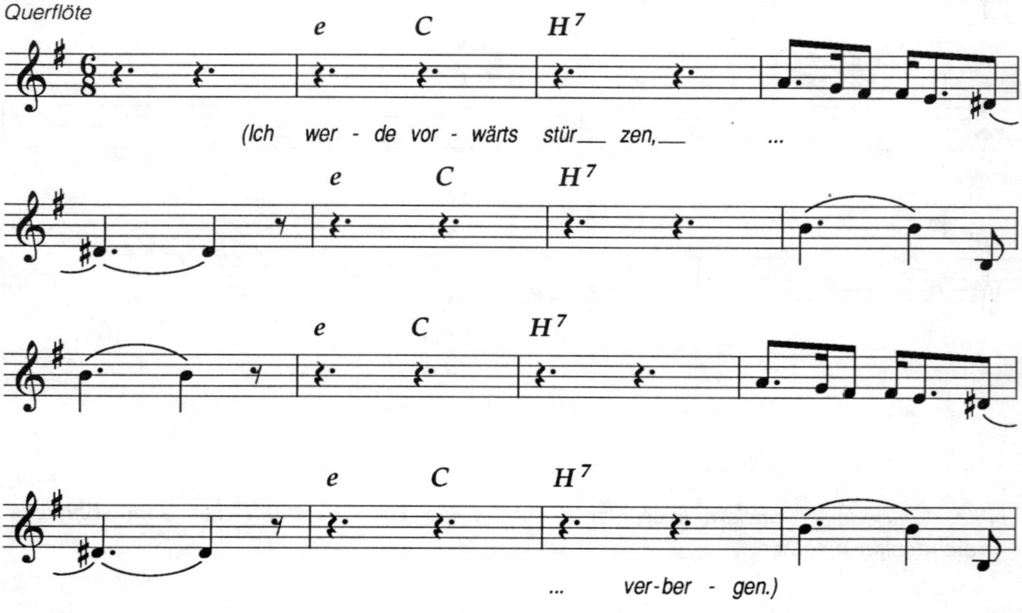

♪ = 196
Originaltonart: fis-Moll | Fis-Dur
Schneewittchen »Zerschlag deinen gläsernen Sarg«
Phonogram (1978)
Text und Musik: Angi Domdey

Akkorde

Der wilde Mohn

Eine Ballade über die verlorengegangenen Ideale des Sozialismus. Zugleich bringt das Lied die Hoffnung zum Ausdruck, daß die rote Blume doch einmal wild und ungezähmt blühen und sich frei entfalten kann. Musikalisch sind Strophe und Refrain gegensätzlich gearbeitet. Die Strophe ist rezitativ angelegt, mit langen Melodiebögen, ihre Schwerpunkte sind kaum betont. Im Refrain dagegen kommt die 1 wieder zu ihrem Recht als Taktschwerpunkt.

Gitarre

Strophe

Die Finger zupfen schnell nacheinander die Saiten an, so daß der Klang an einen Flamenco erinnert. Oder – gut gemogelt – mit Daumen oder Zeigefingernagel langsame Abschläge ausführen. Akkorde über zwei Takte werden nur im ersten angeschlagen.

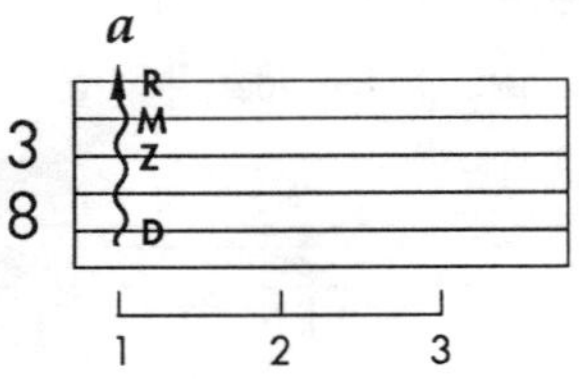

»Der wilde Mohn ...«

Refrain

Ein Walzer, leicht und luftig gezupft

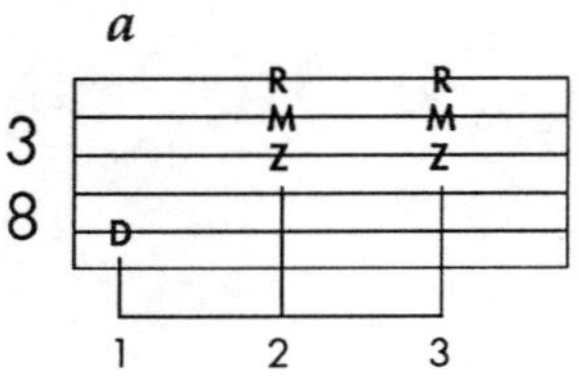

»Das ist das Lied ...«

♩. = 86
Originaltonart: a-Moll
»Hitparade der Liedermacher«
Amiga (1985)
Text und Musik: Hans-Eckardt Wenzel

Akkorde

a 2/6 -

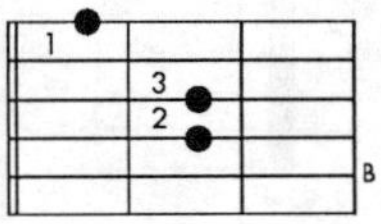

d 7

D o

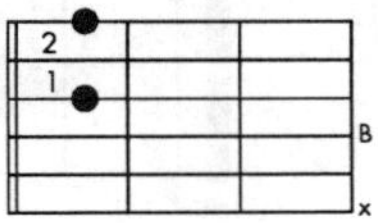

E o

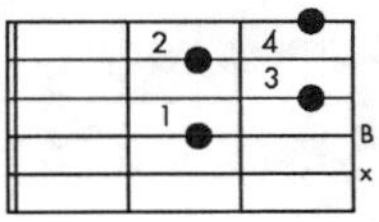

In der Sprache die sie verstehn

Sandinisten und Contras in Nicaragua prallen in diesem Song aufeinander. Die Realität des Landes wird in der Strophe mit hartem Reggae untermalt, dem im Refrain die eher verhaltene aber unüberhörbare Frage der Sandinisten entgegensteht. Wir haben alternativ eine geschlagene und eine gezupfte Gitarrenfassung ausgearbeitet.

Schlaggitarre

Zunächst die Reggae-Version für Rockgitarre, die an Kunzes LP-Fassung anknüpft.

Strophe

In den Strophen nehmen wir den reggaeartigen Baß auf. Typisch für den Reggae ist das Auslassen des Schlags auf Zählzeit 1. Wir dämpfen leicht und spielen Barréakkorde.

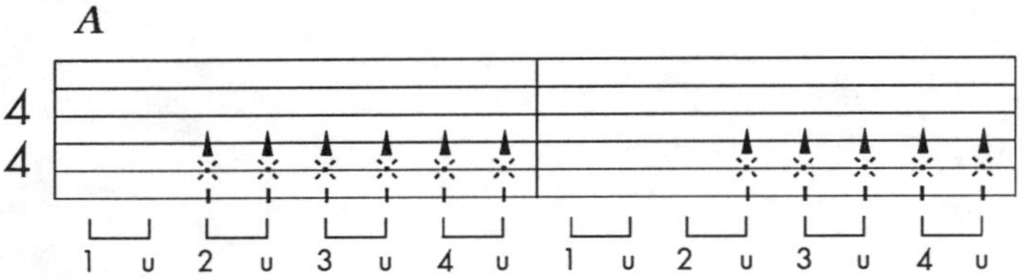

»Sie schließen ... «

Refrain

Im Refrain ein Calypso-Muster, das durch fehlende Schläge leicht verschleppt wirkt.

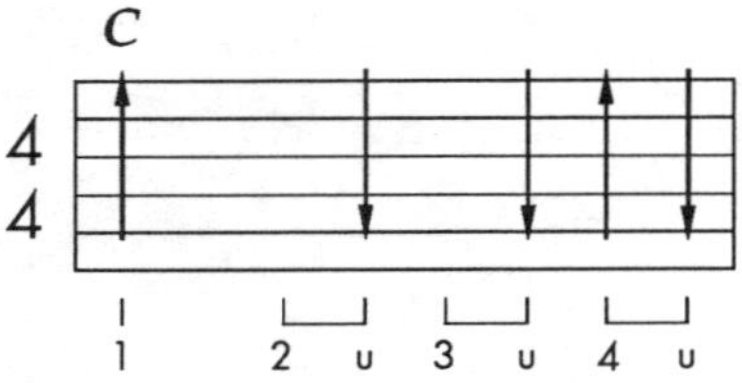

»Wie lange wolln wir noch warten ... «

Akkorde

Im Reggaeteil sollten die Harmonien entweder wie Rockakkorde über die 3 tiefen Saiten oder im Barré gegriffen werden. Im Refrain wieder normal gespielte Akkorde.

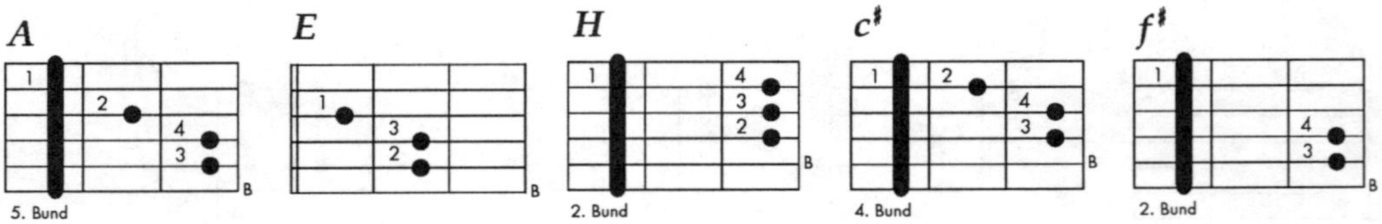

♩ = 130
Originaltonart: F-Dur, Cis-Dur
Kunze »Wunderkinder«
WEA (1986)
Text: Heinz Rudolf Kunze, Musik: Kunze, Heiner Lürig

Konzertgitarre

Eine Arpeggio-Version des am Klavier komponierten Stückes trägt den Song ebenfalls gut.

Strophe

Ein rhythmisch versetztes Muster. In Takten mit 2 Akkorden nur den ersten Teil spielen.

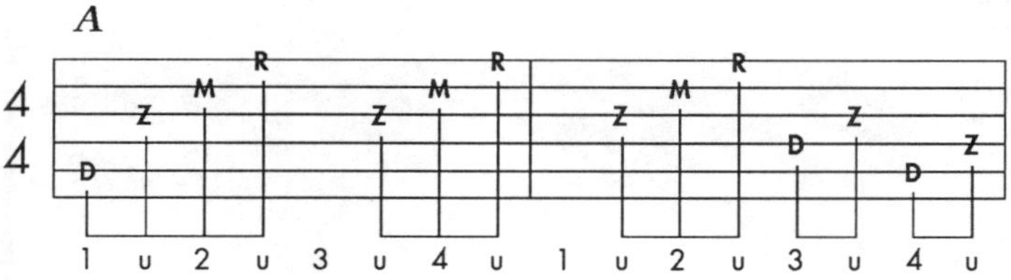

»Sie schließen ... «

Refrain

Vertrautes Muster mit einfacher Akkordauflösung.

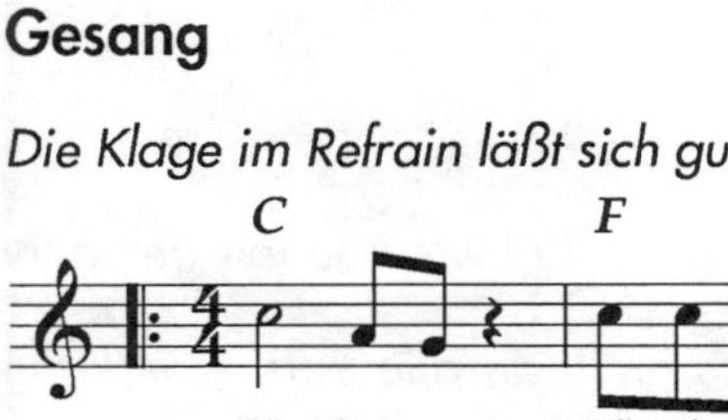

»Wie lange wolln wir noch warten ... «

Gesang

Die Klage im Refrain läßt sich gut zweistimmig singen. Hier die ergänzende Stimme.

Wounded Knee

Den Spuren der Indianer Nordamerikas folgt dieser Song. Als Vorlage diente das Buch »Bury My Heart at Wounded Knee« von Dee Brown. Es schildert die Geschichte der stolzen und einst mächtigen Stämme der Sioux, Cheyennes, Comanchen, Navajos, Apachen – ihren verzweifelten Kampf gegen den militärisch weit überlegenen Weißen Mann. Wo immer er in ihr Land kam, trat er ihre Rechte mit Füßen, ging mit Grausamkeit gegen sie vor und drängte sie in seinem Landhunger in unwirtliche Gebiete zurück.

Gitarre

Auf der Gitarre wird das gesamte Stück über ein rhythmisches Fingerpicking gespielt.

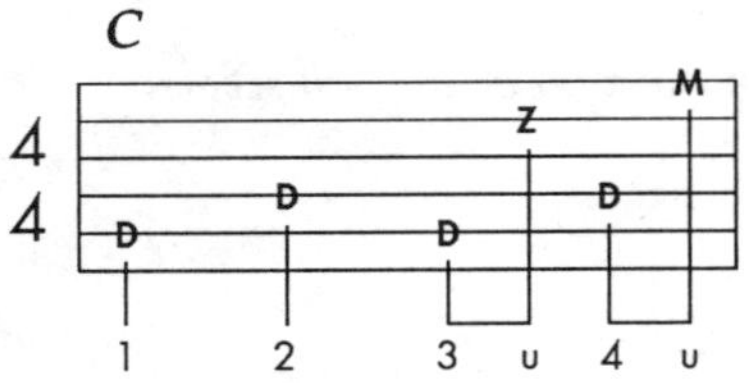

Gesang

Die Gesangsmelodie variiert jeweils in der dritten Zeile der Strophe.

»Old Red Clouds« Worte am Schluß werden gesprochen. Die Gitarre spielt dazu das Fingerpicking mit den Harmonien des Refrains. Die Akkorde verteilen sich dazu wie folgt:

G **a**
Sie haben uns viele Versprechen gemacht
G **a**
so viel, daß ich mich nicht an alle entsinnen kann
C
Sie haben nicht eins gehalten
a
außer dem einen, daß sie sagten,
G **F** **C**
»Wir nehmen euch euer Land« – und sie nahmen es

♩ = 190
Originaltonart: C-Dur
Peter Braukmann Band »Wounded Knee«
Rillenschlange (1982)
Text und Musik: Peter Braukmann

Flöte

Gut zur Stimmung passen tiefe Flötentöne, die legato geblasen werden. Wir haben ein Intro komponiert. In Strophe und Refrain nimmt die Flöte Töne der Gesangsmelodie auf und spielt im Anschluß an den Refrain den im Liederbuch abgedruckten Instrumentalteil.

Intro

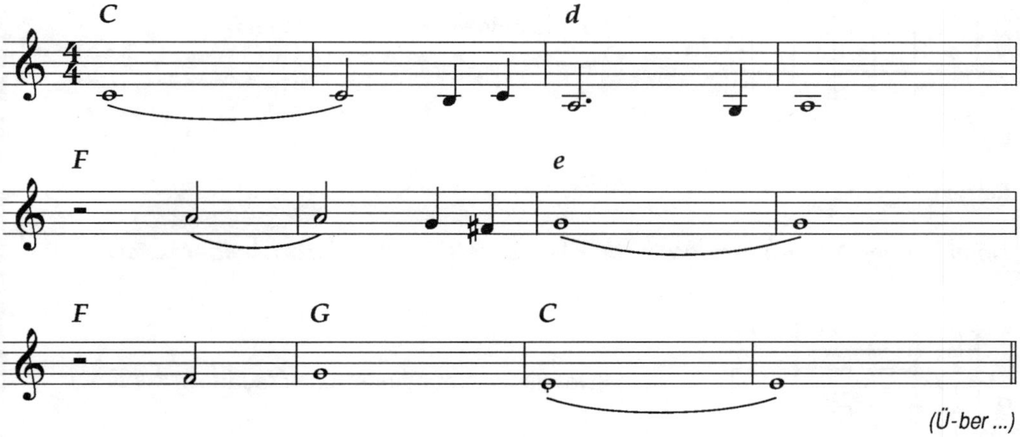

Das Feuer

Spuren der Getretenen und Besiegten, von heute zurück bis zu den Bauernkriegen des 15. Jahrhunderts, verfolgt Thomas Felder in seiner Heimat Württemberg. Er gestaltet das Lied so, daß die langen Zeiträume, die dazwischenliegen, lebendig wahrgenommen und nicht betäubt werden. Seine Stimme trägt das Stück und setzt wie beim a cappella Gesang die Akzente und den Rhythmus.

Gitarre

Strophe

Fließendes Arpeggio mit Betonung der letzten Achtel – nicht in einen Walzertakt verfallen.

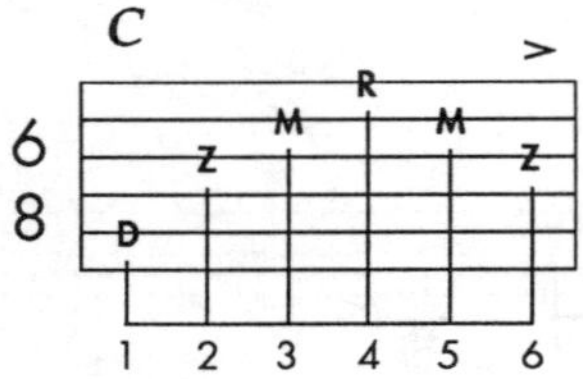

»Vor fast einem halben Jahrtausend ... «

Refrain

Hämmernder Akkordanschlag. In den beiden 3/8-Takten wird das halbe Muster gespielt.

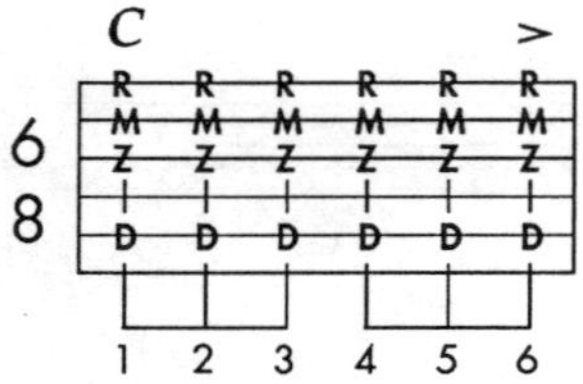

»Deswegen Freundinnen und Freunde ... «

♩ = 100
Originaltonart: D-Dur
Felder »Bis jeder vom andern die Heiterkeit kennt«
Eigenverlag Felder, Gönningen (1978)
Text und Musik: Thomas Felder

Der Hugenottenfriedhof

Auf dem Friedhof der französischen Gemeinde im Osten Berlins liegen Bertolt Brecht und andere kommunistische Künstler in einer Reihe mit dem Kulturminister der frühen DDR, Johannes R. Becher. Dieser hatte über Form und Inhalt literarischer Werke zu wachen. Ein ›haltbarer Sandstein‹ für ihn? Ein ›grauer Granit‹ für Brecht! Biermann schrieb das Lied aus Widersprüchen, frei nach dem ›Verfremdungseffekt‹ Brechts, dessen Arbeitsstätte in der Chausseestraße wie zufällig an den Friedhof angrenzt.

Gitarre

Der Strophe ist ein schnelles Arpeggio unterlegt, dem Refrain ein langsamer Shuffle, vergleiche Metronom. An der rhythmischen Nahtstelle ›Kochen und Waschen zu Haus‹ verlangsamt das Tempo, damit sich die Teile harmonisch aneinanderfügen. Das Arpeggio wird hin und wieder durch Abschläge auf Zählzeit 1 unterbrochen, die den Takt über stehen bleiben. Mögliche Stellen sind »verliern« und »mitten« sowie der Takt nach »ruht aus«.

Strophe

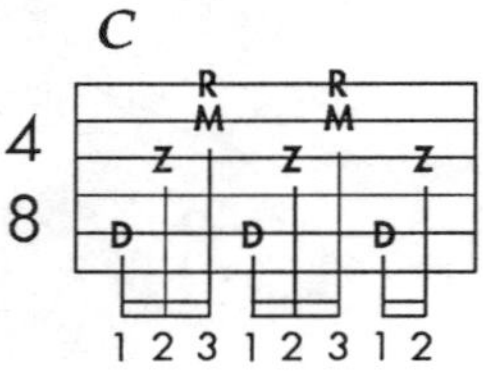

»Wir gehn manchmal ... «

Übergang

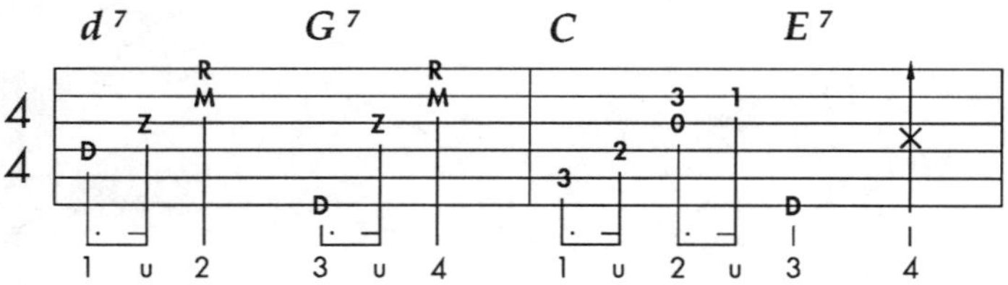

»Kochen und Waschen zu Haus«.

Refrain

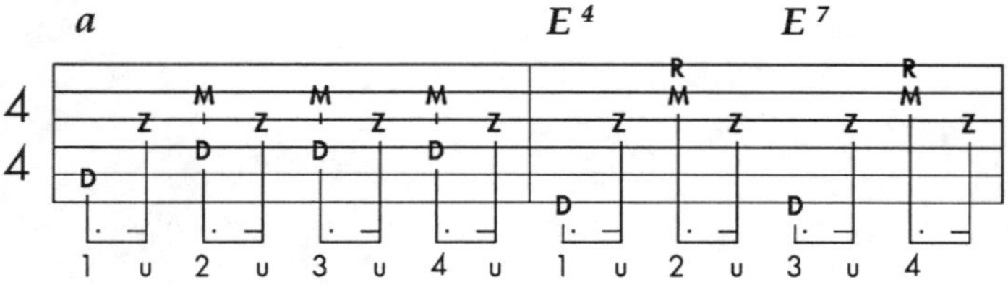

»Dann freun wir uns ...«

♩ = 132 Strophe ♩ = 112 Refrain
Originaltonart: Es-Dur
Biermann »Warte nicht auf beßre Zeiten«
CBS (1973)
Text und Musik: Wolf Biermann

Fast wie in echt

Wolf Biermann spielt den Shuffle im Refrain in einer ausgefeilten Zupftechnik, die wir den Gitarrenvirtuosen nicht vorenthalten wollen.

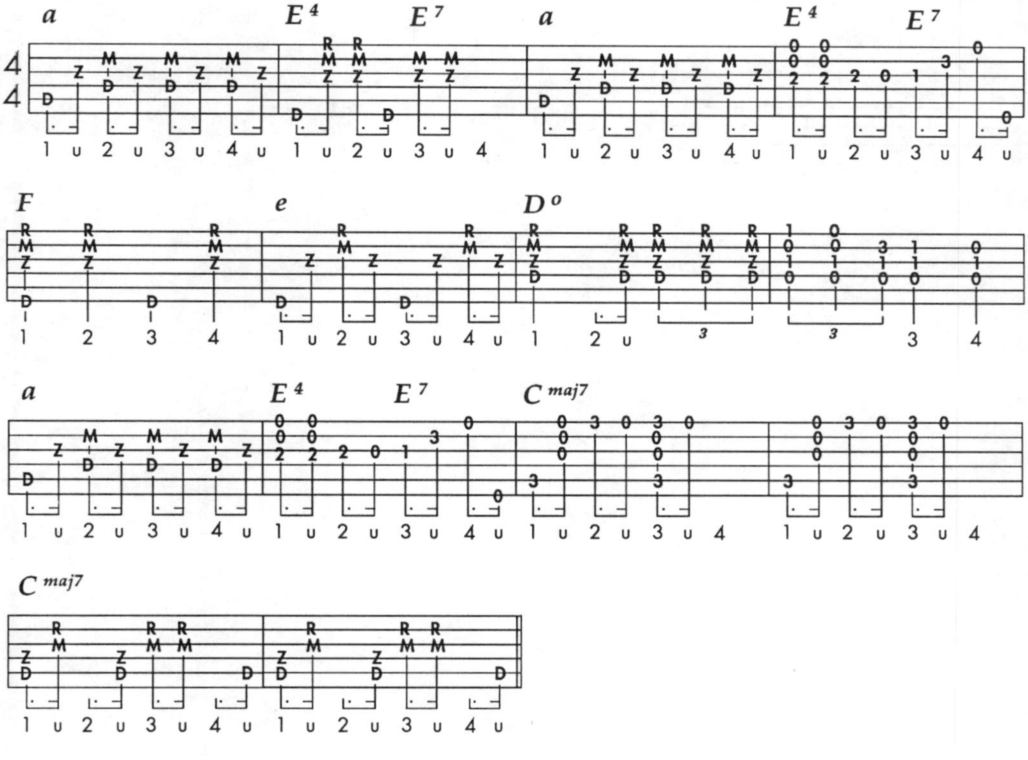

Akkorde

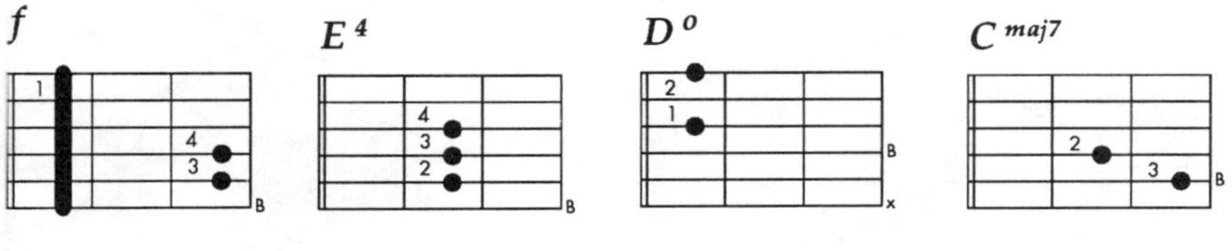

Was passierte in den Jahren

Konstantin Wecker drückt in diesem Song Gefühle und Ängste der Generation aus, die 1968 gestartet war, die Welt aus den Angeln zu heben. Seine Erinnerung an zurückliegende Ideale soll den inzwischen zum ›Realisten‹ gewordenen in seiner Anpassung an die Normen der Gesellschaft erschüttern. Ein Aufbäumen gegen den Zwang zur Unterordnung, die Spießigkeit und die Bequemlichkeit im Alltag.

Gitarre

Akkordauflösungen, die an Weckers latin-angehauchten Klavieranschlag anknüpfen. Die weit vor dem Beat gespielte Begleitung beflügelt den nachfolgenden Gesang und bringt erst die Leichtigkeit der Interpretation.

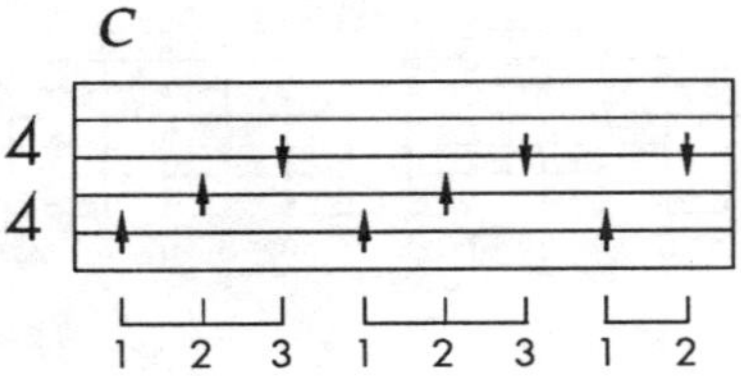

durchgängig

Akkorde

C maj7

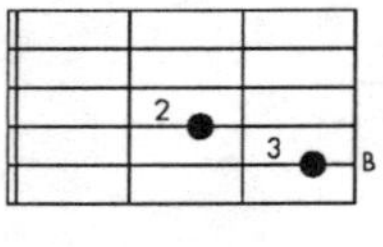

D o

♩ = 182
Originaltonart: Es-Dur
Wecker »Inwendig warm«
Polydor (1984)
Text und Musik: Konstantin Wecker

Klavier und Cello

Lateinamerikanische Anklänge auch in den Synkopen des Intros und Zwischenspiels. Diese Instrumentalteile sind das musikalische Erkennungszeichen für diesen Song. Sie werden im Original auf dem Klavier gespielt. Im Refrain unterlegt ein Cello lang anhaltende Töne.

Intro und Zwischenspiel

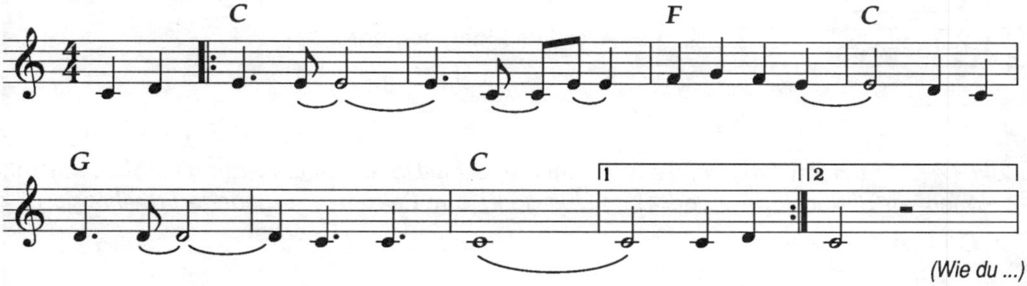

Refrain

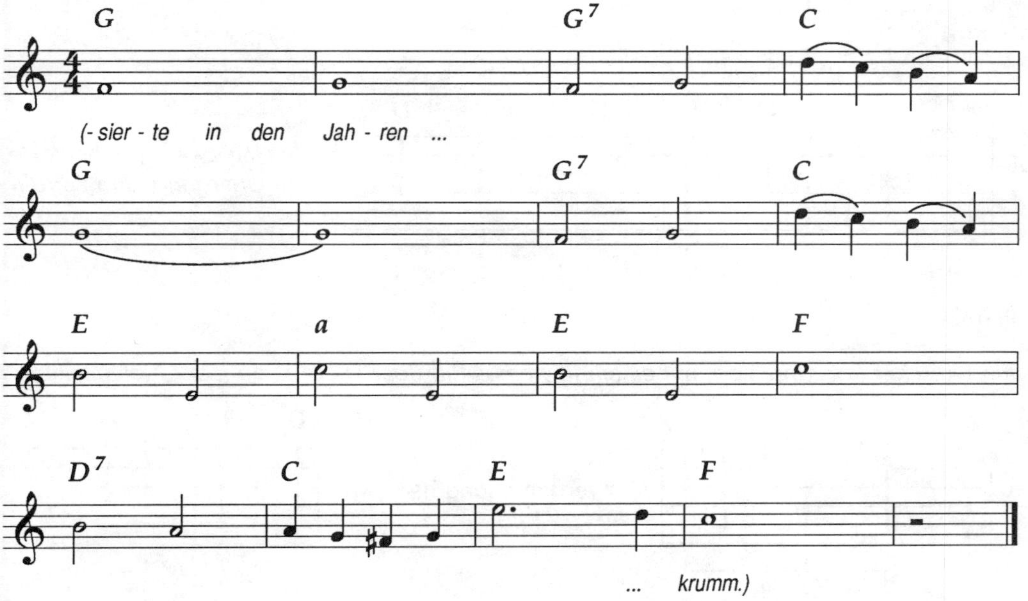

Verdamp lang her

Wolfgang Niedecken, Texter und Sänger der Köllner Rockband BAP, hält Rückschau am Grab seines Vaters. Lebensabschnitte werden wach, so fließt ein, daß Wolfgang Kunst studierte. Auch der Bandname nimmt ja Bezug auf den ›Vater‹, das kölsche Wort »Bap« heißt nichts anderes. Musikalisch wird das stark im Sprechgesang gehaltene Stück neben dem spärlich eingesetzten Refrain hauptsächlich durch einen markanten Gitarrenriff von Klaus Heuser, dem Leadgitarristen der Gruppe, getragen.

Gitarre

Strophe

Takt 1–16 abgerollte Abschläge, (auf D am Zeilenende pausieren). Durch spezielle Griffweise von e ^{7} entsteht mit D und C eine absteigende Tonlinie auf der hohen E-Saite.

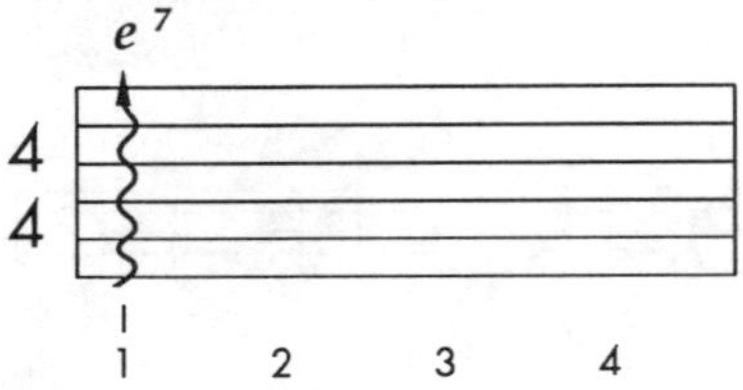

»Verdamp lang her, dat ...«

Takt 17–24 setzt Rhythmusspiel ein. Indem die rechte Hand percussiv auf die Saiten schlägt, betonen wir die Schläge 2 und 4. Im Übergang zum Refrain wird geändert rhythmisiert.

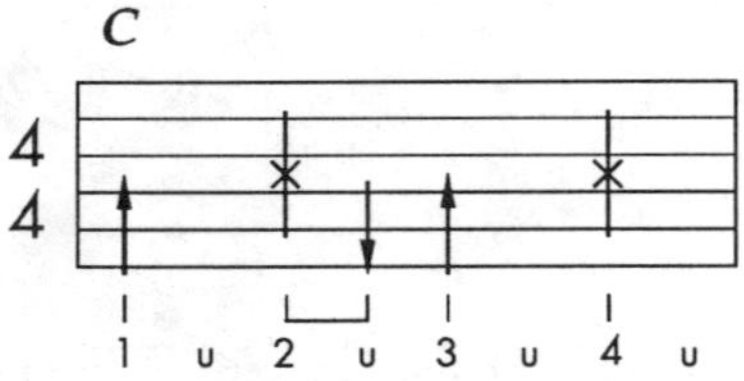

»nit resigniert, nur ...«

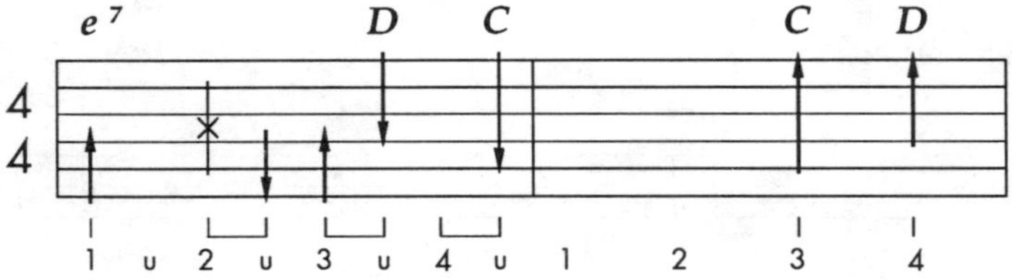

letzten zwei Strophentakte im Übergang zum Refrain

Refrain

Ein typischer Rockanschlag, mit einem Rhythmus-Riff über D am Ende jeder Notenzeile.

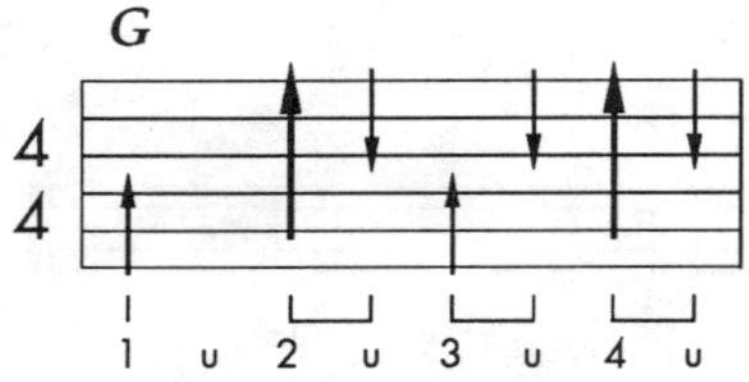

»Verdamp lang her ...«

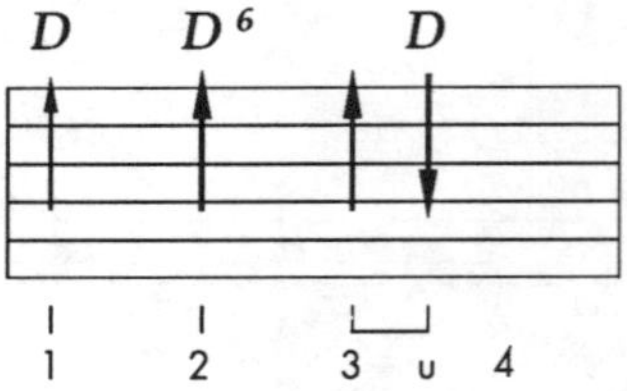

$♩ = 134$
Originaltonart: e-Moll
BAP »Für usszeschnigge«
Musikant EMI (1981)
Text: Wolfgang Niedecken, Musik: Klaus Heuser

Fast wie in echt

Strophen 3 ff

Als Markenzeichen des Songs setzt mit Strophe 3 der Gitarrenriff ein. Er unterlegt jeweils die Takte 1-16. Gespielt wird um die Töne des ›Rockakkords‹, den wir in den Bünden verschieben.

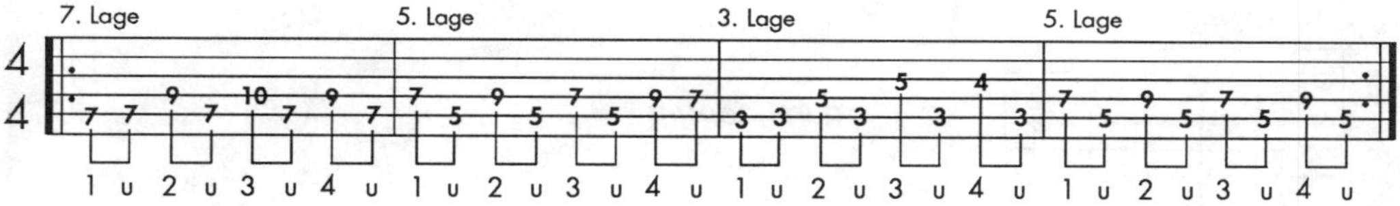

Im Strophenteil der Takte 17-24 kann der ›Rockakkord‹ beibehalten werden, evtl. mit dem Handballen der rechten Hand gedämpft, um das charakteristische Klangbild zu erreichen.

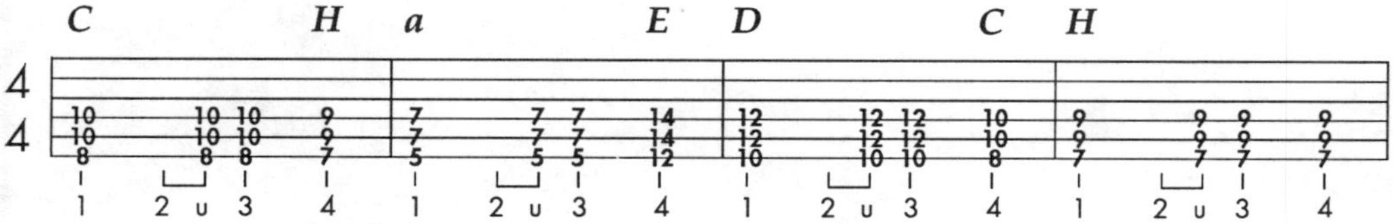

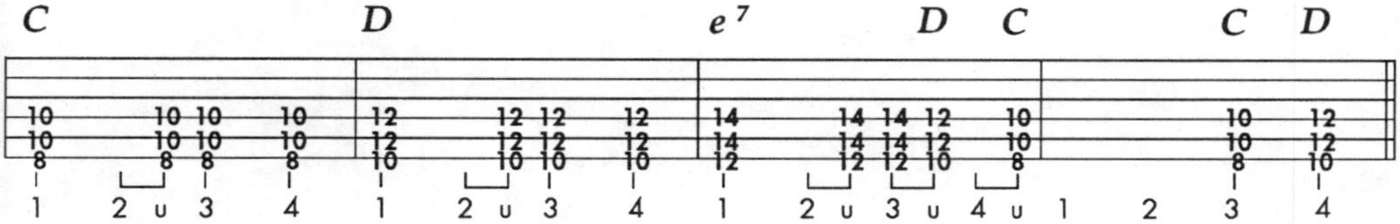

Akkorde

Der Akkord e 7 in der Strophe wird in einer spezieller Weise gegriffen.

e 7

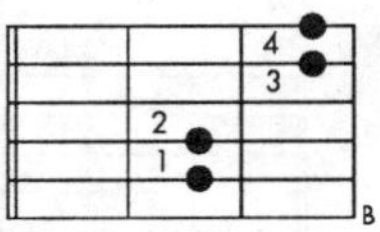

D 6

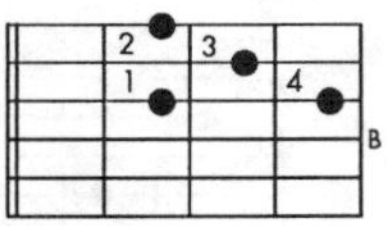

›Rockakkord‹

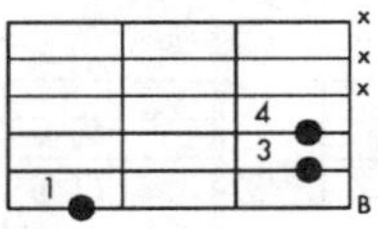

nur über die Baßsaiten gespielt verschiebt sich im Bund je nach Harmonie

Klang der Stille

Dieses Stück entstammt der »Liedergalerie« – einem Zyklus nach Bildern von DDR-MalerInnen, die Gerhard Schöne vertonte. Seine Vorlage war Käte Müllers Bild »Bei der alten Kirche«. Eine Meditation, die dazu einlädt, sich der Schönheit und Vielfalt der Schöpfung zu besinnen und eine Insel der Ruhe in sich selbst zu schaffen.

Gitarre

Schlichtes 3/4 Arpeggio. Für die Phrasierung hilft vielleicht der Text weiter: in-sich-hören und etwas vom Boden abheben, möglicherweise bekommt das Spiel so die nötige Leichtigkeit. Die Baßtöne des Daumens sollten deutlich als Melodie zu hören sein.

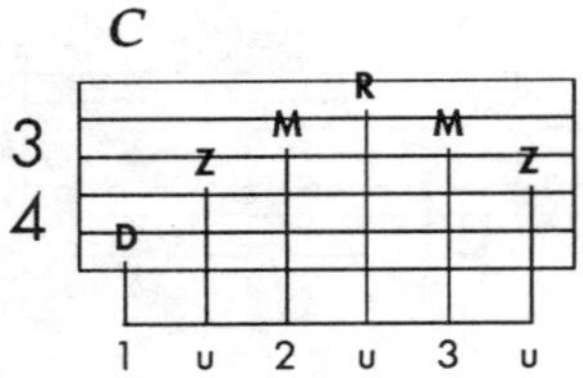

durchgängig

Akkorde

Absteigende Baßlinien über C-Dur, wie Gerhard Schöne sie einflechtet, haben wir in ihrer Folge aufgemalt. Der Grundton des Akkords wandert auf 1 taktweise abwärts. In Takt 1–4 und Takt 9–12: C $|C_{/H}|C_{/A}|C_{/G}$. Eine kleine Variante in Takt 25–28: C $|C_{/H}|C_{/B}|C_{/A}$. Beim Arpeggiospiel können die eingeklammerten Töne wegfallen.

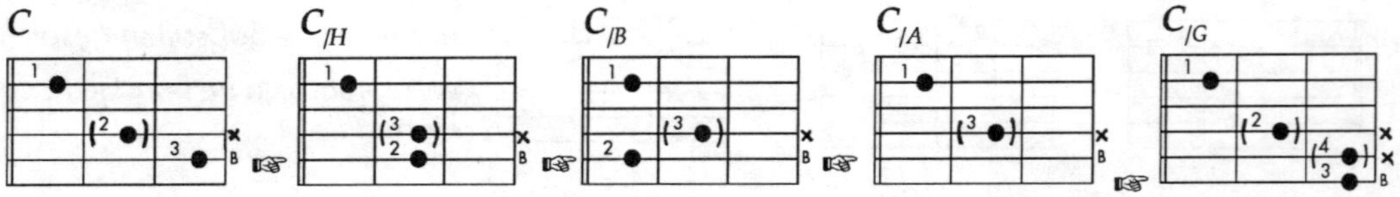

♩ = 170
Originaltonart: E-Dur
Schöne »Spar deinen Wein nicht auf für morgen«
Amiga (1981)
Text und Musik: Gerhard Schöne

Fast wie in echt

Gerhard Schöne spielt das Lied in einer offenen E-Dur-Stimmung, wie es im folgenden hier ausnotiert ist. Dafür werden drei Saiten hochgestimmt: A-Saite auf H, D-Saite auf E, G-Saite auf Gis. Die Griffweise vereinfacht sich deutlich.

Als Intro und Extro werden Flageoletttöne eingesetzt. Dazu kommt ein hübsches Zwischenspiel mit Hammerin on.

Intro

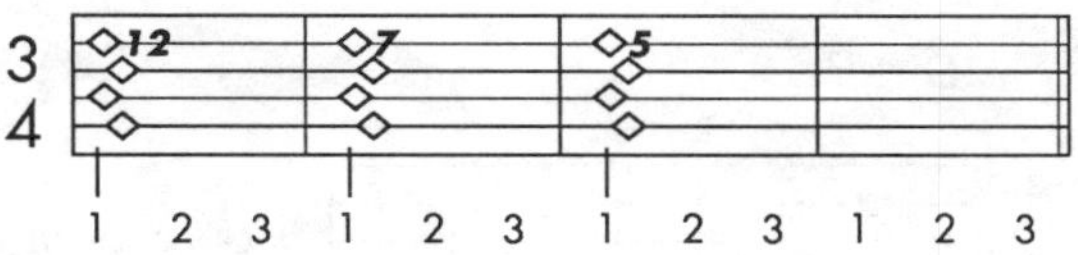

Strophen

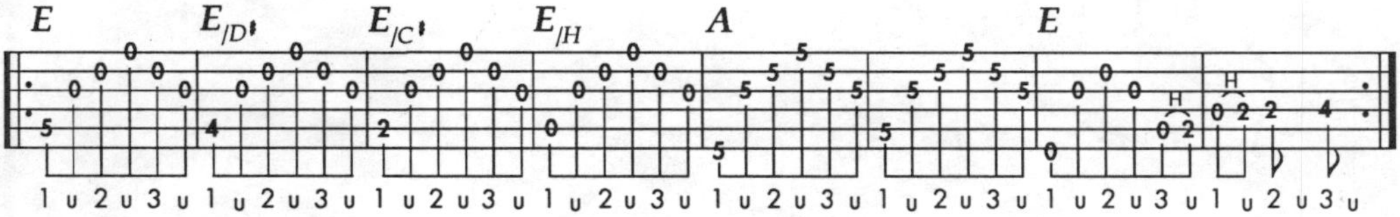

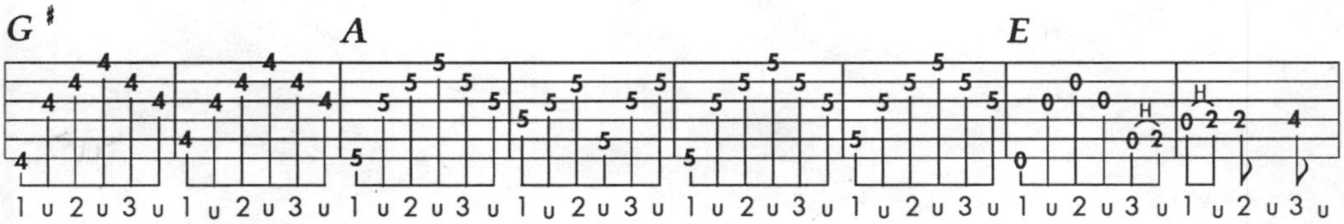

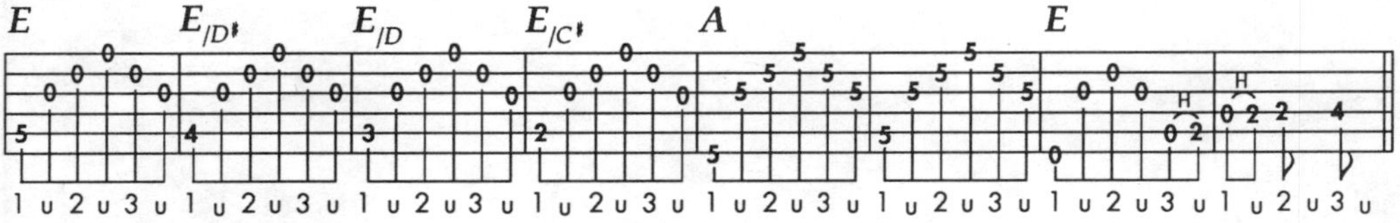

Zwischenspiel

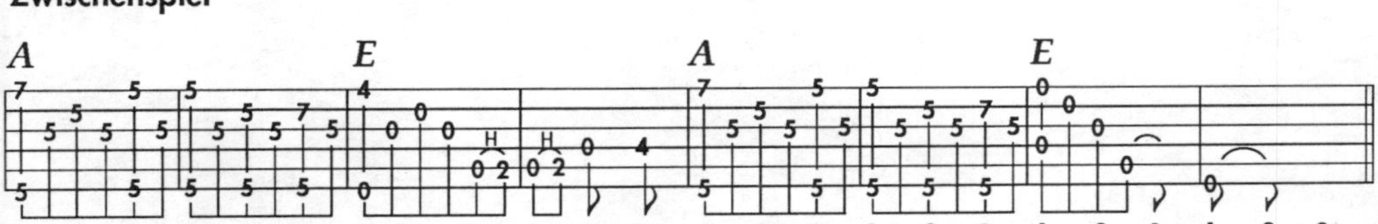

Frag mich Fragen

Ein verschlüsseltes Lied aus der Zeit der DDR, das die Suche nach Antworten und nicht - mehr - gestellten Fragen aufnimmt in einer Situation, in der nicht nur Dichter und Sänger unter ihrer Sprachlosigkeit leiden, sondern auch andere Menschen den offenen Austausch von Gedanken verlernt haben.

Gitarre

Strophe und Refrain

Ein einfaches Zupfmuster, da es mit den ganzen ›schrägen‹ Akkorden schon genug zu tun gibt.

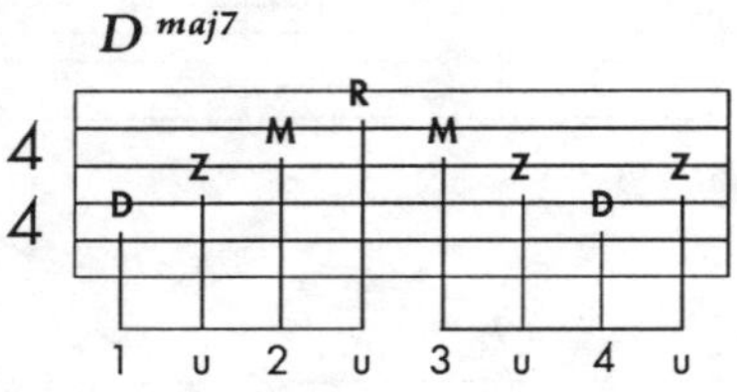

durchgängig

♩ = 104
Originaltonart: A-Dur
Görnandt & Rönnefarth »Frag mich Fragen«
Amiga (1982)
Text: Matthias Görnandt, Musik: Bernd Rönnefarth

Akkorde

Um schneller umgreifen zu können, evtl. Fingersätze ändern. Als h spielen wir vereinfacht $h_{/D}$.

Herz

Michelangelo suchte die Steine für seine Skulpturen in den Marmorbrüchen selbst sorgfältig aus und ließ viele seiner Skulpturen unvollendet, um den Stein in seinen vielfältigen Möglichkeiten nicht zu zerstören. Wie der Künstler aus dem Stein die bereits in ihm verborgene Skulptur nur freilegte, soll auch der Mensch seine aufgebauten Schutzwälle ablegen und sein Wesen wieder frei zugänglich machen.

Gitarre

Strophe

Da die Strophe weitgehend im Sprechgesang gehalten ist, fällt die rhythmische Phrasierung zur Gitarrenbegleitung nicht leicht.

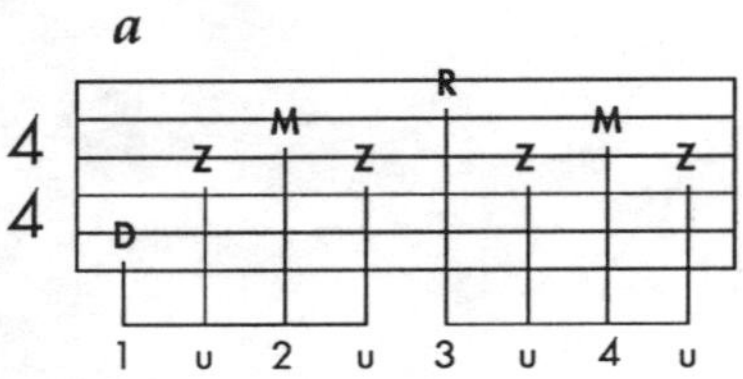

»Michelangelos Skulpturen ...«

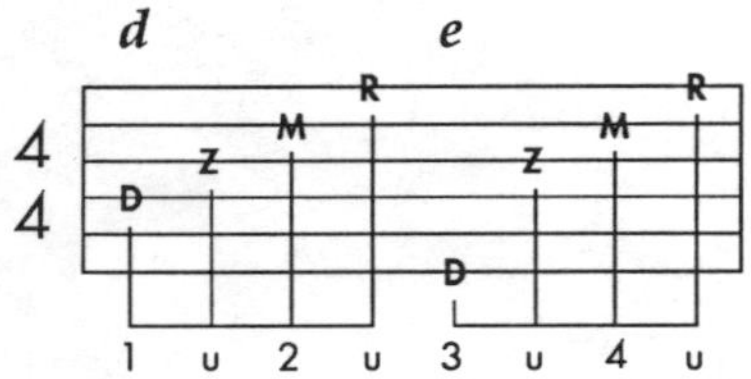

Variation für Takte mit 2 Akkorden

Refrain

Der Refrain geht in ein Fingerpicking über mit den wechselnden Baßtönen als ›Herzschlag‹. Der Baßaufgang zum Refrain kann auf der Gitarre mitgespielt werden.

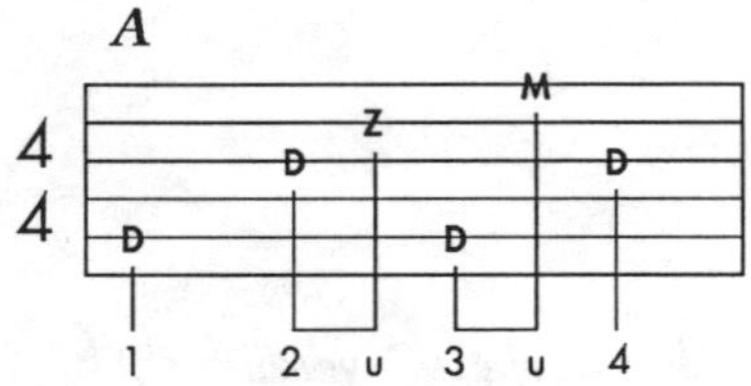

»Hörst du da nicht den Trommler ...«

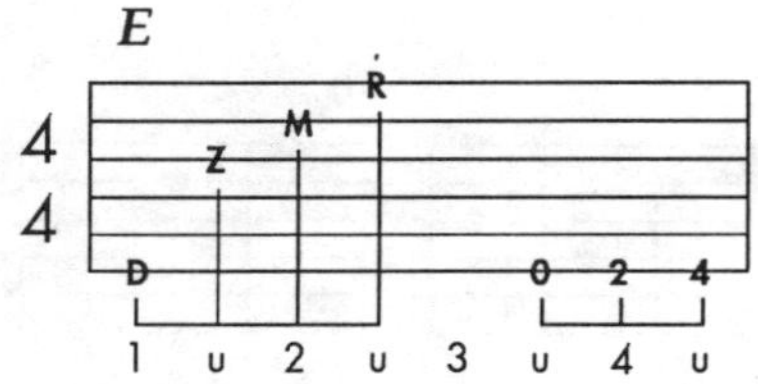

»hören. ... «

♩ = 144
Originaltonart: a-Moll | A-Dur
Van Veen »Die Anziehungskraft der Erde«
Polydor (1981), Text: Chrispijn, Woitkewitsch
Musik: Van Veen, Sacksioni

Gesang

Unterstützt werden kann die ›Herzfrequenz‹ im Refrain durch weitere Baßtöne, die gut klingen, wenn sie nur mit der Stimme auf »bom, bom, ...« gesungen werden.

Refrain

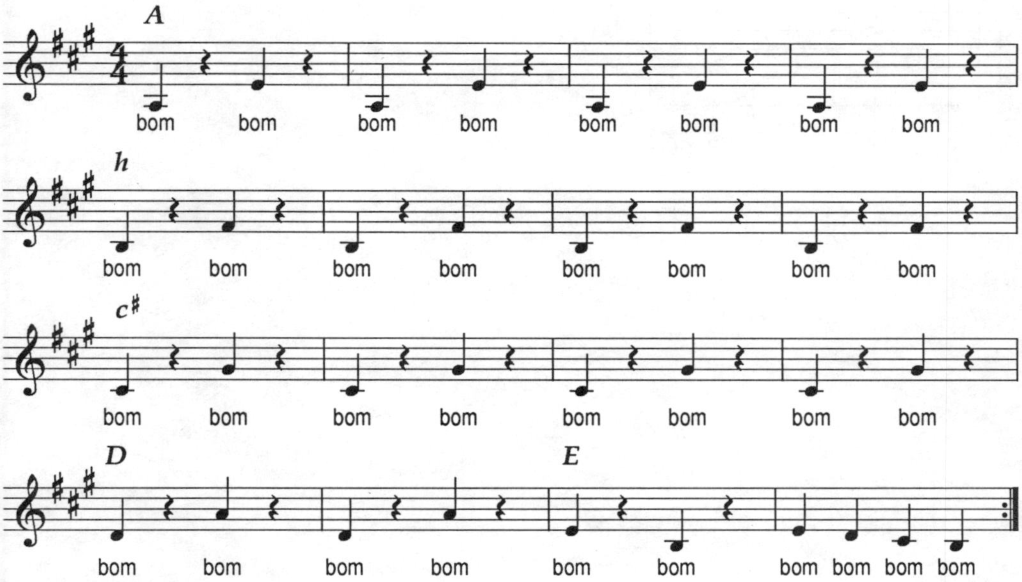

Akkorde

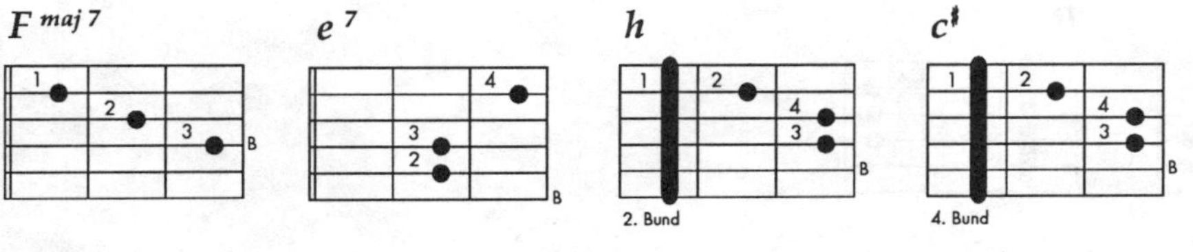

Laß es zu

Das Sich-Überlassen können, Sich-Preisgeben und Annehmen des Lebens ohne Angst, ist ein Motiv, das in Erika Pluhars Liedern häufiger anzutreffen ist. Die Melodie stammt von ihrem portugiesischen Komponisten und Pianisten Vitorino D'Almeida, der das Stück auch auf dem Klavier begleitet. Einen zusätzlichen Reiz erhält das Lied, wenn es ab Strophe 3 und nochmals in der letzten Strophe einen Ton höher moduliert wird.

Gitarre

Die Gitarre spielt durchgängig ein der Klassik entlehntes Zupfmuster.

F

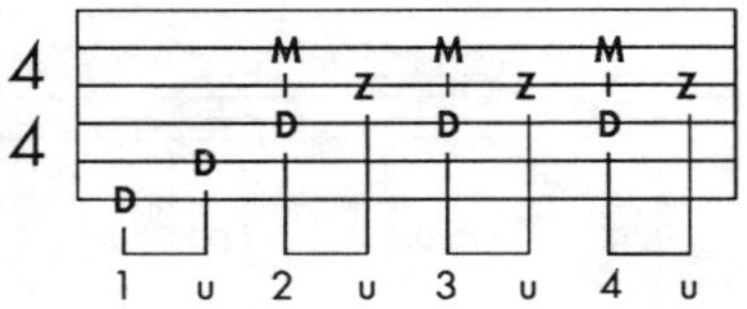

Akkorde

g

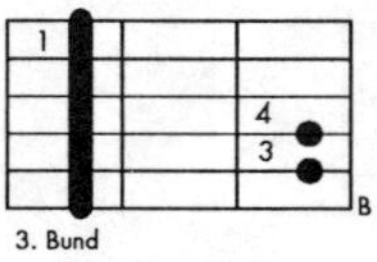

B

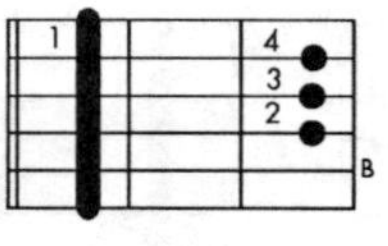

♩ = 110
Originaltonart: D-Dur
Pluhar, D´Almeida, Marinoff »Odeon Amsterdam«
E.T.E. Polygram (1985)
Text: Erika Pluhar, Musik: Antonio Vitorino D'Almeida

Klavier

Eine vereinfachte Klavierbegleitung für alle Strophen. Auch sie kann ab Strophe 3 und nochmals in der letzten Strophe einen Ton höher modulieren.

Flußabwärts

Eine Szene voll innerer Unentschlossenheit, die Manfred Maurenbrecher hier einfängt – zwischen Fortgehen und doch Dableiben. Wie in einem spannenden Krimi steuert die Strophe auf den ›dramatischen Höhepunkt‹ zu. Der Refrain beginnt harmonisch und endet zerrissen in offenen Akkorden. Die Ballade wird im Original am Piano begleitet, das Schlagzeug verleiht ihr ein Half-Time-Feeling.

Gitarre

Strophe

Langsames Arpeggio in Vierteln als Grundmuster, über je zwei Takte. Ein dramatischer Effekt durch drei geschlossen gezupfte Akkorde entsteht in Notenzeile 3 und 6.

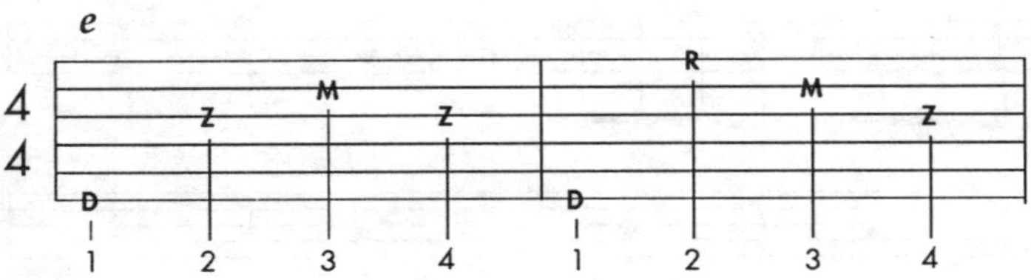

»Mondlicht kam ...«

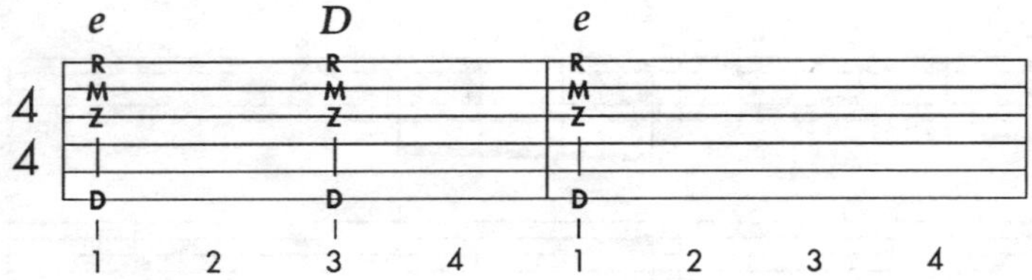

die beiden letzten Takte in Notenzeile 3 und 6

Refrain

Wieder das langsame Arpeggio, das zerissen in den offenen Akkorden C ^{maj7} und einem Schlußakkord A $^{7/9}$ endet.

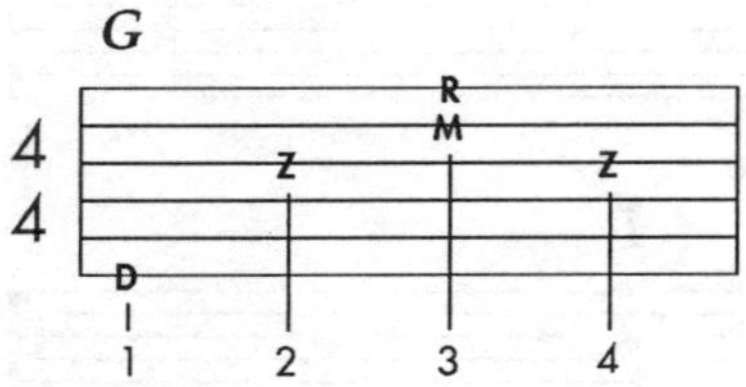

"Nein, ich will nicht weg von dir ..."

𝅗𝅥 = 72 Half Time
Originaltonart: es-Moll
Maurenbrecher »Viel zu schön«
CBS (1985)
Text und Musik: Manfred Maurenbrecher

Akkorde

Die beiden Schlußakkorde $C^{maj\,7}$ *und* $A^{7/9}$.

C^{maj7}

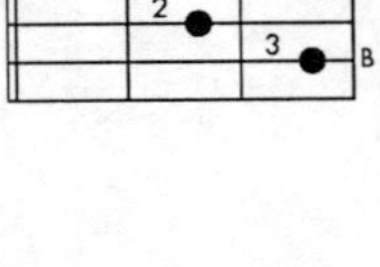

$A^{7/9}$

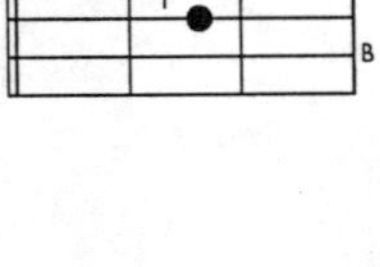

Treiben, Gleiten, Treiben

Ganz entspannt und abgeklärt kommt dieses Lied von ›Väterchen Franz‹ daher. Am See mit den Seerosen und dem Schilf erfolgt zwischen Sommer und Herbst des Menschenlebens eine scheinbar beiläufige Begegnung mit dem Sensenmann ...

Gitarre

Was wäre ein Degenhardt-Song ohne den typischen Baß-Akkord-Anschlag? Hier kommt er ein wenig reggae-angehaucht und läßt sich auch gut mit dem Plektrum bringen. Die schwierige Akkordfolge von B bis A^b können wir mit Barré am ehesten bewältigen. Perfekt und prägnant wird sie, wenn die Off-Beat-Aufschläge noch durch Lockern des Griffs nach dem Anschlag leicht abgestoppt werden.

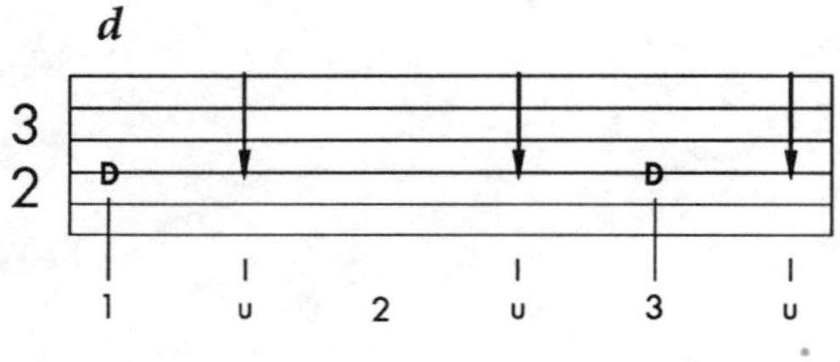

durchgängig

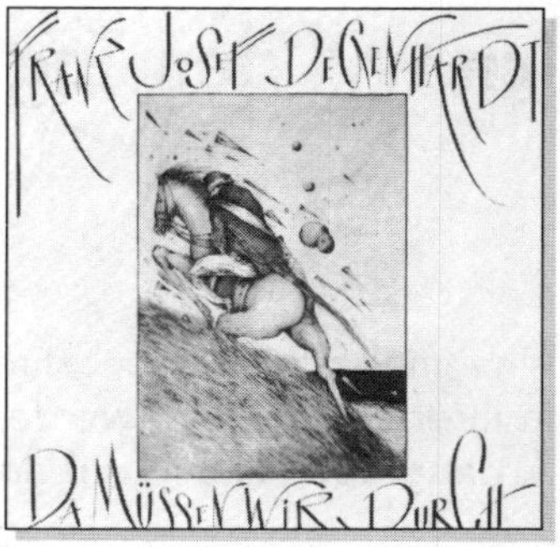

$♩ = 108$
Originaltonart: F-Dur
Degenhardt »Da müssen wir durch«
Polydor (1987)
Text und Musik: Franz Josef Degenhardt

Saxophon

Improvisation im Refrain

Die Leertakte im Refrain sind wie geschaffen für kleine Improvisationen. Angelehnt an das gefühlvolle Saxophonspiel von Christian Wilckens auf der LP haben wir einige Takte notiert.

Akkorde

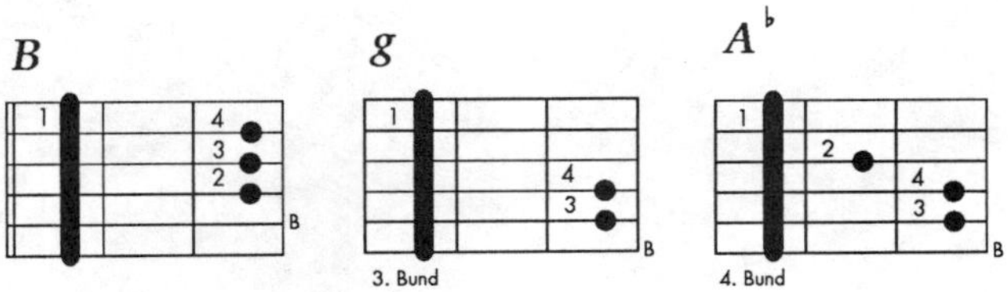

Ich will den Tag nicht halten

Eine mollastige Abendstimmung, von Schneewittchens sehr bekannter erster LP. In ihrer Einspielung werden Gitarre und Klavier verwendet, aber eine alleinige Arpeggiobegleitung auf der Gitarre kann das Lied gut tragen.

Gitarre

Ein Arpeggio im Calypsorhythmus.

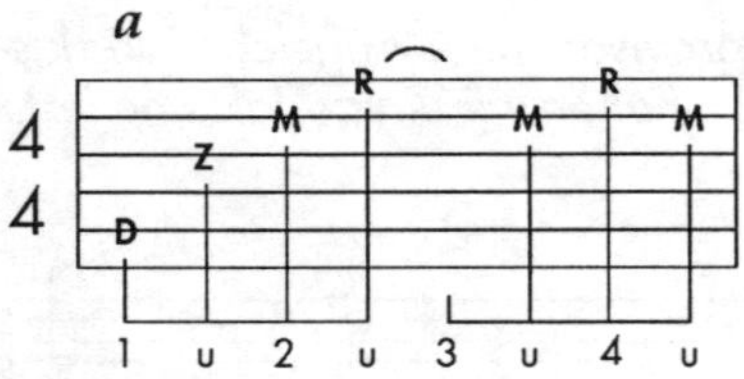

durchgängig

♩ = 140
Originaltonart: g-Moll
Schneewittchen »Zerschlag deinen gläsernen Sarg«
Phonogram (1978)
Text und Musik: Angi Domdey

Querflöte

Improvisation

Als Beispiel, wie über eine Harmoniefolge mit akkordeigenen Tönen improvisiert werden kann, haben wir die Melodiebögen der Querflöte notiert.

Wintertraum

Eine empfindsame, verträumt melancholische Ballade von Mario Hené, der sich ja auf dieses Genre des Verlorenseins spezialisiert hat. Die kurze Begegnung und das wieder Auseinandergehen – nichts ist von Dauer. Im Refrain liegt der musikalische Ausdruck darin, daß es keine beständige Tonart mehr gibt und stattdessen über mehrere Tonfolgen moduliert wird, was eine vertrackte Griffweise zur Folge hat.

Gitarre

Intro

Um die Stimmung des Stücks einzufangen, hilft das hübsche Gitarrenintro.

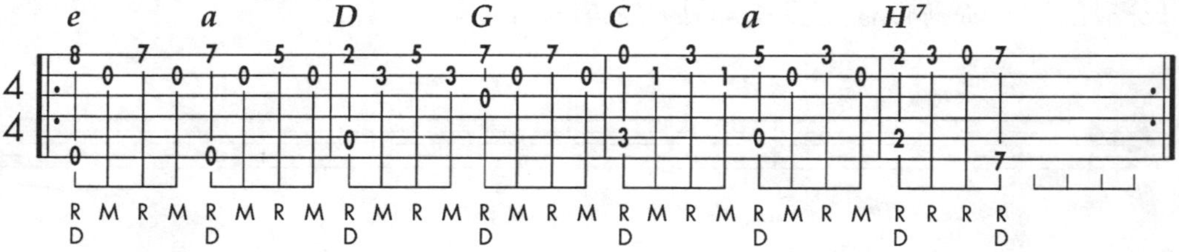

Strophe, Refrain

Arpeggien, in die natürlich entsprechend viel Gefühl gelegt werden sollte. Wie bei einem Klavier mit Pedaleinsatz sollten die Töne ungedämpft stehen bleiben. Als Brücke zwischen Strophe und Refrain ist zur Verzierung ein gesonderter Takt eingeschoben.

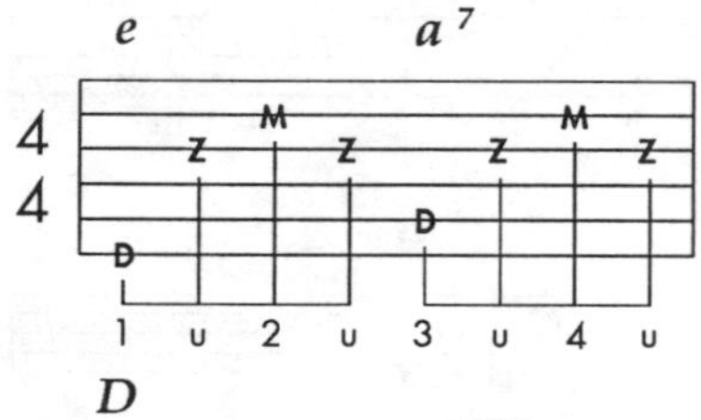

durchgängig

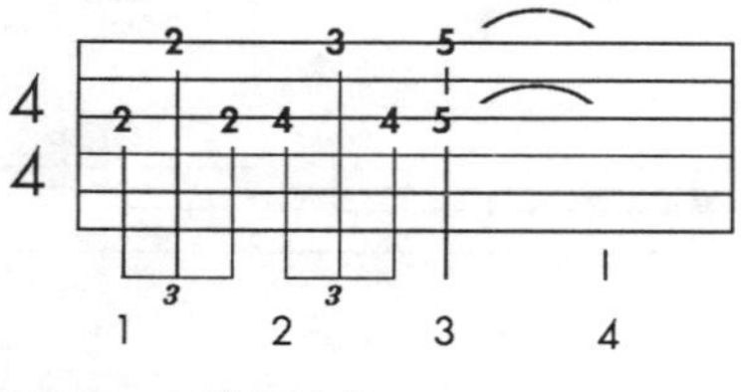

Brücke zwischen Strophe und Refrain

Tips und Tricks

Ausgeprägter Hené-Sound in »Wintertraum« entsteht durch zusätzliche Verwendung einer High-String-Gitarre, bei der die Baßsaiten eine Oktave höher gestimmt sind. Das verleiht den Arpeggien eine neue Klangdimension. Auf der normalen Gitarre kommen wir diesem Sound nahe, wenn alle Akkorde mit Plektrum nur über die vier hohen Saiten, wie beim Akkord d-moll, gespielt werden und somit keine tiefen Baßtöne entstehen.

♩ = 92
Originaltonart: g-Moll
Hené »Mario Hené + Band«
Nature Metronom (1980)
Text und Musik: Mario Hené

Harfe und Sologitarre

Refrain

Im Harfenklang spielt ein Keyboard diese flirrende Begleitstimme zum Refrain.

Gitarrensolo

Nach dem ersten Refrain ein Solo für E-Gitarre, das ebenfalls vom Keyboard kommen kann.

Akkorde

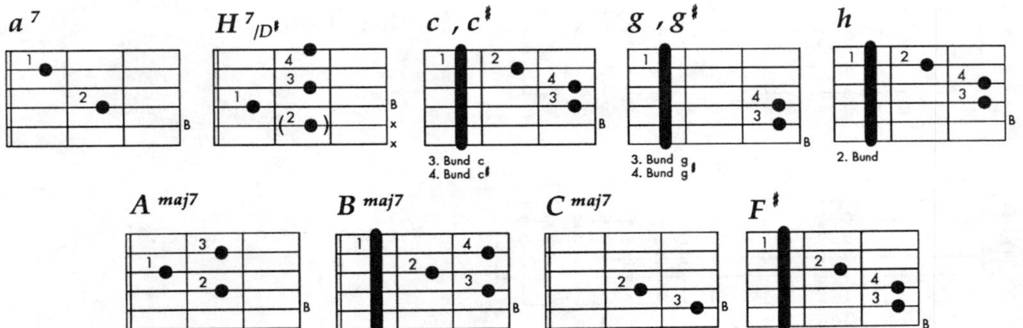

Vollmond

Eine Mondscheinsonate im Hard-Rock für alle Schwerverliebten von Grönemeyers Erfolgsscheibe »Ö«. Das Besondere an dem Stück ist eine offene G-Stimmung der Gitarre, wie sie von den Stones häufig in ihrer Rockmusik eingesetzt wurde. Mit Rockakkorden, die musikalisch weder eindeutig Dur noch Moll sind, quält und nölt sich der Liebessüchtige durch das Stück.

Gitarre

Wir haben die Begleitung für die offene G-Stimmung aufgeschrieben, da so der eigenwillige Sound des Stücks am besten durchdringt. Zudem sind die Akkorde dann einfach.

Wie stimmen wir auf die offene G-Stimmung ?

Zunächst müssen die beiden E-Saiten auf D runtergestimmt werden, dann die A-Saite auf G. Das Stück läßt sich so mit einem Griff über drei Saiten spielen, der nur in den Bünden verschoben wird. Erfolgt der Anschlag sauber, reicht es, nur die A-Saite umzustimmen.

Begleitung in der offenen Stimmung

Grönemeyer eröffnet mit einem Akkord-Gitarrenriff als Intro, gespielt in Abschlägen.

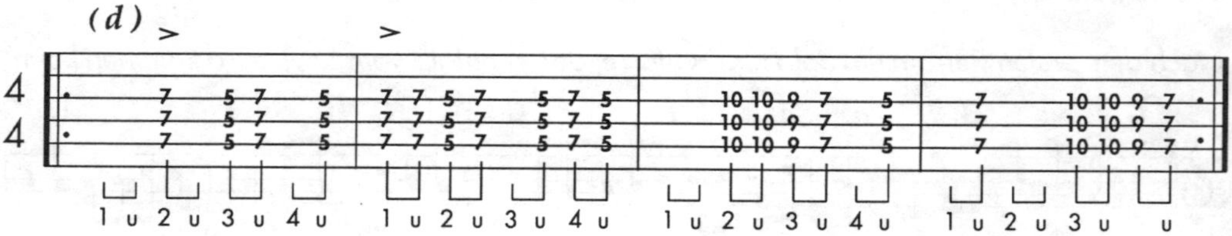

Diese Riffspielweise wird auch für die weitere Begleitung beibehalten. Hier die zweitaktigen Muster für die d-Moll- und A-Dur-Passagen im ersten Teil des Stücks. Die Akkorde im Riff ändern sich nur durch Verschieben in den Bünden.

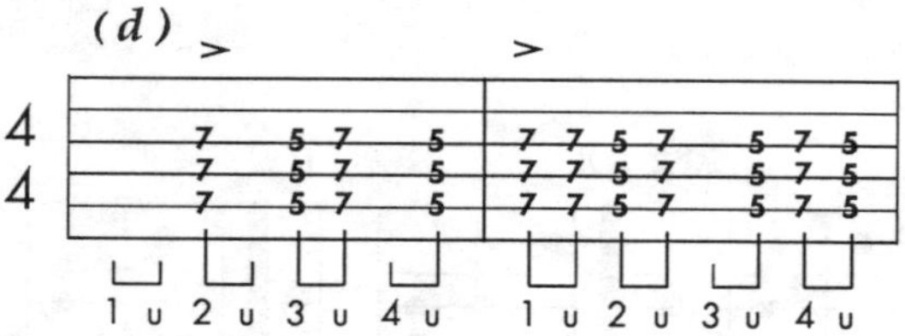

»Du bist voll ...«

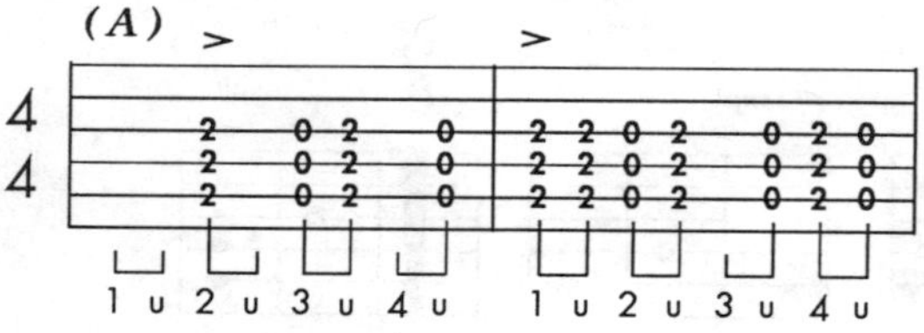

»versuch schon lange ...«

♩ = 127
Originaltonart: F-Dur
Grönemeyer »Ö«
EMI Electrola (1988)
Text und Musik: Herbert Grönemeyer

Der zweite Teil des Stücks wird nicht mehr als Riff gespielt. Die Akkorde bleiben über die angegeben Takte liegen. Außerdem werden alle Achtel angeschlagen, mit kräftiger Betonung der Zählzeiten 2 und 4. Notiert ist die Griffweise für den ersten Akkord: G.

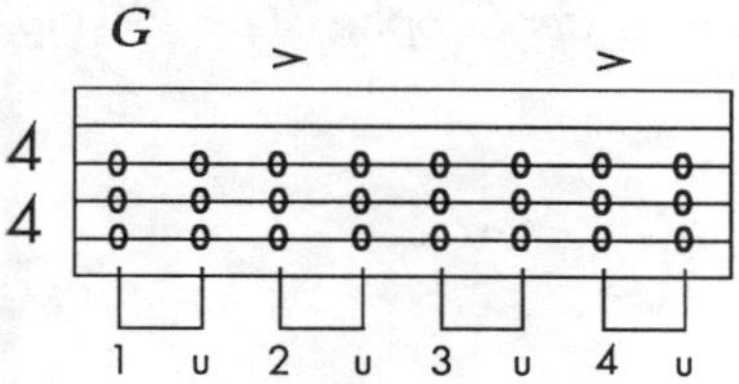

»Komm und mach sie süchtig …«
»Vollmond, setz mich ins …«

Die Griffweise für die weiteren Akkorde ist der nachfolgenden Akkordübersicht zu entnehmen. Auch hier bleibt der Akkord für die angegebenen Takte liegen.

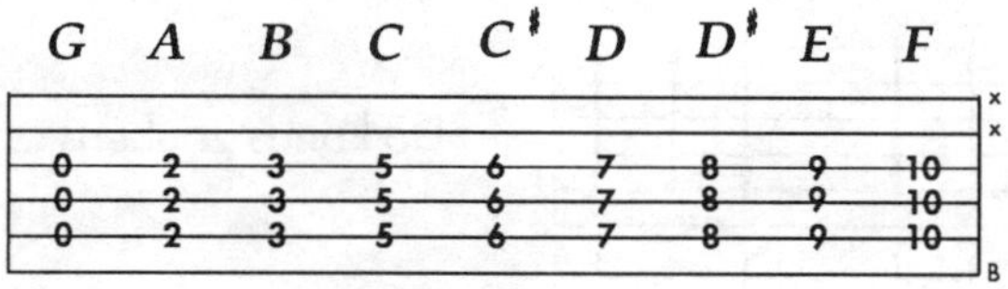

Akkorde für die offene G-Stimmung

Die Harmonien unterscheiden sich nur in ihrer Bundlage, die Griffweise bleibt gleich. Allen Akkorden fehlt die Terz und damit sind sie zwischen Dur und Moll unentschieden.

In den letzten beiden d-Takten des Refrains wird bereits wieder zur Riffspielweise des ersten Teils des Stückes gewechselt.

Do kanns zaubere

Dieses Liebeslied in Kölsch ist ein Bonbon für alle, die bei der Liedbegleitung sonst unterfordert sind, hier können sie sich einmal richtig auf der Gitarre abschaffen. Der Schlagzeuger bringt Ruhe ins Spiel, indem er ein halbes Tempo über den Song legt. Das Stück wird zur Half-Time-Ballade für die Kuschelrock-Ecke.

Gitarre

Strophe

Als Intro wird eine Strophe instrumental vorweggespielt. Muster der Strophe ist ein Picking.

D

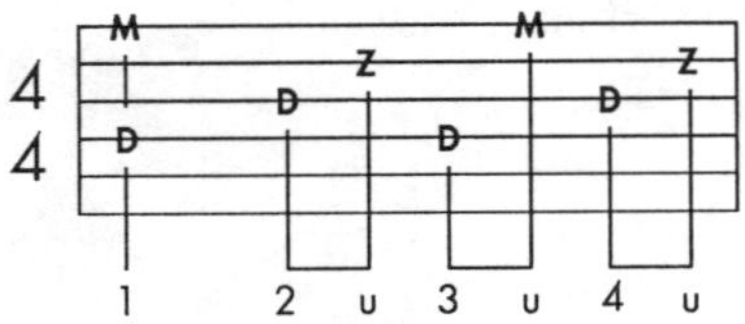

»E wieß Blatt Papier ... «

Refrain

Im Refrain wechselt die Gitarre vom Picking in Rhythmusspiel.

C^{maj7}

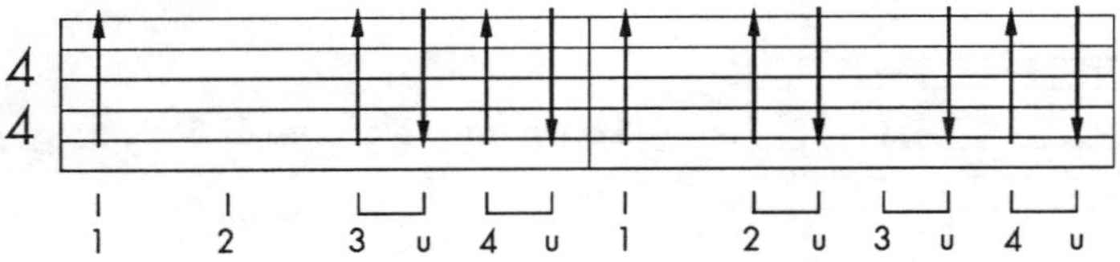

»Do kanns zaubere ... «

Akkorde

Das interessante Klangbild zu Beginn der Strophe entsteht, indem der Ton Fis auf der hohen E–Saite liegen bleibt, während die Akkorde von D über $G^{maj\,7}$ nach e^9 wechseln, bis durch A^7 aufgelöst wird.

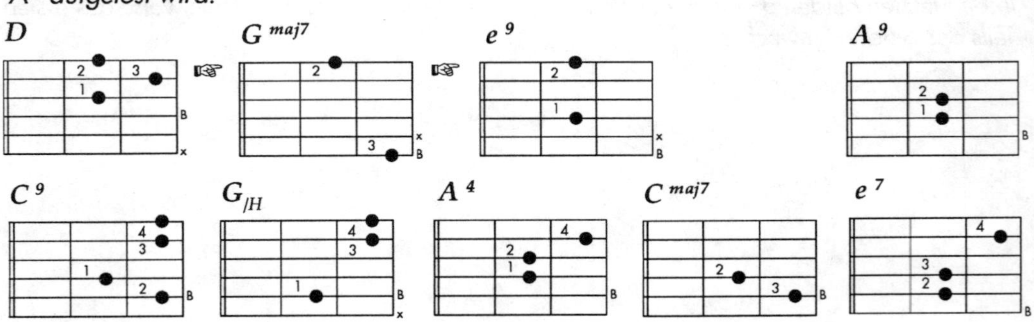

$♩ = 72$ Half Time
Originaltonart: D-Dur
BAP »Vun drinne noh drusse«
Musikant EMI (1982)
Text: W. Niedecken, Musik: W. und M. Boecker
S. Borg, K. Heuser, A. Büchel, H. Wollrath

Fast wie in echt

Strophe und Solo

Für alle ›Instrumentalisten‹ auf der Gitarre hier das verfeinerte Picking von Intro und Strophe.

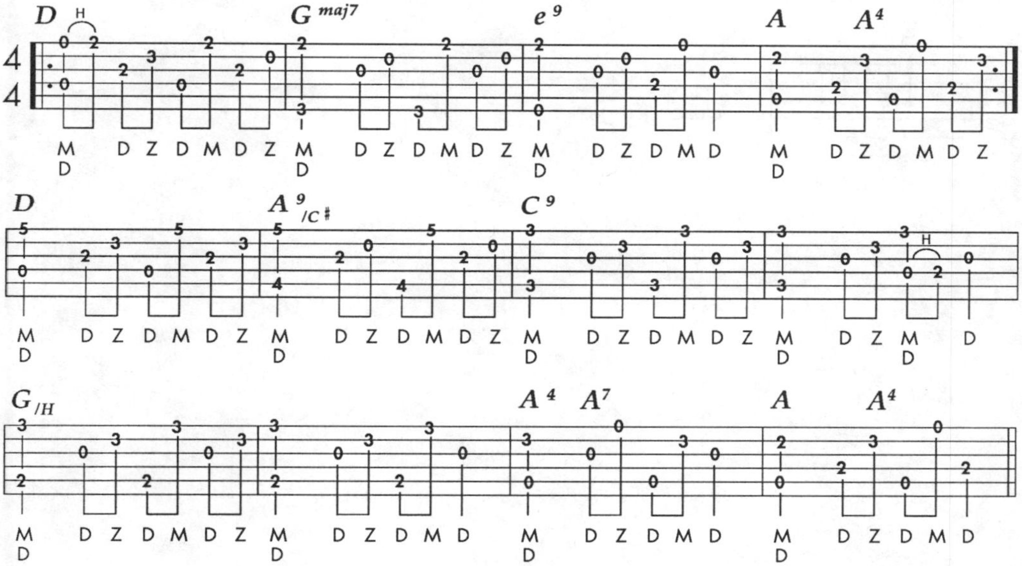

Das Stück klingt aus mit einem tollen E-Gitarrensolo, das auch eine Querflöte spielen kann.

Die alte Moorhexe

Margarethe und Wolfgang Jehn leben am Teufelsmoor in der Nähe von Worpswede und wissen deshalb wohl aus erster Hand, was dort so alles passiert ...

Gitarre

Auf einen deutlichen Rhythmus kommt es an, wenn dieses Lied in größerer Runde von Kindern gesungen wird: Eine Plektrumbegleitung in Baß-Diskant-Teilung setzt sich da durch.

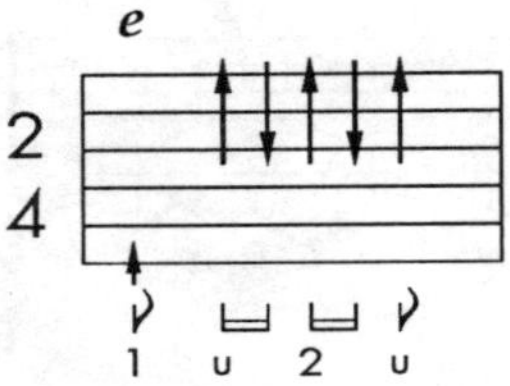

durchgängig

♩ = 116
Originaltonart: e-Moll
Worpsweder Kinderchor »Die alte Moorhexe«
Eres Edition, Lilienthal (1975)
Text: Margarethe Jehn, Musik: Wolfgang Jehn

Zweite Stimme

Flüster-Ostinato und Spuk-Ruf

Um nun das ›Hexeneinmaleins‹ zu vervollständigen, wird dem ganzen Lied oder einer Strophe ein viertaktiges geflüstertes Ostinato wie eine zweite Stimme unterlegt.

Mit einem ›Spuk-Ruf‹ am Strophenende durch eine zweite Gesangsstimme klingt es noch schauriger.

Lelolei

»Lelolei« ist etwas zum Mitsingen für große und kleine Kinder. Im Refrain kann gut mit dem Tempo gespielt werden, z. B. ganz langsam anfangen und dann immer mehr zulegen. Während der Strophe sollte allerdings nicht variiert werden, sonst klappt das Zusammensingen nicht mal mehr mithilfe eines Zauberwortes.

Gitarre

Wir schlagen für Refrain und Strophe zwei unterschiedliche Baß-Akkord-Anschläge vor, die wir mit den Fingern oder einem Plektrum spielen können.

Refrain

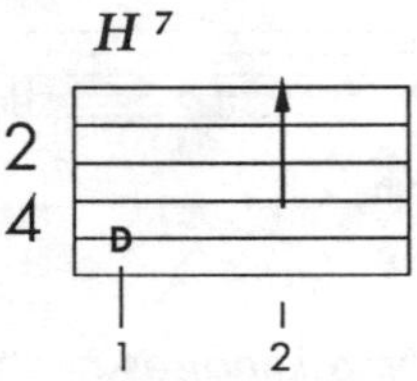

»Lelolei, lelolei ...«

Strophe

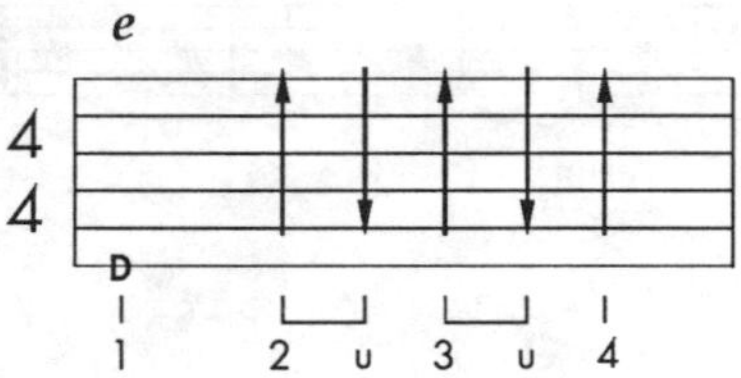

»Es ist nicht französisch ...«

♩ = 184
Originaltonart: e-Moll
Kunterbunt »Lelolei«
Eres Edition, Lilienthal (1989)
Text: Jens-Peter Müller
Musik: nach einer portugiesischen Volksweise

Der Feuervogel

Klaus Hoffmann ließ sich von dem gleichnamigen Ballett des russischen Komponisten Igor Strawinsky inspirieren, das 1910 in Paris uraufgeführt wurde. Dessen »Feuervogel« ist noch ein richtiges russisches Märchen mit einer verwunschenen Prinzessin und einem Zauberer. Geige oder Querflöte können in der Strophe einzelne Töne der Melodie aufnehmen und den Takt über stehen lassen.

Gitarre

Da das Lied harmonisch eine Menge Abwechslung zu bieten hat, kommen wir mit einem Zupfmuster aus. Die ersten drei Notenzeilen mit dem Baßlauf eignen sich auch als Intro.

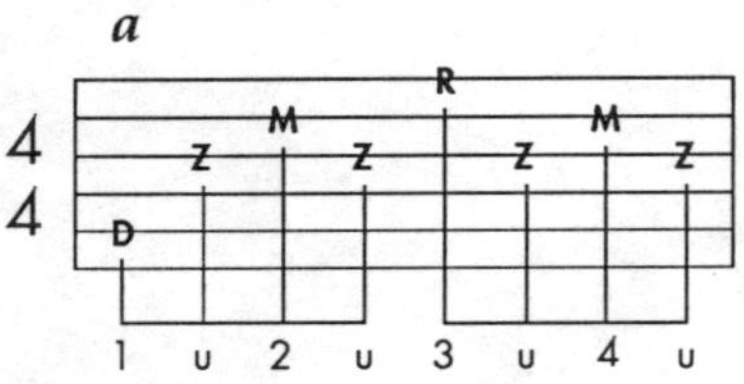

durchgängig

♩ = 120
Originaltonart: c-Moll
Hoffmann »Klaus Hoffmann«
RCA (1975)
Text und Musik: Klaus Hoffmann

Tips und Tricks

Klangfarben der Gitarre

Die Gitarre übt sich einmal in Feinheiten: Strophen leise und verhalten, mit einer Lautstärkesteigerung von »Regen fällt ...« bis zum Refrainbeginn. Refrain dagegen kräftig.
Die ›Würze des Menüs‹ wäre der Einsatz verschiedener Klangregister: Am Steg beginnen und bis zum Refrain in die Schallochmitte wandern. Wichtig dabei eine ›klassische Haltung‹, d.h. möglichst wenig Bewegung der Hand und deutliches Anspielen der Saiten.

Akkorde

Hier die Akkordfolge mit dem Baßlauf zu Beginn der Strophe.

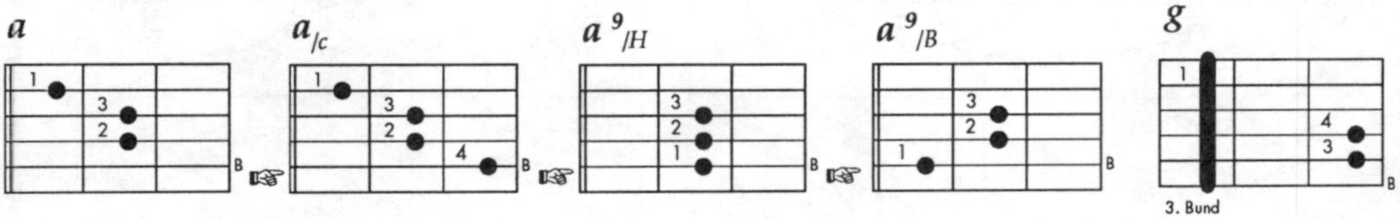

Kanon im Kopf

Lapislazuli, ein ultramarinblauer Halbedelstein mit besonderer Magie, stand Pate bei diesem schönen Kanon, der von dem gleichnamigen Frauenquartett ganz schlicht mit vier Altstimmen im Gesang und hallenden Fußschritten wie auf Kopfsteinpflaster interpretiert wird: In verträumtem Schritt-Tempo kräftig und gleichmäßig auf den Boden treten, jeder Schritt entspricht einer halben Note.

Kanon

Vorschlag für eine wirkungsvolle a-capella-Fassung mit den angegebenen 3 Stimmeinsätzen:

1. Durchgang
Solostimme (können auch mehrere Personen sein)

2. Durchgang
Das Ostinato kommt hinzu. Es beginnt bereits auf der 1 des letzten Taktes »...li«.

3. Durchgang
Die weiteren Stimmen setzen bei 2. und 3. ein. Sie absolvieren eine vorher abgesprochene Zahl von Durchgängen (z.B. 3) und hören dann auf.

Vorletzter Durchgang
nur noch Ostinato und Sologesang

Letzter Durchgang
wieder Solostimme

Ostinato

Ein gesungenes viertaktiges Baßmotiv, das das ganze Stück über möglich ist.

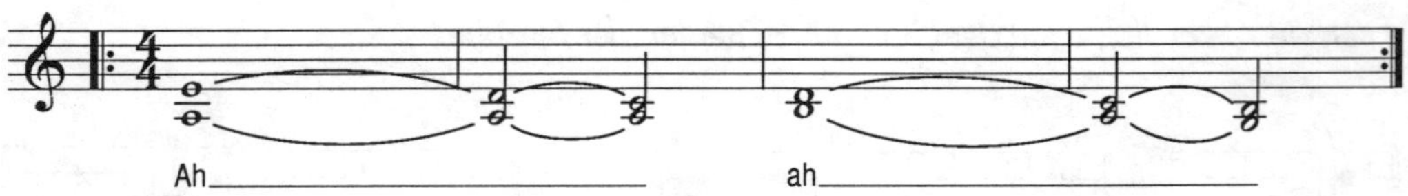

𝅗𝅥 = 72
Originaltonart: d-Moll
»Lapislazuli 2«
Zweitausendeins (1984)
Text und Musik: Volker Rebell

Gitarre

Wird das Lied zur Gitarre gesungen, kann diese statt der drei Stimmeinsätze drei verschiedene Anschlagsmuster bringen, die sich langsam steigern. Bei allen liegt ein Wechselbaß auf den Zählzeiten 1 und 3.

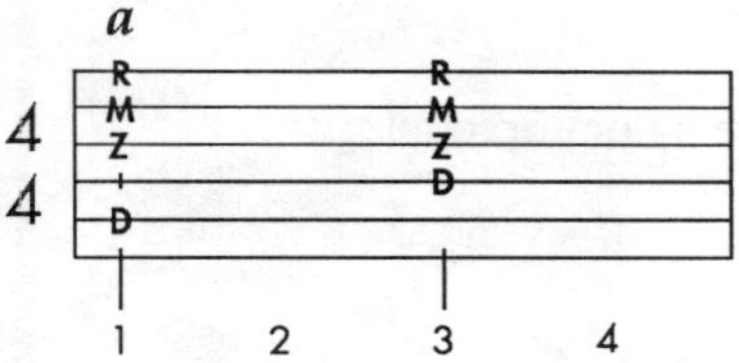

»Durch die Nacht ... «

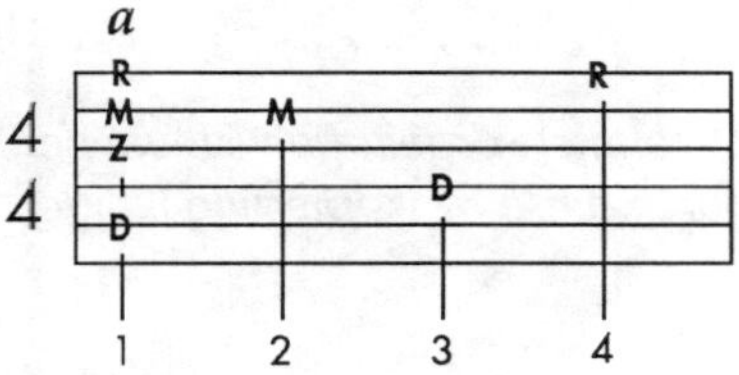

»Sehnsucht ungestillt ... «

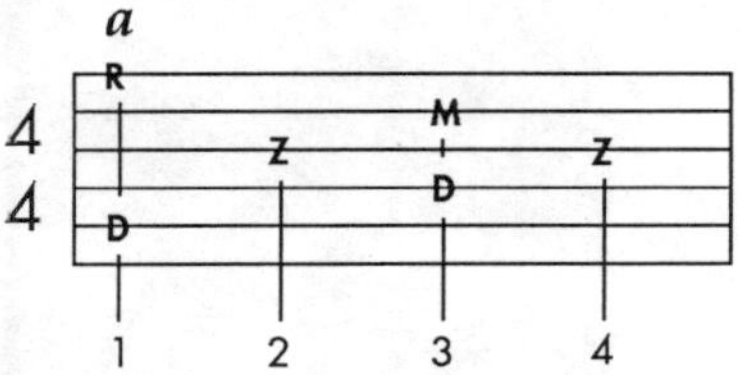

»Lapislazuli, ich höre ... «

Das Ostinato kann auch in diese Interpretation eingebaut werden.

Tanzen wir

Ein Lied über die unbesiegbaren Kräfte des Tanzens. Während die Strophe in Moll die ganze Erdenschwere ausdrückt, geht der Refrain in Dur in einen befreienden und beschwingten Walzerrhythmus über. Zu diesem Lied passen hervorragend Bandoneon oder Akkordeon mit lateinamerikanischem Einschlag im Spiel, die improvisierend die Gesangsmelodie aufnehmen können.

Gitarre

Strophe

Abgerollte Abschläge nach Art des Flamenco, überall wo Akkordsymbole stehen.

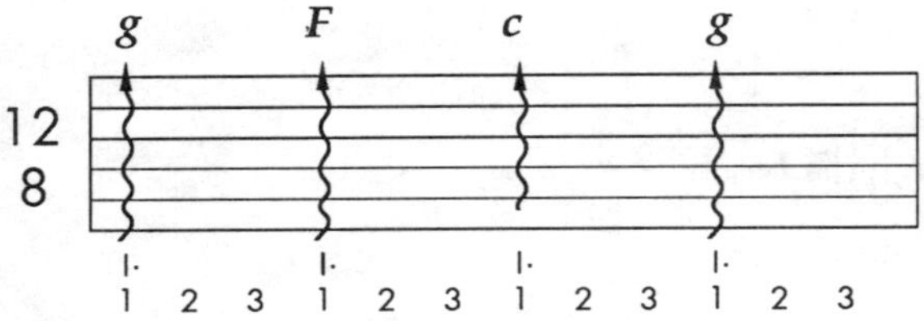

»Unter dem Spiegel ...«

Refrain

Prägnanter Walzer, dessen zweiter Schlag bis zu einem Sechzehntel vorgezogen ist, um den tänzerischen Charakter zu unterstreichen. Der Schlag wird durch diese Synkopierung luftiger. Das Tempo bis zum Ende des Refrains allmählich steigern.

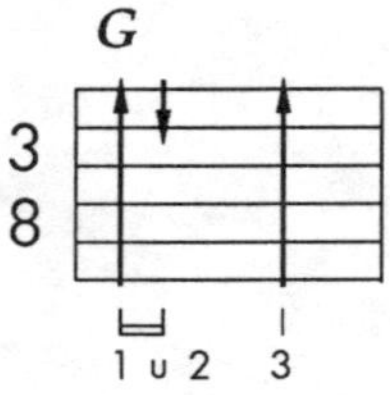

»Komm, komm ... «

LATIN

♩ = 190
Originaltonart: g-Moll | G-Dur
Pluhar »Narben«
Teldec (1981)
Text: Erika Pluhar, Musik: Ingfried Hoffmann

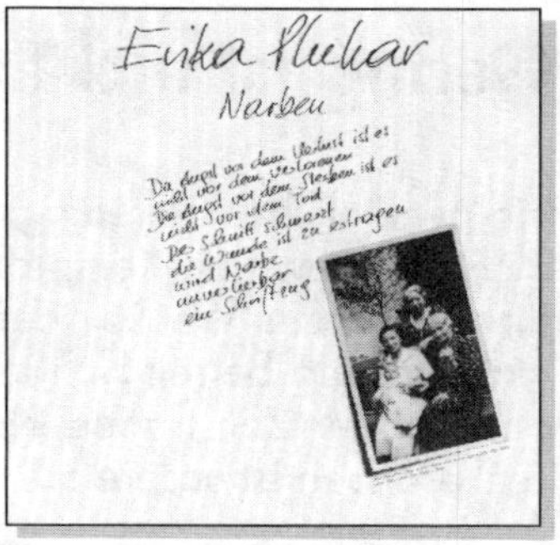

Der besondere Pfiff

Strophe

Eine Harfe spielt auf der LP Arpeggien im Hintergrund. Diese Klangfarbe können wir auch auf die Gitarre übernehmen.

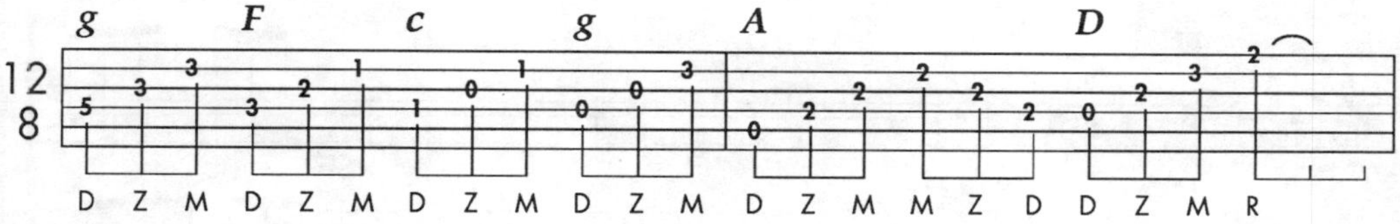

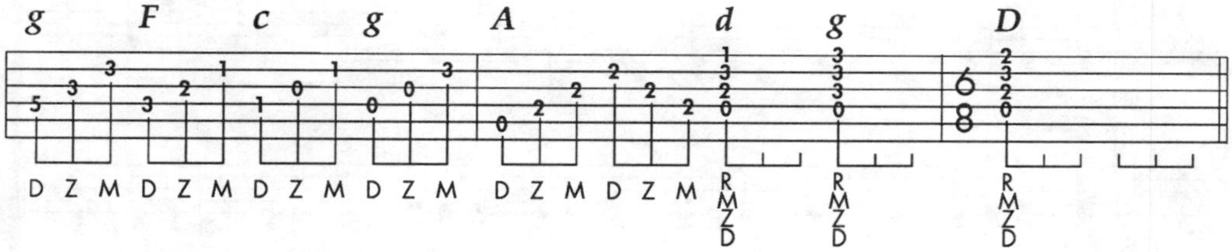

Akkorde

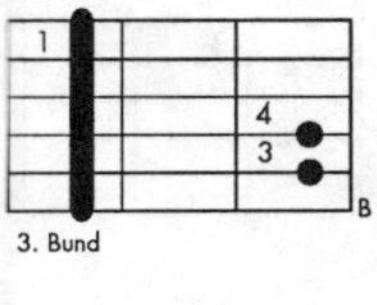

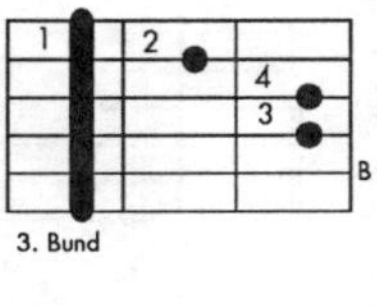

Genug ist nicht genug

Ein persönliches Befreiungslied aus dem Gefühl, das Leben hautnah zu spüren und nicht dem ewigen Kompromiß zu huldigen. Mit »Genug ist nicht genug« beginnt für Konstantin Wecker der künstlerische Durchbruch. Aufgestaute Spannung im Halbefeeling befreit sich in Akkordauflösungen im Achtelfeeling. Dem Hochgefühl am Puls der Zeit tragen synkopierte lateinamerikanische Rhythmen Rechnung. Ein Leckerbissen ist unsere am Klavierspiel orientierte Gitarrenfassung.

Klavier, Vibraphon, Streicher

Intro, variiert auch Zwischenspiel und Extro

8vb = diese Bässe eine Oktave tiefer als notiert spielen

Akkorde

Spezielle Akkorde bringen ein satteres Klangbild. Ein $D_{/E}$ im Takt »hab es satt« statt E^7. Ein H° in den Takten »renn ich jungen« und »Stadt schwillt schon« statt G bzw. E^7. $A^{4/6}$ und A^4 sind gegeneinander austauschbar.

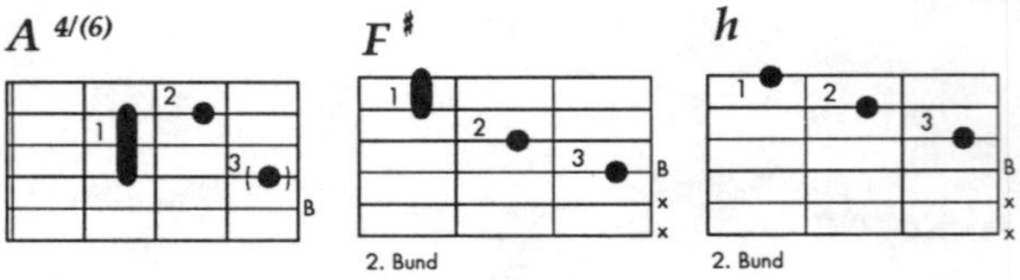

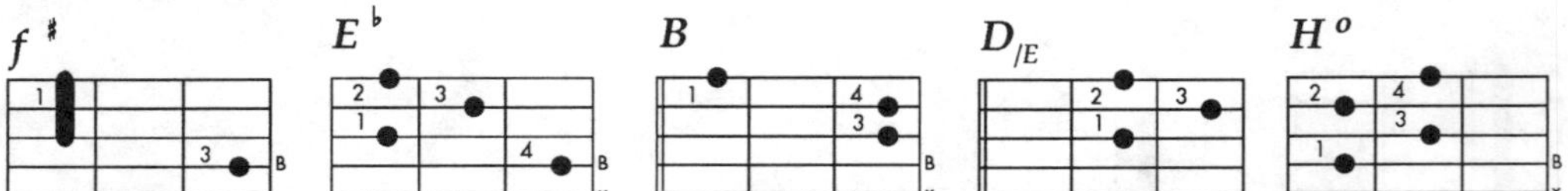

Latin

Gitarre

Intro, Zwischenspiel und Extro

Das Intro haben wir für Gitarre bearbeitet, es ist die Erkennungsmelodie des Stücks. Orginal spielt das Klavier die Arpeggien, ein Vibraphon übernimmt die Synkopen im Mittelteil, Steicher setzen in der letzten Zeile im Halbefeeling ein und leiten so zur Strophe über.

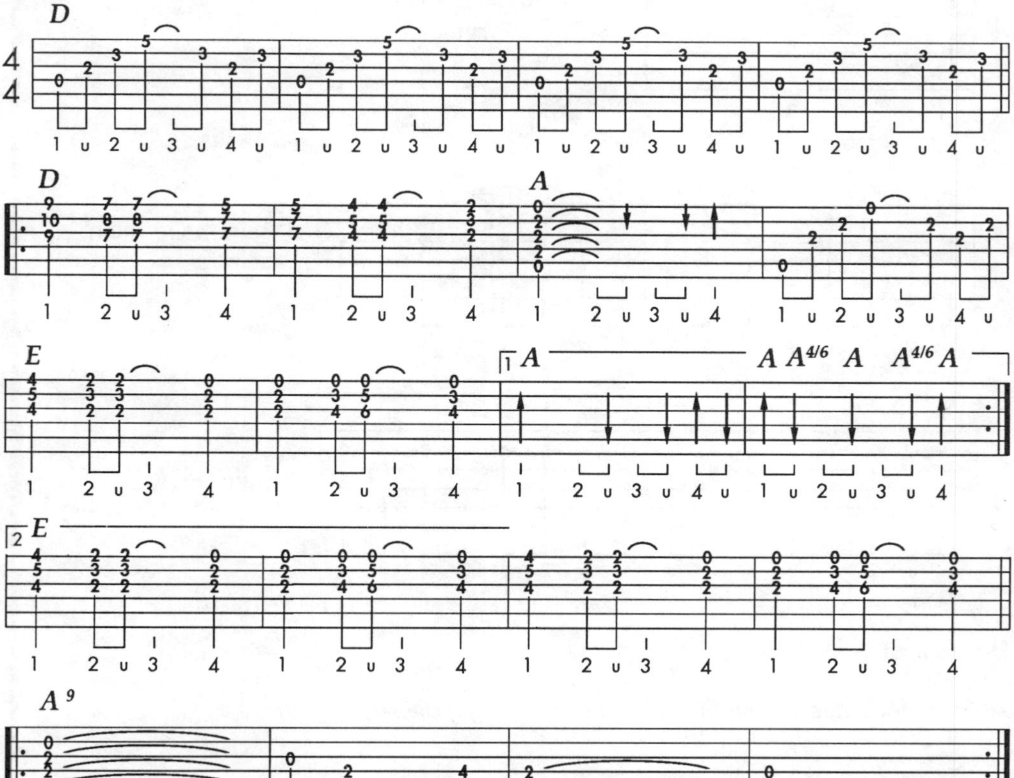

*Als **Intro** ganz durchspielen,*
*als **Zwischenspiel** nur den Teil im Halbefeeling, d. h. letzte Notenzeile mit Wiederholung,*
*als **Extro** die Zeilen 2-5, danach nochmals die Zeilen 2-4 als Abschluß.*

Für Strophe und Refrain bitte umblättern

Strophenteil 1

Weckers unterschiedlichen Akkordauflösungen auf dem Klavier entsprechen im ersten Teil Abschläge im Halbefeeling im Wechsel mit Achtelarpeggien. Letztere werden zunächst als Fill Ins in die überbundenen A/A⁴- bzw. E- Takte gesetzt.

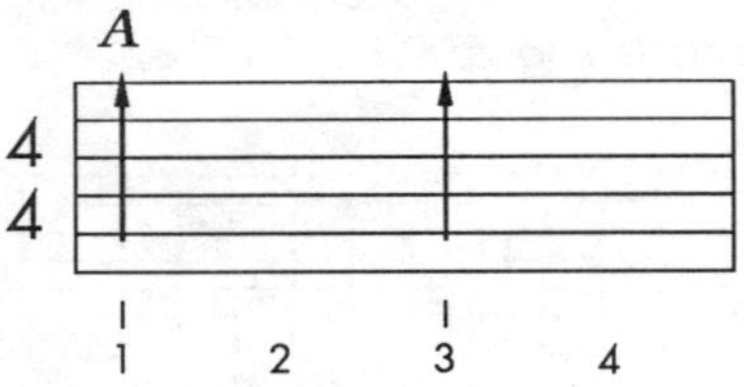

»Daß der Himmel ...«

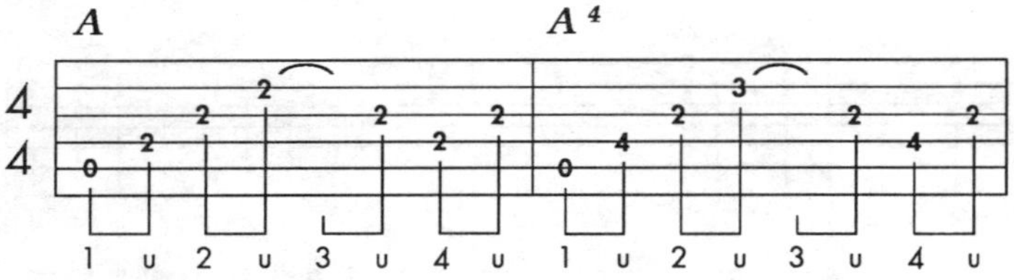

»sein.___« »ein.___«
»sein.___«

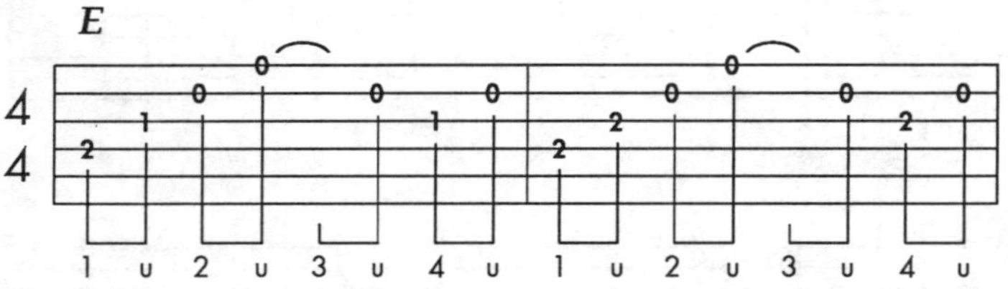

»frein.___«

Strophenteil 2

Ab der Modulation spielt die Gitarre durchgängig die Arpeggien.

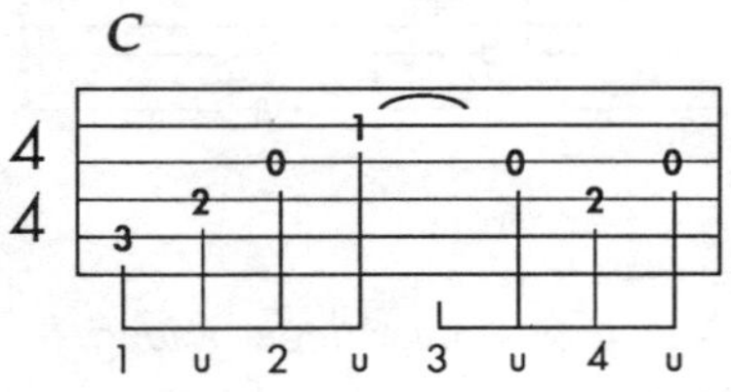

»Nichts wie runter ... «

Intro und Zwischenspiel bitte zurückblättem

$♩ = 160$
Originaltonart: C-Dur
Wecker »Genug ist nicht genug«
Polydor (1977)
Text und Musik: Konstantin Wecker

Strophenteil 3

Geschlagene Synkopen ab »Stadt schwillt schon der Bauch ...«, mit einem Arpeggio als Fill In in den überbundenen A- Takten.

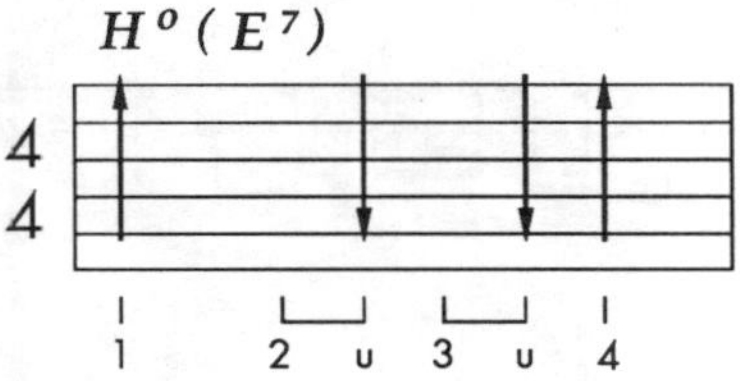

»Stadt schwillt schon der Bauch ...«

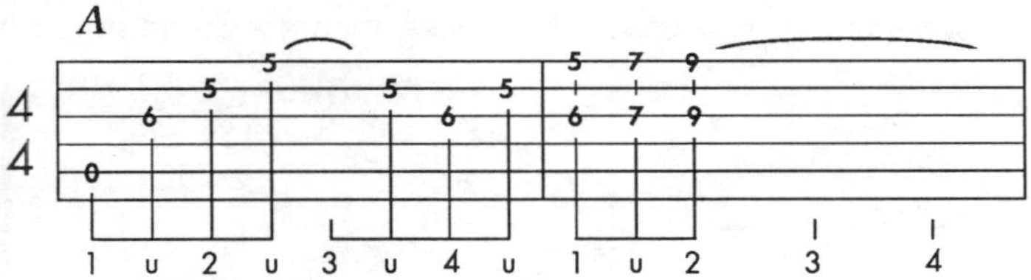

»reit. _«

Ab »Dächern ...« werden dann die durchgängigen Achtelarpeggien der Modulation erneut aufgenommen.

Refrain

Nach dem Motto ›Genug ist nie genug‹ eine weitere Steigerung durch das bewährte Calypsoschlagmuster. In allen A/A- Takten natürlich ein Fill In.

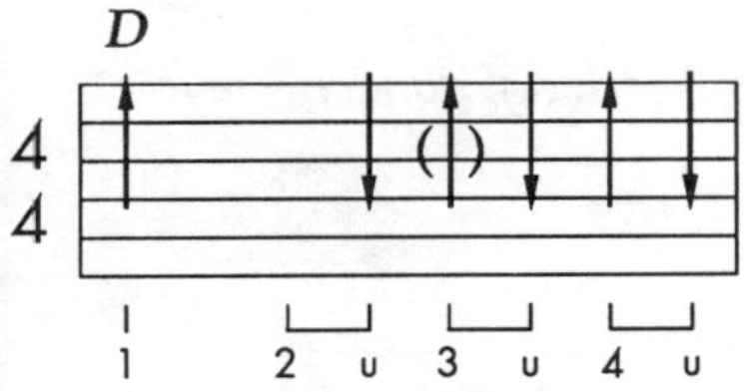

»Genug ist nie genug ...«

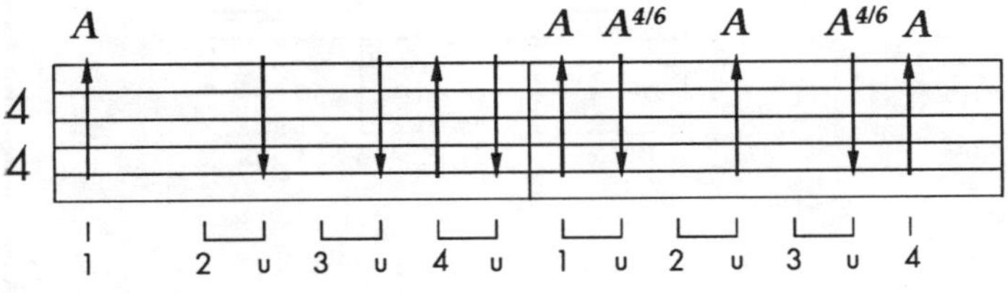

»nug._ « »lügen._ «
»trug._ « »nügen._ «

6 Uhr 14 Bahnhof Zoo

Das Musical »Linie 1« führt ein Mädchen aus der Provinz nach Berlin. Auf der Suche nach einem Musiker, in den sie sich verknallt hat, trifft sie auf die Reste einer Berliner Nacht: auf Penner, Spinner und eine alkoholisierte Nachtschwärmerin. Und wo ist Märchenprinz ›Johnny‹? »6 Uhr14 Bahnhof Zoo« ist der Eröffnungssong dieses erfolgreichsten deutschen Musicals. Die Ankunft in der Stadt wird zu einem ›Magischen Moment‹, in dem Traum und Wirklichkeit kaum zu unterscheiden sind.

Percussion

Getragen wird das Arrangement von einer durchlaufenden Bongofigur. Sie wird als Intro 4x vorweggespielt. Dann setzt das Saxophon-Intro dazu ein, siehe rechts.

durchgängig

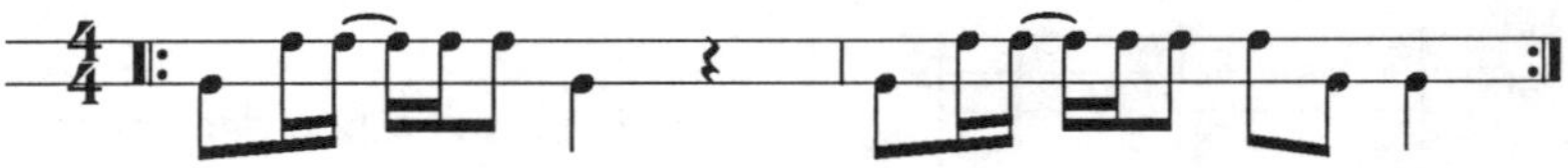

Gitarre

Für die Gitarre bieten sich, entsprechend dem Aufbau des Stücks, mehrere Zupfmuster an:

Strophe im Arpeggio

Notenzeile 1 + 2

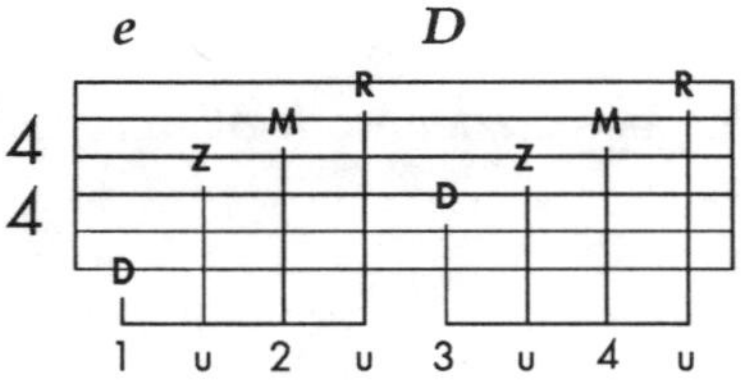

Notenzeile 3 - 5

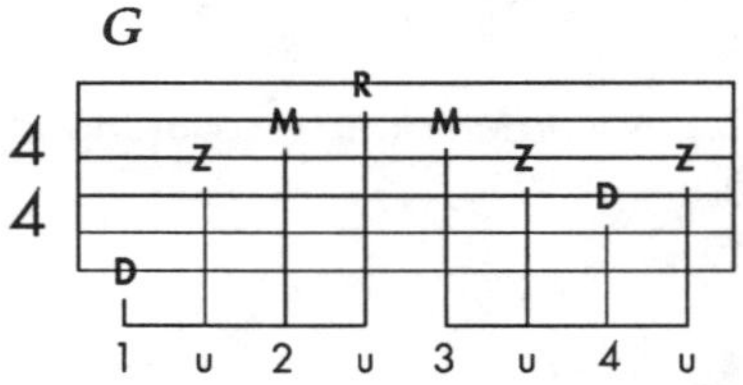

Refrain im Baß-Akkord-Stil

Notenzeile 6, Takt 1 »Ich bin in Ber ..« auf Zählzeit 1 ein Abschlag, danach wie folgt:

Notenzeile 6 + 7

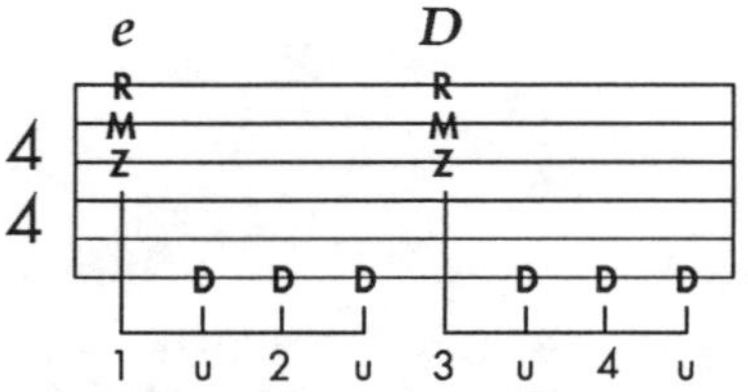

Notenzeile 8 + 9

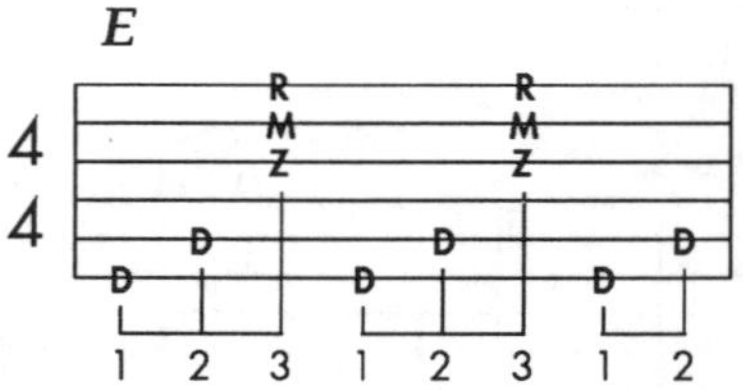

Unabhängig vom Akkord schlägt der Daumen die E-Saite an.

♩ = 112
Originaltonart: d-Moll | D-Dur
Grips Theater und No Ticket »Linie 1«
Polydor (1986)
Text: Volker Ludwig
Musik: George Kranz, Matthias Witting

Saxophon

Intro und Refrain

Das Saxophon-Intro wird auch als Überleitung zur nächsten Strophe gespielt. Großstadtfieber setzt ein nach »Ich bin in Berlin ...«, Richard Westers Saxophon tritt erneut in Aktion und läuft durch bis zum Refrain-Ende.

Akkorde

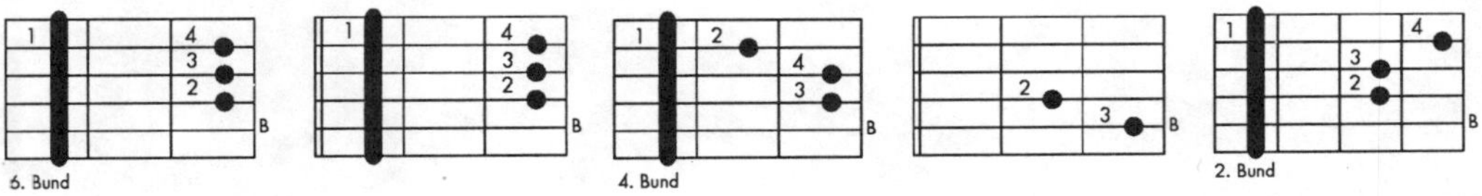

Hohlraum in der Zeit

Mindestens einen Schritt neben der Wirklichkeit steht dieser Slow Rock Song von Thommie Bayer. Wie eine Spieluhr läuft ein Sequenzer im Hintergrund durch den Hohlraum in der Zeit und die Melodie schwebt fast das gesamte Stück um einen Ton.

Gitarre

Grundgroove

Durchgängige Achtelschläge, die auf Taktzeit 2 und 4 betont sind, bilden die rhythmische Grundlage des Stücks. Die Akkordwechsel von D auf D^4 erfolgen erst auf Taktschlag 4.

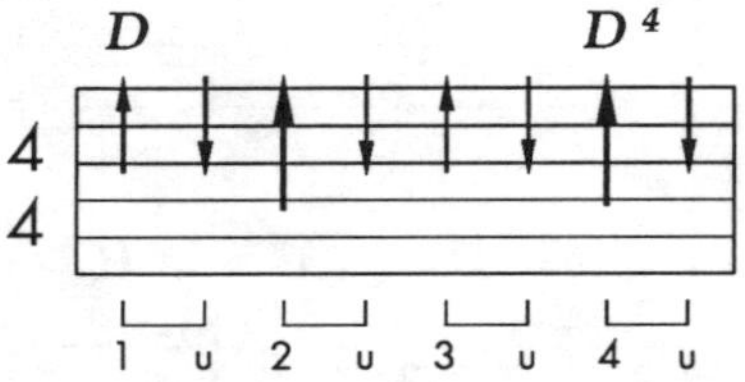

durchgängig

𝅗𝅥 = 66 Half Time
Originaltonart: E-Dur
Bayer »Alles geregelt«
RCA (1985)
Text und Musik: Thommie Bayer

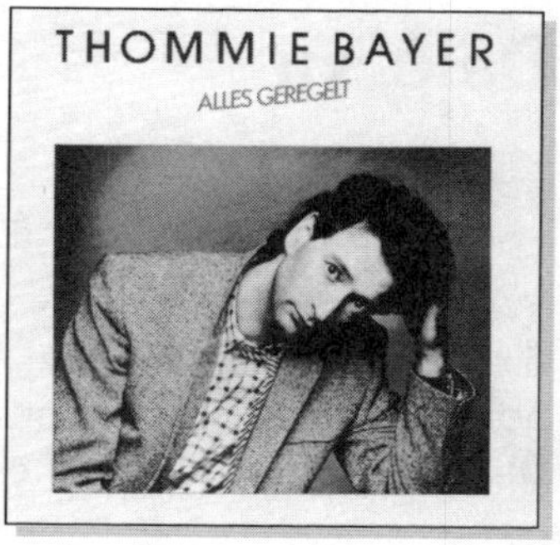

Sequenzer

›Spieluhreffekt‹

Gleichmäßige Dreiklangsformationen mit der None als Zusatzton unterlegt der Sequenzer. Seine markante Figur, mit der Tücke im Rhythmus, haben wir für alle Akkorde notiert. Sie läßt sich auch gut mit einem Xylophon oder auf der Gitarre verwirklichen.

Für die Gitarre haben wir die Figur auch als Tabulatur.

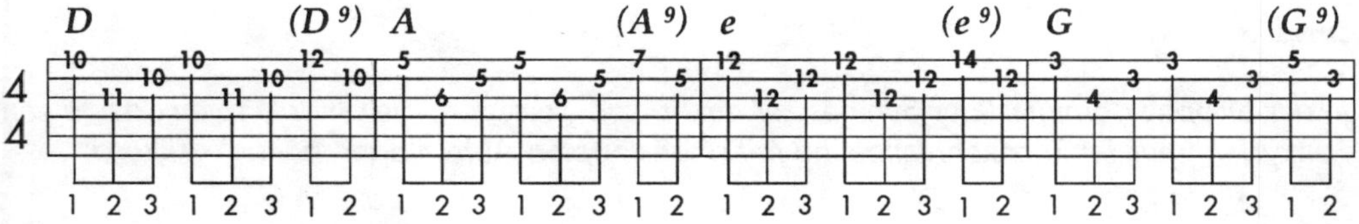

Das Anschlagmuster bleibt hier in allen Akkorden gleich, nur die Bundlage des Griffes wechselt, und bei e-Moll verschiebt sich ein Finger.

Akkorde

Der spezielle Sound entsteht auf der Gitarre vor allem durch sus⁴-Akkorde, die auch durch die add⁹-Akkorde des Sequenzers ersetzt werden können.

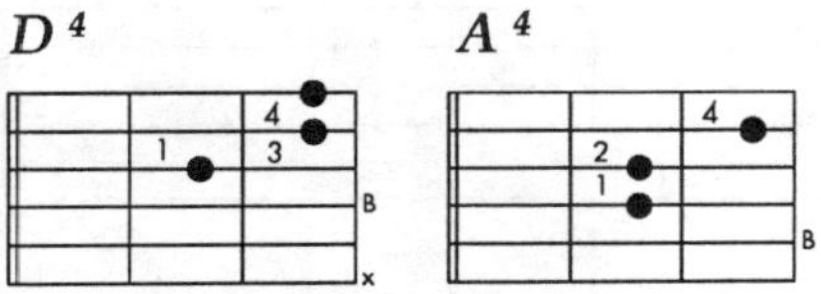

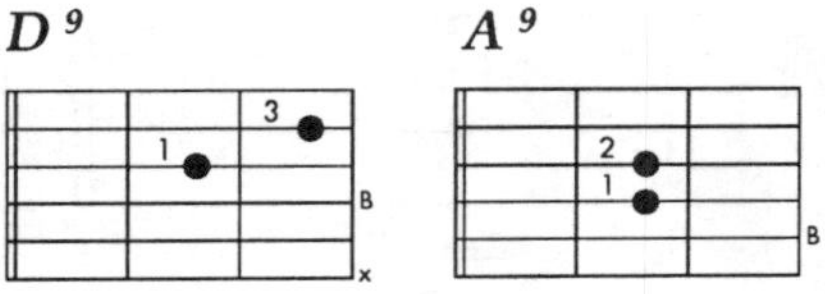

Déjà Vu

Weit abgedriftet in diesem surrealistisch anmutenden Stück sind die Jungs von ›Spliff‹, die ihren Namen mit dem Marihuana-Joint der Jamaikaner gemeinsam haben. Der Sound wird von Hard-Rock-Riff, Synthesizer-Akkorden und Funky-Gitarre geprägt. Die Harmonien des Synthesizers haben wir auch auf die Gitarre übertragen.

Gitarre

Intro

Mit einem Hard-Rock-Riff eröffnet der Song, ein Rockakkord über die Baßsaiten wird in den Bünden verschoben, gespielt in Abschlägen. Als Effekt im letzten Takt kratzt das Plektrum auf der tiefen E–Saite entlang.

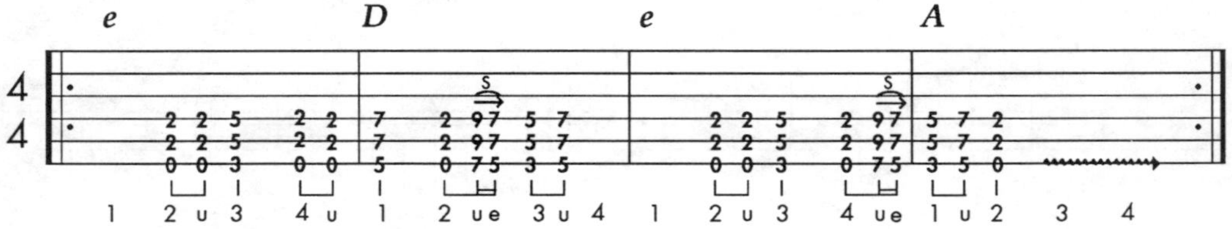

Der Riff kommt auch als Zwischenspiel nach dem Ref. 2 und als Schluß.

Strophe

In der Strophe dominiert der Synthesizer mit Spezialakkorden, die Gitarre spielt dazu einen Funkyrhythmus im Sechzehntelfeeling mit abgestoppten Aufschlägen beim A-Akkord.

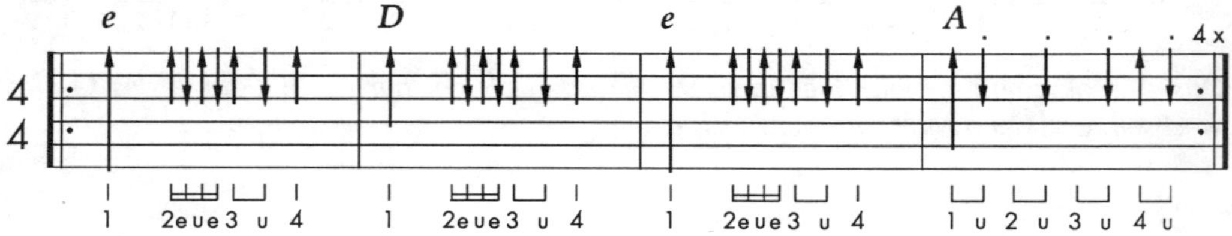

Refrain

Den ersten Takt spielt die Gitarre noch funky. Auf »Déjà vu« und den folgenden Takt jeweils 2 prägnante synkopierte Abschläge. (In der Aufnahme spielt diese der Synthesizer.)

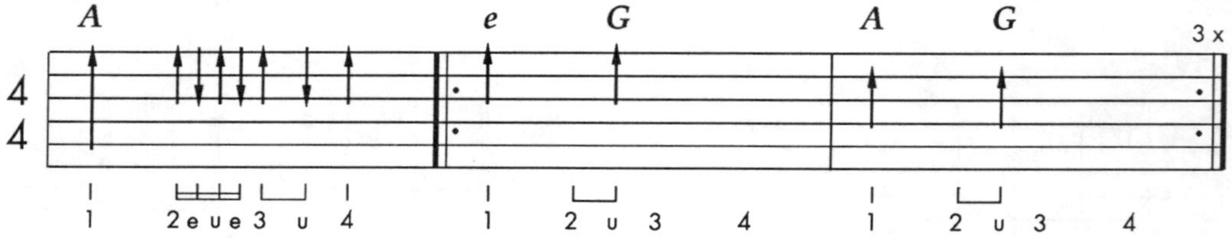

♩ = 104
Originaltonart: g-Moll
Spliff »85555«
CBS (1982)
Text und Musik: Herwig Mitteregger

Der besondere Pfiff

Wir haben die schwebenden Synthesizer-Akkorde auf die Gitarre übertragen. Die ersten vier Takte werden nach dem Riff 2 x solo gespielt als zweites Intro. Danach können sie dem Funkyrhythmus der Strophe unterlegt werden (anstelle der normalen Akkorde greifen). Auch im Refrain klingen Abschläge mit Synthiakkorden bedeutend authentischer.

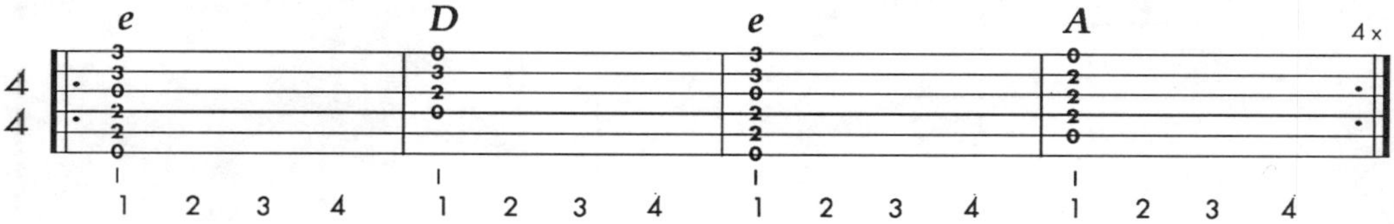

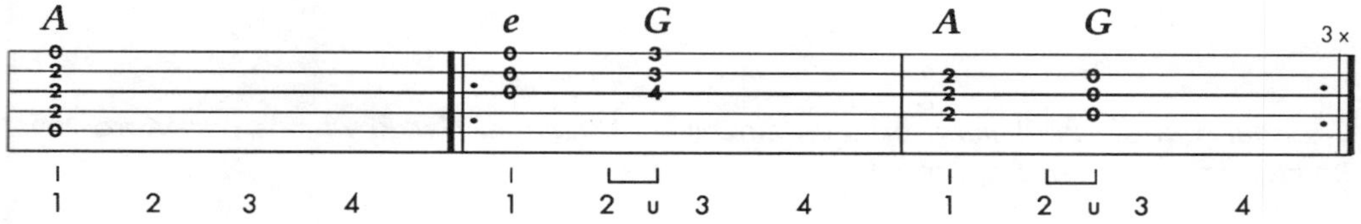

Synthesizer

Die abgefahrenen Akkorde von Soundtüftler Reinhold Heil nun auch für Tasten. Als Zugabe im unteren System das Funky-Spiel der Gitarre von Bernd Potschka in Noten.

Fata Morgana

Die Erste Allgemeine Verunsicherung auf den Spuren von Karl May und Ringelnatz. Alle Klischees der Wüste sind hier auf wundersame Weise versammelt. Arabische Gefühle kommen auf, wenn die Stimme, den Beduinengesang nachahmend, weich und gebunden über die Töne schwingt. Besonders deutlich bei Silben mit Überbindung, wie »Lei-i-la« oder »Saha-a-ra«. Auch die Gitarre folgt den Stapfen der Kamele.

Gitarre

Die Gitarre spielt einen Baß-Akkord-Anschlag.

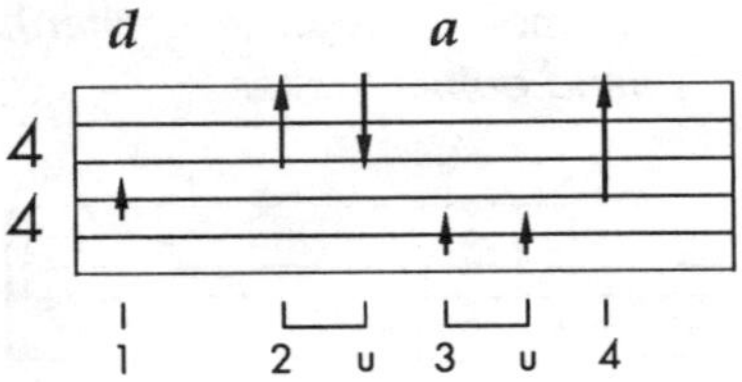

durchgängig

Spannung in die Begleitung bringen einzelne Abschläge. Der Rhythmus der ›Karawane‹ kommt dadurch zum Stoppen.

Notenzeile 5, letzter Takt

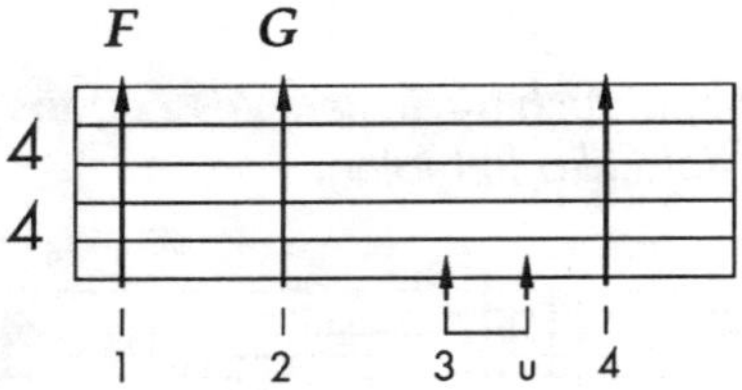

»Wun - den.«

Notenzeile 6, letzter Takt
ein kräftiger Abschlag auf A, der bis in den nächsten Takt klingt.

»schwun-den.«

Notenzeile 8, Takt 1 und 2
ein kräftiger Abschlag auf B und ein gedämpfter Abschlag auf A.

»A-bra-ka-da-bra und sie ...«

♩ = 134
Originaltonart: d-Moll
EAV »Geld oder Leben«
EMI Columbia (1985)
Text: Thomas Spitzer, Musik: G. Breit, G. Schönberger
K. Eberhartinger, N. Holm, T. Spitzer

Flöte

›Schlangenbeschwörung‹

Nicht fehlen sollte natürlich eine Flöte. Sie übernimmt das Vorspiel, gleichzeitig auch Zwischenspiel, sowie die instrumentale Überleitung von Strophe zu Refrain (Noten sind im Liederbuch abgedruckt). Im übrigen Teil des Liedes kann sie frei – nach Art einer Schlangenbeschwörung – über die Töne der Gesangsmelodie improvisieren.

Akkorde

B

a ⁷

Der Spieler

Achim Reichels Ballade über den einsamen Glücksritter am Spieltisch mit der ewig rollenden Kugel verlangt vom mutigen Interpreten einiges an Stimmumfang. Wir haben deshalb im Liederbuch den Refrain eine Oktave tiefer gesetzt.

Gitarre

Die Gitarre spielt einen Schlag über die Baßsaiten, der leicht und nicht zu laut kommen sollte. Perkussivschläge mit der Handkante auf die Saiten heben den Back Beat auf 2 und 4 hervor und geben dem Song einen rockigen Groove.

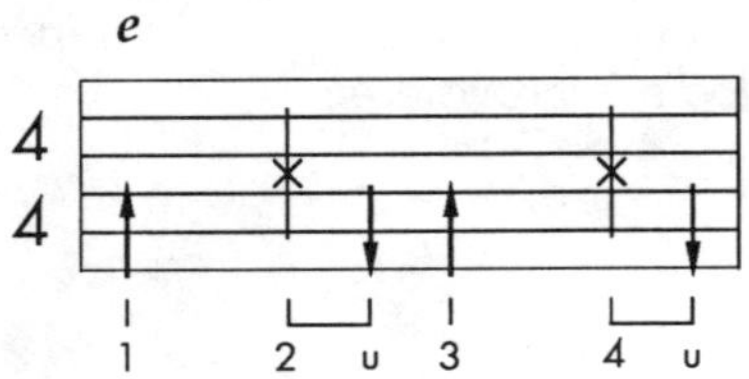

durchgängig

Mit einem alten Gitarrenspielertrick wird der Akkordaufgang G A in den Notenzeilen 1 und 5 in einfachen Abschlägen rhythmisiert. Am besten G und A Barré spielen.

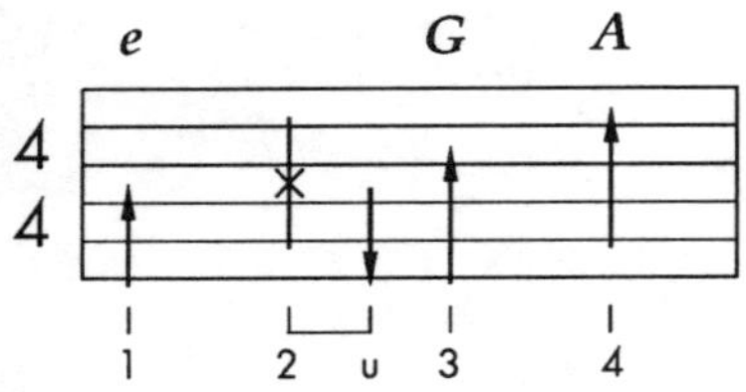

»im tiefen Schnee.«
»und auf all'n verlorn.«

Percussion

Die Kugel rollt besser mit dieser Figur, die durchgängig geschlagen werden kann.

Congas

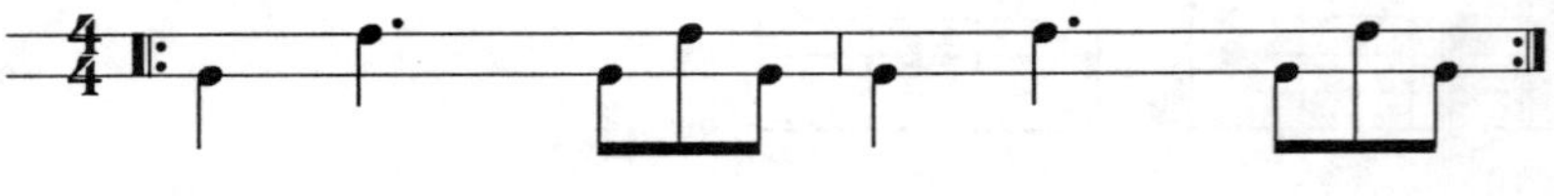

♩ = 126
Originaltonart: f-Moll
Reichel »Blues in Blond«
Ahorn Metronom (1981)
Text: Jörg Fauser, Musik: Achim Reichel

Der besondere Pfiff

Was wäre der echte Spieler ohne ein As im Ärmel? Ein kleines Gitarrenriff in allen a-Moll Takten. Der Akkordwechsel $e_{/D}$ entsteht, indem die Finger nur kurz angehoben und die leeren Saiten angeschlagen werden.

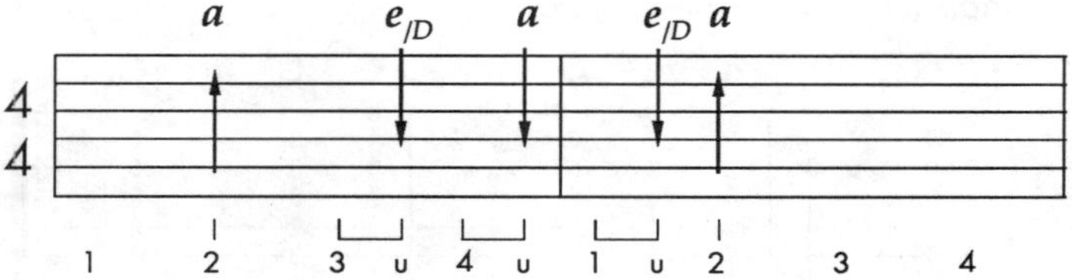

in allen a-Takten

Haus der 3 Sonnen

Nenas 80er-Jahre-Version des »House of the Rising Sun« ist angesiedelt zwischen Groschengrab, Killerautomaten und Computerjoystick. Schon der Titel des Songs verweist darauf, daß der Klassiker hier wohl Pate gestanden hat, in den ersten Takten wurde auch seine Harmoniefolge übernommen.

Gitarre

Intro

Die Ohrwurm-Melodie der Gesangsstimme des Refrains, die in der Aufnahme ein Synthesizer im Streichersound schmalzig vorwegspielt, ist eigentlich unerläßlich, um in den Sound des Stücks zu kommen. Hier eine ausnotierte Gitarrenbegleitung.

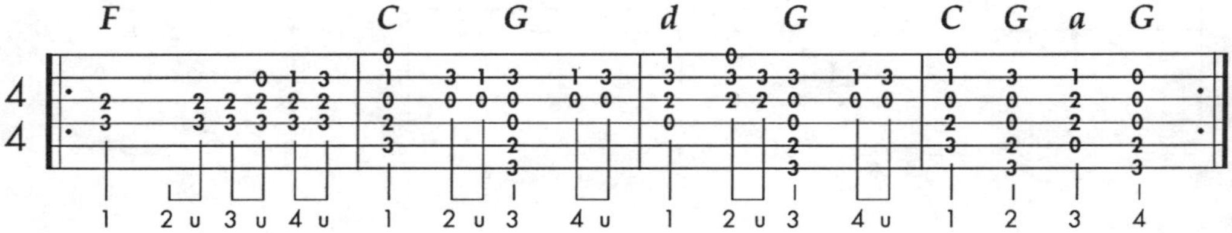

Diese Melodie in Akkorden kann auch zum Refrain und als Extro gespielt werden.

Strophe

In der Strophe dominiert im Gegensatz zu Intro und Refrain knallhartes Rhythmusspiel. Sechzehntelschläge bringen den nötigen Drive.

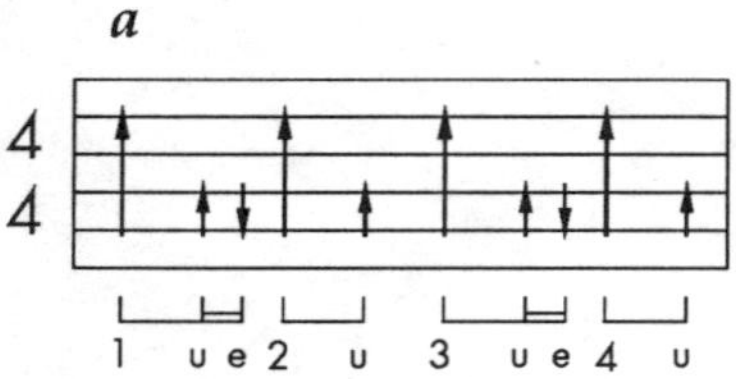

Refrain

Der Refrain wechselt zu einem ruhigeren Spiel in der Rhythmisierung des Intros. Wir haben ihn viertaktig notiert.

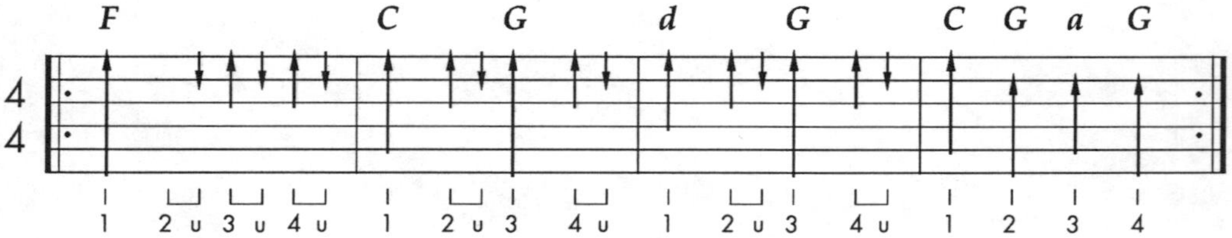

♩ = 125
Originaltonart: a-Moll
Nena »Feuer und Flamme«
CBS (1985)
Text: Carlo Karges
Musik: Jörn-Uwe Fahrenkrog-Petersen

Zwischengesang

Ein zweistimmiger Zwischengesang erfolgt nach dem ersten Refrain.

Percussion

Bongos unterstützen das Rhythmusspiel in der Strophe mit Sechzehnteln in beliebigen Akzenten. Im Refrain dann ein stark synkopierter Rhythmus:

Refrain

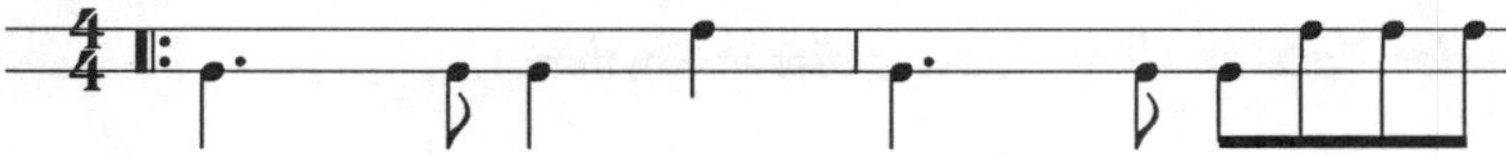

Akkord

E[4]

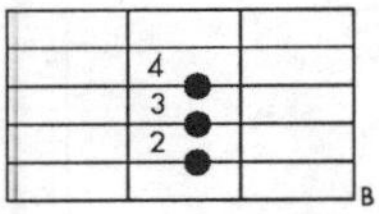

Jean Harlow

Eine Hommage an die viel zu früh aus dem Leben geschiedene Filmschauspielerin Jean Harlow. Ach Hollywood ... Zunächst besorgen wir uns eine Gießkanne zum Singen oder halten die Nase zu, damit die Stimme nach dem guten alten Grammophon klingt. Dann geht es an die Gitarrenbegleitung.

Gitarre

Im Jazz-Stil der 30er und 40er Jahre

Die Gitarre spielt nur mit Abschlägen. Um den typischen Rhythmus des Stücks zu erhalten, lassen wir den ersten Schlag klingen und stoppen den zweiten durch Lockern der linken Hand nach dem Anschlag ab. Die Akkorde müssen dann Barré gegriffen werden.

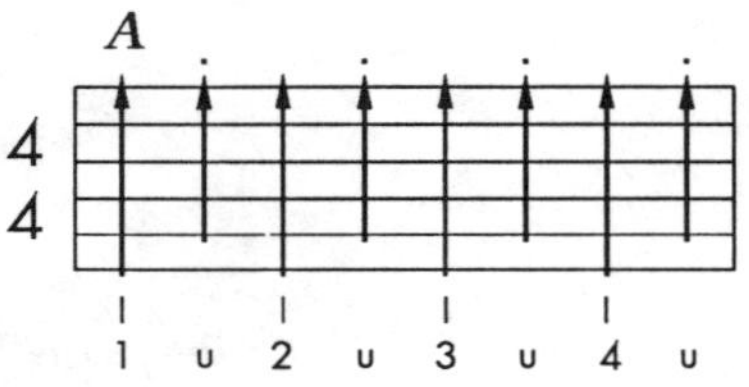

durchgängig

Auf der Platte spielt ein Klavier diesen Rhythmus.

♩ = 170
Originaltonart: B-Dur
Heller »The Original André Heller«
Amadeo (1973)
Text: André Heller, Musik: Robert Opratko

Akkorde

Alle Akkorde, bis auf E, werden Barré gegriffen, um mit links abstoppen zu können.

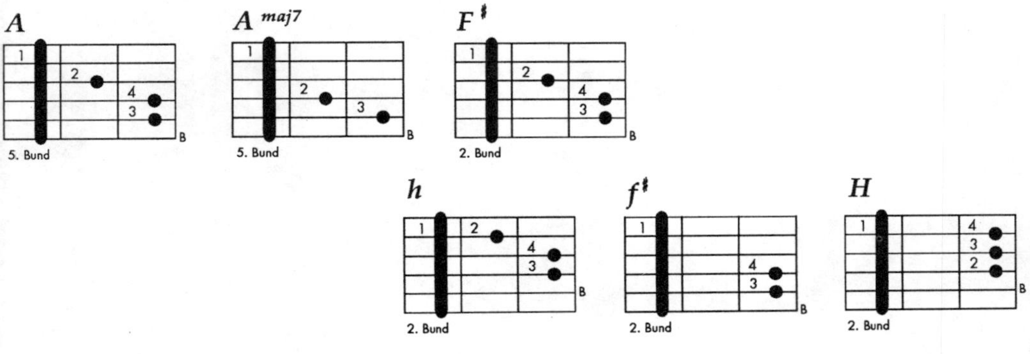

Die Zauberformel

Chancen und Spannungen in Liebesbeziehungen erscheinen wie Kurzfilme auf einer riesigen Kinoleinwand. Die auftretenden Personen und die Musik lassen viel Raum zum Wiedererkennen. Ein percussives Stück, das von Drummer Chris Evans komponiert wurde. Der Synthesizer steuert Fill Ins und ein Solo bei.

Schlaggitarre

Der Einspielung trägt eine rockige Latin-Begleitung Rechnung.

Strophe sowie Refrain Notenzeile 10

Trockene Anschläge im Latin-Feeling über die Baßsaiten, die Schläge klingen eher verhalten als zu kräftig. Die Saiten werden mit dem rechten Handballen leicht abgedämpft.

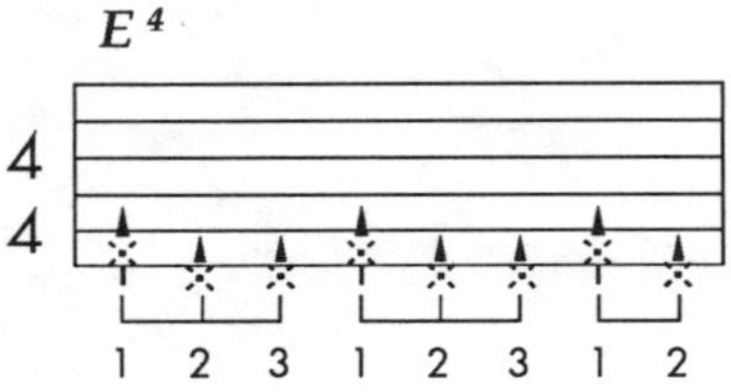

»Du siehst blaß aus heut nacht ...«
»laß ich dich los ...«

Refrain, Notenzeile 6-9

In der Aufnahme spielt die Gitarre nur die betonten Anschläge, was aber zu dünn kommt, wenn andere Instrumente fehlen.

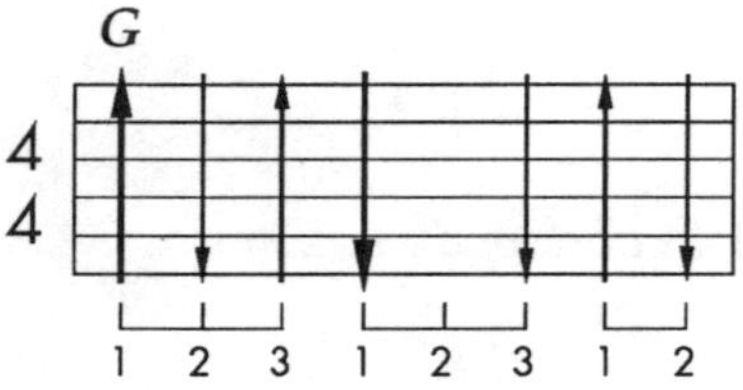

»Zauberformel gilt nicht mehr ...«

LATIN

Synthesizer

Strophe

Keine Zauberei ist dieses Fill In, das eine instrumentale Brücke zum Refrain schlägt. Es wird in die Pausen der Notenzeile 5 eingeschoben.

Solo

Ein Solo wird nach dem 2. Refrain eingespielt. (Danach erklingt als Schluß nochmal der Refraingesang der Zauberformel.)

Für Konzertgitarre und Akkorde bitte umblättern

Konzertgitarre

Zupfvirtuosen mag unsere alternativ vorgestellte Arpeggio-Begleitung gut liegen.

Strophe

Einfaches Arpeggio, aber in Betonung aller Anschläge auf 1. Beim $C_{/D}$-Akkord dann ein abgerollter Anschlag auf Taktzeit 1, der in die nächsten Takte ausklingt.

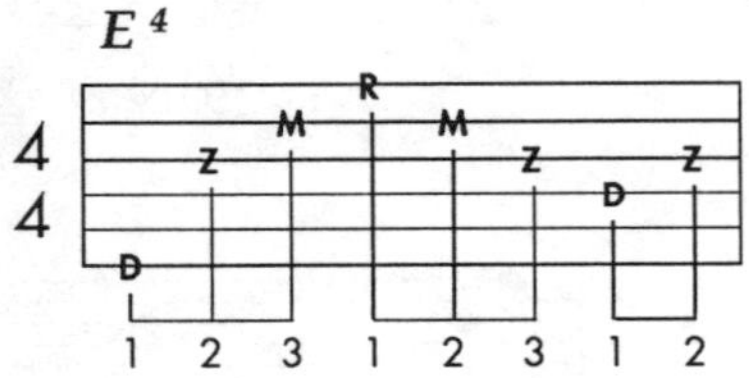

»Du siehst blaß aus heut nacht ...«

Refrain

Latin-Feeling 123 123 12. (Der Wechsel zum D-Akkord erfolgt auf der 4. Achtel.)

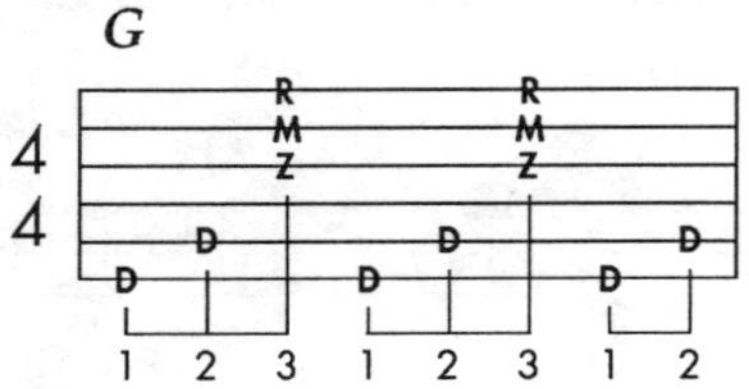

»Zauberformel wirkt nicht mehr ...«

Für Schlaggitarre und Synthesizer bitte zurückblättern

♩ = 128
Originaltonart: B-Dur | Des-Dur
Meinecke »Wenn schon nicht für immer, dann wenigstes für ewig«
RCA (1983)
Text: Ulla Meinecke, Musik: Chris Evans

Der besondere Pfiff

In der letzten Refrainzeile kann die Konzertgitarre Töne der Gesangsmelodie aufnehmen.

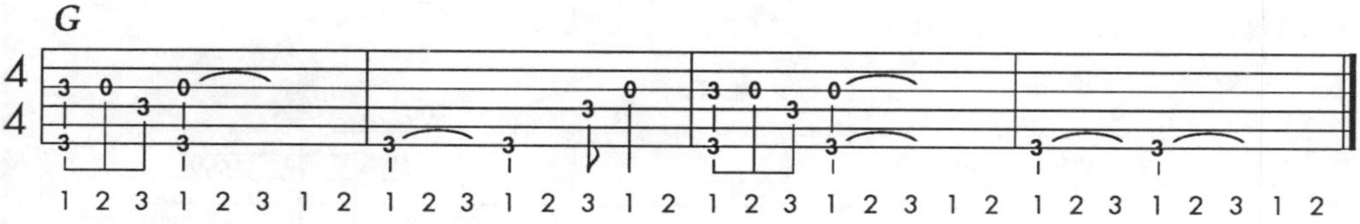

Akkorde

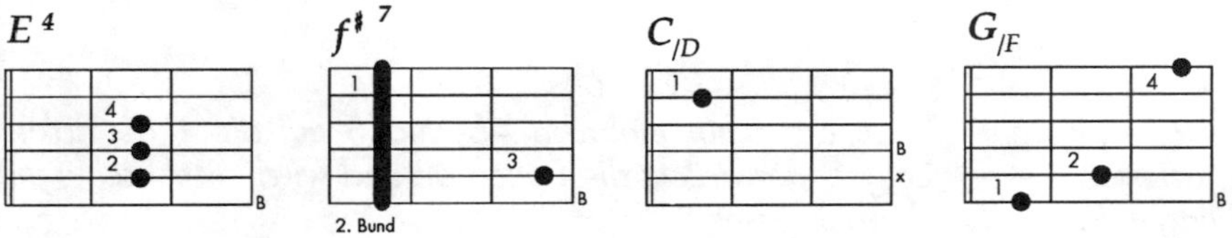

Blaue Augen

Zeitgeist zwischen Kühle, Weltschmerz, Null Bock und Hochspannung wird in diesem Stück der Neuen Deutschen Welle eingefangen. Gefühlsausbrüche im Gesang, die an 50er Jahre-Schlager erinnern sollen, stehen neben klanglicher Emotionslosigkeit von Sequenzer-Tonfolgen. Sängerin Annette Humpe bringt die Strophe betont lässig und gleichgültig, im Refrain fährt sie ihre Stimme dann voll aus. Männerstimmen der Band doppeln cool im Sprechgesang die Worte »so blaue Augen«, »kaum zu glauben«, »total egal« und »Das ist gefährlich ... Zuviel Gefühl.«

Gitarre

Intro

Wir können die hervorstechenden Sequenzen des Keyboards auf die Gitarre übernehmen. Jeweils nach drei Achtelfiguren wechselt der Akkord.

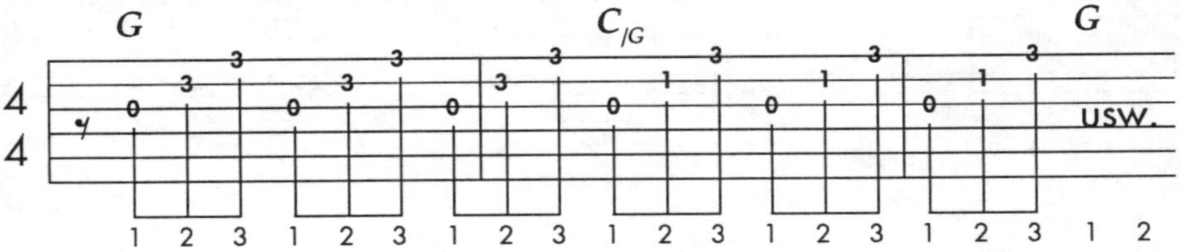

Strophe und Refrain

Die Strophe in Rockachteln, mit Betonung auf 2 und 4 und leicht mit dem rechten Handballen gedämpft. In den Pausen der Takte »kühl« und (Ge)»fühl« ungedämpfte Viertelschläge.

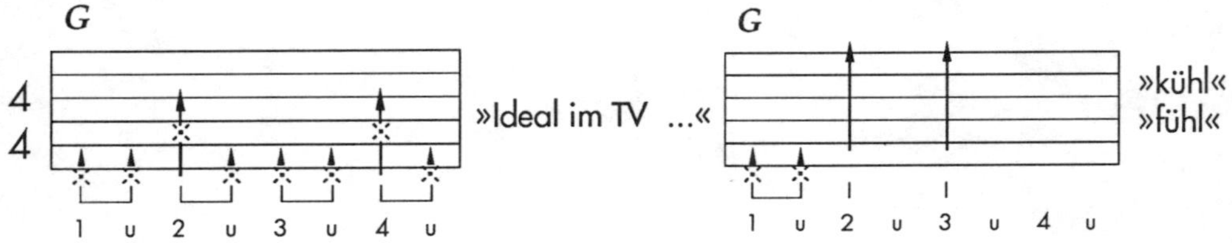

Der Refrain dann im Losgehbeat mit vorgezogenen und überbundenen Akkorden.

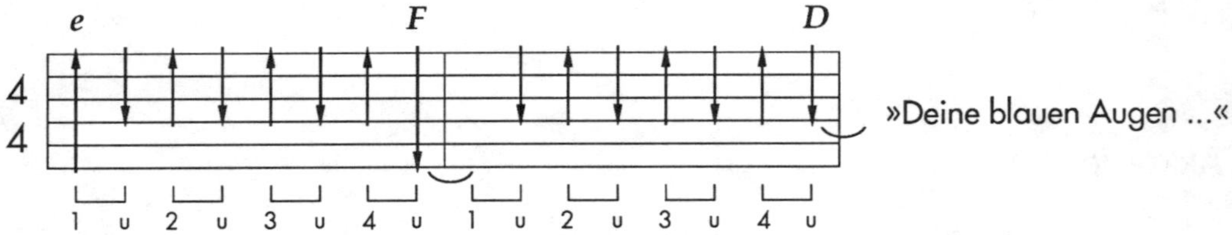

Zwischenspiel

In der Zeile »Das ist gefährlich ...« dann nur einfache Abschläge auf die 1 der Takte. Letzte Zeile ›Clustertöne‹ – der Zeigefinger drückt die Saiten ab und wird mit Abschlägen im Triolen-Feeling willkürlich nach oben gesetzt.

♩ = 82 Strophe Halftime ♩ = 164 Refrain
Originaltonart: D–Dur
Ideal »Ideal«
Innovative Communication (1981)
Text und Musik: Annette Humpe

Sequenzer und Keyboard

Ein ›Idealer‹ Sound entsteht durch die Intro-Sequenzen und das Zwischenspiel, die im Liederbuch abgedruckt sind. Als Ergänzung hier die Stropheneinwürfe und die Brücke vom Refrain zum Zwischenspiel – um einen Takt ergänzt bildet sie auch die Schlußsequenz.

Einwürfe

Drums und Percussion

Unterbau in der Strophe sind reggaeartige Synkopen, im Refrain ein einfacher Rockrhythmus.

Strophe

Refrain

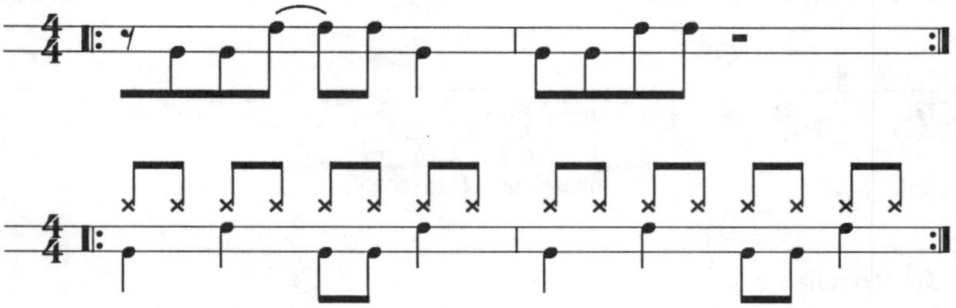

Ablauf

Intro | Strophen 1+2 | Refrain | Brücke | Zwischenspiel
Intro | Strophen 3+4 | Refrain | Brücke | Zwischenspiel | Refrain | Brücke mit Schlußtakt

Second-Hand Mädchen

Für alle, die ihren eigenen Stil haben, ist dieses Lied von Inga Rumpf, eine klassische Rocknummer aus den 70er Jahren, die hier mit sparsamen aber effektvollen Mitteln arrangiert ist. Zu diesem eigenen Stil gehören neben einem einfachen Grundschlag ein kurzer Gitarrenriff sowie die Doppelung der Worte »Second-Hand Mädchen« im Refrain durch eine zweite Gesangstimme.

Gitarre

Grundschlag

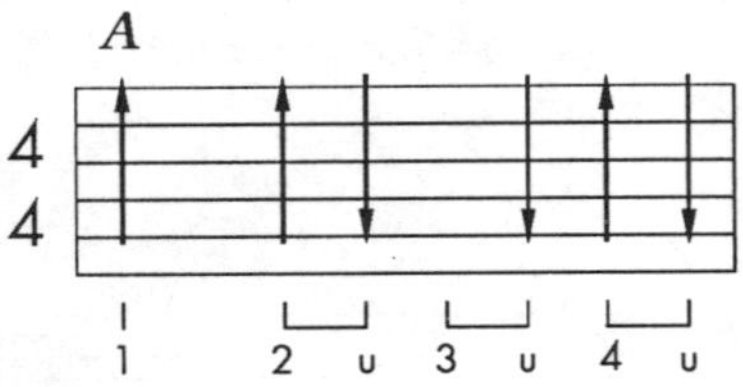

»Meine Oma hat noch alles ...«

Riff

Auf die Akkordfolge G D G erfolgt ein Picking mit dem Plektrum; zähle 1 2 3 1 2 3 1 2 .

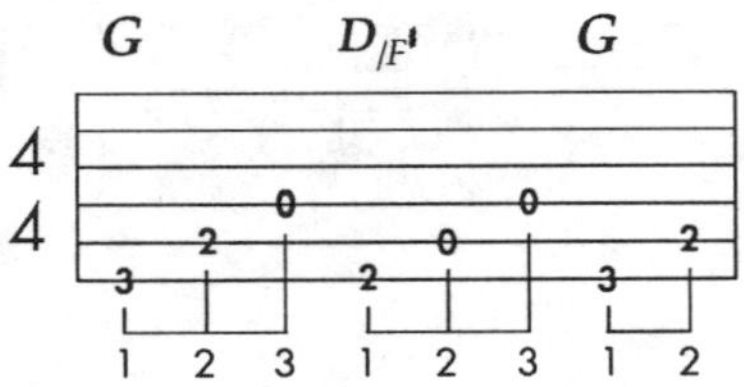

Notenzeile 1, 3 und 7, jeweils letzter Takt

Gesang

Im Refrain werden die Worte »Second-Hand Mädchen« durch eine 2. Stimme verstärkt.

Akkorde

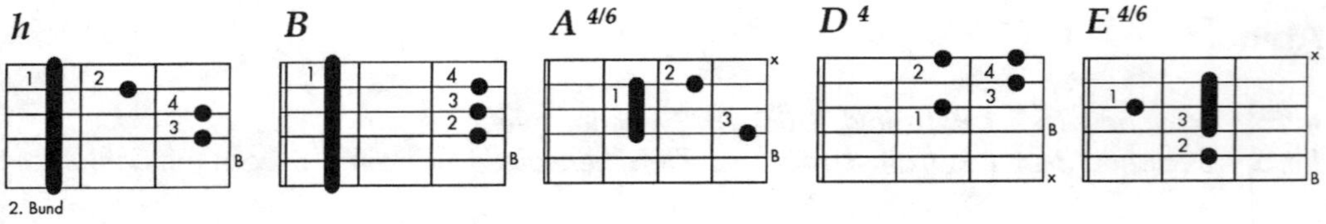

♩ = 132
Originaltonart: A-Dur
Rumpf »Second-Hand-Mädchen«
Phonogram (1975)
Text und Musik: Inga Rumpf

Fast wie in echt

Hard-Rock-Begleitung für das ganze Stück

Wer es nicht mit dem Grundschlag bewenden lassen will, sollte diese ausnotierte Tabulatur probieren. Sie basiert auf den Akkordwechsel-Standards: A-A$^{4/6}$, D-D^{4} und E-E$^{4/6}$. An Staccato-Punkten den Griff nach dem Anschlag zum Abstoppen kurz lockern.

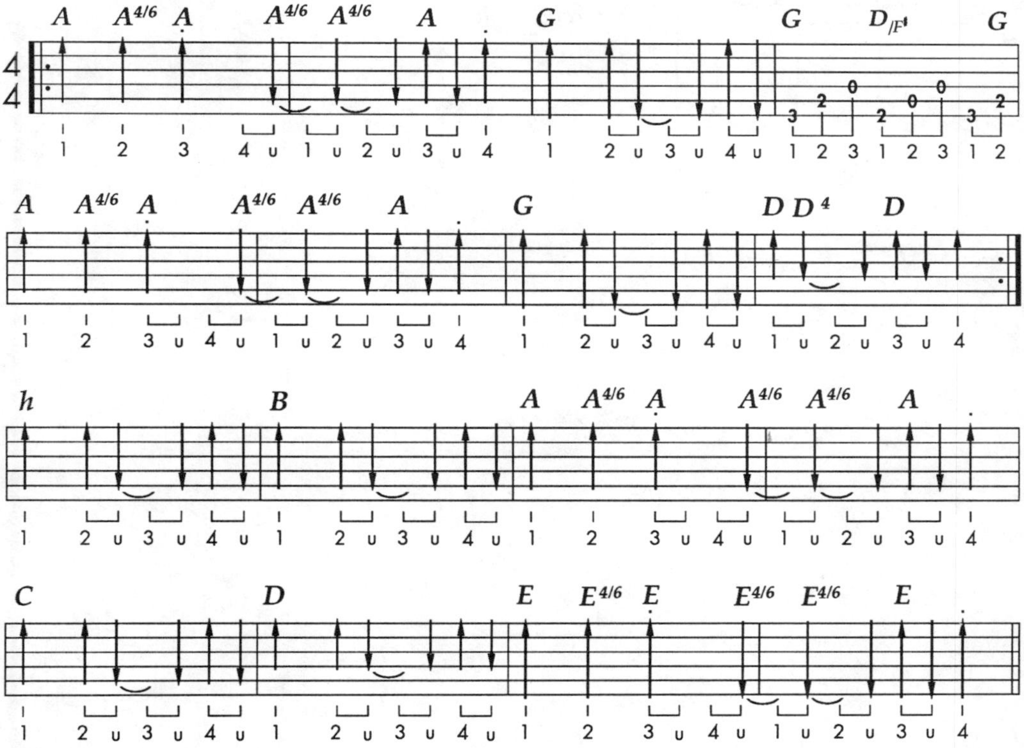

Für einen raschen Wechsel zu A$^{4/6}$ wird das vorangehende A nur mit dem Zeigefinger gegriffen. Ein zügiger Wechsel von E nach E$^{4/6}$ gelingt, indem der Ringfinger flachgelegt wird.

Im Refrain wird das gleiche Schema gespielt, nun ohne Wiederholung der ersten acht Takte. Als Intro und Zwischenspiel eignen sich die ersten vier Takte. So hat sich das Üben dann auch gelohnt …

Für dich tu ich fast alles

Dieser frühe Song von Ulla Meinecke ist wohl vielen ans Herz gewachsen – nicht nur, weil sie vielleicht auch mal irgendwann nach Dänemark getrampt sind. Ein akustisches Gitarrenstück mit einer Modulation von C-Dur nach D-Dur in der zweiten Strophe, die dem Song seinen Charme gibt.

Gitarre

Fingerpicking bei unter null Grad ...

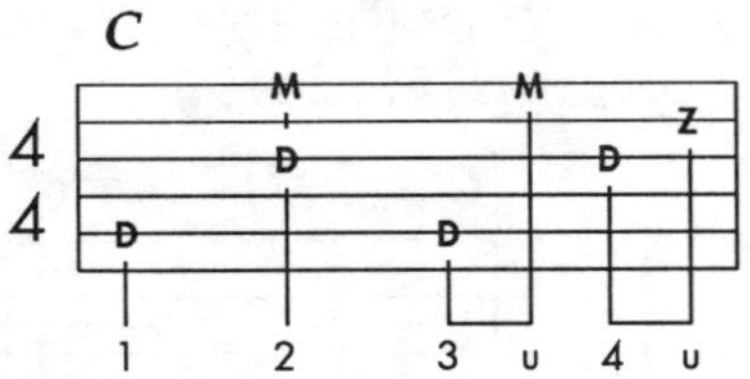

durchgängig

♩ = 132
Originaltonart: G-Dur | H-Dur
Meinecke »Von toten Tigern und nassen Katzen«
Teldec (1977)
Text und Musik: Ulla Meinecke

Akkorde

$f^{\sharp}$

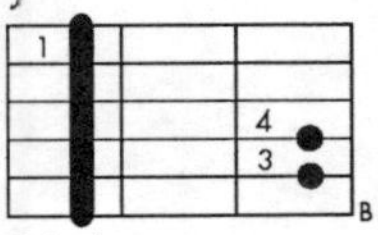

$c^{\sharp}$

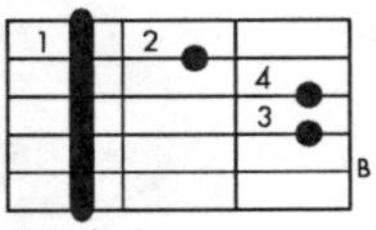

Mit Leidenschaft

Das ewig alte immer wieder gern gehörte Songthema ›Wenn Frauen zu viel lieben ...‹, hier in einer Tag-und-Nacht-nicht-enden-wollenden-›Maxi-Version‹. Entsprechend auf ein eher verschlepptes Tempo eingrooven. Ein echtes Latin-Rock-Stück.

Gitarre

Strophe

Der Gitarrenanschlag kommt trocken-baßlastig. Die Saiten sollten dazu mit dem rechten Handballen leicht abgedämpft werden. Synkopierte Betonung gibt dem Rhythmus seine besondere Note.

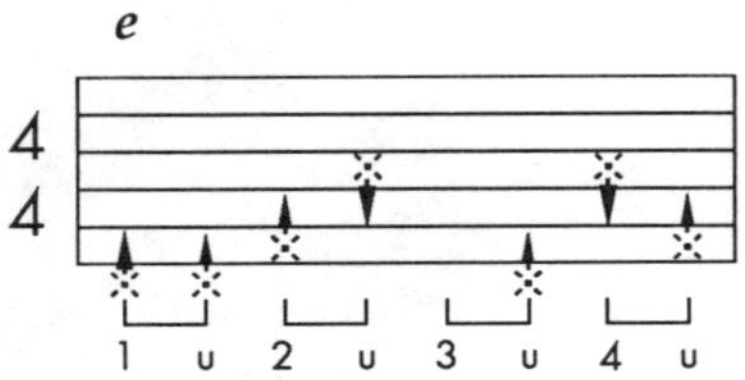

»Jeden Tag Fleurop ...«

Refrain

Ein Calypso unterstützt den schleppenden Sound nun in rockiger Betonung.

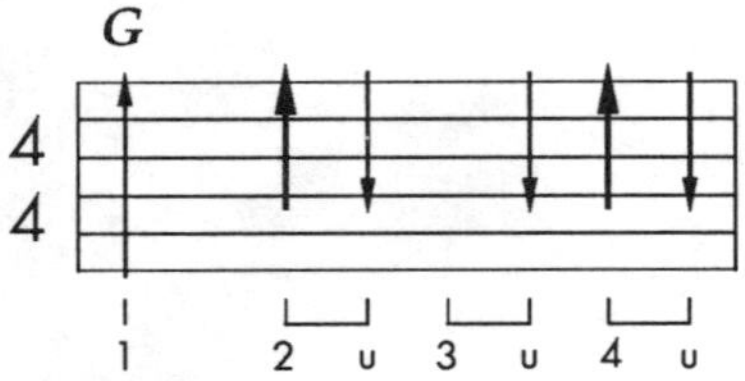

»Mit Leidenschaft ...«

♩ = 126
Originaltonart: h-Moll | D-Dur
Ina Deter Band »Mit Leidenschaft«
Fontana (1984)
Text und Musik: Ina Deter

Keyboard

Extro

Ein schönes Keyboard-Solo als Ausklang des Liedes nach dem letzten Refrain.

Gelöstes Haar

Leise, persönliche Lieder, nur mit akustischer Gitarre vorgetragen – damit steht Jasmine Bonnin in einer Reihe mit berühmten anglo-amerikanischen Singer-Songwriterinnen der 70er bis 80er Jahre. Die schöne Melodie wird von einem schnellen Fingerpicking passend begleitet. Die ersten zwei Melodiezeilen eignen sich auch als Flöten-Intro.

Gitarre

Schnelles Fingerpicking

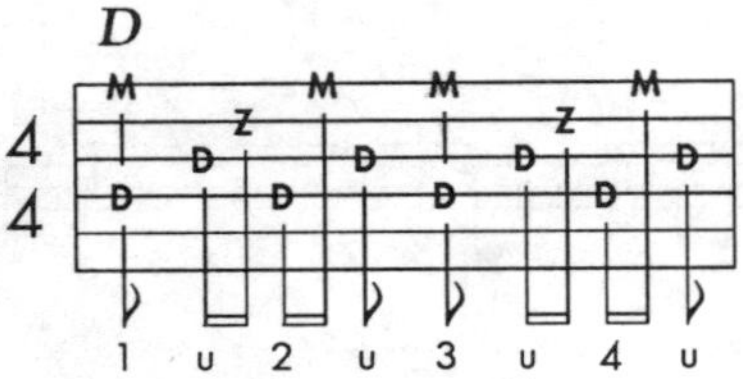

durchgängig

♩ = 108
Originaltonart: C-Dur
Bonnin »Gelöstes Haar«
Hansa (1974)
Text: Klaus Franken, Musik: Jasmine Bonnin

Der besondere Pfiff

Spezialakkord in Takt 6

Der D-Akkord im Takt G D e kann wie in der Platteneinspielung mit Fis im Baß gegriffen werden. Dadurch entsteht eine reizvolle absteigende Baßlinie G, Fis, E.

D 7/9/Fis

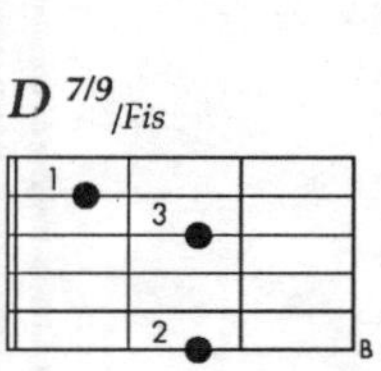

Die Freundin

»Jaa ja jaie ...«, Gefühl und Power in die eigene Stimme legen, Wortfetzen und Silben klingend aneinanderreihen, dieser ›Scat‹-Gesang aus dem Jazzbereich ist wichtig für die Interpretation des Songs von der Intimfreundin. Anne Haigis beherrscht die Technik, ist sie doch jahrelang durch die deutsche Jazz-Rock-Szene getingelt, in der individueller Ausdruck und Spiel mit der Stimme einen hohen Stellenwert haben.

Gitarre

Intro und Refrain

rockige Achtel im Back Beat

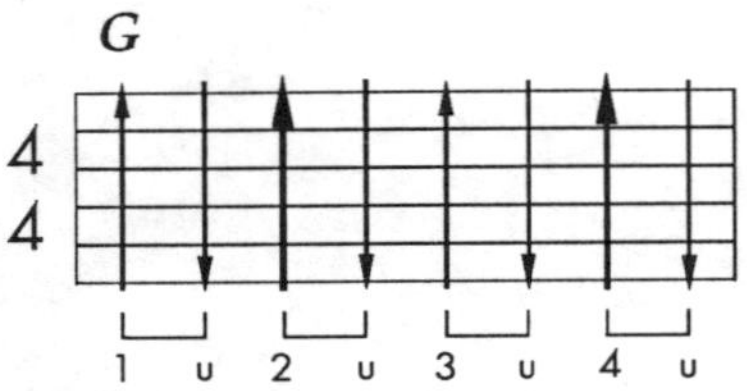

»Jaa ja jaie ...«
»Heut seh ich sie ...«

Strophe

weich ausgeführte Synkopen

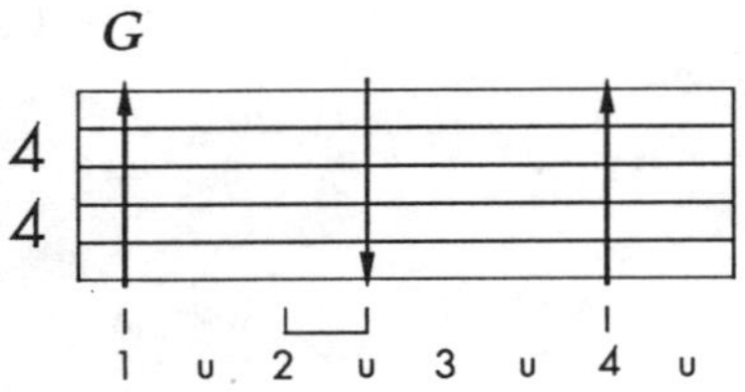

»Du kamst und du warst ...«

♩ = 144
Originaltonart: G-Dur
Haigis »anne haigis«
EMI Electrola (1984)
Text und Musik: Diether Dehm

Akkorde

Der melodische Pfiff des Stückes liegt in D-Akkorden, die nicht ihren Grundton als Baß haben. Die Strophentakte 2, 4, 10 und 12 lassen das G im Baß liegen, alle anderen D-Takte setzen die Terz Fis in den Baß. Im Refrain ergibt sich damit z.B. der reizvolle Baßabgang G Fis E.

D/G

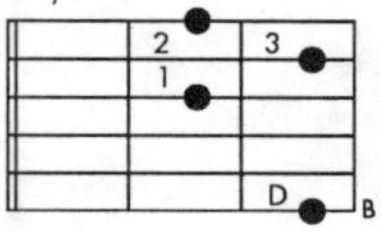

D/Fis

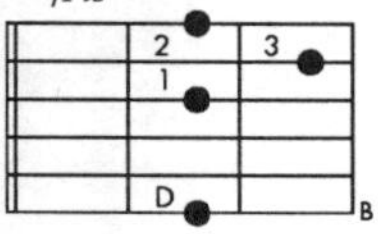

Den sonnendurchfluteten Westcoast-Sound bringt auch ein $G^{4/6}$, bzw D^4 im zweiten Takt des Scat-Gesangs »Jaa ja jaie ...«

$G^{4/6}$

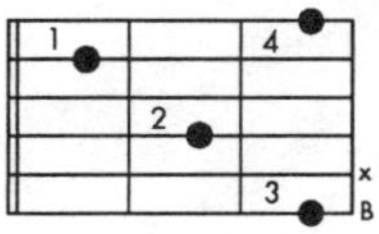

D^4

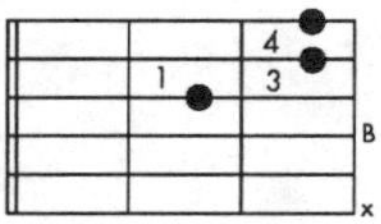

Bi

Frauenliebe wird aus der Sicht der Betroffenen hier zum Thema. Was ist geeigneter als ein Blues, um sich über Halbherzigkeiten der ›Scene‹ zu ärgern, in der Bisexualität zur reinen Mode geworden zu sein scheint? Ein absolutes Blues-Feeling gehört zur Interpretation dieser witzigen Nummer.

Gitarre

Grundanschlag

Picking im Blues-Feeling. Das bedeutet, daß bei zwei Achteln die erste etwa doppelt so lang klingt wie die zweite – wie lange genau, ist eben eine Sache des persönlichen Feelings.

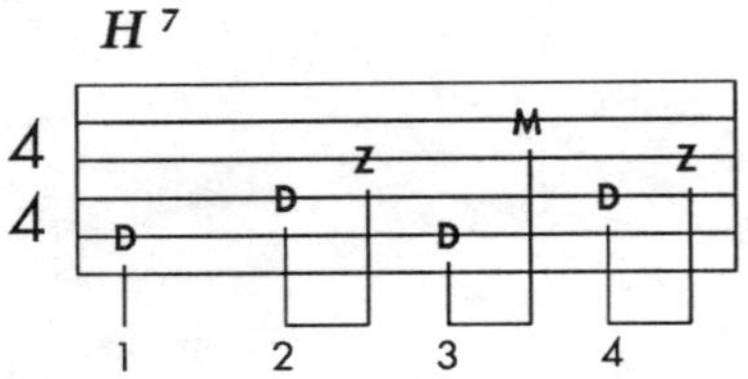

für das ganze Stück

BLUES

♩ = 138 ♫ = ♩♪ (triplet)
Originaltonart: G-Dur
Flying Lesbians »Flying Lesbians«
Frauenselbstverlag (1975)
Text und Musik: Emily Pankhurst, S. Weyrich

Tips und Tricks

Fill Ins

Abwechslung und Spannung in einem guten Blues entstehen durch kleine Improvisationen, in diesem Fall jeweils im letzten Takt der Notenzeilen. Um nochmal daran zu erinnern: bluesig wird es erst, wenn die Achtel ungerade interpretiert ins Schwingen kommen.

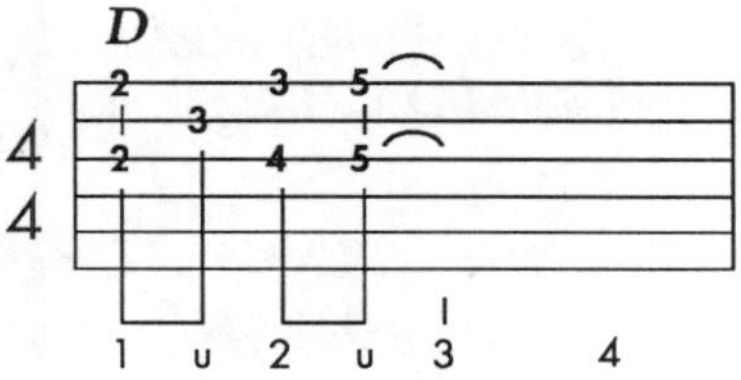

Notenzeile 1, letzter Takt

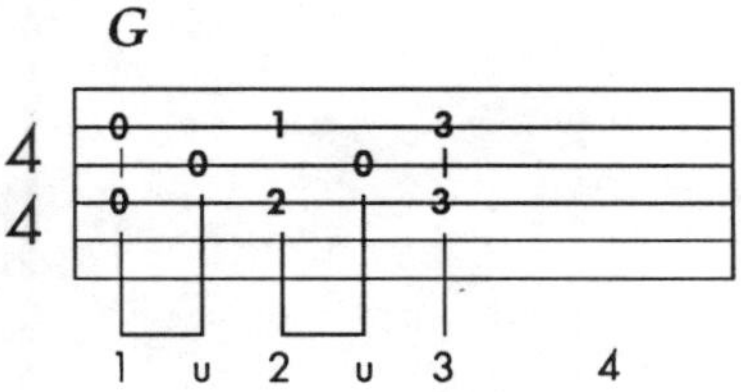

Notenzeile 2, letzter Takt

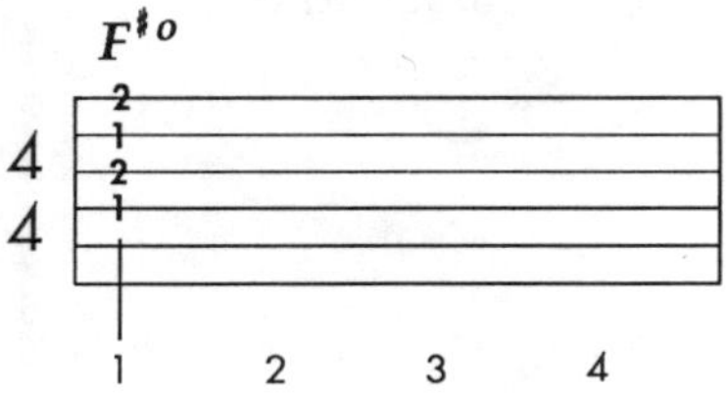

Notenzeile 3, letzter Takt

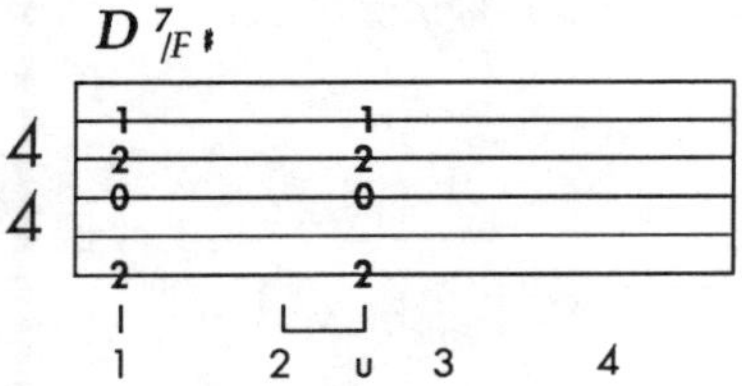

Notenzeile 4, letzter Takt

Nie wieder

Auf Abwehr gehen und cool bleiben, nach dieser kalten Dusche mit einem Korb. Ulla steht im Regen auf unsicherem Gebiet. Der Synthesizer dominiert, ein Funky Baß spielt unregelmäßig synkopierte Phrasen. Die Gitarre setzt in der Strophe lediglich zwei Tupfer. Erst im Refrain steigt sie mit synkopiertem Hard-Rock ein. Der Rhythmus wird getragen von einer durchlaufenden Hi-Hat-Figur.

Gitarre

Die Begleitung ist weitmaschig angelegt. Stehende Akkorde, die wir vom Synthi übernehmen, vermitteln zu Beginn das Gefühl, sich im Nichts zu bewegen. Auch das Muster im Refrain reißt Lücken. Diese Klanglöcher gilt es im doppelten Sinne ›aushalten‹ zu können.

Strophe

Gespielt werden in den ersten 12 Takten die Synthiakkorde mit gleichbleibendem Baßton D, Sie bleiben jeweils zwei Takte stehen und werden dann gewechselt: | D | | $C_{/D}$ | |.

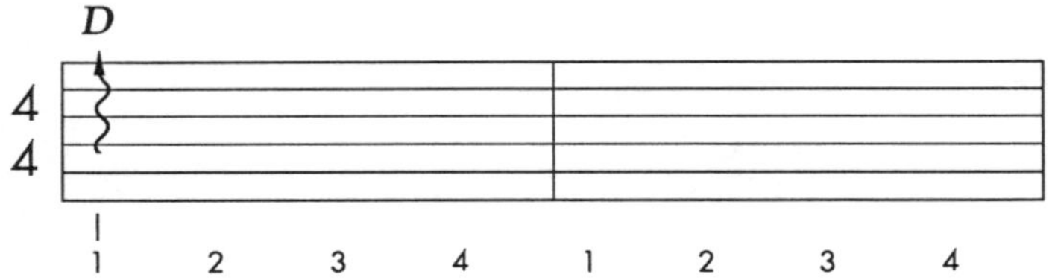

»Ich hab dich oft...«

Ab Takt 13 füttern wir mit weitmaschigen Synkopen unter.

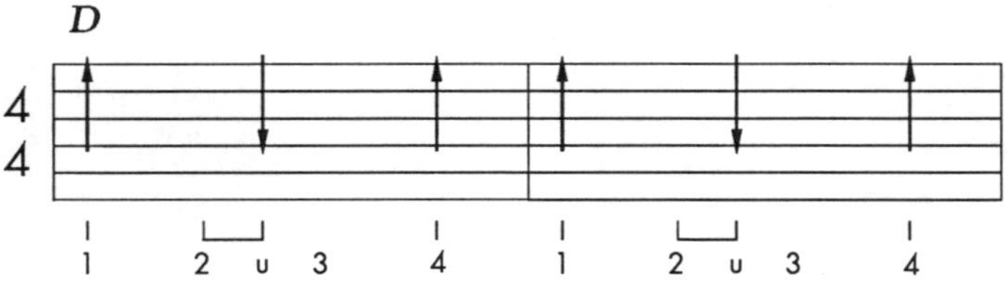

»(lau)-fen kann.«

Refrain

Für den Refrain ist der zweitaktige Hard Rock der Gitarre notiert. Ab »Herz in der Hand ...« spielt die Gitarre nur noch den 1. Takt des Musters.

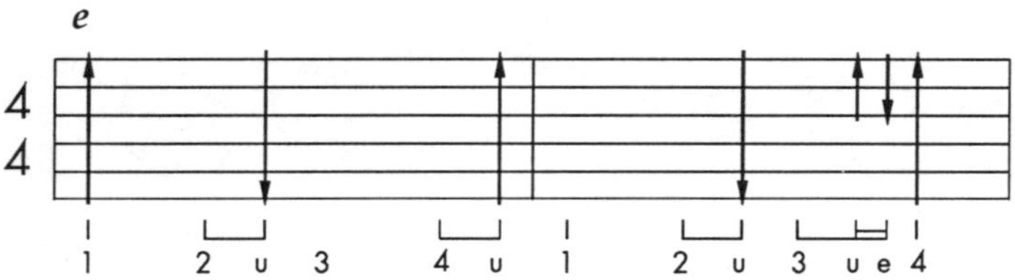

»(Ver)- liebt, verlorn, ...«

$♩ = 126$
Originaltonart: A-Dur
Meinecke »Wenn schon nicht für immer, dann wenigstens für ewig«
RCA (1983)
Text: Ulla Meinecke, Musik: Herwig Mitteregger

Keyboard

Das Keyboard bringt die Akkorde des Stücks im Streichersound. Sie bleiben lange stehen und erzielen so den gewünschten schwebenden Klang.
Zusätzlich werden Einwürfe im Vibraphonsound in die langen Pausen der Notenzeilen 2 und 4 gelegt, bzw. als Brücke zum Refrain zwischen Notenzeile 7 und 8 eingeschoben.

Notenzeile 2 und 4

Brücke zum Refrain

Percussion

Die Drum-Maschine unterlegt dem ganzen Stück eine schnelle Beckenfigur (geschlossen, geschlossen, offen gespielt). Alle zwei Takte setzt die Bass Drum einen Schlag auf 1. Auf der Snare Drum werden die Viertel als Rimshot (Schlag auf den Trommelrand) gesetzt. Im Refrain kommt auf Zählzeit 2 ein Händeklatschen hinzu.

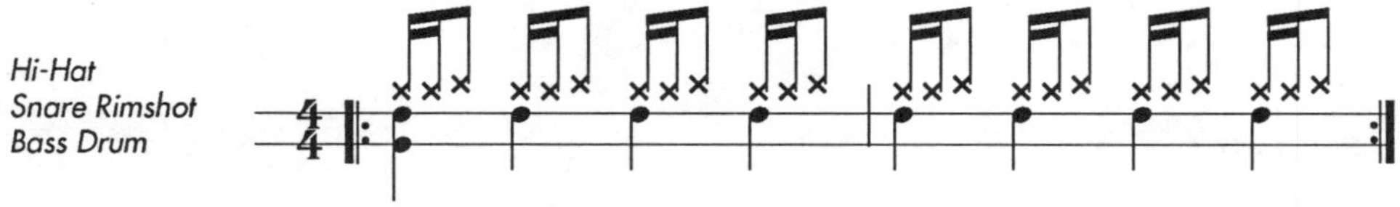

Akkorde

Die ›Synthi-Akkorde‹ der Strophe können in zweierlei Weise gegriffen werden.

Puppe kaputt

Mit Synthesizer- und Drumcomputer-Klängen experimentieren Tastenfrau Rosa Precht und Keyboardmann Reinhold Heil in diesem Stück. »Rauf mit dem Lack«: Jazz-Bläsersätze werden ebenso ›kopiert‹ wie textliche Stilelemente und Zitate aus Stücken der Berliner Musikszene. Der Sequenzereffekt wird auf den Gesang übertragen. Die Töne werden mit der Stimme nur kurz angetippt und springen zwischen hoch und tief.

Gitarre

Wir ›resampeln‹ den Synthesizer und spielen mit der akustischen Gitarre.

Notenzeilen 1, 2, 5, 9

Die Gitarre hält sich hier an den Bläser-Riff, der seinen Pfiff bekommt, weil die a^7-Akkorde um eine Achtel vorgezogen sind. Er wird auf alle D | a^7 Takte gespielt.

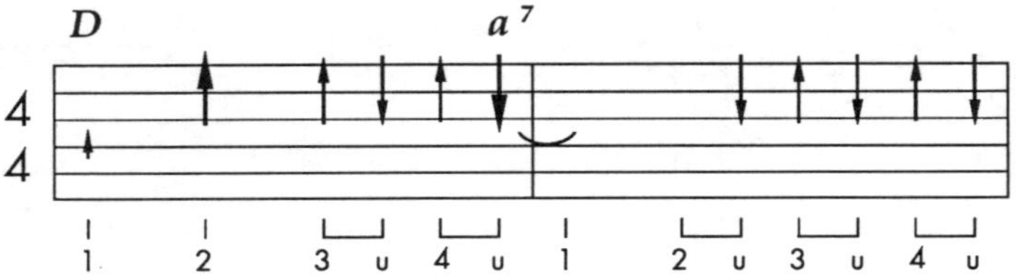

»Make up is ab ...«
»Puppe kaputt ...«

Notenzeilen 3, 4

Ein Achtelanschlag, in den die stehenden Akkorde des Keyboards als abgerollter Akkord eingearbeitet werden.

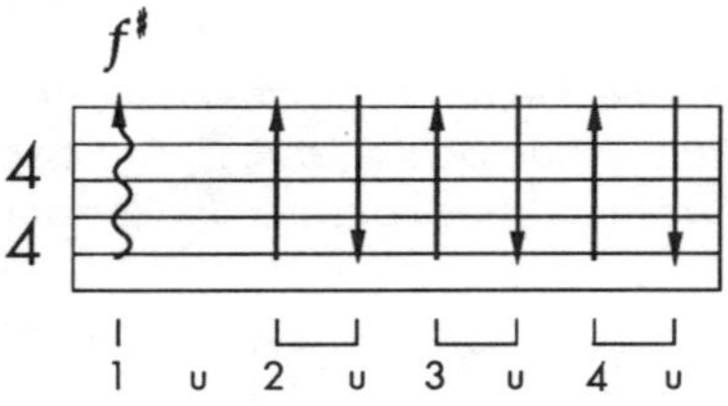

»Das blonde Haar ...«

Notenzeilen 6, 7, 8

Während die Gitarre in der Aufnahme nur die Schläge 2 und 4 setzt, haben wir mit Achtelbässen ergänzt, um den vollen Rocksound zu erhalten.

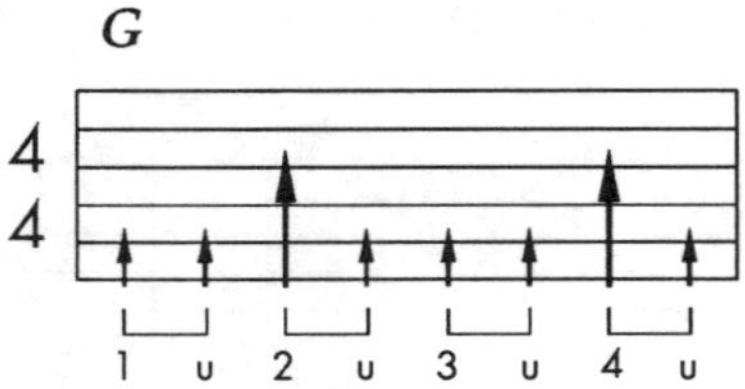

»Die Automatik defekt ...«

♩ = 132
Originaltonart: D-Dur
Cosa Rosa »Cosa Rosa«
CBS (1986)
Text und Musik: Rosa Precht, Reinhold Heil

Akkorde

Prägnanter ›Bläsersound‹ entsteht, wenn die beiden Akkorde D und a^7 als kleiner Barré im 10. und 8. Bund gegriffen werden. Die Akkorde G, E^7, A$^{(7)}$ in den Zeilen »Die Automatik defekt ...« bringen als Jazzakkorde den pfiffigen Klang.

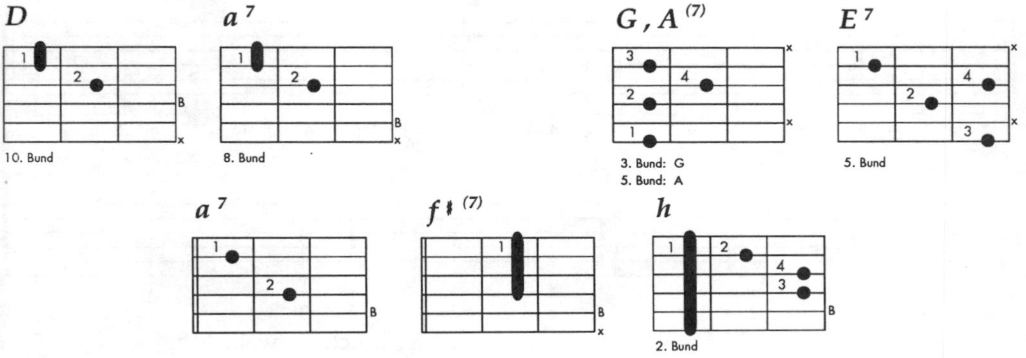

Unbeschreiblich weiblich

Nina Provokant! Gerade in ihrer Weigerung, Kinder in die Welt zu setzen, fühlt sich Frau unbeschreiblich weiblich im Einklang mit Simone de Beauvoir und Marlene Dietrich. Vielleicht eine kleine Herausforderung, Ninas Punk nachzusingen, aber für dich nich! für mich nich!, wenn der eigene Ausdruck Maßstab ist und Mut zu Oktavsprüngen und gekonntem Abkippen der Stimme besteht. Für die Gitarre und den Synthesizer lassen sich dann vielleicht Hard-Rocker in die Pflicht nehmen.

Gitarre

Rock-Register mit Rhythmuswechseln, Rockakkorden, Abstopptechnik und Riff: Die Strophe steht im Sechzehntel-Feeling mit normalen Akkorden, der Refrain und Schlußteil gehen mit Rockakkorden auf Achtel-Feeling. Von der linken Hand abgestoppte Schläge (Staccato-Punkte) kommen hart und abgehackt. Unausweichlich ist dann der Gitarrenriff im Schlußteil. Wir haben die Begleitung komplett durchnotiert.

»Ich war schwanger ...

... weib-lich, weib-lich.«

♩ = 134
Originaltonart: a-Moll
»Nina Hagen Band«
CBS (1978)
Text: Nina Hagen, Musik: Manfred Praeker

Synthesizer und Sologitarre

Die schrille Erkennungsmelodie des Songs wird von Synthi und Sologitarre gemeinsam gespielt. Sie kommt als Intro, als Zwischenspiel nach dem ersten Refrain und schließlich als Extro. Die Rhythmusgitarre unterlegt ihr den Sechzehntel-Rhythmus der Strophe.

Als Intro A und A'
als Zwischenspiel nach dem ersten Refrain nur A
als Extro dann A, A', B, A, A'.

Akkorde

Im Refrain und Schlußteil klingen typische Rockakkorde mit hartem Plektrum über nur 3 Saiten. Die Griffweise ist für alle gleich.

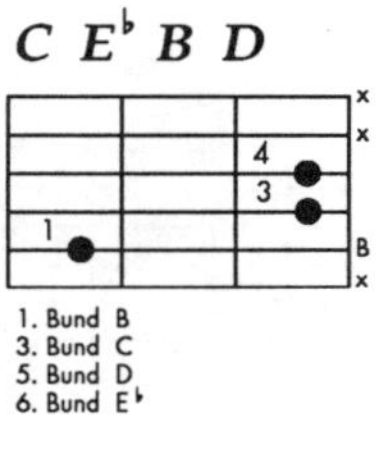

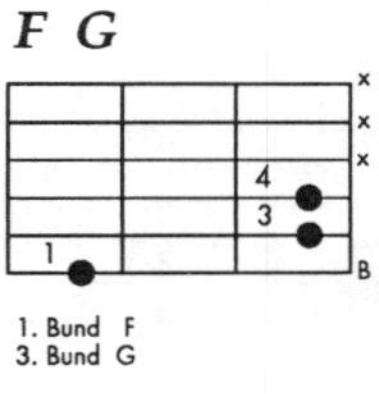

Frau lauf weg

»Eines meiner ersten Lieder«, schreibt Erika Pluhar. »An den Wörtern ›Frau-lauf-weg‹ gefiel mir das doppelte ›au‹ so gut und die Bewegung darin, also bastelte ich mir das Lied von daher zusammen. Und mit ›Frau lauf weg‹ bin auch ich losgelaufen. Jetzt schreibe ich Texte ohne Leistungsdruck – genauso, wie ich als Kind gespielt habe«. Ohne Leistungsdruck und mit viel Swing im Spiel sollte auch die Musik daherkommen.

Gitarre

Die Gitarre ›schrubbt‹ sich staccato durch das Lied, wie es z.B. für die Musik von Django Reinhardt typisch ist.

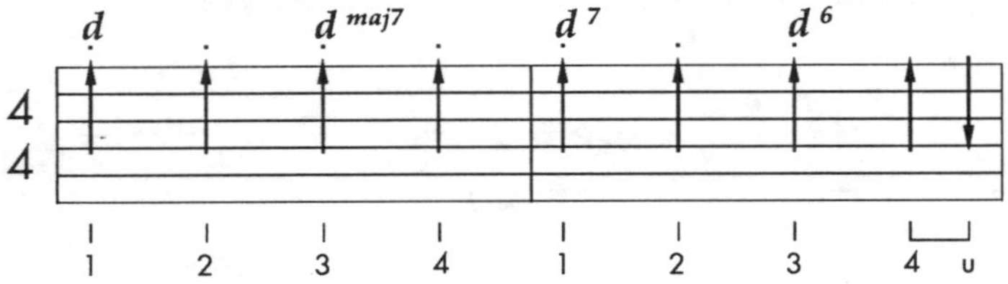

durchgängig

Percussion

Mit den Händen kann dazu folgender Rhythmus geschnippst werden.

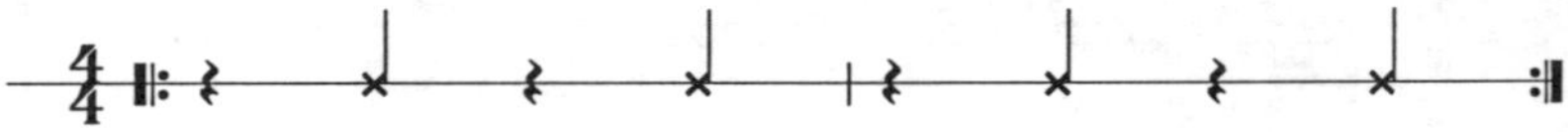

Akkorde

Einige wunderschöne Jazz-Akkorde bringen den Sound.

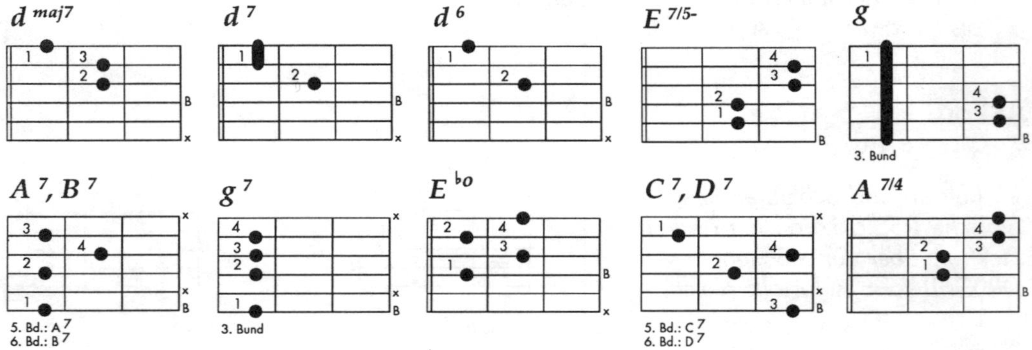

♩ = 150 *Swing* ♫ = ♩♪ (triplet)
Originaltonart: d-Moll
Pluhar »Narben«
Teldec (1981)
Text: Erika Pluhar, Musik: Toni Stricker

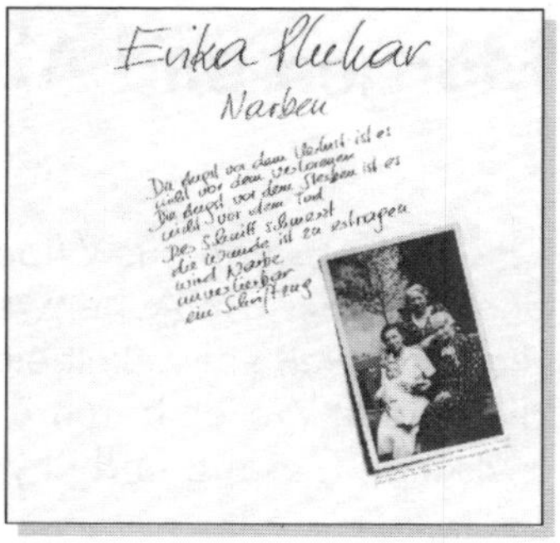

Baß

Für flinke Finger ist dieser Walking-Bass. Er läßt sich auch gut auf einer Lautsilbe wie »Bam« singen oder als Klavierbegleitung spielen.

Morgen und Abend, weiblich besehen

Eine Komposition aus Widersprüchen der Innen- und Außenwelt, zwischen »Morgen und Abend«. Die Außenwelt gibt den Rhythmus vor, dem frau sich anzupassen hat, die Innenwelt entwickelt einen eigenen meditativen, nicht festgelegten. Dort wo sich die beiden Welten berühren, in den Notenzeilen 5 + 6, entsteht ein Ungleichgewicht zwischen Gesang und Rhythmus – die musikalisch spannendste Stelle in dem Stück.

Gitarre

Notenzeilen 1-4

Außenwelt mit gehetztem Achtelrhythmus. Auch in den beiden Schluß-Takten h-Moll.

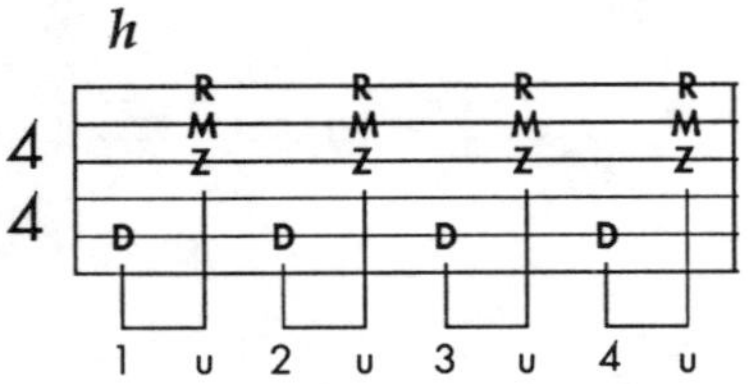

»Der Lichtschein ...«

»hingehn.«

Notenzeilen 5-6

Innen berührt Außen in gegenläufigen Akkordanschlägen. »Das ewig Gleiche ...«

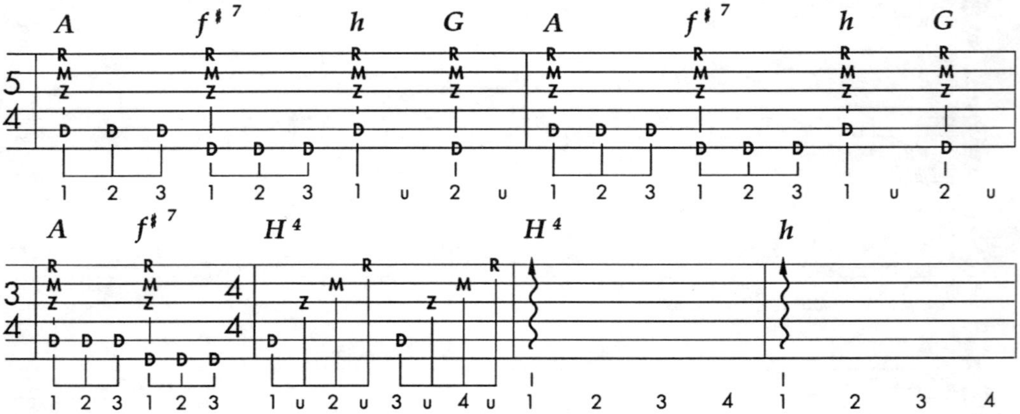

Notenzeilen 7-8

Innenwelt in meditativem Rhythmus, Anschläge nur dort, wo Akkordsymbole stehen.

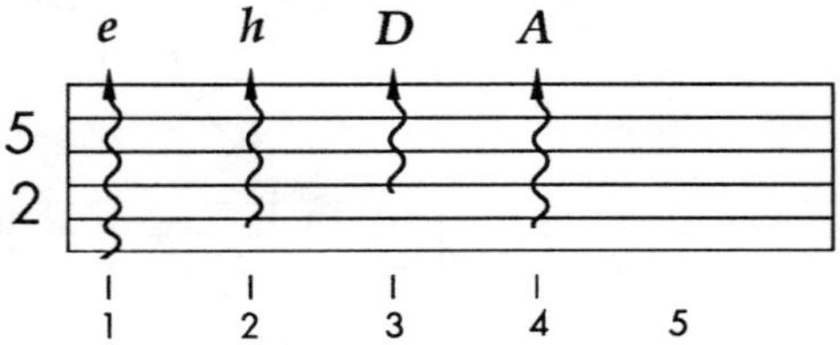

»Ich will allein sein ...«

♩ = 154
Originaltonart: d-Moll
Thalheim »Die Frau vom Mann«
Amiga (1988)
Text: Fritz-Jochen Kopka, Musik: Barbara Thalheim

Akkorde

h

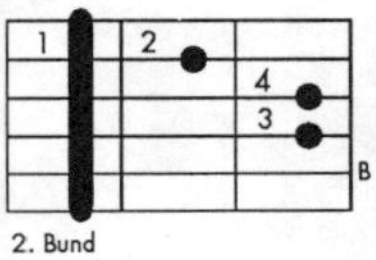

F♯

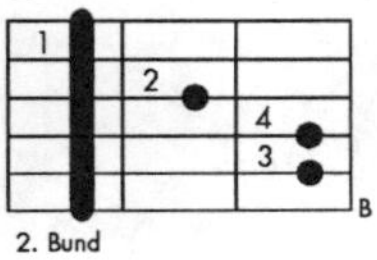

A (9)

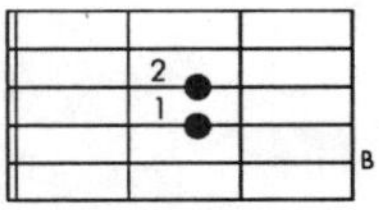

f♯ 7

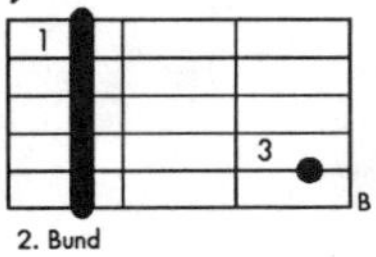

H 4

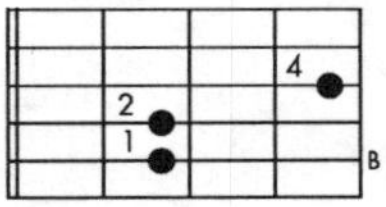

Schlaflied für Emilia

Ein Wiegenlied über Ängste bei Erwachsenen und ungebrochenes Vertrauen von Kindern. Der Text hat mehrere Ebenen, so daß sich Schichten abheben und darunter immer noch Gedanken zur Sache finden lassen. Im Laufe des Liedes wird den Gedanken mehr und mehr Raum gelassen – es entstehen Leerzeilen im Refrain, in denen nicht gesungen wird und nur die Gitarre spielt.

Gitarre

Die Begleitung hat in diesem ruhigen meditativen Lied die Aufgabe, die Melodie in klassischer Spielweise zu untermalen.

Strophe

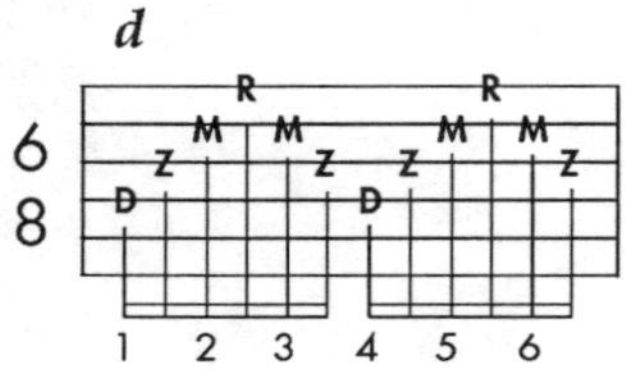

»Es ist der Abend welcher Zeit ...«

Fill In Takt 8-9

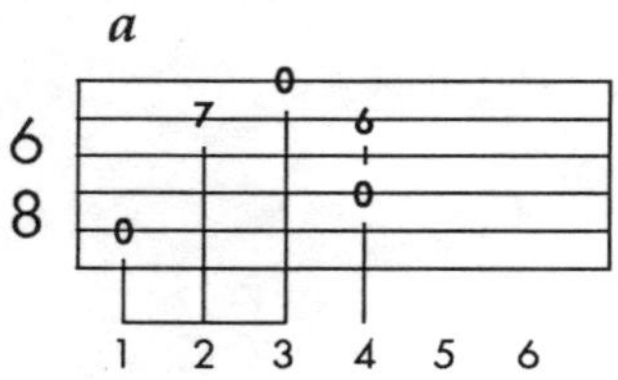

in den beiden Pausentakten a-Moll

Refrain

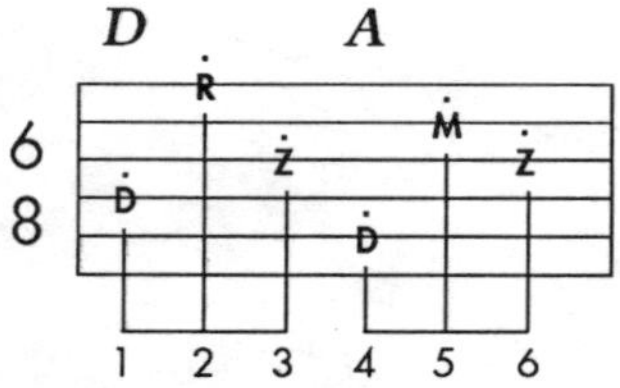

»Du traust dem Frieden ...«

♩. = 64
Originaltonart: a-Moll
Thalheim »Die Kinder der Nacht«
Amiga (1985)
Text: Fritz-Jochen Kopka, Musik: Barbara Thalheim

Akkorde

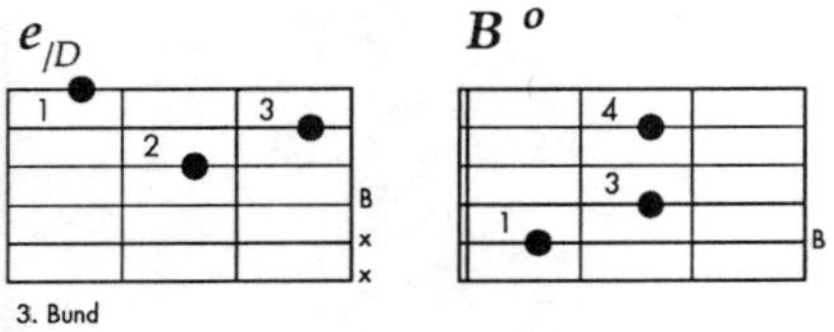

Wenn Frauen sprechen könnten

Oft genug wird Sex von Sprachlosigkeit begleitet, sagt Marianne Delgorge zu ihrem Lied, das dieses Schweigen durchbrechen will. Die einfühlsame Ballade wird auch im Original sparsam nur mit Gitarre instrumentiert, wobei der Wechsel von E-Dur nach e-Moll mit dem Baßlauf im zweiten Teil ihren musikalischen Reiz ausmacht.

Gitarre

E-Dur

Der E-Dur-Teil, ersten vier Notenzeilen, und der Zwischengesang auf »Da dei dei ...«, letzte Notenzeile, werden wie folgt begleitet.

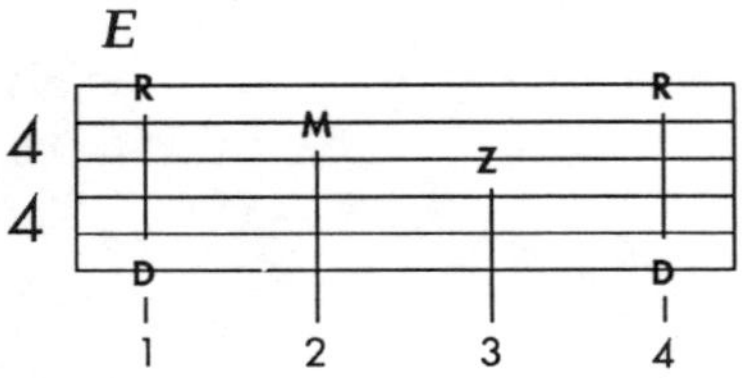

»Ich würde dir so gerne ...«
»Da dei dei ...«

Takte mit mehreren Akkorden, »Wimpern zählen«, »um die Nas entlang«: Beim Wechsel die entsprechenden Baßtöne der Akkorde mit dem Daumen anschlagen.

e-Moll

Baßlauf ab der Modulation – siehe Akkorde Baßlauf. Der Daumen zupft die sich ändernden Baßtöne, der Ringfinger im Wechsel die leere hohe E-Saite an.

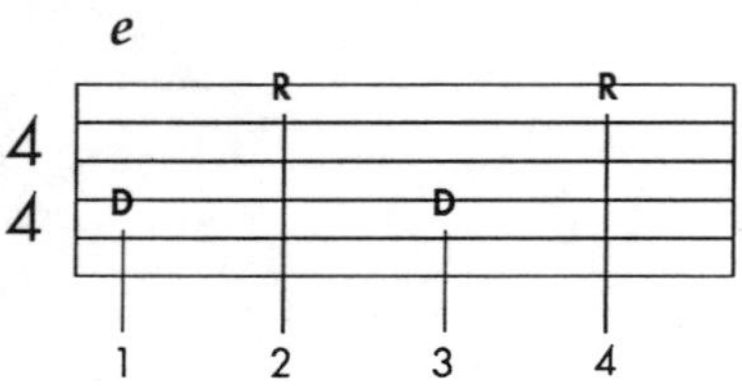

»über deine Lippen ...«

♩ = 220
Originaltonart: E-Dur | e-Moll
Delgorge »Revue, Revue«
Eigenverlag (1987)
Text und Musik: Marianne Delgorge

Akkorde

Die beiden Barré-Akkorde

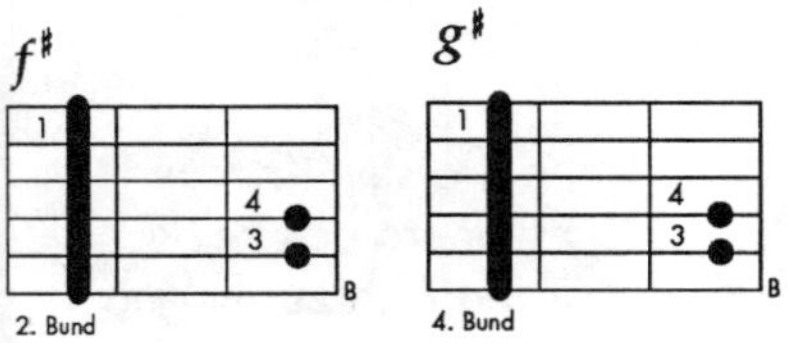

Die Akkordfolge des Baßlaufs, bei dem nur die entsprechende Baß- und die hohe E-Saite gezupft werden. Auf den Baßsaiten der Gitarre wandern die Töne von E auf der D-Saite halbtonweise abwärts über die A-Saite bis zu Gis auf der tiefen E-Saite.

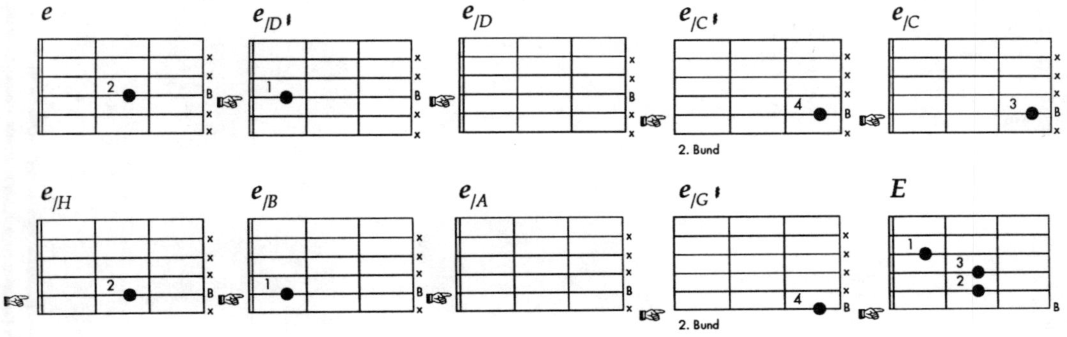

Laß mich fallen wie Schnee

Der Umgang mit Trennung aus weiblicher Sicht, angelehnt an das mittelalterliche Volklied »Es ist ein Schnee gefallen« aus dem Jahre 1550. Schnee als Symbol für die gescheiterte Beziehung. Ein Stück, das sich vor allem durch den Gesang trägt. Effektvoll ist bei Balladen wie dieser, wenn die Gitarre ab und zu pausiert oder Töne der Gesangsmelodie ins Spiel einflechtet.

Gitarre

Als Muster für die Liedbegleitung dient ein einfaches Arpeggio im Wechsel mit geschlossenem Akkordanschlag. Die Harmonien werden nicht immer mit ihrem eigenen Grundton gespielt.

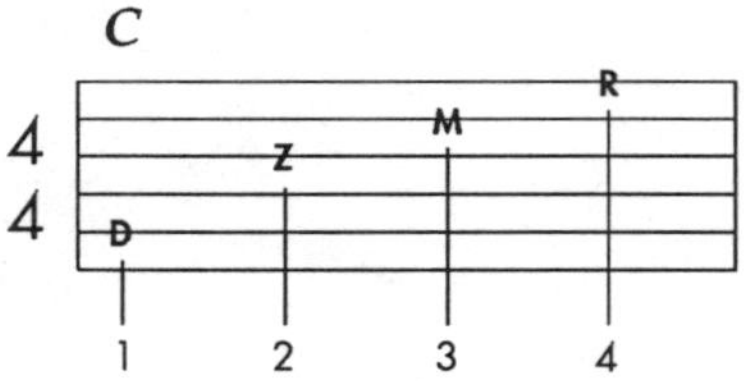

»Ein sanfter Schnee ...«

Für die Takte mit 2 Akkorden in Notenzeile 1, 2 und 3

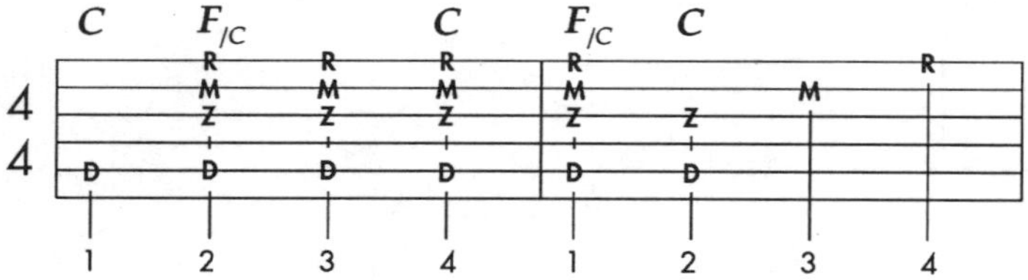

»auf ersten Knospen»
»steinern das Feld«
»wenn ich zu dir geh.«

Für die Takte mit 2 Akkorden in Notenzeile 4 + 6

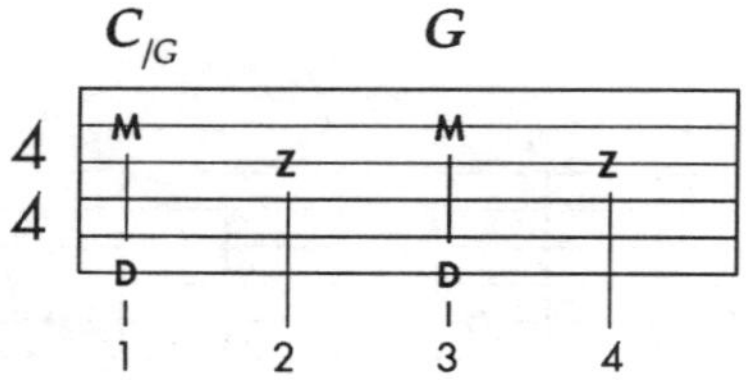

»(fal)-len wie«

♩ = 128
Originaltonart: Cis-Dur
Haigis »Laß mich fallen wie Schnee«
EMI Electrola (1985)
Text: Diether Dehm, Musik: Fletcher Dubois

Der besondere Pfiff

Musikalisch wie inhaltlich befindet sich das Stück in einem Zustand der Schwebe, ohne festen Boden. Diese Stimmung geben Harmonien wieder, die ohne ihren Grundton klingen. Die Baßtöne C und G bleiben über mehrere Akkorde hinweg liegen. Vertraute Harmonien werden so in einen entrückten Zustand versetzt. Wir haben das gesamte Lied wie im Original mit Baßlinien versehen.

4/4

C	C $F_{/C}$ $F_{/C}$ C	$F_{/C}$ C C C	C	
$d^7_{/C}$	$d^7_{/C}$	G	G $C_{/G}$ $C_{/G}$ G	
C	C $F_{/C}$ $F_{/C}$ C	$F_{/C}$ C C C	C	
$d^7_{/C}$	$d^7_{/C}$	$F_{/G}$	$C_{/G}$ G	
$d^7_{/C}$	$d^7_{/C}$	B	B	
a^7	a^7	$F_{/G}$	$F_{/G}$	C

Gesang

Ab »... fallen wie Schnee« sollte eine zweite Stimme einsetzen. Sie übernimmt als Echo die Melodie der Hauptstimme, immer um zwei Takte nach hinten versetzt. So entsteht ein kanonartiger Charakter. Die genaue Notation steht im Liederbuch.

Akkorde

Hier die Akkorde mit den Baßtönen, die ihnen einen besonderen Pfiff geben.

$F_{/C}$ $d^7_{/C}$ $C_{/G}$ $F_{/G}$ B

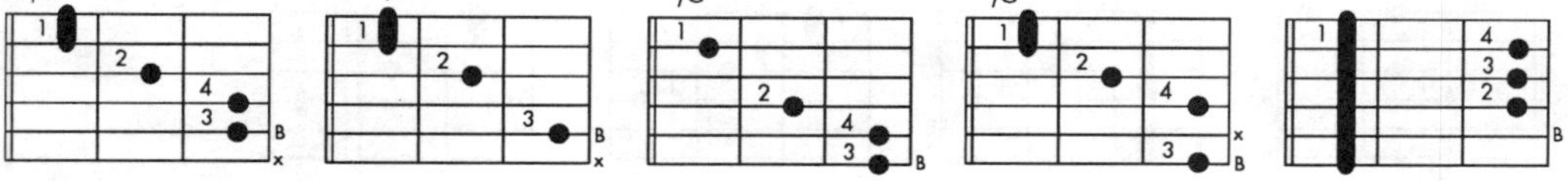

Ich tu das

Den Magengeschwüren genervter Frauen sagt dieser selbstbewußte Nein-Sager-Song einen entschlossenen Kampf an. Schnelle Rhythmen und Synthesizerläufe bestimmen die Klangfarbe des Folk-Rock-Stücks. Für das Arrangement wurde beim Abmischen in die Trickkiste der Studiotechnik gegriffen.

Gitarre

Wir unterlegen einen satten Rhythmus. Sein Klang entfaltet sich bei schnellem und präsise betontem Schlag: Synkopen! Häufige Wechsel der Akkorde im Refrain auf den unbetonten Schlägen lassen sich gut mit Barré bewältigen und bringen neuen Schwung.

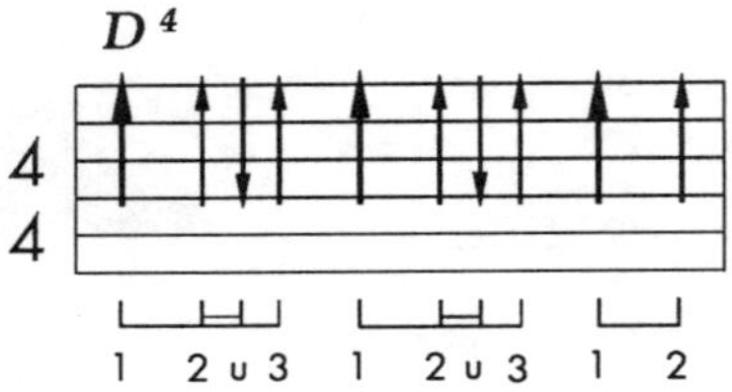

durchgängig

Akkorde

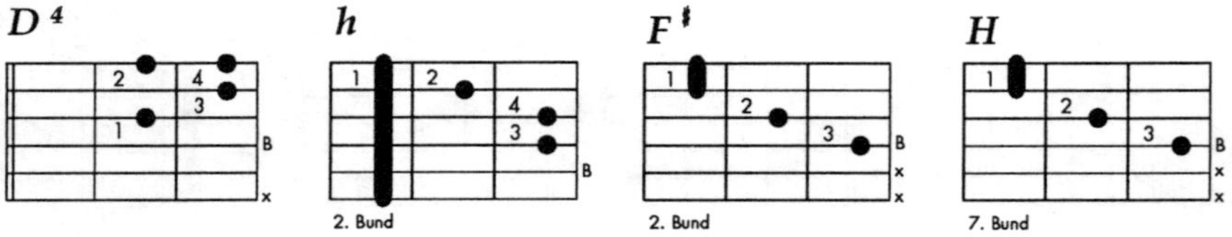

♩ = 122
Originaltonart: D-Dur
Bill »Bill drei«
Polydor (1987)
Text: Maria Bill, Musik: Mischa Krausz

Synthesizer

Rasche Läufe im Bläsersound geben Impulse für den Gesang und bilden ein klangliches Erkennungszeichen. Zunächst das Intro, das auch als Zwischenspiel eingesetzt wird, im Anschluß das Solo nach dem zweiten Refrain.

Intro, Zwischenspiel

Solo nach dem 2. Refrain

Nach diesem Instrumentalteil schließt sich das Zwischenspiel an, danach setzt der Gesang mit der nächsten Strophe ein.

Percussion

Mit Bongos oder Congas im Sechzehntel-Feeling mischen wir etwas Latin-Stimmung hinein.

Unter dem Pflaster

»Unter dem Pflaster liegt der Strand« – der französische Philosoph Proudhon prägte diesen Ausspruch, der in der Mai-Revolte 1968 in Paris in aller Munde war. Arbeiter und Studenten malten ihn an die Mauern. Schneewittchens Version vom Pflasterstrand ist ein Lied für die Phantasie, gegen festgefahrene Strukturen der Gesellschaft und die Versteinerung der Gedanken und Taten.

Gitarre

Strophe

In der Strophe Fingerpicking

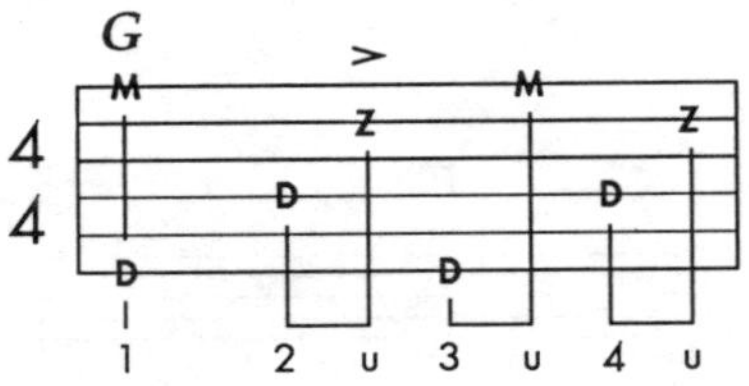

»Komm laß dich ...«

Refrain

Im Refrain Fingerschläge. Bei Einsatz einer Querflöte empfielt sich das Refrain-Muster für das gesamte Lied als Plektrumanschlag.

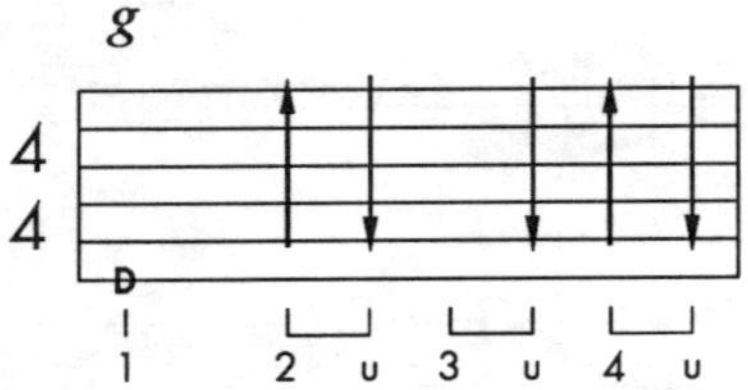

»Unter dem Pflaster ...«

Akkorde

Wechsel von g-moll zu F-Dur im Refrain am besten als Barré. Ebenso zu G-Dur am Strophenbeginn.

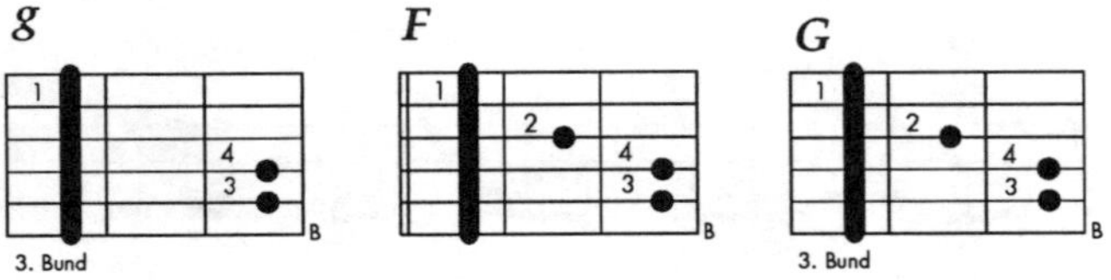

♩ = 132
Originaltonart: e-Moll | E-Dur
Schneewittchen »Zerschlag deinen gläsernen Sarg«
Phonogram (1978)
Text und Musik: Angi Domdey

Querflöte

Neben dem mehrstimmigen Gesang tritt in vielen Schneewittchen-Arrangements die Querflöte hervor, die von drei Frauen der Gruppe gespielt wurde. Für dieses Instrument haben wir das Intro sowie die Begleitung zum Refrain und zur letzten Strophe notiert.

Intro

Refrain

Strophe 5

Trinklied der Schwestern

Eine nachdenkliche Liebeserklärung an das weibliche Geschlecht, geschrieben 1987 in der DDR. Selbstsuche durchzieht das ungewöhnliche ›Trinklied‹, das von individueller Interpretation lebt. Dynamik und Tempo sind dabei besonders wichtig, aber auch der selbstbewußte Gesang.

Gitarre

Die Begleitmuster sind im klassischen Arpeggio gehalten.

Takte mit 2 Akkorden

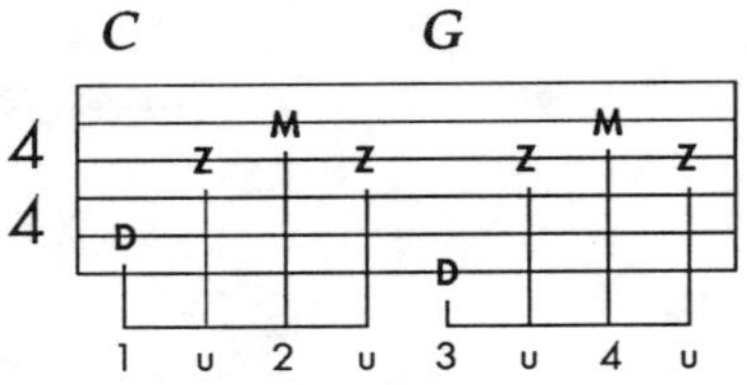

Takte mit 1 Akkord

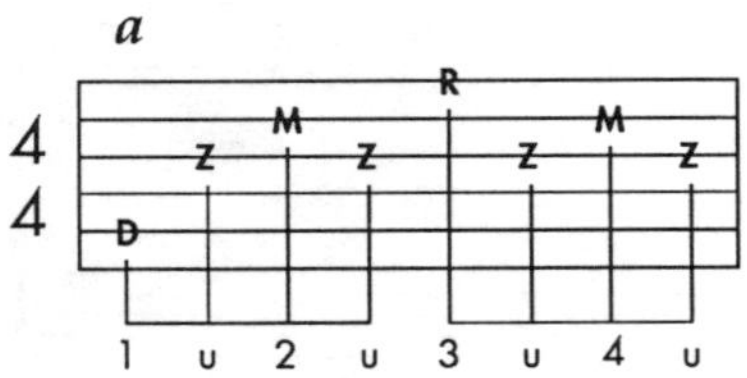

♩ = 108
Originaltonart: B-Dur
Konzert von »Maike Nowak«
Liveaufnahme (1987)
Text und Musik: Maike Nowak

Frauen kommen langsam aber gewaltig

Ein geschickt doppeldeutiges Wortspiel macht die Titelzeile dieses Liedes zu einem beliebten Spruch. Viele Klischees der weiblichen Rolle finden sich im Text des Songs, der damit auch einen Gegenpol zu Grönemeyers Selbstdarstellung der »Männer« liefert. Eine Up-Tempo-Nummer mit schnellem vorwärtstreibendem Rhythmus, deren Klang im Studio noch mit vielen Raffinessen überzuckert wurde.

Gitarre

Als Grundrhythmus ein knackiger rockiger Anschlag über 3 Saiten mit Betonung auf 2 +4 , der das ganze Stück über gespielt werden kann. Alle Schläge werden hart mit dem Plektrum geschlagen und leicht mit dem rechten Handballen gedämpft.

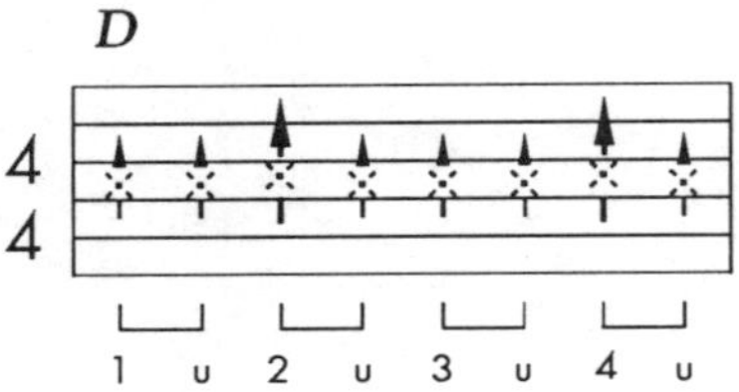

»Schlaue Frauen ...«

Der Rhythmus gerät im Zwischengesangsteil »Frauen gibt man immer Küsse ...« ins Stoppen durch diesen zweitaktigen Riff. Der Grundrhythmus wird erst in den letzten beiden A-Takten »kriegen ohne Männer Spaß« wieder aufgenommen.

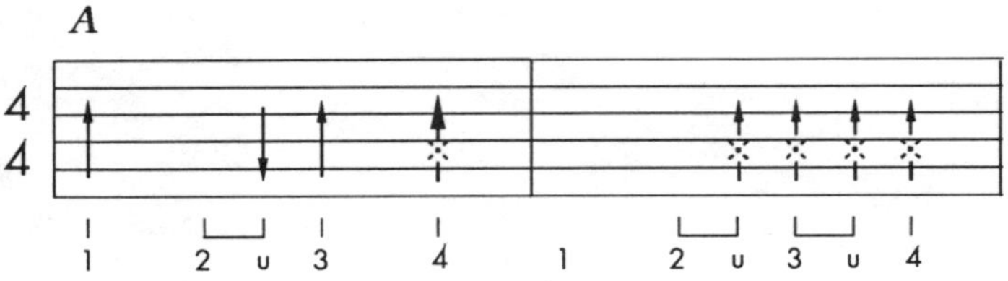

»Frauen ... immer Küsse ...«

Der besondere Pfiff

Das Stück kann mit Finessen versehen werden, die den Ausdruck steigern.

Während des Teils »Frauen machen ständig klar ...«, bzw. »Frauen sind wie im Roman ...«, laufen ungedämpfte Vierteltriolen in allen G A - Takten hart gegen den Gesangsrhythmus. Die anderen Takte werden im Grundrhythmus gespielt.

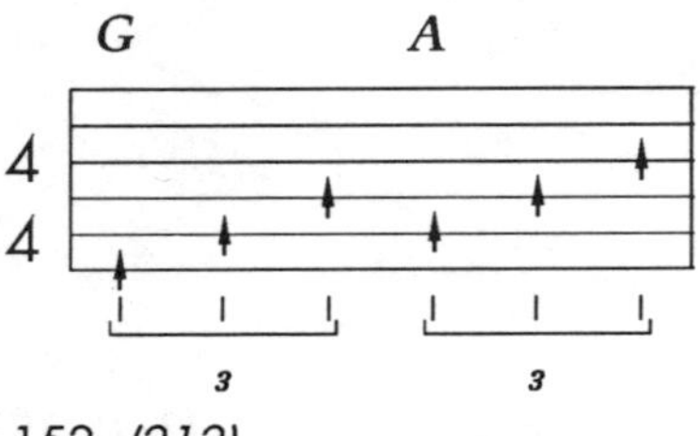

»Frauen ... ständig klar ...«
»Frauen ... im Roman ...«

♩ = 160
Originaltonart: D-Dur
Deter »Frauen kommen langsam aber gewaltig«
Mercury Phonogram (1986)
Text: Ina Deter, Musik: Ina Deter, Jo Steinebach

Der G A D - Takt im Refrain erhält durch einfache Abschläge und einen liegenbleibenden Baßton seine besondere Note. Die Anschläge werden ungedämpft ausgeführt.

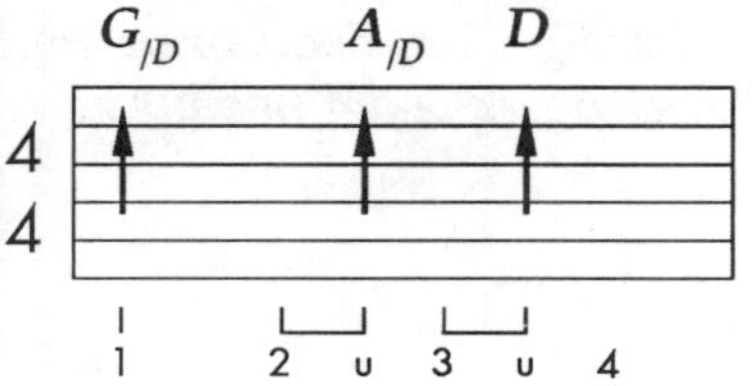

»was zu tun.«

Keyboard

Der Song eröffnet stark mit einem synkopierten Intro. Die Harmonisierung entspricht den Akkorden des Refrains. Deshalb kann die Melodie auch im Hintergrund des Refrains mitgespielt werden.

Nach »Frauen gibt man immer Küsse ...« werden anstelle der ersten 4 Takte des Refrains die ersten 4 Takte dieser Melodie instrumental eingefügt – danach wird der Refrain mit Zeile 2 weitergesungen.

Männer

Schmuseeinheiten für junge und alte Herren der Schöpfung, die bei der streitsüchtigen Kampagne unter dem Schlagwort »Neue Männer braucht das Land« Blessuren davontragen mußten. Männer sind unheimlich wichtig, brauchen viel Zärtlichkeit und habens so schwer. Der Song erlebte nach Herbert Grönemeyers Originaleinspielung mit Sequenzer und Drums ein Comeback mit der witzigen a capella Gesangs-Persiflage der Gruppe Bläck Fööss.

Gitarre

Die Gitarre groovt sich rhythmisch auf die dominierende Achtelfigur des Sequenzers ein. Die Baßtöne der Akkorde sollten deutlich zu hören sein, die Schläge 2 und 4 sind betont.

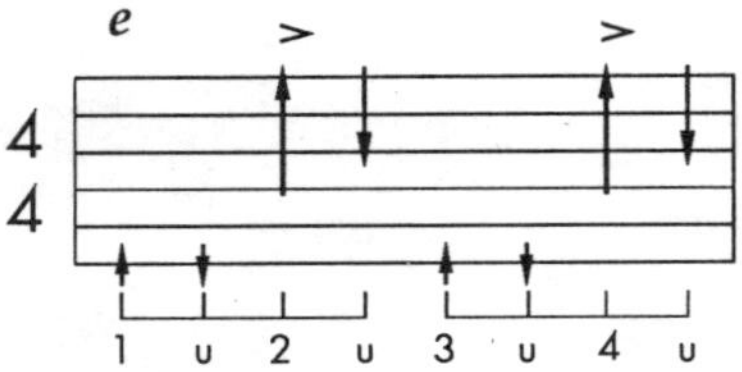

durchgängig

Unsere Alternative für Solo-Gitarristen: Hier wird die Sequenzerfigur in Einzeltönen auf der Gitarre durchgängig gespielt. Dies erfordert allerdings hohen Monotonie-Widerstand …

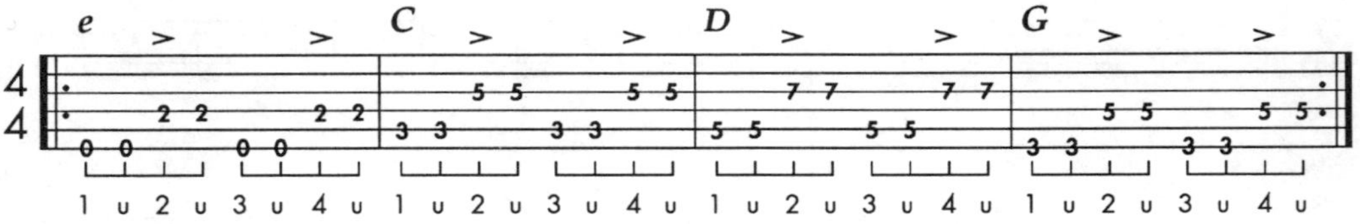

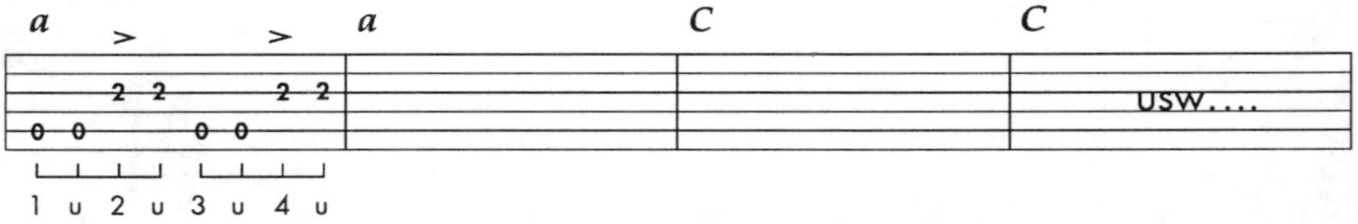

D⁴ kann bei dieser Figur wie D gegriffen werden.

Akkord

D⁴

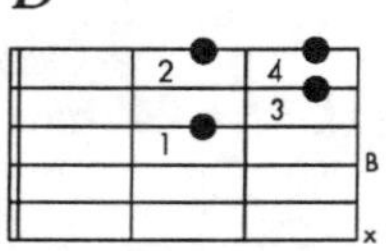

♩ = 180
Originaltonart: d-Moll
Grönemeyer »Bochum«
EMI Electrola (1984)
Text und Musik: Herbert Grönemeyer

Keyboard

Einwürfe

Unentbehrlich sind die Keyboard-Einwürfe im Refrain und in der vorletzten Strophenzeile. Die Sequenzen können auch mit stimmhaften Silben gesungen werden.

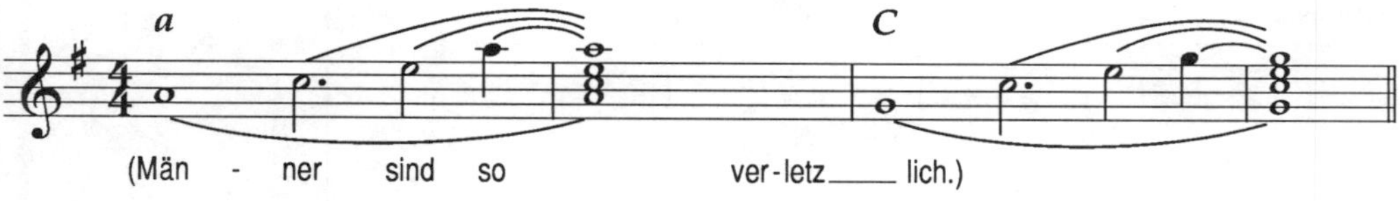

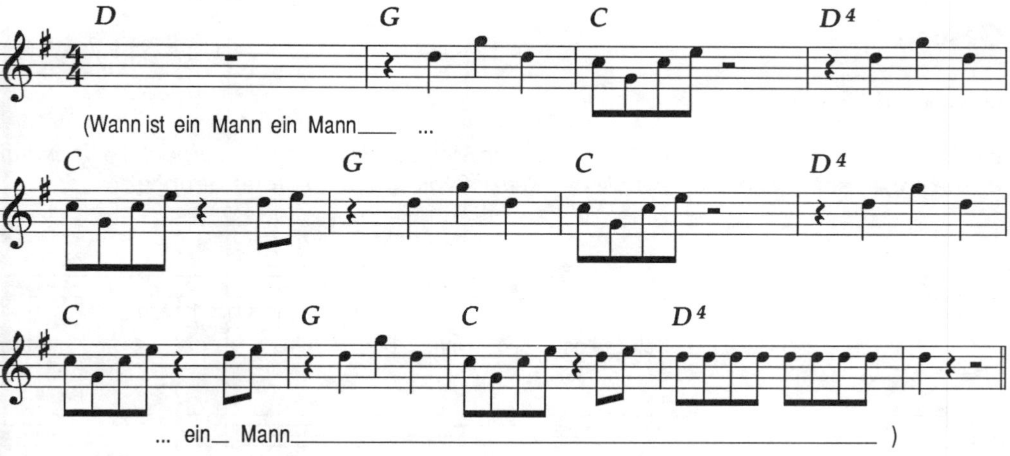

A capella Gesang

Effektvoll ist es, wenn mehrere Männer das gesamte Stück ein- oder mehrstimmig a capella singen, bzw. die Gitarre zwischendurch pausiert, um z. B. eine Strophe, wie »Männer haben Muskeln ...«, ohne Instrument zu bringen: eine Anlehnung an die Gesangsversion der Bläck Fööss. Die Keyboardeinwürfe in der vorletzten Strophenzeile können dann chorartig »da - da - da - da« aufgebaut werden. Die Sequenzen im Refrain erzielen als Wortspiel mit den Lautsilben »pa-pa-pa« »ma-ma-ma-ma« zusätzliche Wirkung auf die Lachmuskeln.

Ich geh meinen Weg

Ein klassischer Folksong mit Tippelbrüder-Romantik, nach dem Motto »Heute hier, morgen dort ...« – der nur ein sauberes Fingerpicking benötigt.

Gitarre

Folkpicking, bei dem Baß- und Diskanttöne zweistimmig empfunden werden sollten.

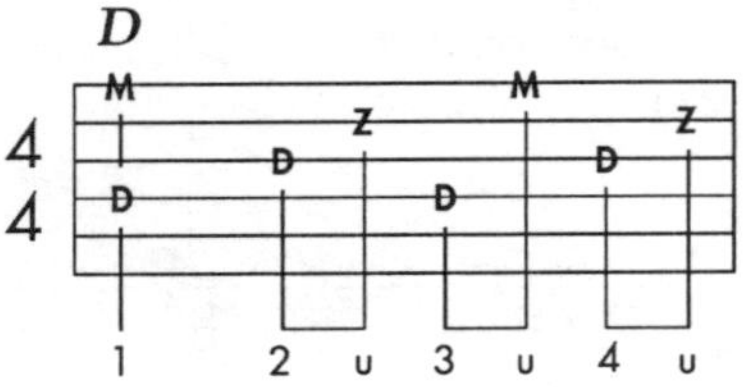

durchgängig

Gesang

Melodievariation

Die Strophe 3 wird im Orginal mit einer anderen Melodie gesungen. Das erhöht die Spannung im Arrangement. Stattdessen entfällt der Refrain vor und nach dieser Strophe.

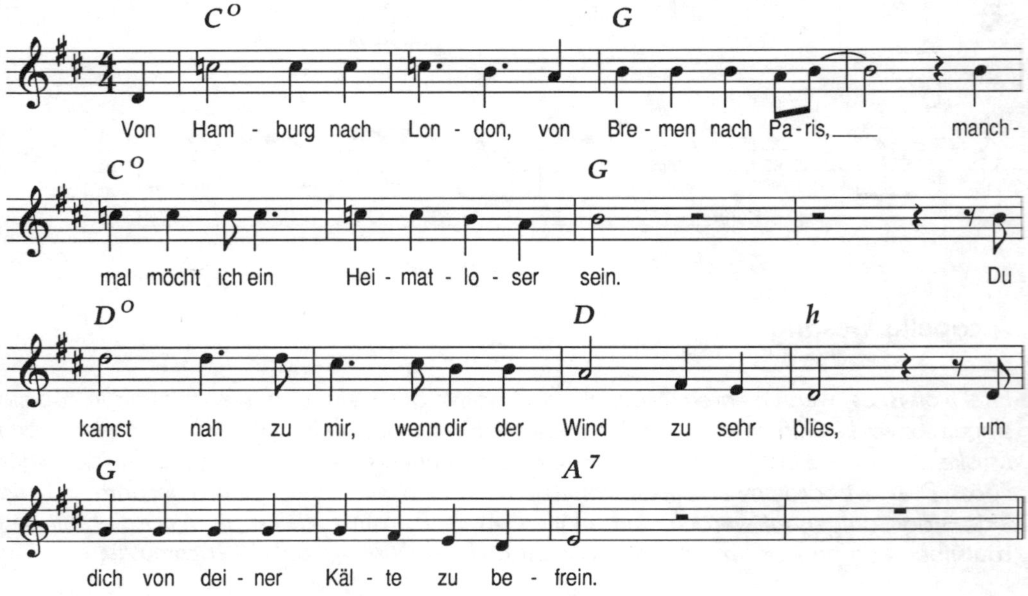

Folk

♩ = 192
Originaltonart: D-Dur
Braukmann Band »Ich habe meine Träume noch«
Folk Freak (1981)

Cello

Intro, Zwischenspiel, Extro

Wer ein Cello, eine Altblockflöte oder ein anderes ›tiefklingendes‹ Instrument hat, spielt folgende Melodie als Intro, Zwischenspiel und Extro.

Akkorde

Statt des schwierigen h-Barré kann das einfachere $h_{/Fis}$ gespielt werden.

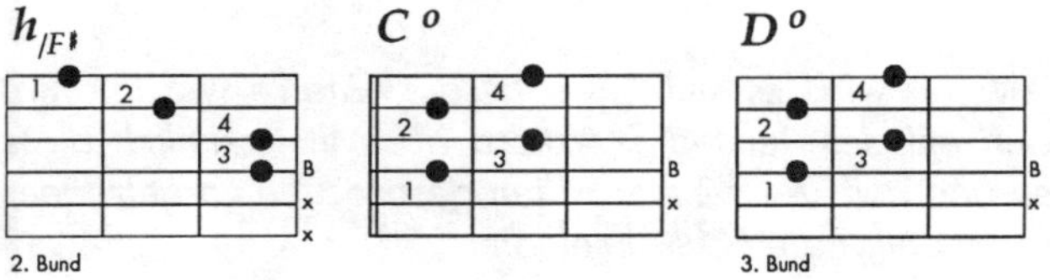

Der letzte Cowboy

Aus der Kleinstadt Gütersloh kommt der Stuntman für diese gelungene Parodie auf den ›Lonesome Cowboy‹, der ja bekanntlich in jedem Manne steckt – am Horizont erscheint das Leitbild aller Tramps, Abenteurer und Zigarettenfirmen – eingespielt in typischem Western- und Country-Stil.

Gitarren

Das Stück wird auf der LP mit einer Flatpicking- und einer Fingerpicking-Gitarre begleitet.

Intro

Zur Mundharmonika abgerollte Anschläge, dort wo Akkordsymbole stehen.

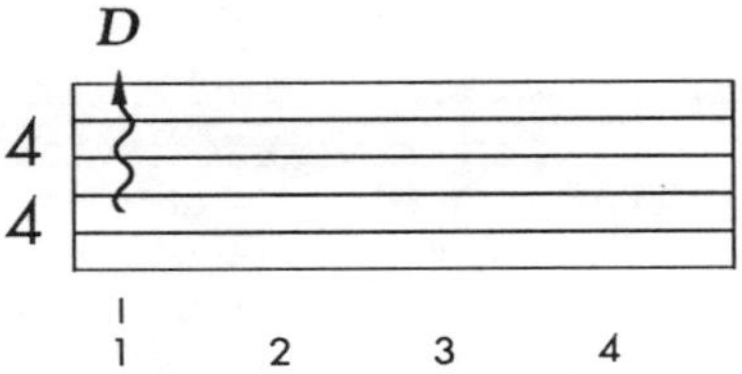

»Das waren Zeiten ...«

Refrain und Strophe

Stilvolles Fill In mit Hammering als Auftakt zum Refrain,

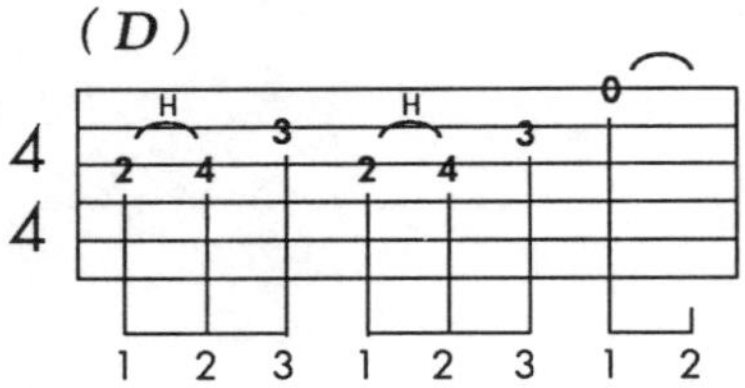

danach Country mit Wechselbaß.

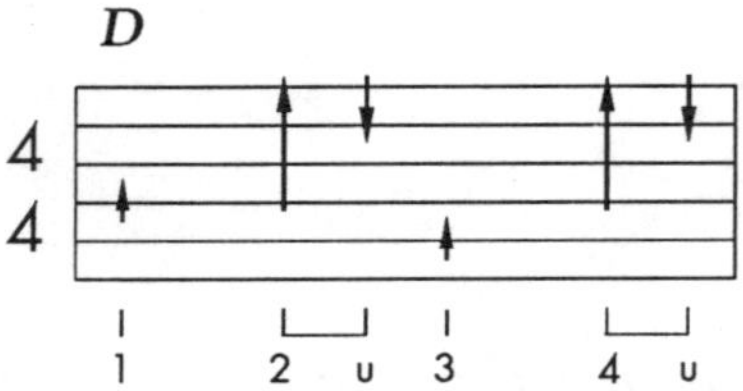

»Einsam ...«

Eine zweite Gitarre kann parallel mit fließendem Picking einsteigen.

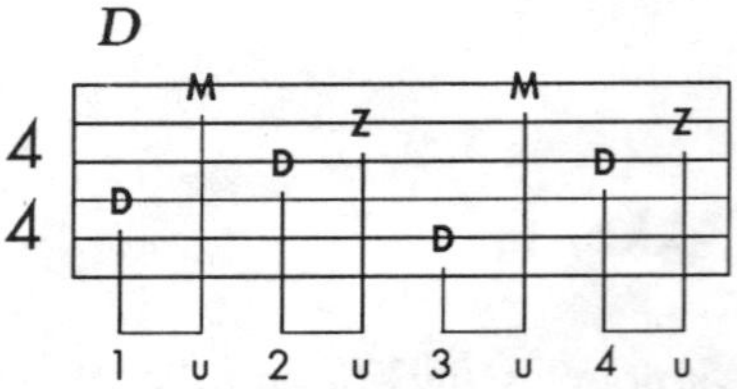

Schluß

Zu den Worten »Um den letzen Cowboy wird es still ...« setzt die Gitarre wie im Intro abgerollte Anschläge und bricht dann mit dem letzten D-Akkord ab. Mit «heimlich diese Zigarette ...« schweigen die Gitarren und der Rest wird ergriffen gesprochen vorgetragen. Im Hintergrund spielt nur die Mundharmonika die Schlußmelodie.

𝅗𝅥 = 88
Originaltonart: E-Dur
Bayer »Abenteuer«
Nature Metronome (1979)
Text: Bernhard Lassahn
Musik: Thommie Bayer, Bernhard Lassahn

Mundharmonika

Wie in einem Westernfilm untermalt eine Harmonika das Intro und den gesprochenen Schlußteil, damit echte Lagerfeuerromantik aufkommt. Die Schlußmelodie wird zusätzlich von tiefem Männersummen begleitet. Alternativ unterlegen am Schluß die Gitarren die Akkorde.

Intro und Schluß

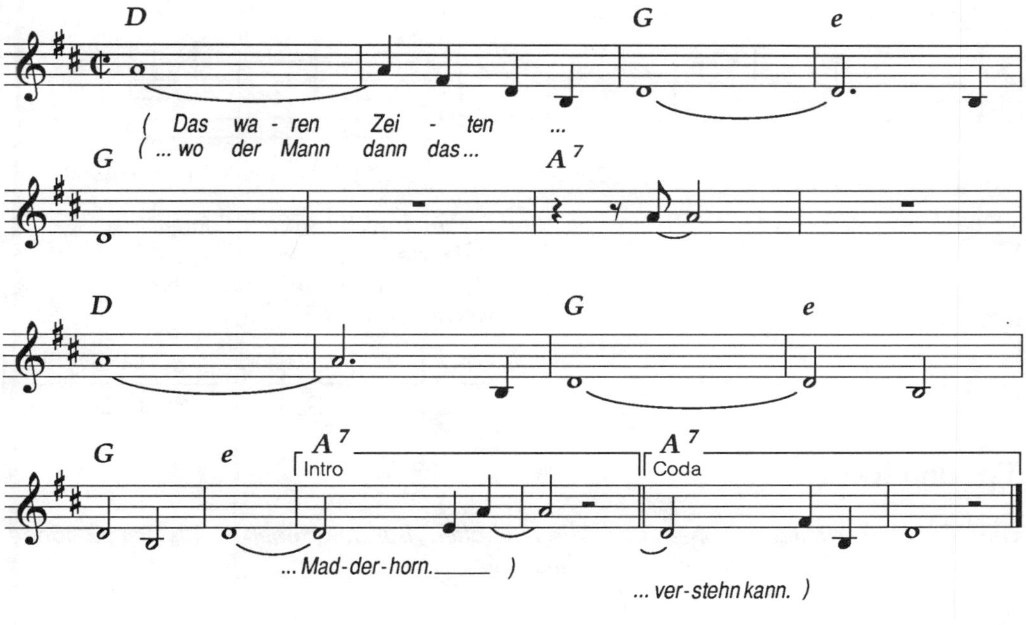

Akkorde

Was wäre ein Country Song ohne Akkordaufgang. Er drängt sich auf in den A^7 Pausentakten des Refrains bei »Freiheit irgend-wo ... « – beide Gitarren spielen dazu ihre Muster weiter, im zweiten A^{7*} Takt dann nur ein einfacher Abschlag.

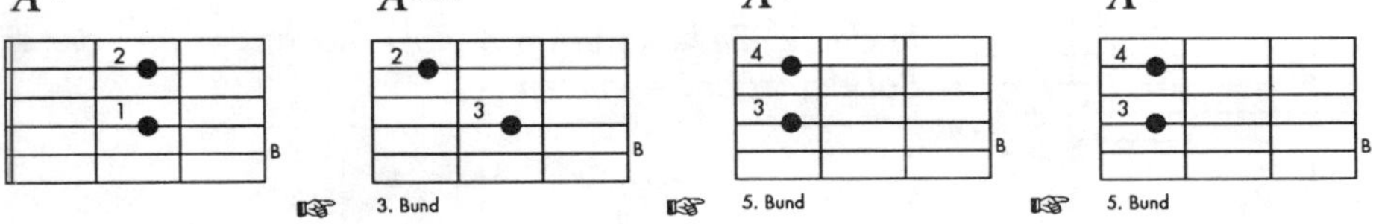

Easy Rider

Inspiriert von dem bekannten Kino-Kultfilm Ende der 60er Jahre mit Peter Fonda, Dennis Hopper, Jack Nicholson in den Hauptrollen. Das Lonesome Rider Feeling – allein mit dir und deiner Karre auf dem Highway – niemand kann dich blöd anquatschen, du entscheidest alles selbst und kannst hinfahren, wohin du willst. Mann ist endlich frei ...

Gitarren

Die beiden ›Harley-Davidson-Chopper‹ begleiten wir mit zwei Westerngitarren.

Gitarre 1 spielt durchgängig einen Baß-Akkord Anschlag.

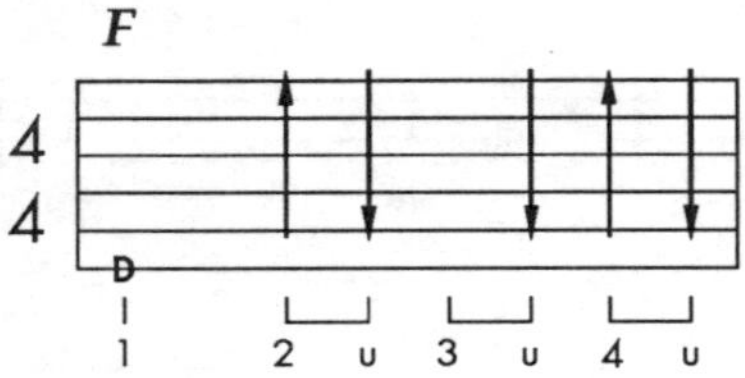

Gitarre 2 variiert diesen Schlag mit einen Wechselbaß

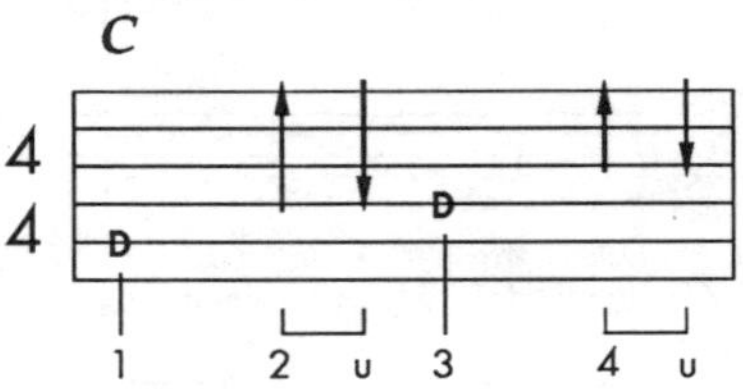

Sie spielt mit Kapo im 5. Bund. Die Akkorde müssen dann alle von C-Dur nach G-Dur transponiert werden. F wird zu C usw.

Git 1	F	C	d	a	G	e
Git 2	C	G	a	e	D	h

Tips und Tricks

Mit ein paar richtig schönen und klischeehaften Baßaufgängen gehts ins Gelände. Gitarre 2 spielt die Töne möglichst synchron mit.

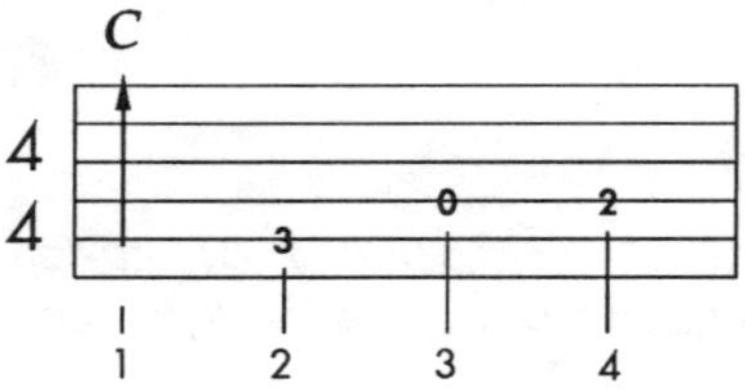

Da hätten wir gleich als erstes den Auftakt zur Strophe.

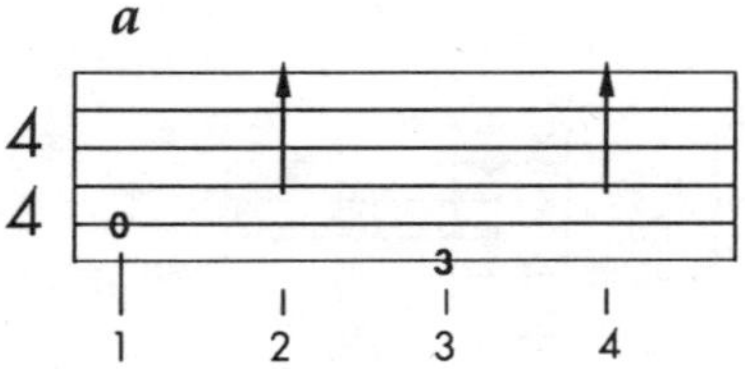

In der 2. Zeile kann im 4. Takt (nach ...»frei«) dieser Baßdurchgang kommen.

𝅗𝅥 = 105
Originaltonart: G-Dur
Truck Stop »Nicht zu bremsen«
Polystar (1981)
Text und Musik: Claus-Dieter Eckardt
Burkhard Reichling

Gesang

Wenn abends beim Feuer unterm Sternenhimmel am Strand die zweite Gesangsstimme einfällt, bleibt uns nur noch, ›easy ride and easy fun‹ zu wünschen.

Akkord

Statt h- Barré kann die 2. Gitarre vereinfacht h/Fis greifen.

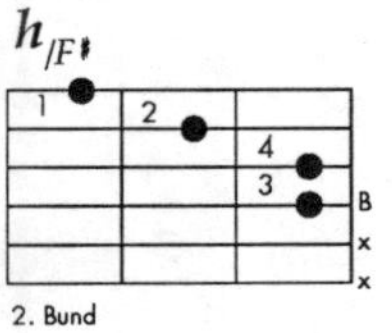

Übers Meer

Ein modernes Shanty für die Seefahrer und Piraten unserer Tage, die wir mit einem Augenzwinkern auf ihrer abenteuerlichen Fahrt über die sieben Weltmeere begleiten. Alle Akkordeonspieler sind natürlich herzlich eingeladen, der eingängigen Melodie im Shanty-Rhythmus zu folgen.

Gitarre

Die Wechselbaßbegleitung wiegt sich mit dem Seegang im 3/4-Takt.

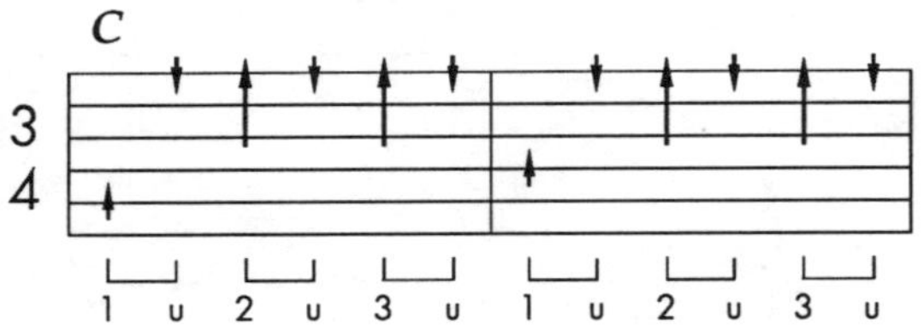

durchgängig

♩ = 150
Originaltonart: E-Dur
Reiser »Blinder Passagier«
CBS (1987)
Text und Musik: Rio Reiser

Der besondere Pfiff

Solo

Das Solo im rauhen Flatpicking läuft über die Akkorde der Strophe.

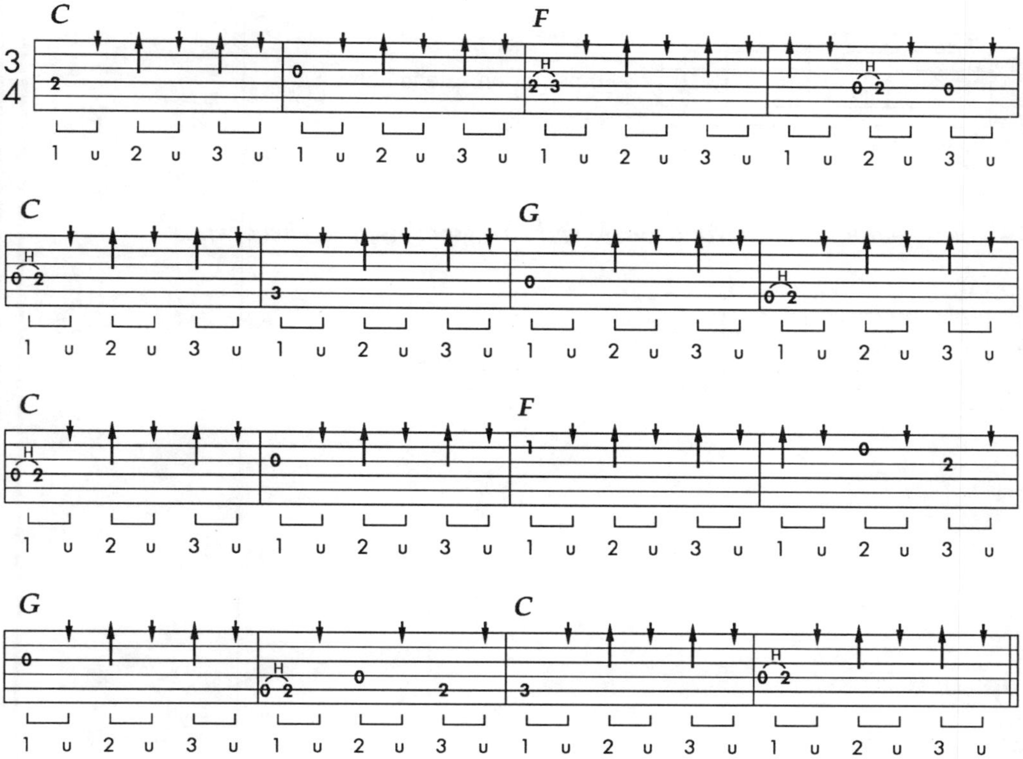

Bodo Ballermann

Jeden Samstagnachmittag in den Stadien der Republik ist der Song wieder hochaktuell, solange der Ball noch rund ist. Nur Fränzchen Beckenbauer ist nicht mehr dabei und auch von Bodo haben wir lange nichts mehr gehört. Wir hören Tango und Cha Cha Cha Rhythmen, und es geht beim Gitarrenspiel sehr zackig zu.

Gitarre

Strophe

Ein Tango, den wir in den 2/4-Takten auf die ersten beiden Abschläge kürzen.

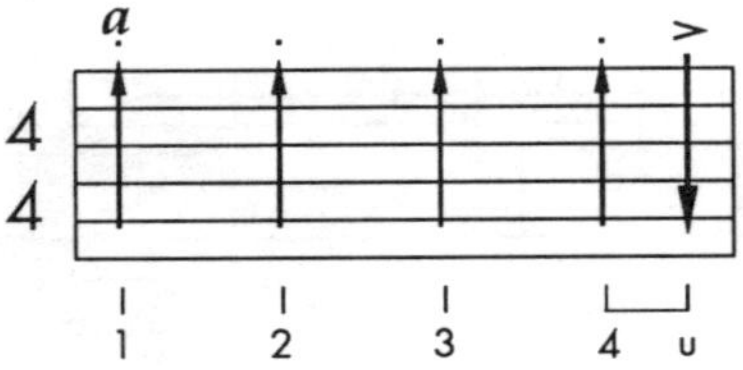

»Ballermann spielte beim ...«

Ab dem Refrain kann als Variation ab und zu dieser Anschlag einfließen

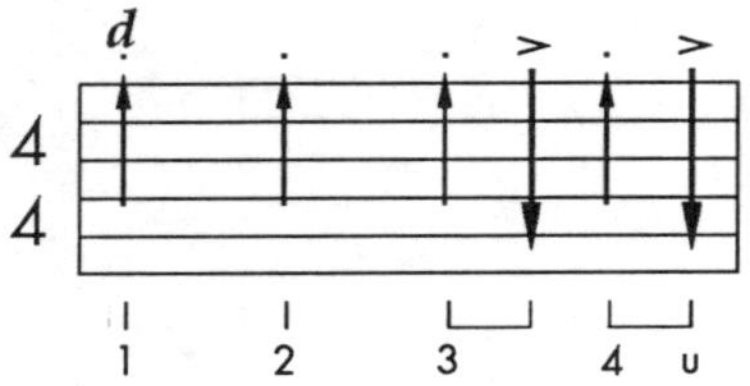

»Tango, tu ihn rein ...«

Tips und Tricks

Abstopptechnik

Die Abwärtsschläge werden gedämpft ausgeführt. Für diese Abstopp-Spieltechnik wird der Handballen der rechten Hand aus der Bewegung des Schlags heraus gleich nach dem Anschlag auf die Saiten gelegt, so daß ein halbpercussiver Dämpfschlag entsteht. Die betonten Aufwärtsschläge lassen wir als Gegengewicht dazu voll klingen.
Authentischer klingt es, durch Lockern der linken Hand nach dem Schlag abzustoppen. Dann müssen aber alle Akkorde Barré gespielt werden.

Latin

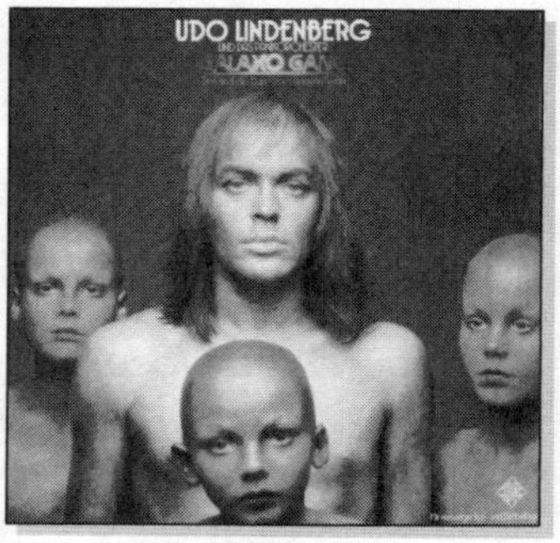

♩ = 112
Originaltonart: c-Moll
Lindenberg »Galaxo Gang«
Teldec (1976)
Text und Musik: Udo Lindenberg

Bandoneon

Intro und Zwischenspiel

Diese Tangomelodie wird als Vorspiel und nach dem Refrain als Zwischenspiel eingesetzt.

Falls die Gitarre einen Alleingang durchziehen muß, hier die Melodie in Tabulatur.

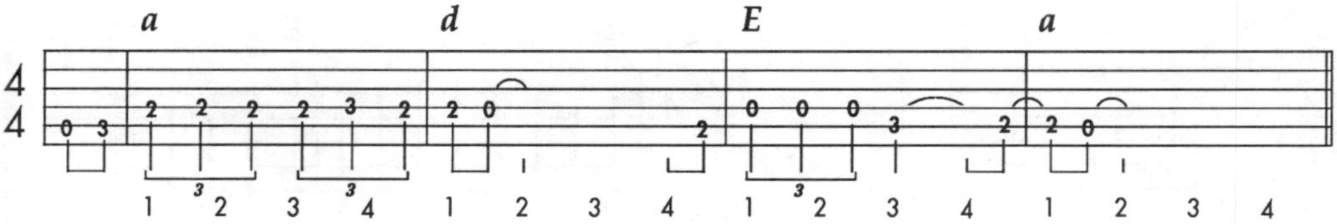

Akkord

C maj7

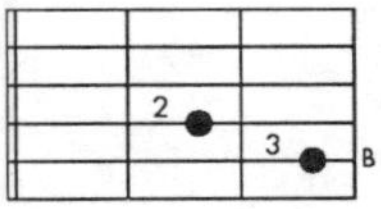

Küß die Hand

Eine zünftige ›Hau-Rein-Kapelle‹ spielt hier zum Bums im Bierzelt auf. Was normalerweise bei Liedbegleitung vermieden wird, ist hier ein Muß: Die Instrumente nehmen den Gesangsrhythmus auf und doppeln ihn. Da besticht das Keyboard, das im Orgelsound die Vocalmelodie mitspielt und in die Pausen gekonnte Fill Ins setzt (graue Noten im Liederbuch) und als Krönung dieser gewollten Rumtata-Musik ploppt ein exzellent homeprogrammierter Drumcomputer mit.

Percussion

Aufdringlich ist die Drumcomputer-Figur in Sprechteil und Strophe, deren Schläge 2 und 4 wie ein elektronischer Tennisball klingen. Sie wird solo auch als Taktvorgabe vorweggespielt.

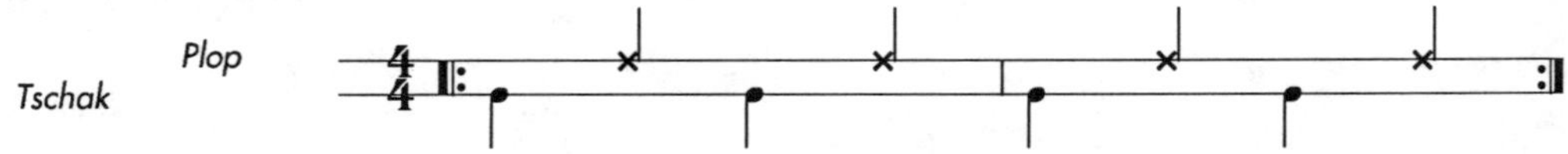

Gitarre

Dem Stück liegen zwei Betonungsmuster zugrunde. Während in Sprechteil und Strophe volkstümlich die Zählzeiten 1 und 3 betont werden, nimmt erst der Refrain die typische Back-Beat-Betonung des Rock auf den Zählzeiten 2 und 4 auf.

»Ein Mann geht ins Lokal ...«

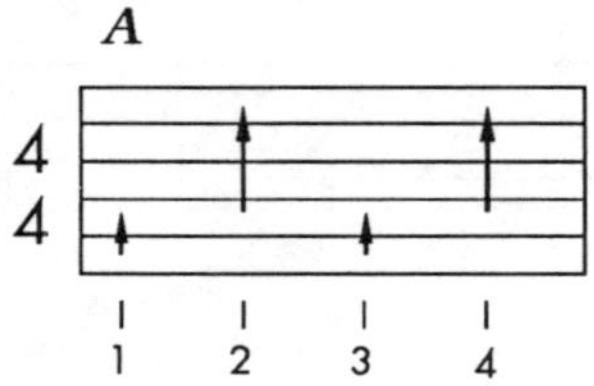

».. und das geht so :«

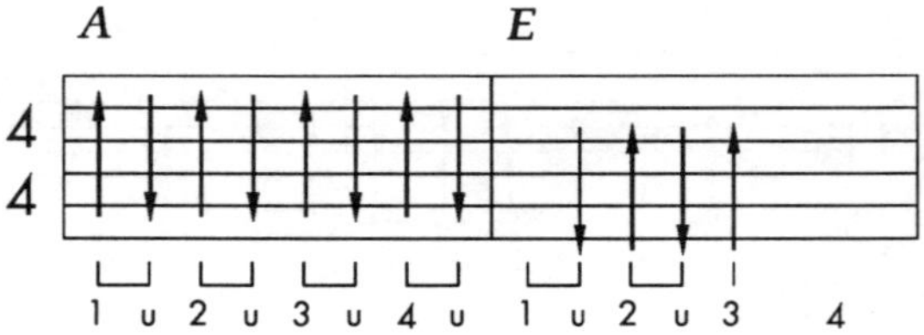

»Dideldum, dideldei ...«

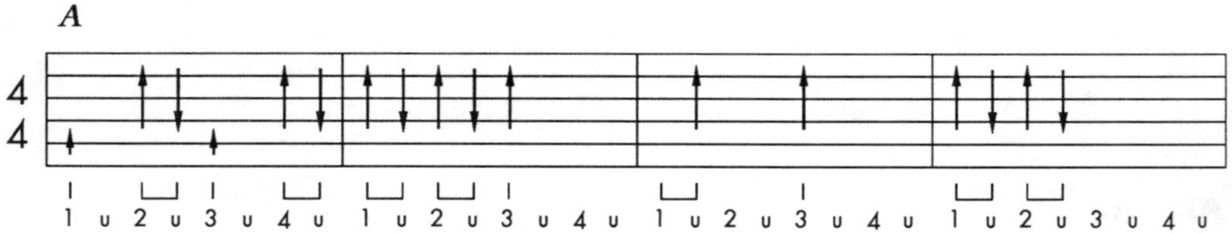

»Küß die Hand ...«

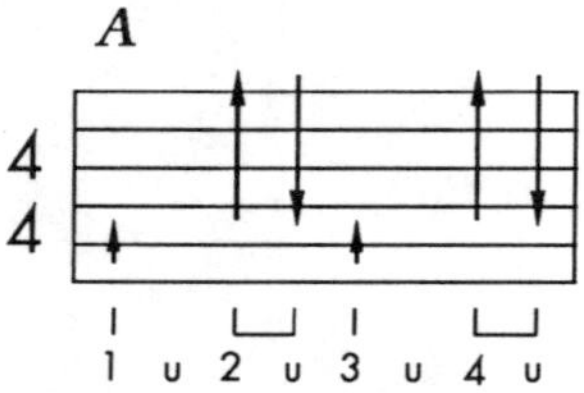

♩ = 136
Originaltonart: A-Dur
EAV »Liebe Tod & Teufel«
EMI Columbia (1987)
Text: Thomas Spitzer, Musik: G. Breit, N. Holm,
G. Schönberger, K. Eberhartinger, T. Spitzer

Gesang

Im Refrain kann die folgende zweite Gesangstimme hinzutreten. Gemeinsam mit der Hauptstimme wird sie am Schluß auch einmal ohne Begleitung, a capella, gesungen.

Baßlauf

Stilelement im Refrain ist ein Boogie-Baßlauf, den wir für Gitarre notiert haben.

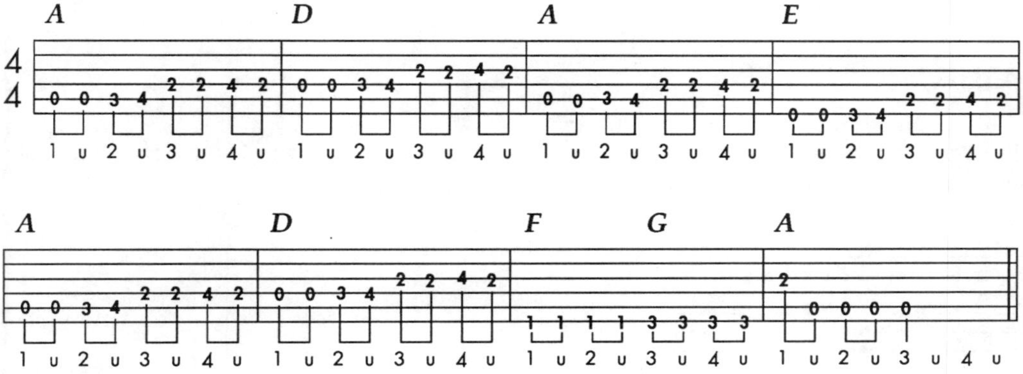

Alter Adel

Zwischen Knast und Palast ist dieser Song angesiedelt. Es gilt hier, stilvoll über die Runden zu kommen, was dem Stück mit der offenen Waldzither-Stimmung der Gitarre in eleganter Weise gelingt. Mindestens zwei schräge Stimmen sind erwünscht, für den Refrain ist eine zweite Stimme ausnotiert.

Gitarre

Dieses Stück kann auch in Standard-Stimmung in der üblichen Griffweise gespielt werden – bei den Harmonien C und a liegt als ›Waldzithereffekt‹ dann ein G im Baß.

Strophe 1, Notenzeile 1-3

Einleitend spielt die Gitarre einen kleinen Riff über die Akkorde G und $C_{/G}$.

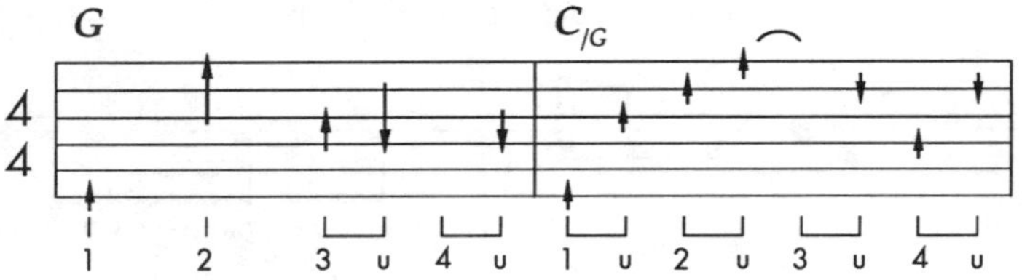

»Wir sind ein gutes ...«

ab Strophe 1, Notenzeile 4

Für den Rest des Songs dann Strumming im Rhythmus dieses Riffs.

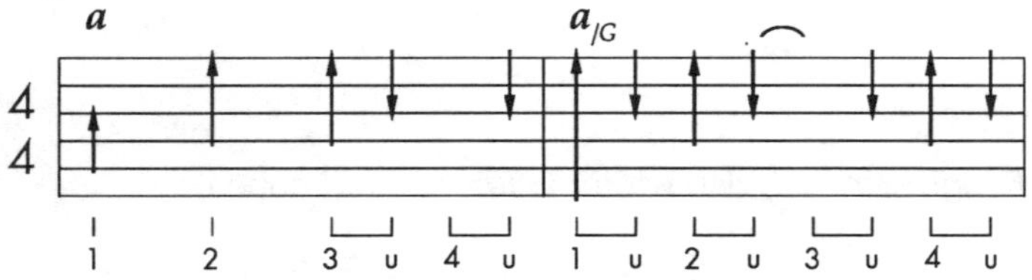

»Nie ganz nüchtern ...«

Akkorde

Bei den Akkorden C und a liegt als ›Waldzithereffekt‹ der Grundton G im Baß, so daß sie über alle Saiten gespielt werden.

$C_{/G}$

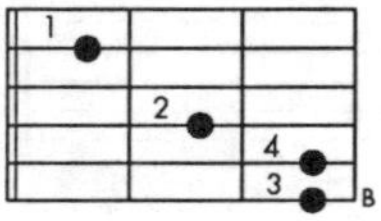

$a_{/G}$

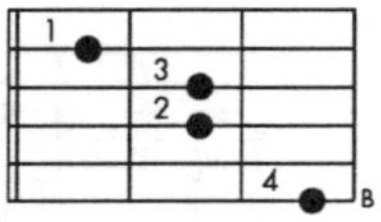

Folk

♩ = 130
Originaltonart: A-Dur
Freiberg »Freiberg«
WEA (1988)
Text: Peter Freiberg, Musik: Uli Steinert

Gesang

Zweite Stimme im Refrain

Gitarre in Waldzither-Stimmung

Den besonderen reizvollen Klang des Stücks erreichen wir erst durch die Waldzither-Stimmung in G, bei der die Saiten der Gitarre auf den G-Dur-Akkord gestimmt sind. Beide E-Saiten und die A-Saite müssen dafür je einen Ganzton heruntergestimmt werden.
Wir greifen dann die Akkorde der offenen G-Stimmung, wie unten beschrieben, zu den angegebenen Rhythmusmustern. Dabei ändern sich die Grundtöne (Baßtöne), die auf die bei den Akkorden mit B bezeichneten Saiten gelegt und entsprechend angeschlagen werden.

G

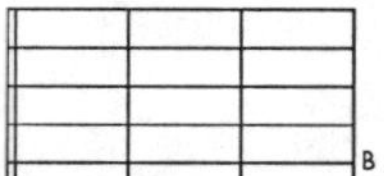

Der G-Dur-Akkord braucht nicht gegriffen werden, er entspricht den leeren Saiten der umgestimmten Gitarre.

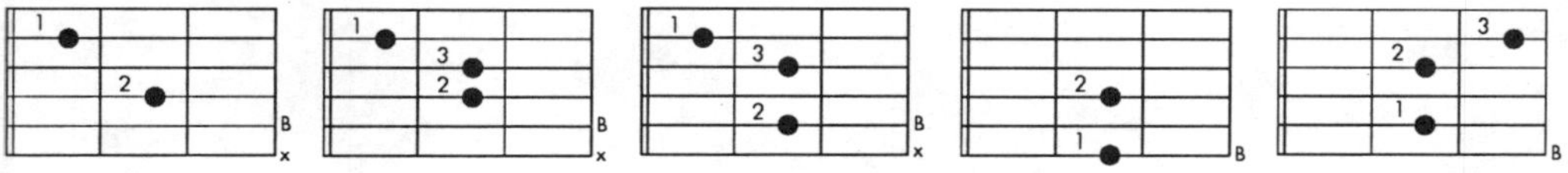

Vonne Maloche

Ein heimlicher Hit im Skiffle-Stil, Live aus dem Kohlenpott 1975. Im ›Revier‹ fetzte zu dieser Zeit das Duo Baier & Westrupp über Gitarren-, Ukulele- und Geigensaiten. Wer noch ein Waschbrett und ein paar alte Löffel zur Hand hat, darf sie hier einsetzen.

Gitarre

Zwei Gitarren ›heizen‹ nach Skiffle-Manier unter der Melodielinie davon ...

Die Rhythmusgitarre spielt einen Dumtschik-Rhythmus mit Wechselbaß.

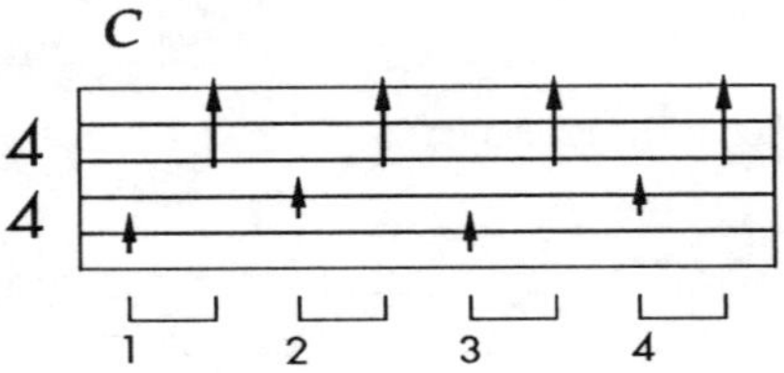

durchgängig

Die Fingerpickinggitarre spielt ein einfaches Picking in einem Höllentempo.

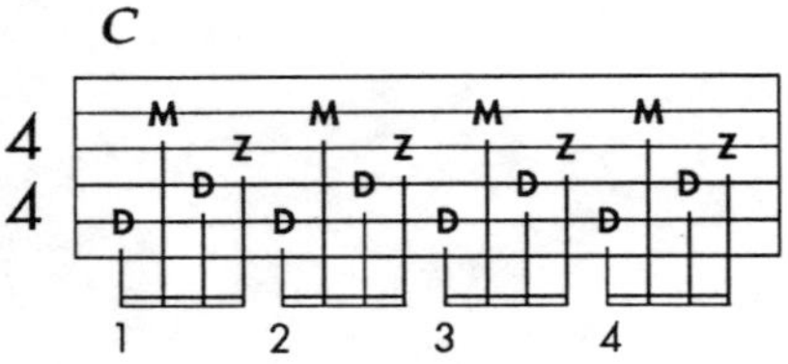

durchgängig

♩ = 126
Originaltonart: F-Dur
Baier & Westrupp »Dat muß doch auch wat Späßken bringen«
Pläne (1976)
Text: Josef Reding, Musik: Frank Baier

Geige

Intro und Zwischenspiel

Akkorde

Im Refrain ein beliebter Übergang von C-Dur nach a-Moll mit dem Durchgangston H.

a *C/H* *C*

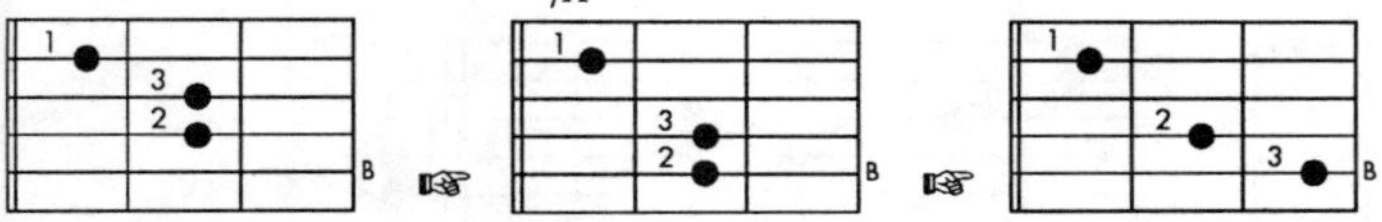

Monopoli

Die Rocknummer vom ehrlichen Malocher, der über Nacht durch den Computer-Chip aus Silikon von seiner Arbeit freigesetzt wird. Monopoli schildert, frei nach dem bekannten Gesellschaftsspiel, die Regeln der Gewinnmaximierung in der freien Marktwirtschaft. Ein sehr groovendes Stück aus der Feder von Wolf Maahn und Klaus Lage unter Mithilfe von Diether ›lerieHN‹ Dehm.

Gitarre

Der Grundgroove des Songs besteht aus durchlaufenden Achteln, trocken rockig mit dem rechten Handballen abgedämpft.

Intro und Strophe

Gedämpfte Rockachtel, im F e⁷ - Takt am Schluß dann ein ungedämpfter Abschlag.

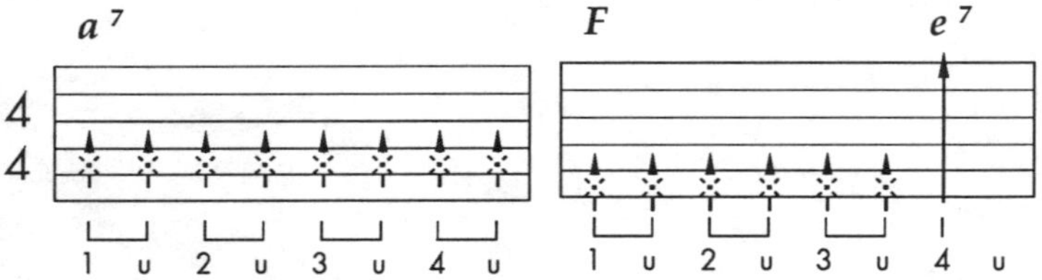

»Ja, Vater, du bist noch ... heißt's: Was soll's?«

Refrain

Schimmernd abgerollte Abschläge kommen bei allen Akkordwechseln hinzu.

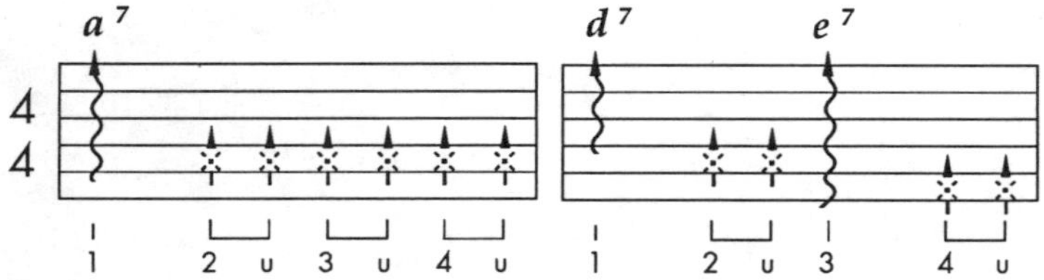

»Monopoli, Monopoli ...«

Akkorde

Wir verwenden e⁷ und F in einer speziellen Griffweise.

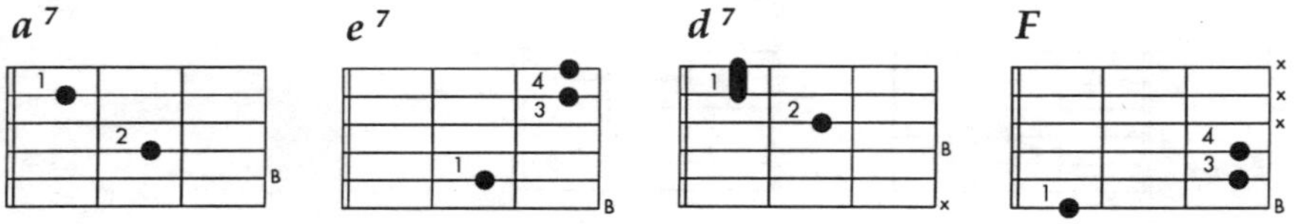

♩ = 128
Originaltonart: d-Moll
Lage Band »Schweißperlen«
EMI Elektrola (1984)
Text: Klaus Lage, Wolf Maahn, N.Heirel
Musik: Wolf Maahn

Fast wie in echt

Gitarrenriff Intro und Strophe

Als Aufhänger des Stücks fällt ein synkopierter Rockrhythmus – von Rocco, dem Gitarristen der Band – ›ins Ohr‹. Der Riff dient als Intro und als Strophenunterlegung. Hier einmal in der Version für Gitarre in Tabulatur, danach für andere Melodieinstrumente in Noten.

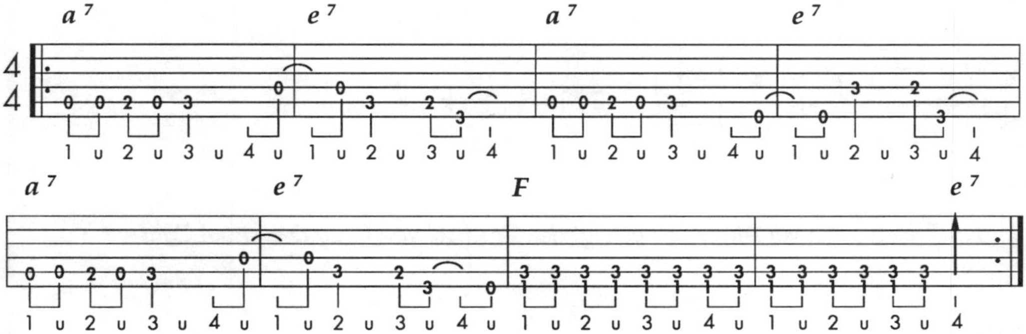

Gesang

Die Schlüsselworte »Monopoli, Monopoli« im Refrain werden stimmlich verstärkt.

Gib mir deine Zigarette

Mit dem Blick bis ans andere Ende der Welt hat Manfred Maurenbrecher in diesem Song Anmache und Körpersprache von Männern untereinander eingefangen. Musikalisch ist das Stück aus dem Schwulenmilieu ein Reggae, eingespielt mit einer E-Orgel auf den Off-Beats und einem E-Baß, der große Lücken läßt und neben einigen Fill Ins nur Taktzeit zwei spielt.

Gitarre

Strophe

Die Gitarre groovt sich auf den staccato Reggae-Rhythmus der Orgel ein. Taktzeit 1 wird nicht gespielt. Die Aufschläge kommen kurz und trocken abgestoppt, nur unterbrochen durch einen offen klingenden Abwärtsschlag. Auf Taktzeit 2 kommt ab und zu der Baß hinzu.

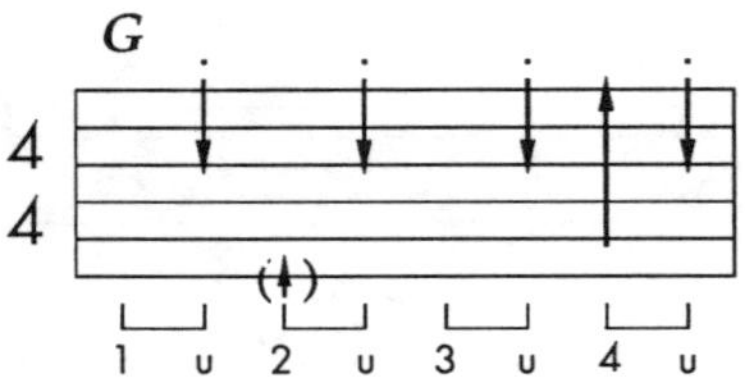

»Da ist der Park ...«

In den Takten mit zwei Akkorden erfolgt der Wechsel von G zu D erst auf Zählzeit 3 u.

Refrain

Der Refrain erklingt schimmernd abgerollt. Der hier einsetzende Synthesizer bringt endlich die ›mit Spannung‹ erwartete Taktzeit 1.

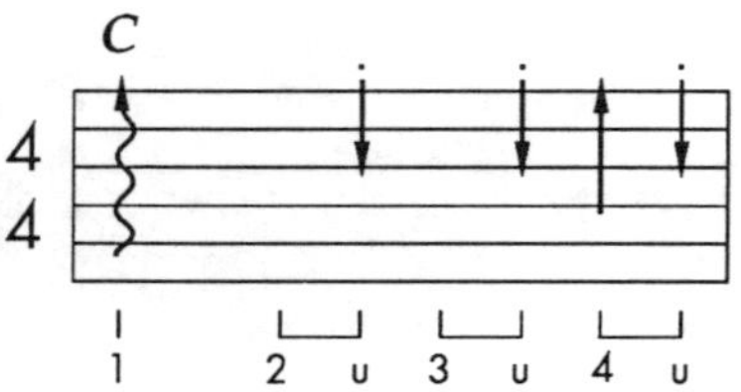

»Gib mir deine Zigarette ...«

Ab »fragt sonst nichts ...« gehen wir wieder auf den Strophenrhythmus über.

♩ = 108
Originaltonart: G-Dur
Maurenbrecher »Viel zu schön«
CBS (1985)
Text und Musik: Manfred Maurenbrecher

Synthesizer

Refrain

Der Synthesizer unterlegt dem Refrain lang ausgehaltene akkordeigene Töne, die auch leise gesummt werden können.

Ein Junge weint nicht

Eine Ballade nicht nur für Pädagogen. In jeder Zeile ringt der offen als Christ und Pazifist auftretende Sänger Gerhard Schöne um Behutsamkeit und Verständnis im Miteinander. Dem Lied liegt eine sehr freie rhythmische Phrasierung zugrunde.

Gitarre

Dieses klassische Zupfmuster in Latin-Rhythmisierung ist Grundthema des Liedes.

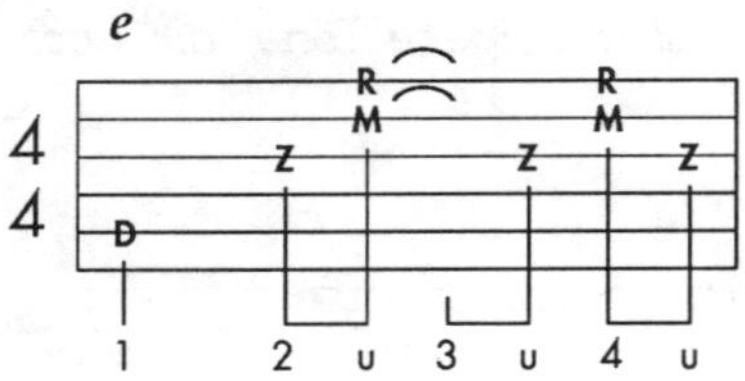

»Er will nicht …«

Der pädagogische Nachsatz »Das mußt du wohl noch lernen …« klingt auf der Gitarre mit rhythmischen Wechseln über mehrere Takte aus.

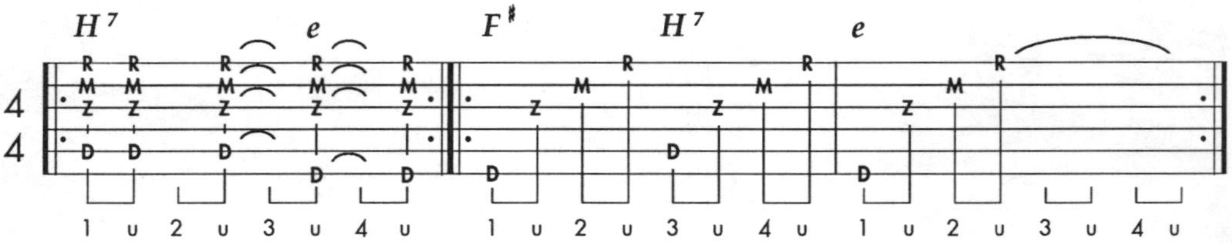

Akkord

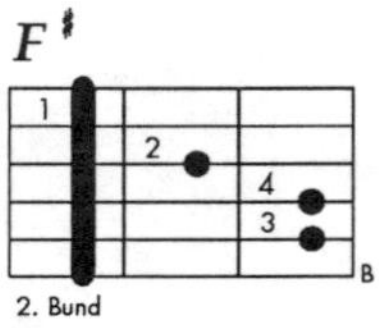

𝅗𝅥 = 100
Originaltonart: e-Moll
Schöne »Menschenskind«
Amiga (1985)
Text und Musik: Gerhard Schöne

Fast wie in echt

Klassisch mit absteigender Baßlinie

Wie in vielen seiner Stücke hat Schöne hier eine absteigende Baßlinie zur musikalischen Hauptfigur gemacht. Der Refrain pendelt zunächst zwischen den Harmonien C- und G-Dur und verfällt dann in eine sechstaktige Schlußwendung – die, in einem freiem Tempo gespielt, auch als Intro sehr wirkungsvoll ist.

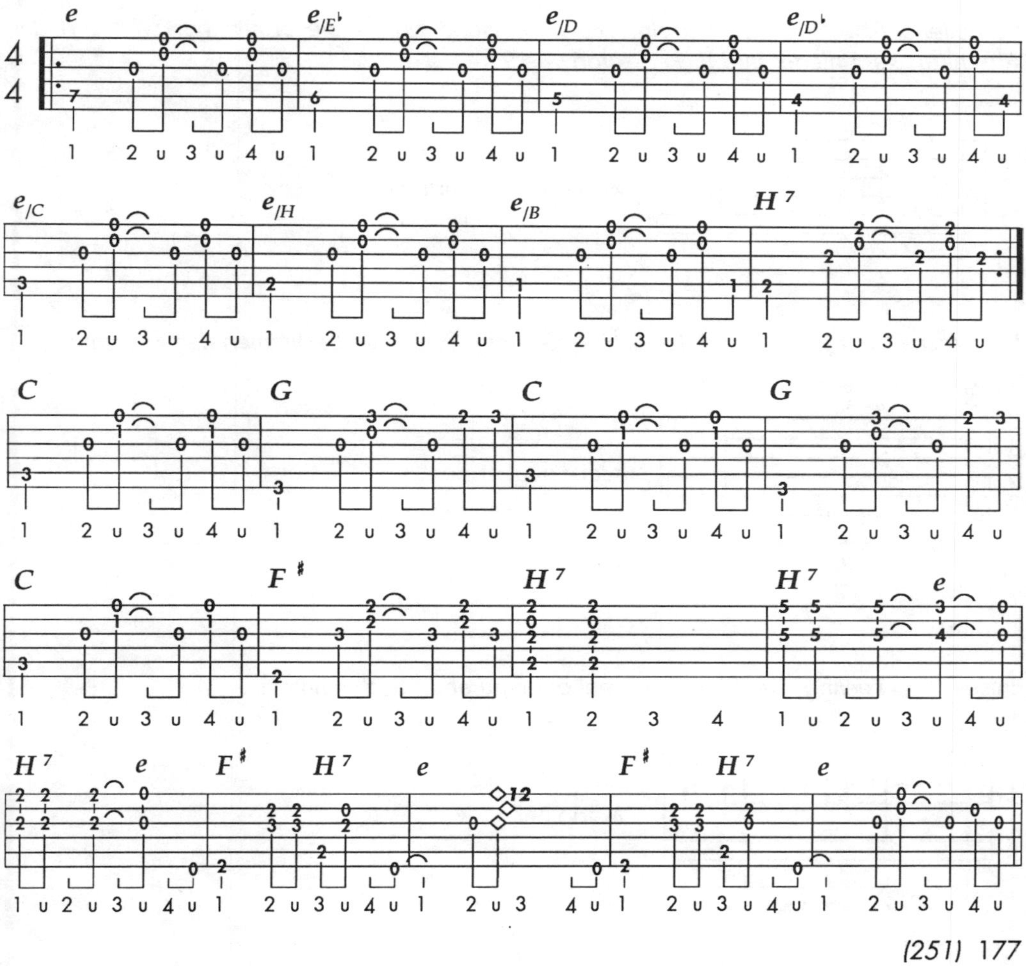

Ciao Bella

Das Titelstück von Klaus Hoffmanns autobiografischer LP »Ciao Bella« beschreibt den klassischen Männerkonflikt im Verhältnis zwischen Sohn und Mutter. Ödipussi, ick hör dir tappsen… Mama-Männer, das sind Söhne, die von Müttern erzogen worden sind, ausschließlich und einseitig, weil der Vater zu schwach war oder zu beschäftigt, er mußte Geld verdienen und Karriere machen.

Gitarre

Die Strophe steht in klaren strengen Vierteln, der Refrain nimmt dagegen entspannte Sechzehntelfiguren auf. Mit diesem Feelingwechsel entsteht der Eindruck, daß die Geschwindigkeit stark anzieht. Tatsächlich wird das Tempo im Refrain zurückgenommen, vergleiche Metronom, was den Übergang sehr reizvoll macht.

Strophe

Verhaltene Abschläge in Vierteln. Die linke Hand drückt die Saiten nur während des Abschlags kurz nieder und lockert sofort wieder.

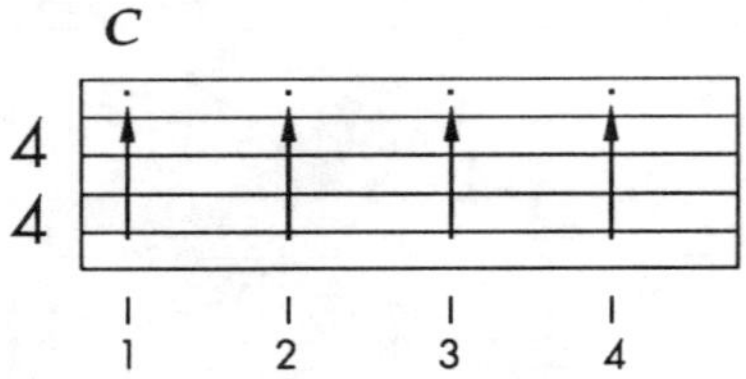

»Ich drohte zu ertrinken ...«

Mit Wechsel auf g-Moll setzt das Schlagzeug ein. Synkopen bestimmen den Rhythmus.

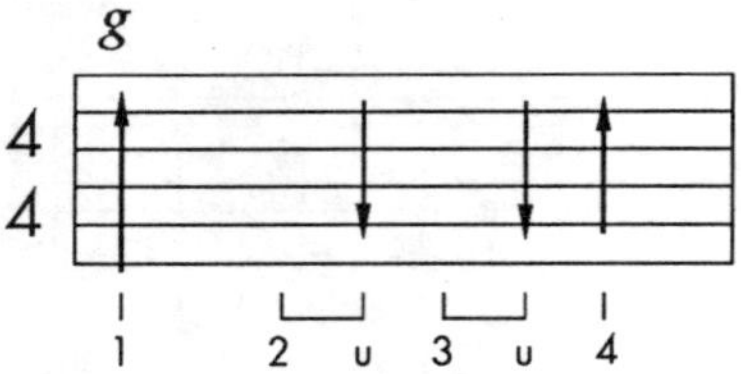

»Jetzt liegt er da ...«

Refrain

Entspanntes Feeling. Der Rhythmus geht auf Figuren in Sechzehnteln.

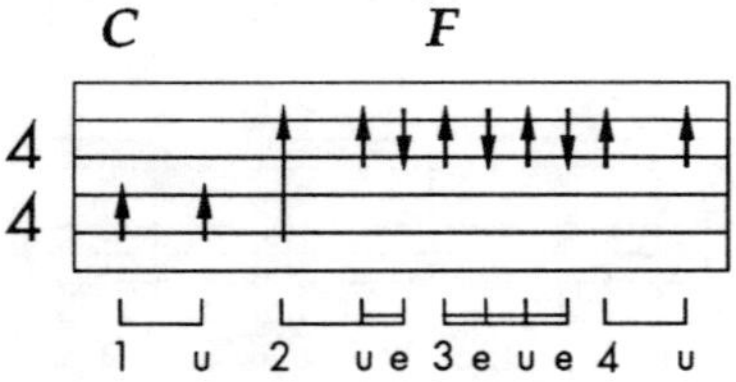

»Ciao Bella ...«

♩ = 128 Strophe ♪ = 192 Refrain
Originaltonart: C-Dur
Hoffmann »Ciao Bella«
RCA (1983)
Text und Musik: Klaus Hoffmann

Akkorde

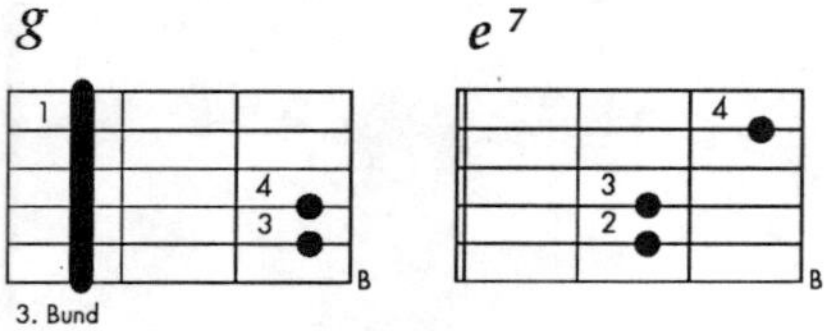

Wenn du mich nicht festhältst

In einer festen Beziehungs›kiste‹ leben, aber doch auch frei und ungebunden sein – in diesem seelischen Krisenfeld bewegt sich Mario Hené hier. Der Rhythmus ist das Tückische an diesem Stück, denn zu den geraden Betonungen des Gesangs spielen die Begleitinstrumente Synkopen.

Gitarre

Der Rhythmus nimmt die typische Latino-Synkopierung der Claves, der Klanghölzer, auf:
| ♩. ♩. ♩ | 𝄽 ♩ ♩ 𝄽 | *Sie wird mit unbetonten Achtelschlägen aufgefüllt.*

Strophe

Wir gehen in Achtel-Feeling und setzen die Betonungen etwas stärker. Zweitaktig wird das Muster nur in den ersten beiden Notenzeilen der Strophe gespielt, ab Notenzeile 3 nur noch der erste Teil.

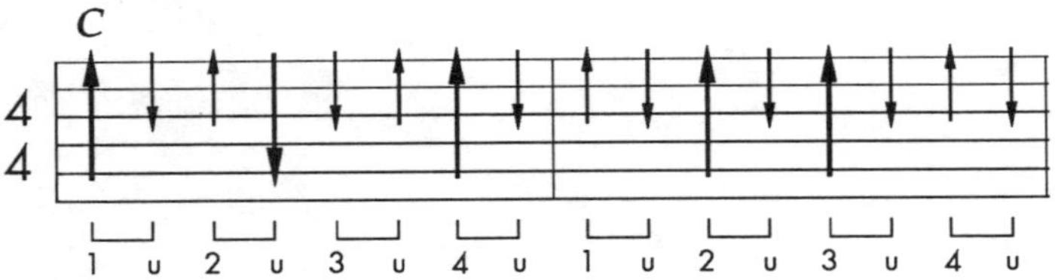

»Da wo Du bist ...«

Refrain und Intro

Wir behalten als Begleitung weiterhin die Latin-Betonungen des ersten Teils des Strophen-Musters bei. Die Akkordwechsel im Takt erfolgen auf den betonten 2 u Schlägen.

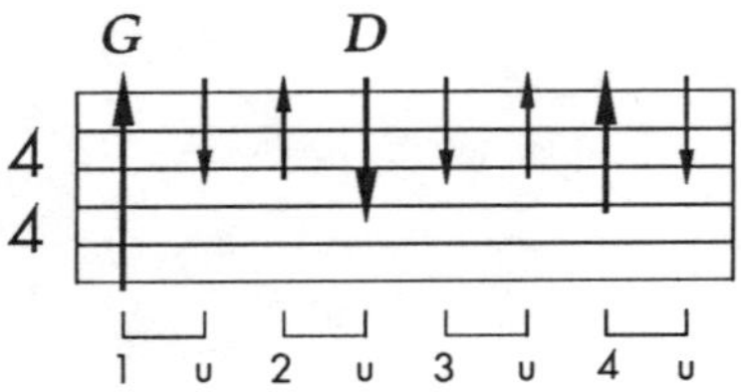

»Wenn du mich nicht festhältst ...«

Wer sich sicher im Rhythmus fühlt, kann die betonten Schläge zusätzlich nach dem Anschlag mit der linken Hand abdämpfen.

LaTina

𝅗𝅥 = 92 Strophe Half Time
♩ = 184 Refrain
Originaltonart: B-Dur
Hené »Drinnen und Draußen«
RCA (1984)
Text und Musik: Mario Hené

Keyboard

Intro

Die Melodie hilft, in Stimmung und Rhythmik des Songs zu kommen. Sie läuft über die Akkorde des Refrains und kann diesem auch unterlegt werden.

Akkorde

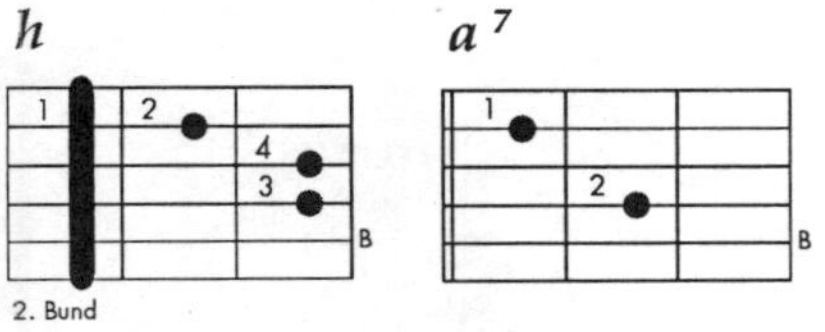

Frach misch net

Fast könnte man Mitleid mit dem armen gebeutelten Kerl haben ... Ein moderner Gassenhauer, der weit über die Grenzen der Scene in Hessen bekannt wurde. Die Dynamik entsteht durch Wechselgesang, alle Anwesenden sind ausdrücklich eingeladen »Alles wegen Dir« und »Oh, frach misch net, wie's mir geht« laut mitzugröhlen, damit die richtige Stimmung aufkommt. Für beide Stellen gibt es eine zweite Gesangstimme.

Gitarre

Die Band aus dem ›monotonen‹ Rodgau steigert die Begleitung einfach, aber effektvoll. Beginnend mit ganzen Anschlägen geht es über Achtel bis zu Sechzehnteln im Refrain.

Strophe zunächst in ganzen Abschlägen,

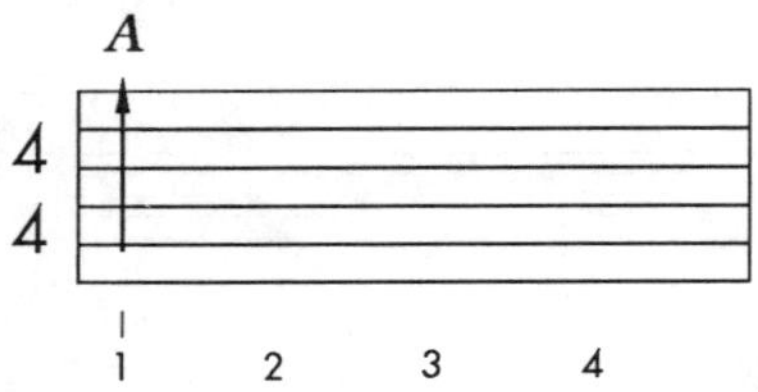

»Ich hab mir 25 Mark ...«

danach baßbetonte Steigerung in rockigem Achtelfeeling.

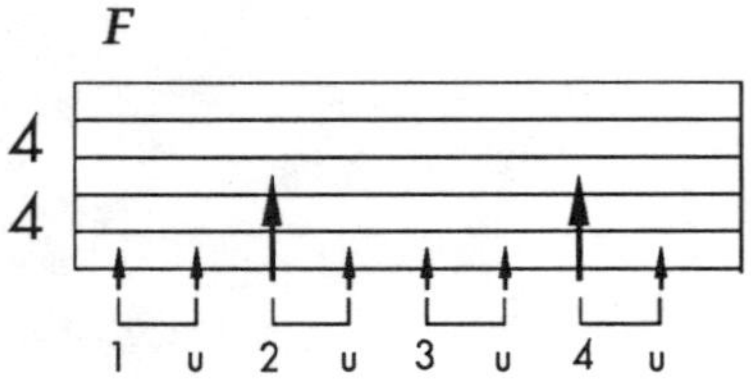

»hab geglaubt, wir gehn ...«

Sechzehntelschläge setzen im Refrain noch eins drauf.

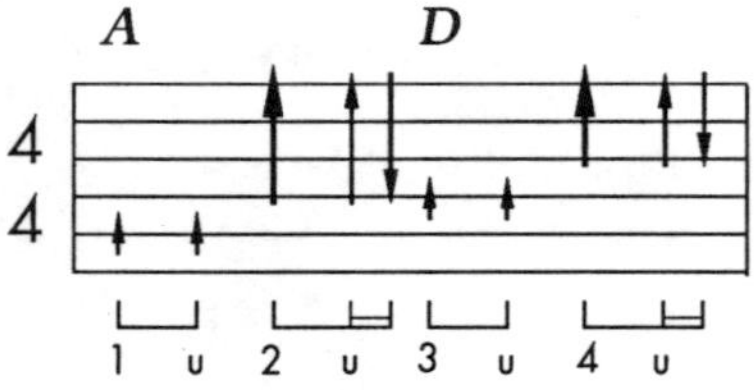

»Oh, frach misch net ...«

♩ = 127
Originaltonart: D-Dur
LP: Rodgau Monotones »Volle Lotte«
Rockport Records, EMI Vertrieb (1984)
Text und Musik: Rodgau Monotones

Der besondere Pfiff

›Nur wegen Ihr‹ können Ästheten diesen schönen Gitarrenriff als Intro und Extro bringen.

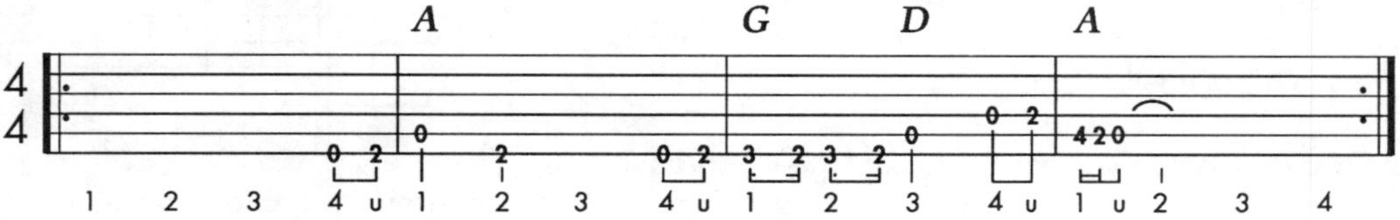

Percussion

Durch alle Höhen und Tiefen begleiten Congas das Stück im Sechzehntelgroove.

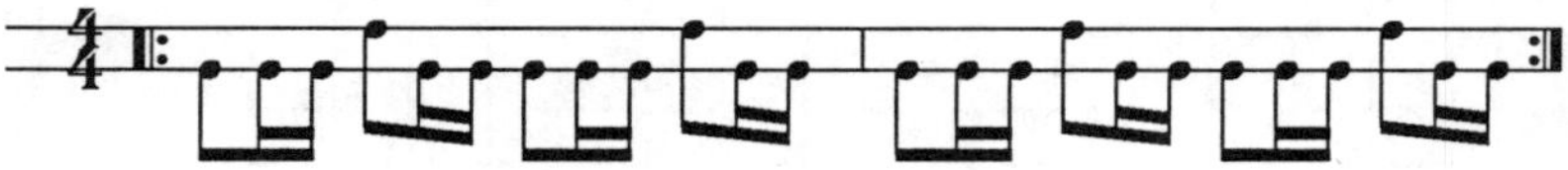

A capella und Wechselgesang

»Alles wegen Dir« und »Oh frach misch net ...« kommt als Wechselgesang von anderen Stimmen und hebt sich deshalb deutlich heraus. Wir haben dafür auch eine 2. Stimme.

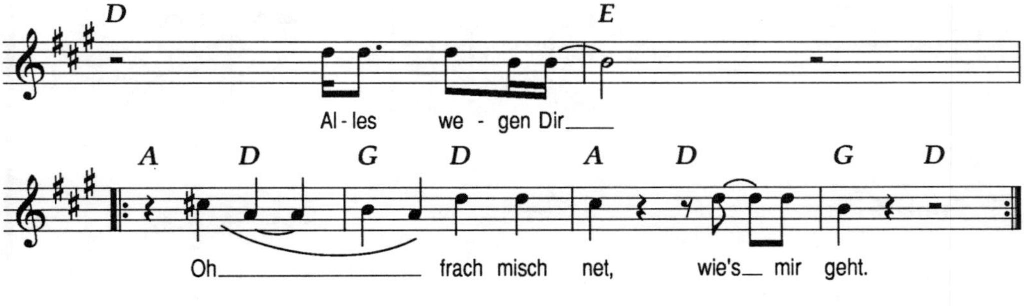

Ohne Begleitung wird »Seit einem Jahr … eine Pizza mit Sardellen« angestimmt. Wenn im Schlußrefrain die Gitarre ebenfalls schweigt und nur die Band und ihr Publikum singen, entsteht echte ›Rockpalast-Stimmung‹. Wunderkerzen anzünden nicht vergessen!

Was soll das

Ein Härtesong über Probleme des modernen Mannes, der sich zwar cool zeigen muß, aber lieber die klassische Art des Duells mit seinem Konkurrenten vorzöge. Typisch für den Sound ist eine gekratzte Bo-Diddley-Akustik-Gitarre und ein Schlagzeug, das mit der Bass Drum (!) rhythmische Akzente setzt. Nach dem Zwischenteil »... abgeliebt« moduliert die Band den letzten Refrain einen Ganzton nach oben.

Gitarre

Der Grundrhythmus ist einfach. Alle Akkorde müssen als Barré gegriffen werden, dabei die Saiten nicht ganz niederdrücken. Dann mit dem Plektrum im Achtelrhythmus über die Saiten ›kratzen‹.

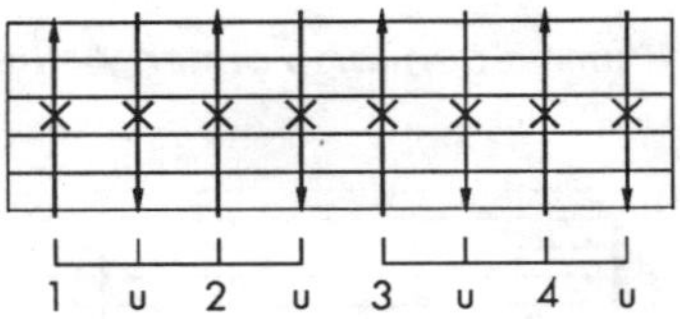

Wir betonen nun vor allem die Schläge der Bass Drum.
An den Stellen der dicken Pfeile werden die Finger richtig niedergedrückt, so daß der Akkord zum Klingen kommt. Die gleichmäßige Achtelbewegung der rechten Hand läuft weiter.

Intro und Strophe

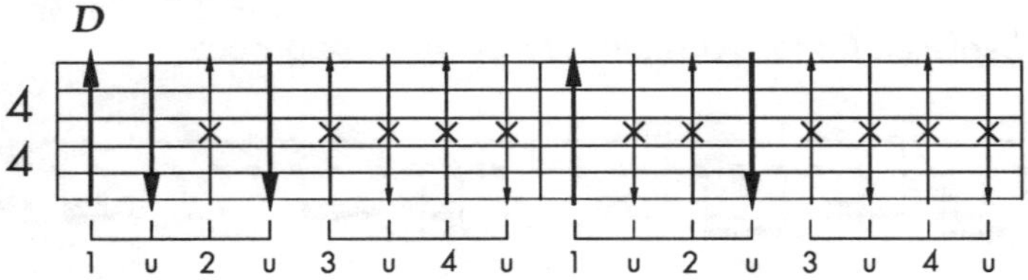

»Sein Pyjama liegt ...«

Im Intro auf Schlag 1 des ersten Taktes mit dem Barré vom VIII. in den X. Bund rutschen.

Refrain

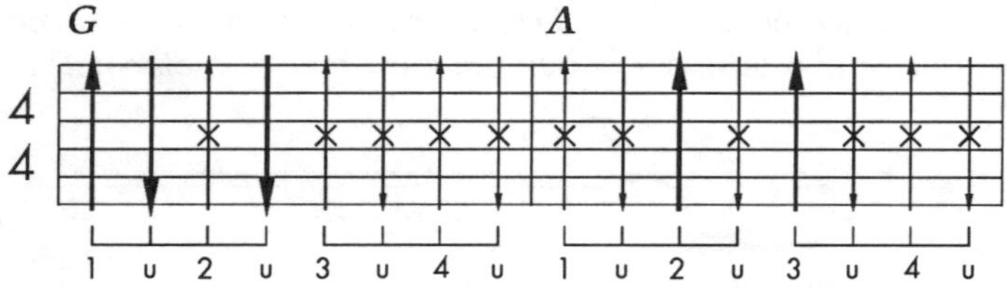

»Womit hab ich ...«

Tips und Tricks

Das Metronom

Die prägnante Snare Drum schlägt durchgehend auf 2 und 4 des Taktes. Insofern bietet es sich an, das Metronom diesen Rhythmus spielen zu lassen. Die Metronomzahl also halbieren (80 Schläge) und mitzählen 2, 4, 2, 4, usw.

♩ = 160
Originaltonart: A-Dur
Grönemeyer »Ö«
EMI Electrola (1988)
Text und Musik: Herbert Grönemeyer

Gesang

2. Stimme im Refrain

Nur Tenöre und Sopräne können wohl die hohe Oberstimme mitsingen. Wir haben euch wenigsten gewarnt …

Akkorde

Für die Anschlagstechnik werden alle Akkorde bis auf e⁷ als Barré gegriffen.

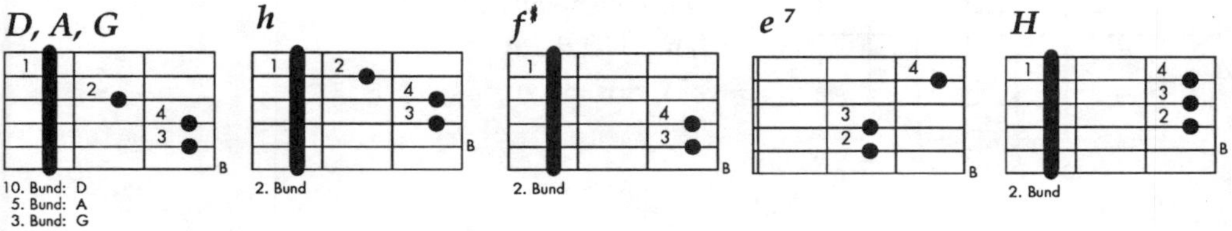

Kugel im Colt

Eine der einfühlsamsten Männer-Rockballaden von ›Uns-Udo‹. Obwohl wieder mal völlig fertig, läßt er sich die Initiative nicht aus der Hand nehmen und entschließt sich mit einer gehörigen Portion Whisky zur Flucht nach vorne. So zärtlich wie er geht sonst niemand mit dem Colt um …

Gitarre

Die Begleitung ist einfach, denn die schönen Melodiebögen tragen den Song von alleine.

Strophe und letzte Refrainzeile

Eine ›Stratocaster‹-Gitarre spielt fließende Arpeggien.

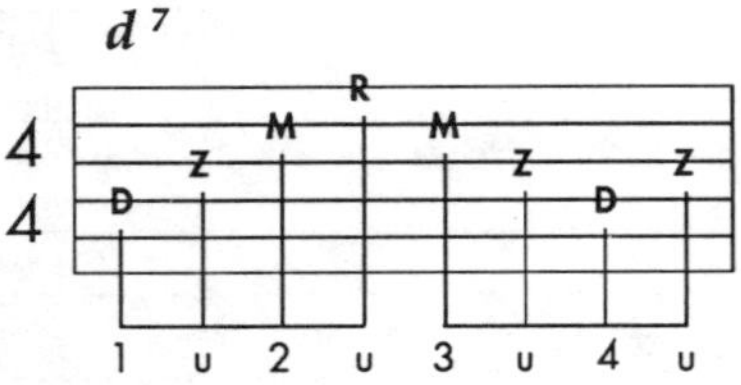

»Die Gedanken, sie rotieren ...«
»wenn Du mich nicht willst ...«

Refrain

Akzente von Klavier und Baß werden aufgenommen,

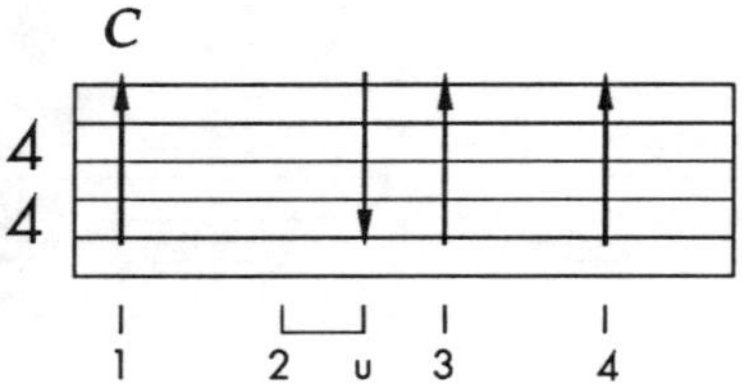

»(Wie 'ne Ku)-gel, wie 'ne Kugel in ...«

eine Variation in den G-Takten.

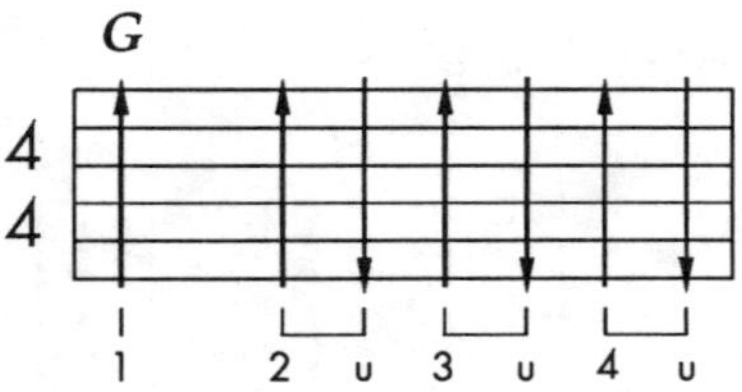

»schieß mich voll ...«
»Ich muß jetzt ...«
»weiß, das ich zu ...«

♩ = 79
Originaltonart: C-Dur
Lindenberg »Udopia«
Teldec (1981)
Text und Musik: Udo Lindenberg

Akkorde

Der Baß spielt in diesem Stück die Grundtöne der Akkorde. An zwei Stellen weicht er davon ab und setzt damit eine neue Klangfarbe. Im D⁷-Takt in Notenzeile 2 spielt er ein Fis. Im jeweils zweiten C-Takt im Refrain spielt er E. Wir können das für die Gitarre übernehmen.

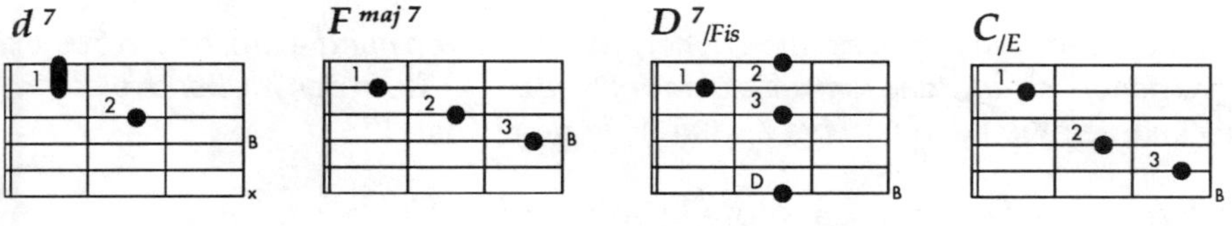

Haß mich oder lieb mich

›Yeah man‹, ein Song im langsamen Bluesfeeling und Marius in seiner alten Lieblingsrolle als Macho. Das Stück ist sparsam eingespielt, nur mit einer akustischen Gitarre und einer Slide-Gitarre. Wir können auf der Akustik-Gitarre durchgängig einen einfachen Grundanschlag bringen oder nach dem Baukastenprinzip einzelne Variationen von Marius Müller-Westernhagen aus ›Fast wie in echt‹ aufnehmen.

Gitarre

Akustik-Gitarre

Wir haben die langsame Nummer so aufgeschrieben, daß man den Blues leicht auszählen kann. Vier 3/4-Takte können zu einer Einheit als 12/4 zusammengefaßt werden. Der erste Schlag wird doppelt so lang ausgehalten wie der zweite. So beginnt das Stück zu swingen. Der bluesige Grundschlag wird auf jeweils zwei gedämpften Saiten gespielt.

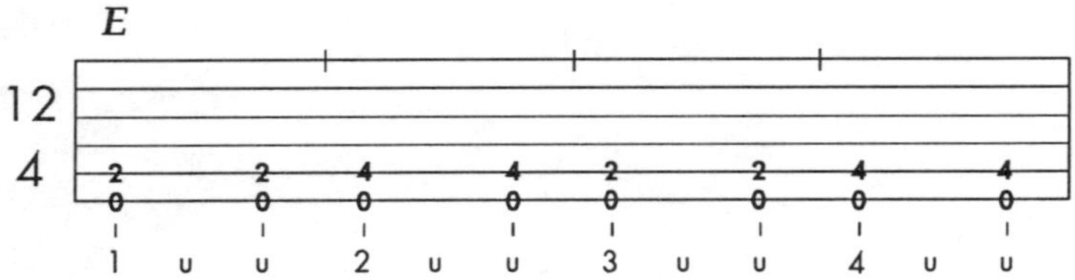

»(Haß mich oder) lieb mich ...«

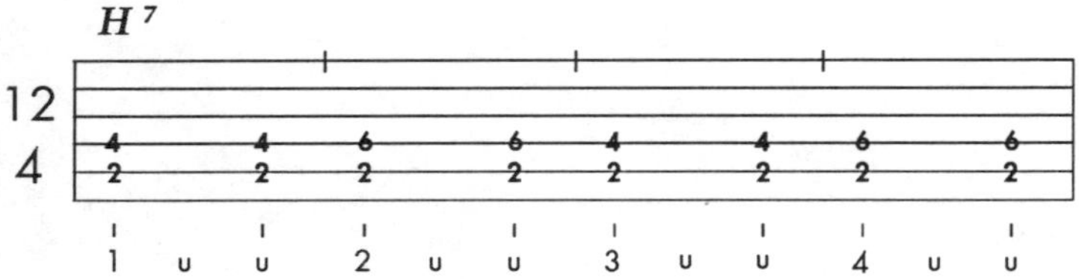

»Gib mir'n Stück ...«

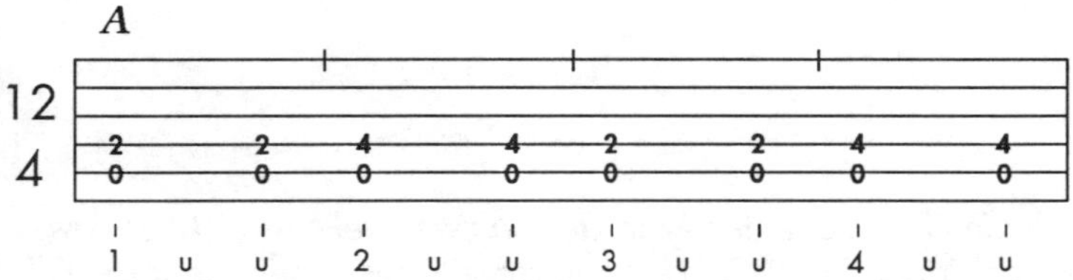

»Bett frisch ...«

Slide-Gitarre

Die G-Saite auf Gis stimmen (einen Halbton höher). Wir benutzen nur die drei hohen Saiten. Beim E-Akkord genüßlich und langsam mit einem Bottleneck vom XI. in den XII. Bund rutschen, bei H^7 vom VI. in den VII. Bund und bei A vom IV. in den V. Bund.

Zur weiteren Inspiration: Rolling Stones »Love in Vain« auf »Let it bleed«.

BLUES

♩ = 58
Originaltonart: E-Dur
LP: Müller-Westernhagen »Sekt oder Selters«
WEA (1980)
Text und Musik: Marius Müller-Westernhagen

Fast wie in echt

Wer original, zumindest fast, wie Marius Müller-Westernhagen spielen will, und sich mit der Hammering-on und Pull-off Technik auskennt, hier ist eine komplette Begleitung.

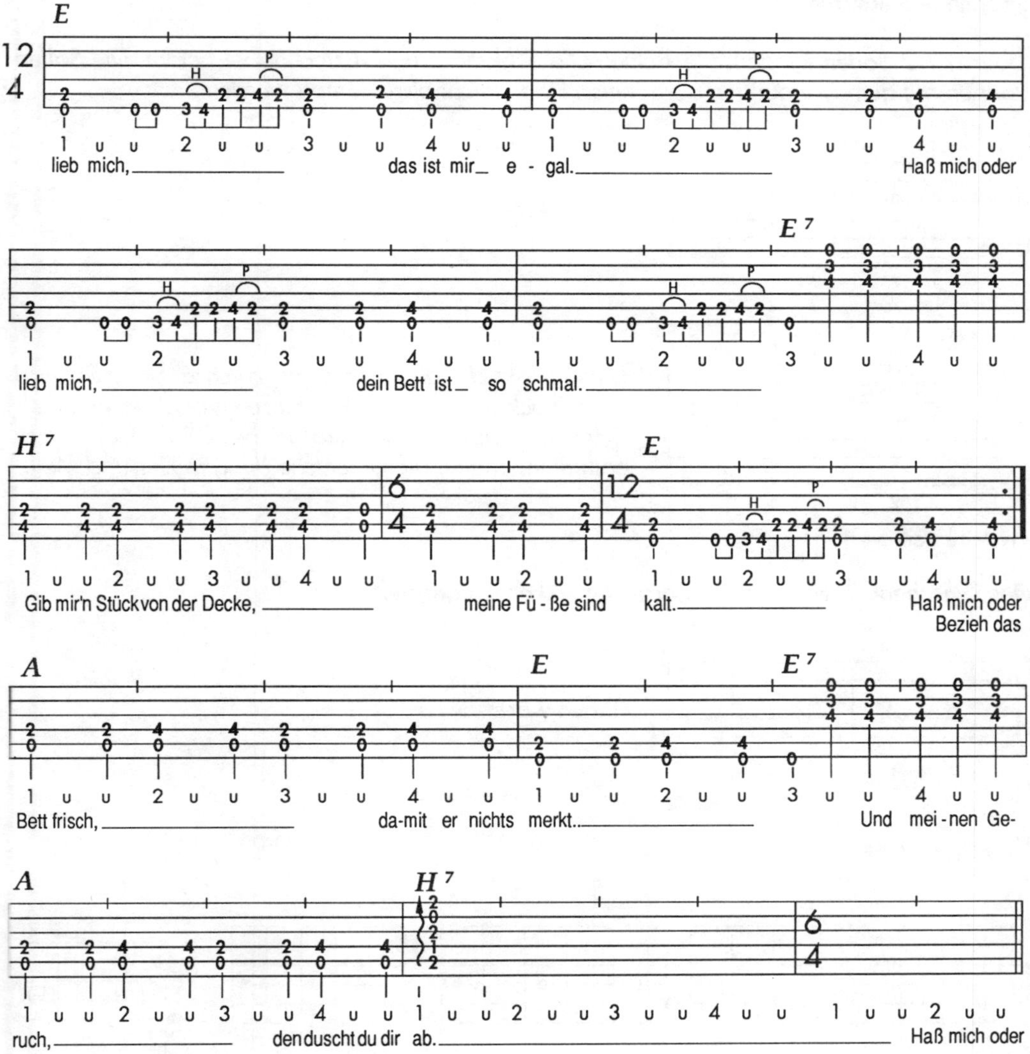

Marlowe, finden Sie Mabel

Alle Fans von Raymond Chandlers Meisterdetektiv Marlowe haben hier zur spannenden Lektüre die richtige Musik. Mal mehr im Rock-´n´-Roll-Feeling wie auf der Platte, mal im Latino angehauchten Jazz-Milieu, je nach Stimmung. Für eine ganze Generation von Privatdetektiven war der einsame Wolf mit Trenchcoat und Hut das Vorbild, er gehörte zu den Helden des klassischen amerikanischen Krimis, ganze Männer, stark, hart und unbestechlich, die dem Teufelskreis aus Gier, Korruption und Macht Paroli boten.

Schlaggitarre

Zunächst ein rock-'n'-rolliges 50er Jahre Feeling.

Strophe und Refrain

Über nur 2 Saiten klingen alle Achtel. Die Schläge 2 und 4 sind dabei betont. Die Saiten können mit dem Handballen der rechten Hand leicht abgedämpft werden.

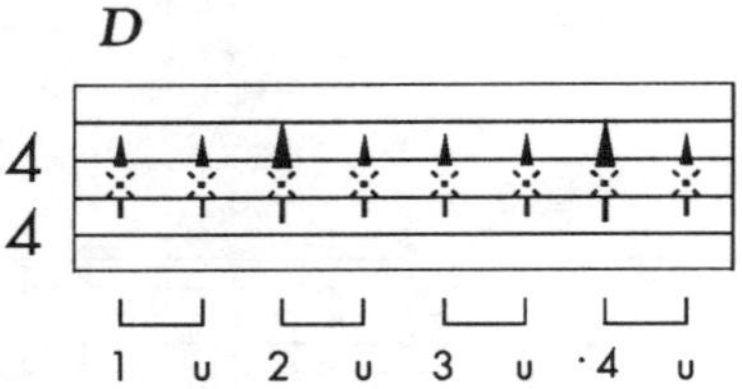

durchgängig

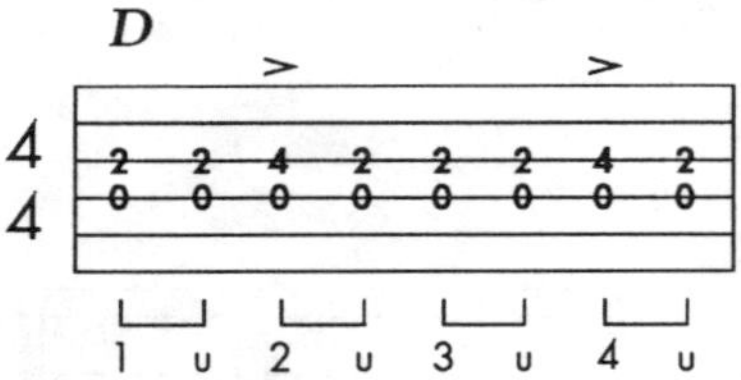

Um die Taktschläge 2 und 4 zusätzlich zu betonen, wird die ›Chuck-Berry‹-Technik mit ihren typischen Wechseltönen verwendet. Da die Akkorde über 2 Saiten keine Terz enthalten, entfällt die Unterscheidung in Dur und Moll.

Zwischenteil

Der Zwischenteil wird mit den normalen Akkorden gespielt.

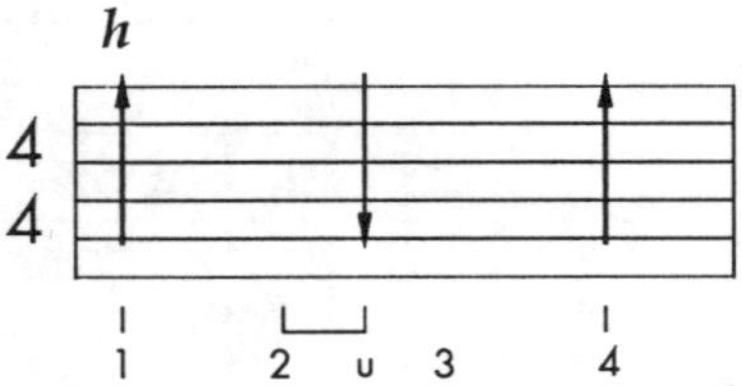

»Ihnen wäre sowas ...«

Wechseltöne

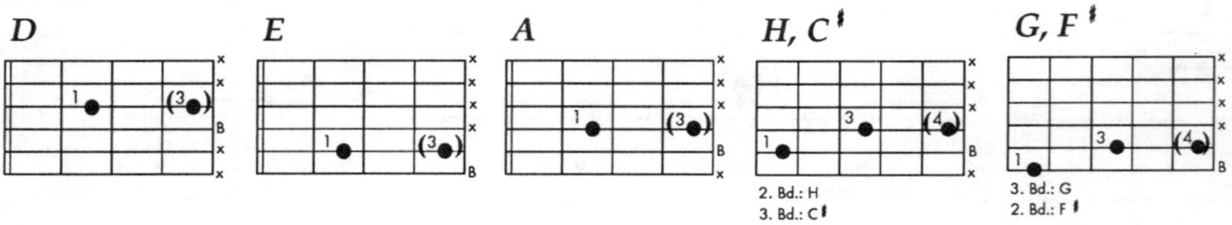

$♩ = 144$
Originaltonart: D-Dur
Kunze »Wunderkinder«
WEA (1986)
Text: Heinz Rudolf Kunze
Musik: Heinz Rudolf Kunze, Heiner Lürig

Klassikgitarre

Für Zupf-Virtuosen versetzen wir Marlowe in ein latino-angehauchtes Milieu.

Strophe, Refrain

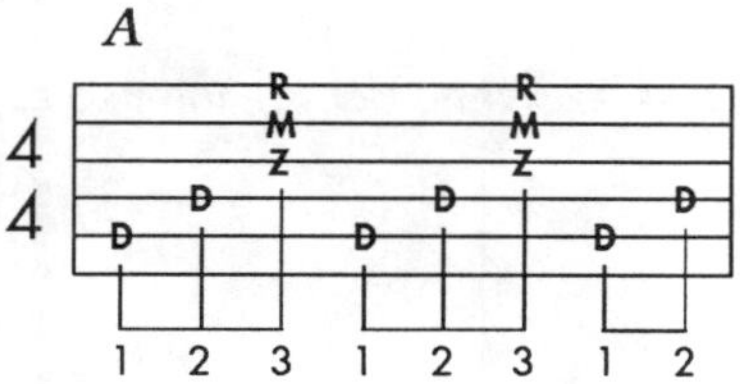

»Ich hab ein Foto dabei ....«

Zwischenteil

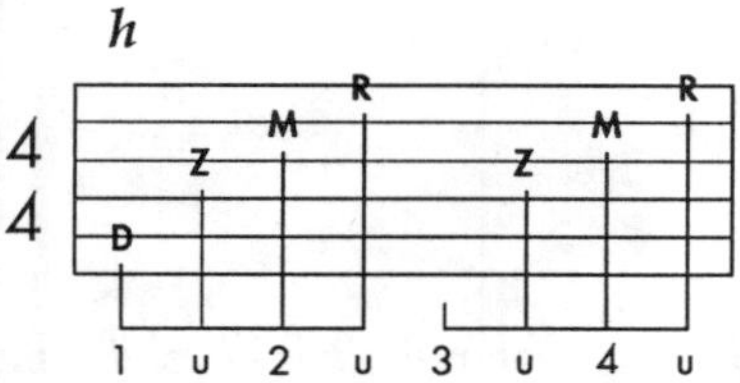

»Ihnen wäre sowas sicher nie ...«

Percussion

Begleiten kann Marlowe eine Percussion-Gruppe mit Handklatschen, Bongos und Cabasa.

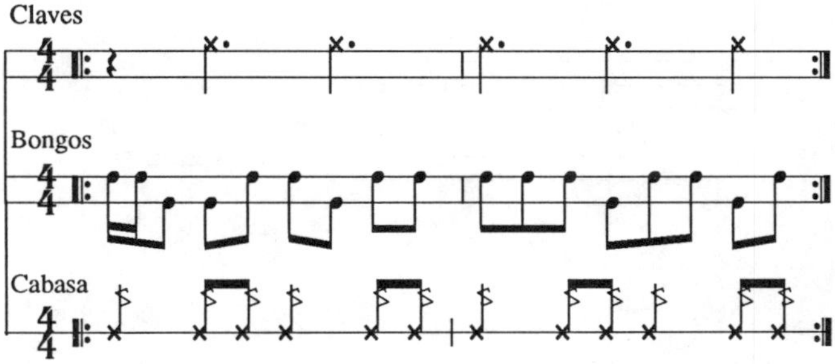

Akkorde

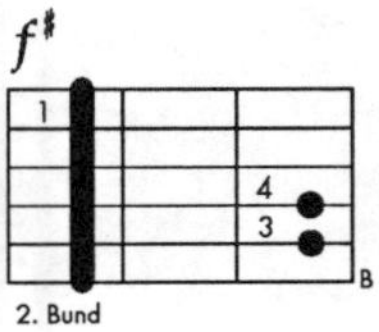

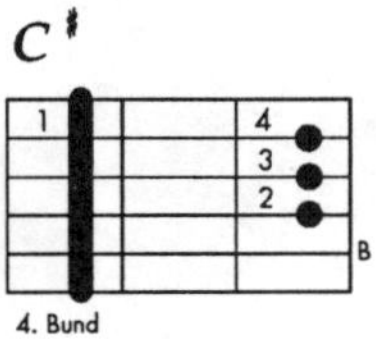

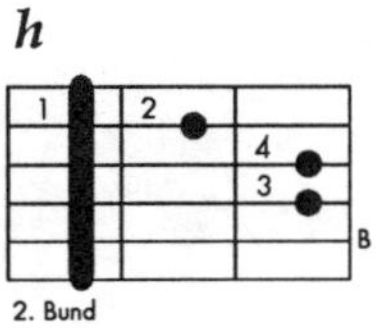

Herzkasper

Man hat »Herzkasper«, heißt es salopp, wenn das Herz medizinisch aus dem Rhythmus gerät. Inspiriert von diesem blumigen Ausdruck spinnt Helmut Meier darum Aufschneidergeschichten mit Herzklopfen und Herzpochen, die so manchem Mann und mancher Frau vertraut sein dürften.

Gitarre

Reggae im Swingfeeling ist angesagt.

Refrain

Bei den Achteln schwingt die erste doppelt so lang wie die zweite. Wenn der Rhythmus sitzt, sollten die Baßtöne weggelassen werden.

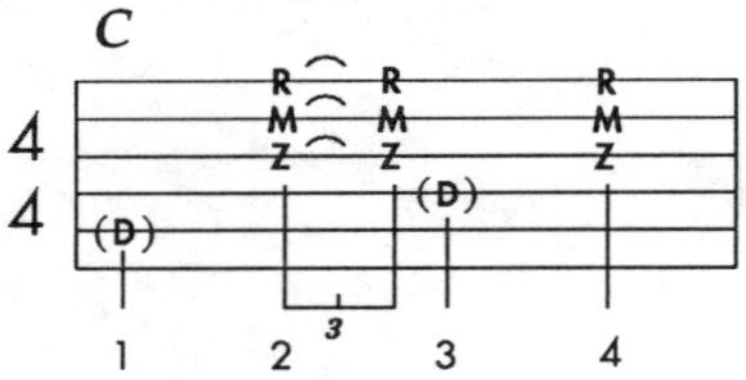

»Hat Mann Herzkasper ...«

Strophe

Die Zählzeit 2 wird triolisch aufgelöst, die Baßtöne sind auch hier nur Rhythmushilfe für den Anfang.

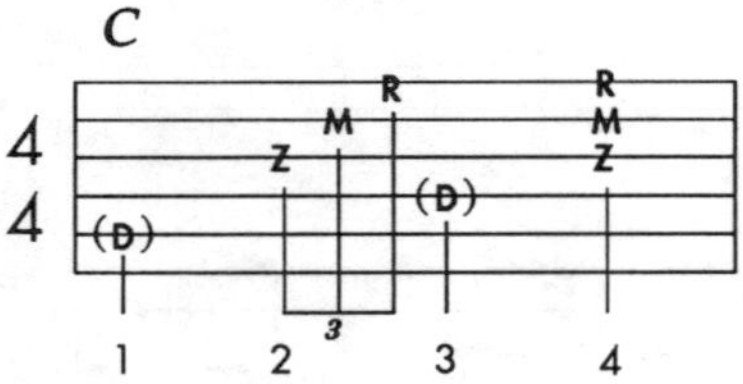

»Sprüche kommen ...«

♩ = 114 *Swing* ♫ = ♩ ♪ (3)
Originaltonart: D-Dur
Meier Plus »Herzschlag«
Verlag Gefühl und Stärke, Duisburg (1988)
Text und Musik: Helmut Meier

Percussion

Damit keine Störungen im Herzrhythmus auftreten, engagieren wir ein ›Percussionensemble‹ aus dem Zuhörerkreis mit Rhythmusinstrumenten, die zur Hand sind, z.B. Kaffekanne, Löffel, Tischplatte, ein gutes Sektglas ... , das nacheinander die Viertel anschlägt.

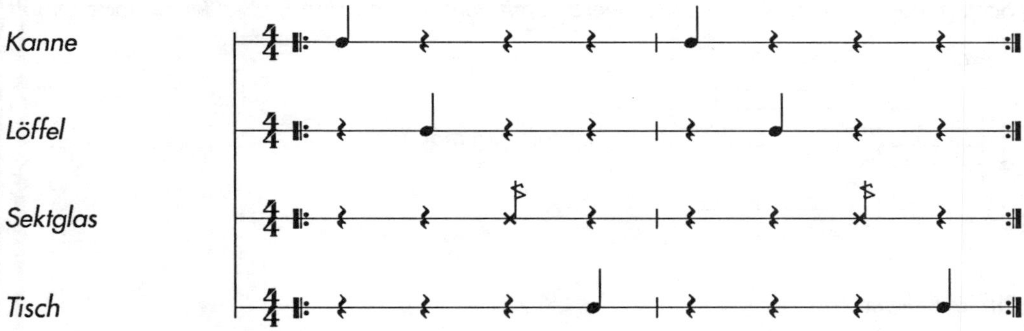

Laß uns 'n Wunder sein

Eine ›wunder‹schöne Liebeserklärung der Gruppe Ton Steine Scherben für alle Paare, die nicht aneinander kleben wollen. Rhythmisch hat das im Latin-Rock-Feeling eingespielte Stück seinen Clou zu Beginn des Refrains, da hier die Gesangstimme und der unterlegte Gitarrenriff in Betonung und Harmonik auseinanderzufallen scheinen. Aber das ergibt ja gerade den Drive und den herrlich schrägen Sound. Je nach Stimmung kann eine rockige oder eine leise gezupfte Fassung ausgewählt werden.

Rockgitarre

Zunächst eine am Latin-Rock der Scherben orientierte Gitarrenbegleitung.

Grundrhythmus

Die Gitarre spielt als Grundrhythmus einen Achtelanschlag, der die Betonungen des Schlagzeugs aufnimmt. Die Saiten werden mit dem rechten Handballen leicht abgedämpft.

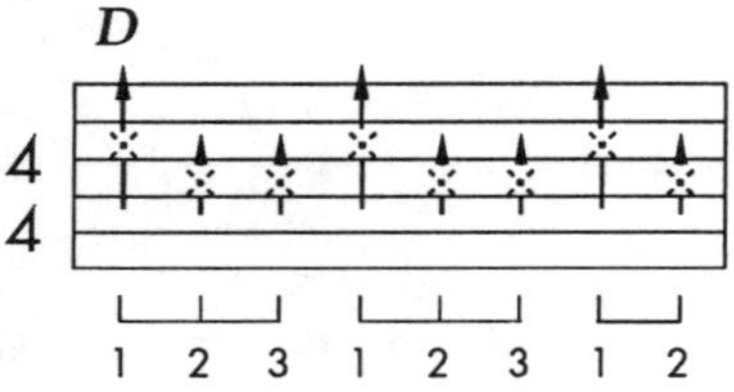

durchgängig möglich

Riff im Refrain

Die markanteste Stelle des Stück ist ein synkopierter ungedämpfter Rockriff in den vier Anfangstakten des Refrain. Dieses Thema wird auch als Intro gespielt. Wir haben zunächst den Riff nur als Rhythmusmuster und anschließend mit seinen Rockakkorden notiert. Ab dem Refraintakt »du und ich allein ...« setzt der Grundanschlag wieder ein.

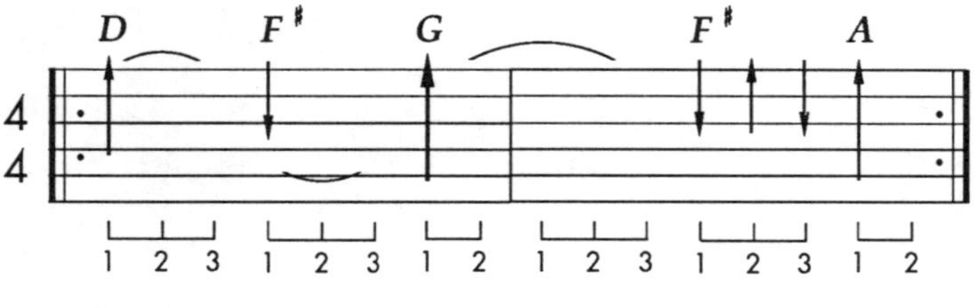

»Laß uns 'n Wunder sein ...«

Hier der Riff mit Rock-Akkorden, in Abschlägen über drei Saiten gespielt.

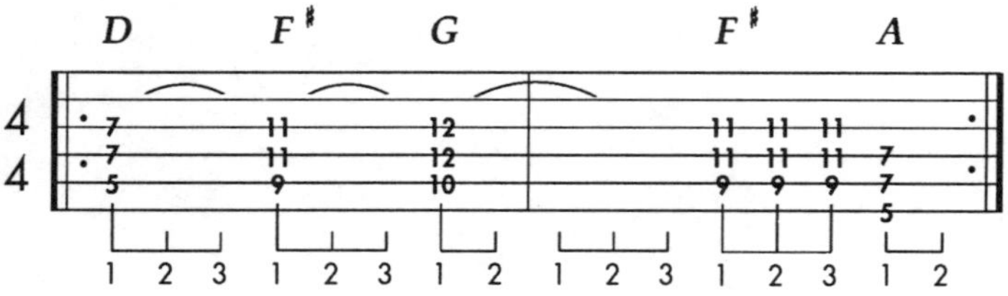

»Laß uns 'n Wunder sein ...«

♩ = 145
Originaltonart: A-Dur
Ton Steine Scherben »Scherben«
David Volksmund Produktion (1983)
Text und Musik: R. P. S. Lanrue, Rio Reiser

Konzertgitarre

Auch als eine gezupfte Ballade hört sich der Song gut an. Wir können dann einige Akkorde im Refrain vereinfachen.

Strophe

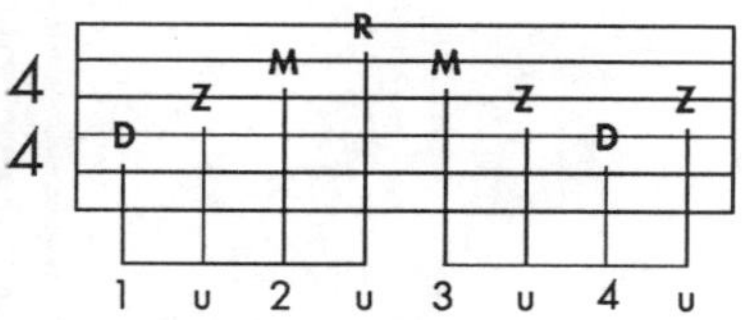

»Ich will nicht ...«

Refrain, Zwischenteil

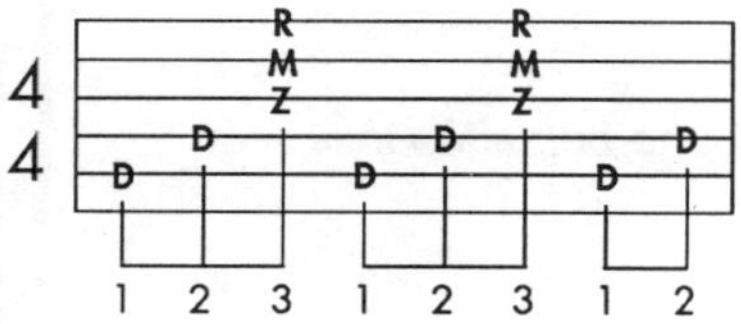

»Laß uns 'n Wunder sein ...«
»Lehn mich an dich ...«

In der ersten Refrainzeile können wir beim Zupfen die Akkorde vereinfachen.

Akkorde

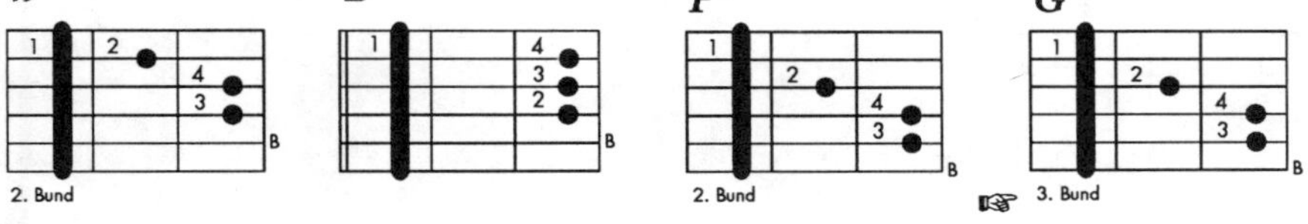

Dann will ich bei Dir sein

An einem Tag, an dem alles daneben geht, sollte man sich vielleicht an diesem Song versuchen. Der melancholische Text spendet Trost, auch dann, wenn der pfiffige Slow-Rock-Rhythmus und die kniffligen Akkorde As und Es nicht so hundertprozentig klingen. Das findet sicher Verständnis und wird von keinem übelgenommen.

Gitarre

Strophe

Eine Triole innerhalb der Achtel gibt dem Song ungewöhnlichen rhythmischen Pfiff. Der Wechsel zum zweiten Akkord im Takt erfolgt stets auf Zählzeit 4.

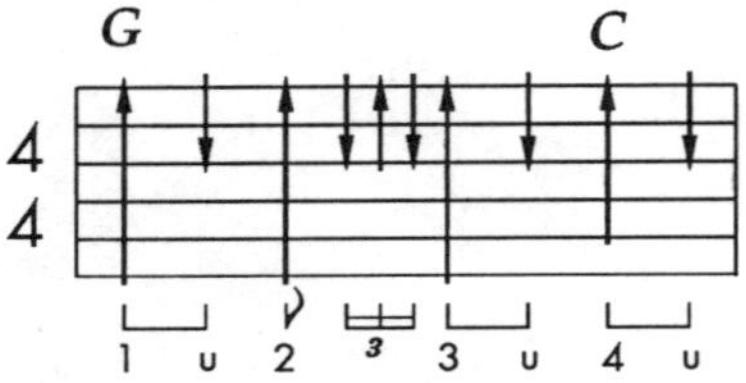

»Wenn auch die letzte ...«

Refrain

Gleichmäßige Achtel, mit denen sich notfalls auch die Strophe begleiten läßt.

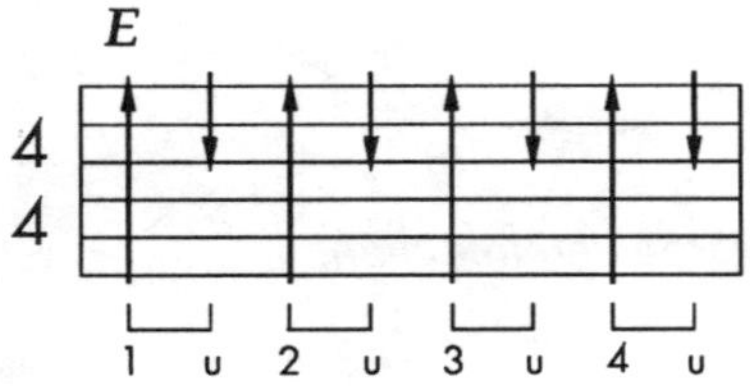

»Dir sein___, dann und ...«

Im Anfangstakt der Notenzeilen 5 und 6 spielen Bläser eine Sechzehntelfigur, die wir einarbeiten. So entsteht eine interessante Reibung zur Triole der Strophenbegleitung.

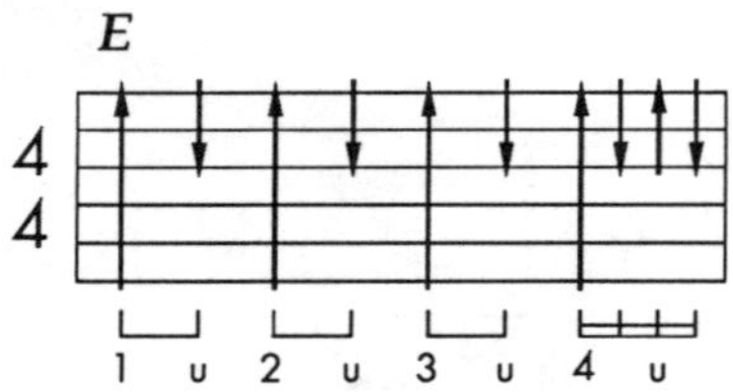

»Dir sein___,«

𝅗𝅥 = 72 Half Time
Originaltonart: H-Dur
Bayer »Silchers Rache«
Bellaphon (1978)
Text: Thommie Bayer, Bernhard Lassahn
Musik: Thommie Bayer

Akkorde

›Vorhalt‹-Akkorde auf Taktschlag 4 geben einen getreueren Klang. Wir können für C in der Strophe den Akkord G $^{4/6}$, für A im Refrain den Akkord E ^{4} an diesen Stellen einwechseln. Diese Akkorde drängen nach Auflösung in einen klaren Dur-Akkord.

G $^{4/6}$ E ^{4} A $^{\flat}$ E $^{\flat}$

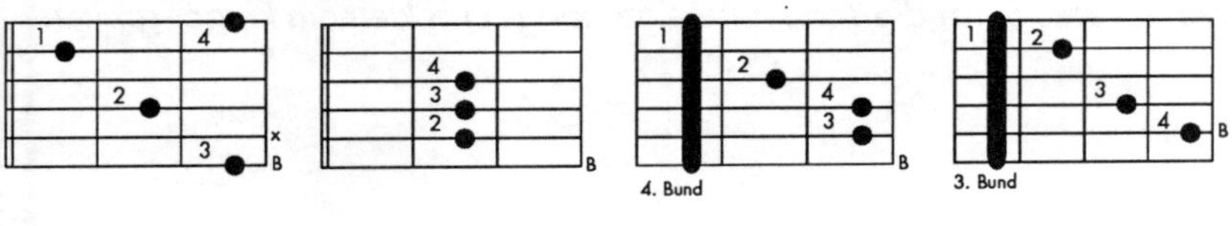

Komm bleib heut nacht bei mir

Der Rolling-Stones-Klassiker »Let's spend the night together« in einer witzigen Version der Jeilen Träumer. Die Punk-Nummer orientiert sich an der schnellen Gitarrenfassung der Stones, die auf ihrer »Still Live«-LP zu hören ist und sich von der klavierbetonten Studio-Einspielung absetzt.

Gitarre

Das Stück wird mit einem rockigen Grundanschlag begleitet, in den immer wieder der markante Rock-Riff der Stones mit seiner unverwechselbaren ›Signalwirkung‹ einfließt.

Grundanschlag

Wir stellen das Metronom auf 192 und ab gehts mit schnellen Achteln …
Zur Einstimmung vier Takte auf A vorweg, danach »Ba da da …« . Ansonsten wird der Groove in allen D-, fis- und G-Takten sowie dem A-Takt nach »Zunge streikt …« gespielt.

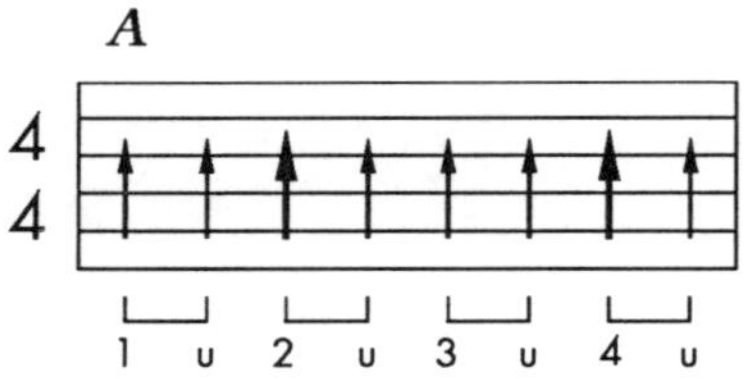

in allen D-, fis- und G-Takten
sowie dem A-Takt nach »Zunge streikt …«

Rock-Riff

Wir bleiben im Grundrhythmus und schlagen zunächst nur die leere A-Saite an. An Stellen, an denen ein Ton des Gitarrenriffs erklingen soll, ›langen‹ wir stärker rein, die nächste Saite mit den Rifftönen klingt dann automatisch mit.
Der zweitaktige Riff wird zum Ba da da-Gesang und in allen doppelten A-Takten gespielt.

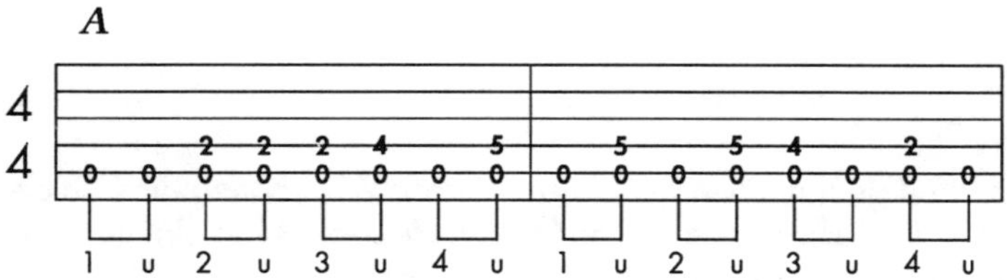

in allen doppelten A-Takten

Wenn's sich wie Punk anhören soll, einfach mit dem Zeigefinger vom II. in den IV. und V. Bund rutschen und wieder zurück. Sonst die Töne mit Zeige- Ring- und kleinem Finger greifen.

♩ = 192
Originaltonart: E-Dur
Jeile Träumer »Die Jeilen Träumer«
Unsere Stimme (1982)
Text und Musik: Mick Jagger, Keith Richard
dt.Text Gert Köster

Gesang

Intro und Zwischengesang

Das Intro »Ba da da ...« wird zu Beginn jeder Strophe gesungen. Dieses »Ba da da ...« kann auch (unwiederholt) in den doppelten A-Takten der Strophe und des Zwischenteil »Ich will dich spüren ...« gesungen werden.

In den Notenzeilen 4+5 der Strophe wird als Echo »Zunge streikt« und »die Chance vergeigt« in die Pause gesungen. In der letzten Strophe als Echo »oh nein, du mußt nicht gehn!«

Zweite Gesangstimme Refrain

Ebenso wie für »Ba da da ...« eine Oberstimme existiert, ist auch der Refrain 2-stimmig möglich.

Akkorde

Es empfehlen sich die typischen Rock-Akkorde.

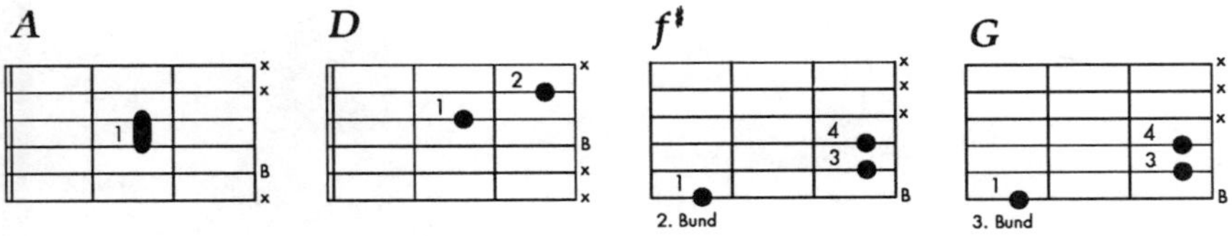

Mercedes Benz

Das ›Oldtimer-Modell‹ von Janis Joplin aus den Siebzigern kommt hier in einer aufpolierten Übertragung im Mutterland des Statussymbols zu neuen Ehren. Das äußerst sparsam eingespielte Stück wirkt vor allem durch den Gesang in seiner Kombination mit einer durchgehenden Schlagzeugfigur. Ohne Schlagzeug benötigen wir für diesen Rhythmus zwei Hände und einen Tisch ...

Gitarre

Die Gitarre setzt nur sehr spärliche Akzente. Sie kann in Strophe 2-4 folgende Muster spielen. Strophe 1 und 5 werden a capella ohne Begleitung gesungen.

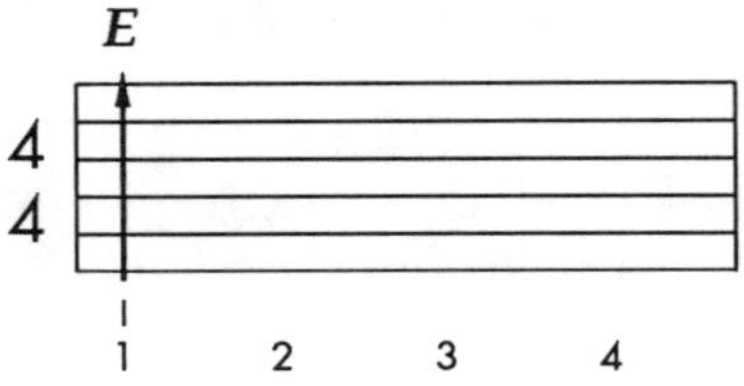

Strophe 2-3

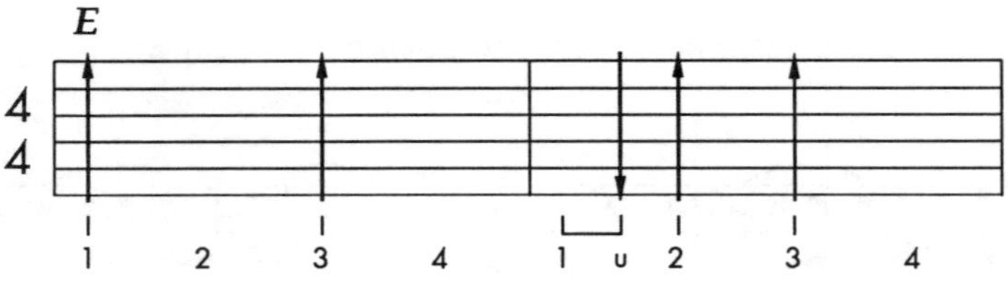

Strophe 4

♩ = 80 Half Time
Originaltonart: Fis-Dur
Klaus Lage »Musikmaschine«
Hansa (1980)
Text und Musik: Janis Joplin, M. McClure
dt. Text: Klaus Lage

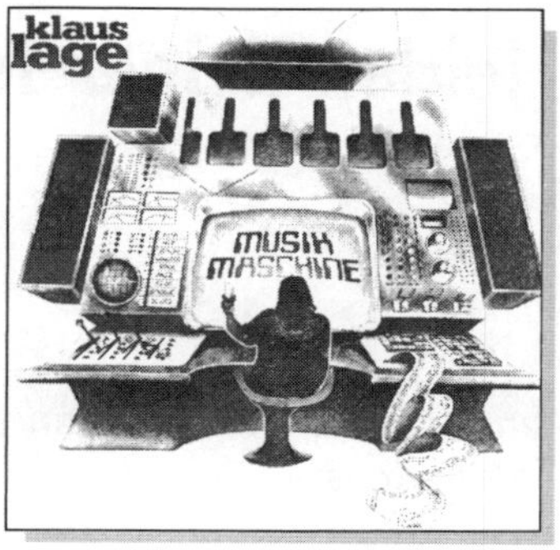

Arrangement

Ein kleines Percussion-Gesang-Gitarre-Arrangement ohne Rockband. Die ›Bass Drum‹ schlagen wir mit beiden Händen auf den Tisch, die ›Snare-Drum‹ klatschen wir in die Hände. Der Gesang groovt sich auf diesen Percussion-Rhythmus ein, der das ganze Stück über durchläuft und am besten zu Beginn einige Takte als Intro vorweggeklatscht wird, bevor der Gesang einsetzt. (Übrigens fast derselbe Rhythmus wie im Queen-Stück »We Will Rock You«.)

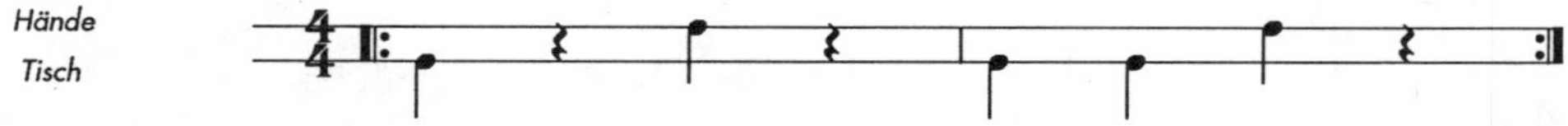

In Notenzeile 4, Takt 3 bauen wir eine einfache Rhythmusverschiebung ein, wie sie auch in den Harmonien angelegt ist.

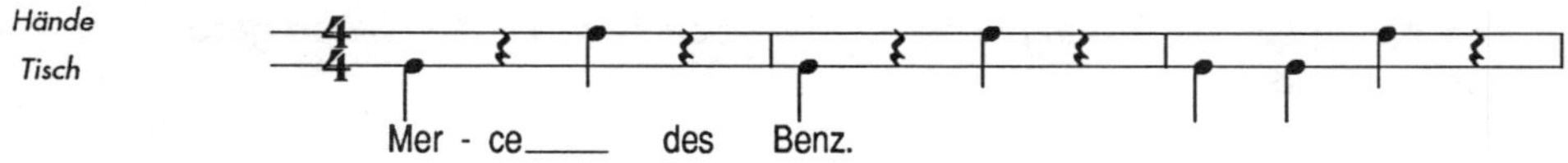

Mit Klatschen und Gesang kommt der Groove des Stücks bereits gut rüber. Die Gitarre kann dazu mit sparsamen Mitteln einen Spannungsbogen aufbauen.

Strophe 1 *nur Rhythmusfigur mit den Händen, als Untermalung.*

Strophe 2 *die Gitarre tritt hinzu mit einfachen Abschlägen: in Notenzeile 1-4 nur auf den jeweils ersten E-Takt, und in Zeile 4 zusätzlich auf den H^7- und E-Takt am Ende.*

Strophe 3 *Rhythmusfigur mit den Händen und weiterhin einfache Abschläge der Gitarre, nun auf alle angegebenen Akkorde.*

Strophe 4 *Rhythmusfigur mit den Händen auf der Gitarre dazu das zweitaktige Schlagmuster, mit Rhythmusverschiebung in Notenzeile 4 Takt 3 »keine Frau« wie beim Percussionmuster beschrieben.*

Strophe 5 *keine Gitarre, nur Rhythmusfigur*

Helden deiner Träume

Ein Song, zu dem mit Kindern immer neue Strophen getextet, erfunden und auch als Theater gespielt werden sollten.

Gitarre

Strophe

Die Strophe dieses schottischen Ohrwurms bekommt einen verschleppten reggaeartigen Rhythmus. Die beiden abgestoppten Schläge können natürlich auch offen gespielt werden.

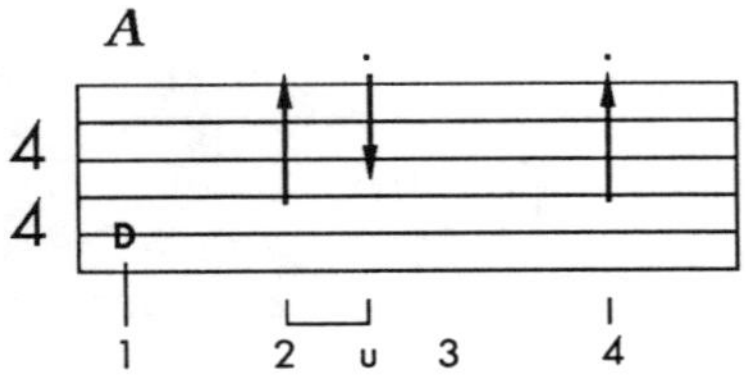

»Ich träum, ich wär ein Seeräuber ...«

In den letzten beiden Takten der Strophe werden einfache Abschläge gespielt, dort wo die Akkordsymbole stehen.

Refrain

Im Refrain geht die Gitarre dann ohne Abstoppen zur Sache.

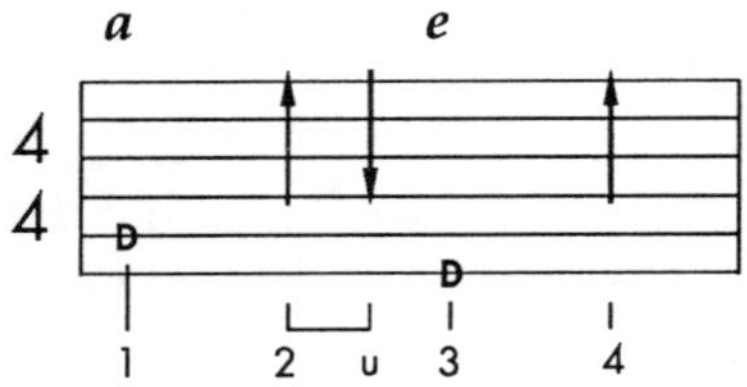

»mach dich doch auf ...«

♩ = 184
Originaltonart: h-Moll
Kunterbunt »Komm setz dich zu mir«
Eres Edition, Lilienthal (1986)
Text: Jens-Peter Müller und viele Kinder
Musik: trad. Schottland

Flöte

Zwischenspiel

Als Zugabe noch das Zwischenspiel des Liedes, das natürlich besonders stilecht auf einer Tin-Whistle geblasen wird. Möglich ist aber auch eine Block- oder Querflöte.

Als Intro und Extro mit Wiederholung, als Zwischenspiel unwiederholt, gleich in Klammer 2

Denn ich will

Für Toleranz gegenüber allen Formen der Liebe, die es gibt, setzt sich dieses Chanson von André Heller ein. Die Melodie der Strophe eignet sich gut als instrumentales Zwischenspiel für Geige, Querflöte oder Akkordeon.

Gitarre

Es erklingt ein beschwingter Wiener Walzer mit Akzent auf dem dritten Schlag.

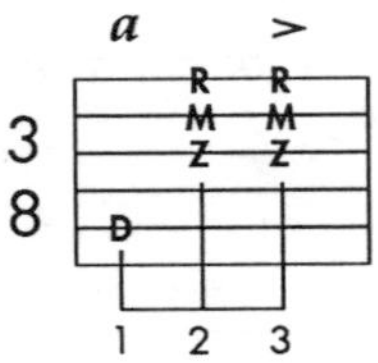

»Und wenn ein Mann ...«

Der ausgezeichnete Gitarrist in der Aufnahme läßt an einigen Stellen schnelle 16tel einfließen, so in Strophe 1 und 3, Takt 7 + 8

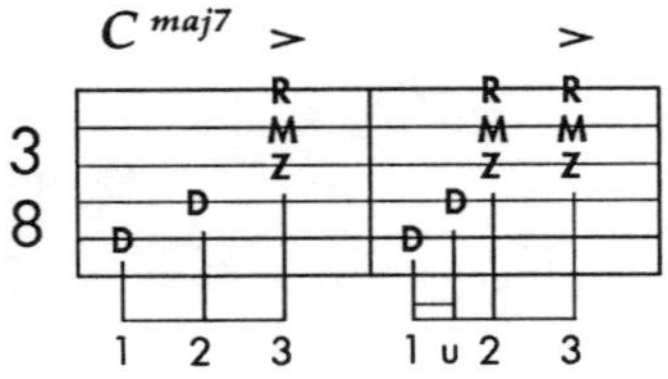

»liebt___,«

und in Strophe 2 und 4, Takt 7 und Takt 11.

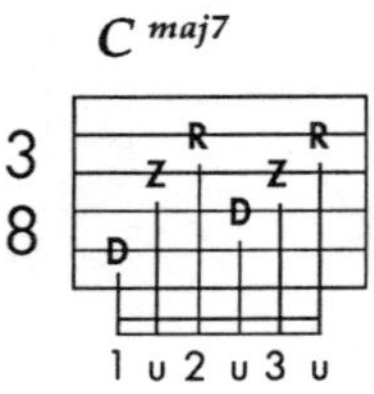

»liebt,«
»gibt.«

Akkorde

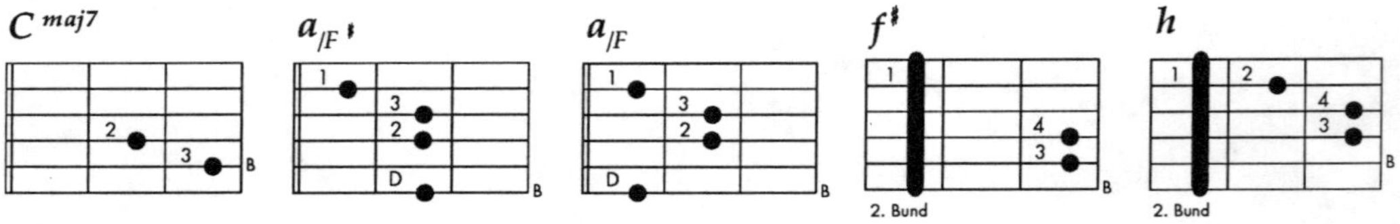

A^{maj7} und f$^{\sharp 7}$, in der 1. Auflage Magische Momente notiert, entfallen.

♪ = 180
Originaltonart: c-Moll | C-Dur
Heller »Neue Lieder«
Intercord (1973)
Text: André Heller
Musik: Richard Schönherz, Manuel Rigoni

Fast wie in echt

Baßläufe für Gitarre

Sein fließendes Element bekommt das Lied durch auf- und absteigende Baßlinien, die mit dem Daumen angeschlagen werden. Wir haben sie in die Gitarrenbegleitung eingearbeitet. Die R-M-Z Saiten entsprechen dem jeweils darüberstehenden Akkord.

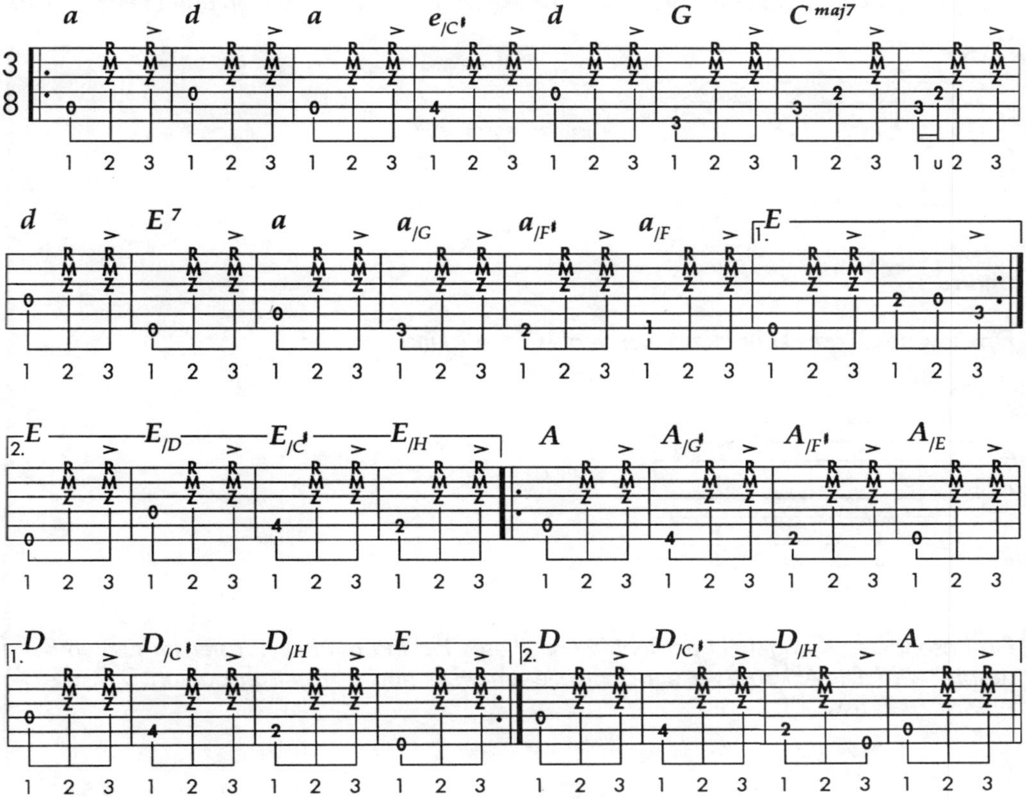

Satt zu essen

»Satt zu essen für die Sinne, den Verstand und das Verstehn« – Eine Wunschliste für das Zusammenleben in jedem Land, die weit über die Befriedigung des leiblichen Wohls und des materiellen Wohlstands hinausgeht. Frei nach Dylans »Knockin' on Heavens Door« wurde der Song 1984 in der DDR geschrieben.

Gitarren

Ein Folkrock-Stück mit ›laid back‹ gespielter Gitarre, vom Duo Pension Volkmann für 2 Gitarren arrangiert.

Gitarre 1

Sie spielt durchgängig einen gefühlvollen Plektrumanschlag mit synkopierten Betonungen.

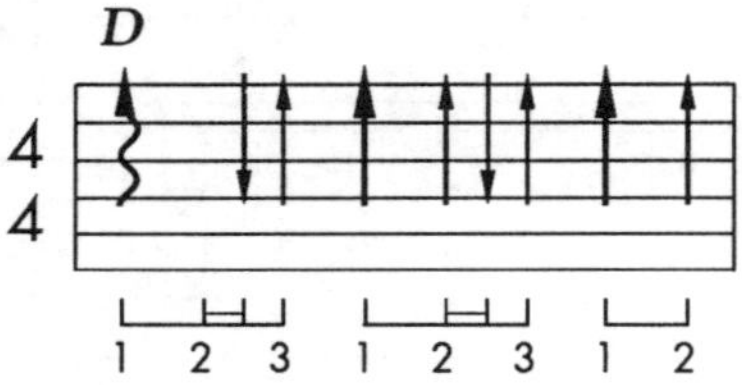

»Satt zu essen ...«

Gitarre 2

Eine zweite Gitarre kann die Akkorde als Crosspicking auflösen.

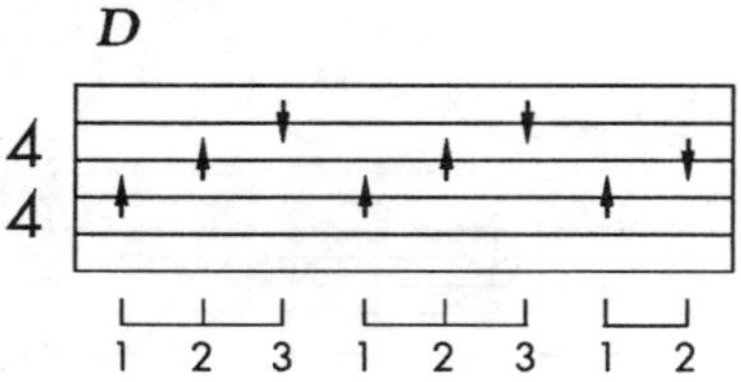

»Satt zu essen ...«

Ein besonderer Klangeffekt entsteht, wenn dieses Picking mit Kapodaster im fünften Bund gespielt wird. Die Akkorde werden dann alle von D-Dur nach A-Dur transponiert. D wird zu A, A wird zu E, usw.

Transponierhilfe für Gitarre 2

Gitarre 1	D	A	h	G	e	F♯	A^7	e^7
Gitarre 2	A	E	f♯	D	h	C♯	E^7	h^7

𝅗𝅥 = 69 Half Time
Originaltonart: G-Dur
Pension Volkmann »Die Gefühle«
Amiga (1985)
Text: Werner Karma
Musik: Reinhard Buchholz, Peter Butschke

Gesang

2. Stimme im Refrain

Für den zweiten Gitarristen auch eine eigene Gesangstimme.

Akkorde

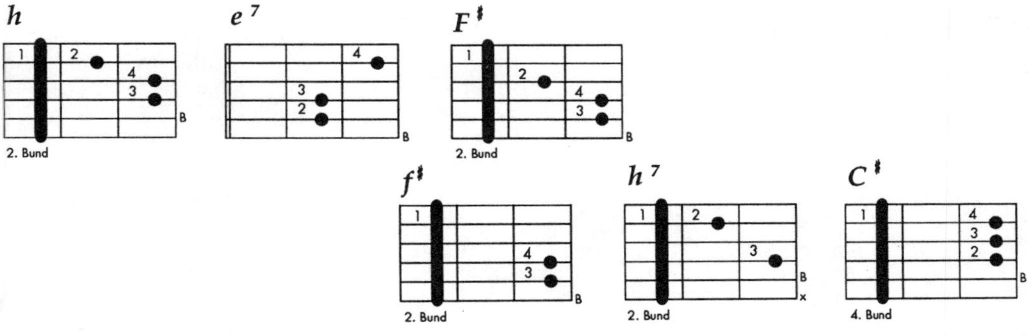

Nur dafür laßt uns leben

Eine Ode an unsere Erde und die Lebenslust im Stil der Brecht-Weillschen Songs. Weckers Vortrag mit Klavier und Sinfonieorchester entbehrt nicht einer gewissen Theatralik, wird in unserem Arrangement mit Gitarre aber sparsamer interpretiert. Das Stück lebt von der Abwechslung zwischen Instrumentalteilen und Gesang.

Gitarre

Grundanschlag

Zwei klassische Arpeggien, die als festes zweiteiliges Muster oder einzeln im freien Wechsel gespielt werden können.

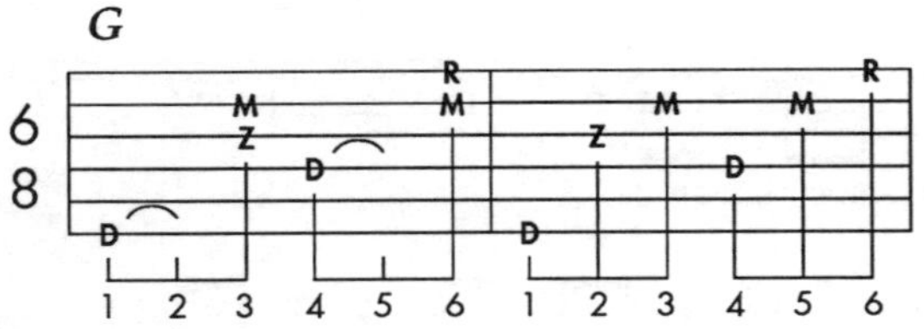

durchgängig

Falls kein Melodieinstrument zur Hand ist, können die Melodielinien der Instrumentaleile gut auf »da, da, da-da ...« mitgesungen werden.

♩. = 108
Originaltonart: C-Dur
Wecker »Wecker«
Polydor (1982)
Text und Musik: Konstantin Wecker

Der besondere Pfiff

Das Reizvolle besteht in den ausdruckstarken Instrumentalteilen des Klaviers. Wir haben sie auf die Gitarre übertragen. Der Hemiolaeffekt stellt hier eine interessante metrische Erscheinung dar: dreiteilige Takteinheiten werden über zweiteilige gelegt. Auf dem Klavier behält die linke Hand den 6/8 Takt bei, während die rechte Hand parallel dazu mit dem Melodiespiel in einen 3/4 Takt übergeht. Diese beiden unterschiedlichen Taktbetonungen sollten auch auf der Gitarre zu hören sein. Die Bässe des Daumen übernehmen die Aufgabe der linken, die Melodielinie von Zeige- und Mittelfinger die der rechten Klavierhand.

Intro und Zwischenspiel 1

Das Intro wird mit der Wiederholung gespielt. Als Zwischenspiel kommt es nach Strophe eins »... verbittert stündlich.«, hier wird unwiederholt gespielt, also gleich in Klammer zwei gehen.

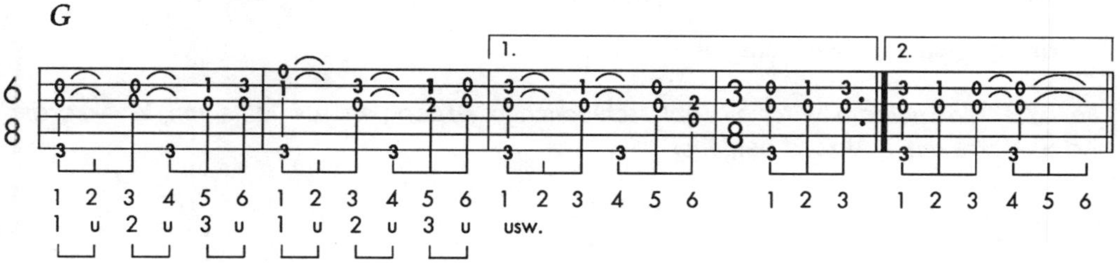

Zwischenspiel 2

Dieses Zwischenspiel läuft als Überleitung zum Refrain.

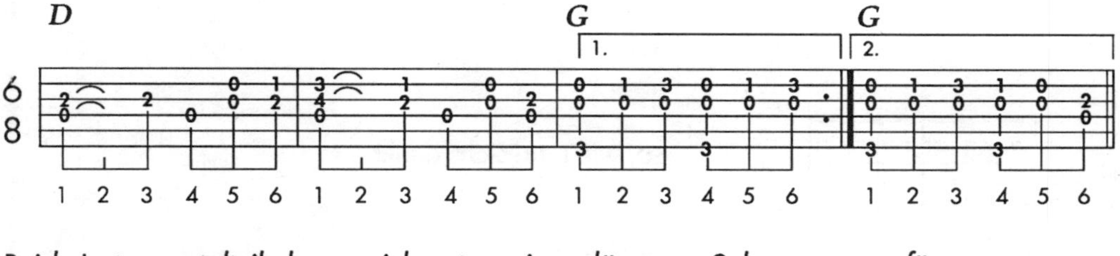

Beide Instrumentalteile lassen sich gut zu einem längeren Solo zusammenfügen.

Dein Name

Gedanken zur Taufe eines neuen Erdenbürgers, der seinen eigenen Weg finden soll und nicht als Schmuckstück seiner Eltern in den vorgefertigten Rahmen eingepaßt wird. Neben einer geraden 4/4 Strophenmelodie findet eine traditionelle 6/8 Tanzmelodie als Zwischenspiel und als Zwischengesang Verwendung.

Gitarre

Strophe

Die 4/4 Strophenmelodie wird im klassischen Arpeggiostil gezupft.

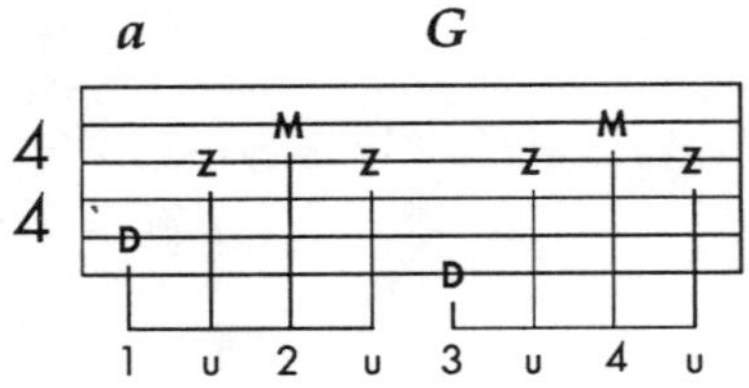

»(Als dich) Mutter vor sich hertrug ...«

Zwischengesang und Zwischenspiel

Die 6/8 Tanzmelodie wird mit unterschiedlichen Arpeggien für Takte mit 2 Akkorden und für Takte mit 1 Akkord begleitet.

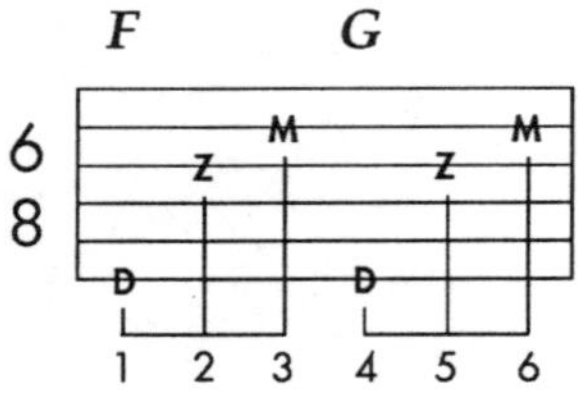

»Kinder sind zum Glück nicht ...«

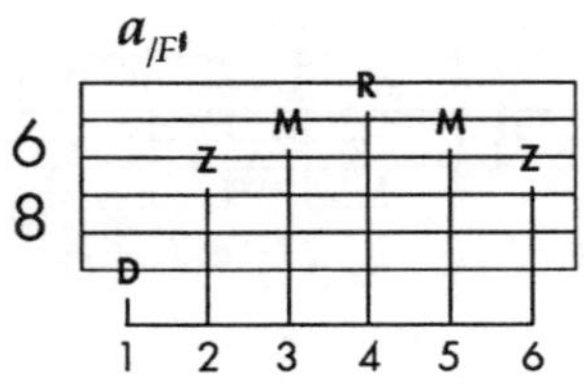

»so, wie man sichs denkt ...«

♩ = 152
Originaltonart: D-Dur | h-Moll
Sommerfolk »Behaklichkeit«
Acoustic Music, Osnabrück (1990)
Text und Musik: Jens-Peter Müller

Geige oder Querflöte

Zwischenspiel

Dieses instrumentale Zwischenspiel folgt nach dem Zwischengesang »Doch die Kinder ...«.

Akkorde

Akkorde für die absteigende Baßlinie im Zwischenteil und Zwischengesang. Aus dem a-moll heraus wird das G im Baß mit dem kleinen Finger, das Fis mit dem Daumen gegriffen.

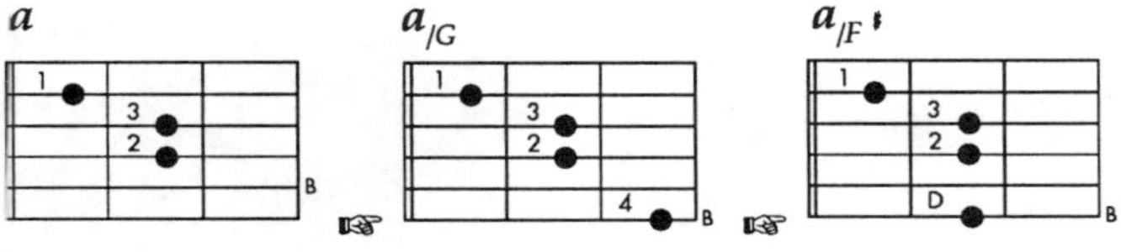

Nochmal

Hier haben wir echte Goodtime Music vor uns, die wir immer wieder gerne nochmal spielen und singen wollen. Eine Antwort auf solche Zeitgenossen, die die Auffassung vertreten »Wenns am Schönsten ist, soll man aufhören ...«.

Gitarre

Beim Gitarrenanschlag ist eigentlich nur das swingende Feeling zu beachten.

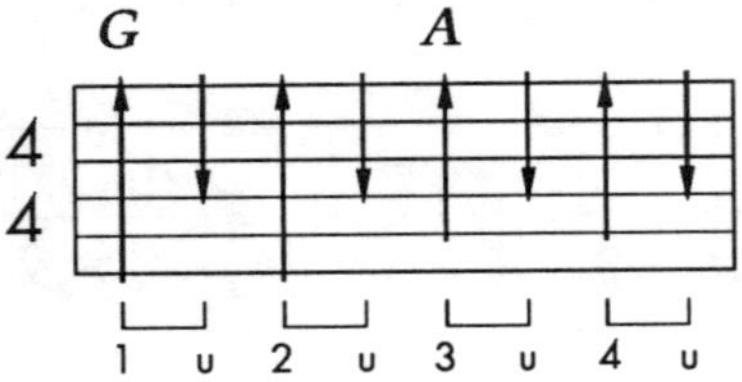

durchgängig

Damit alle wissen, wann sie zum Mitsingen einfallen, ein Break am Ende der Strophe: Auf der 1 des Taktes »Ich will ...« ein Abschlag, danach Pause und im nächsten Takt weiter wie gehabt.

Für die D-Takte im Refrain noch ein schönes Fill In.

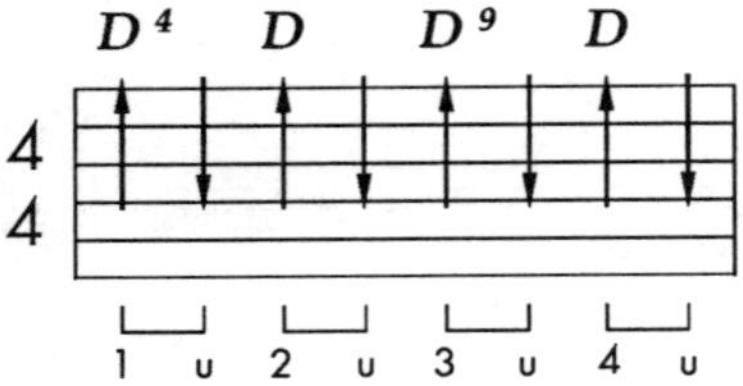

D-Takte im Refrain

♩ = 132 *Swing* ♫ = ♩♪ (Triole)
Originaltonart: D-Dur
Konzert von »Maul-Wurf«
Liveaufnahme (1982)
Text und Musik: Jochen Wiegandt

Akkorde

Die Akkordfolge des Fill Ins im Refrain.

*D*4 *D* *D*9

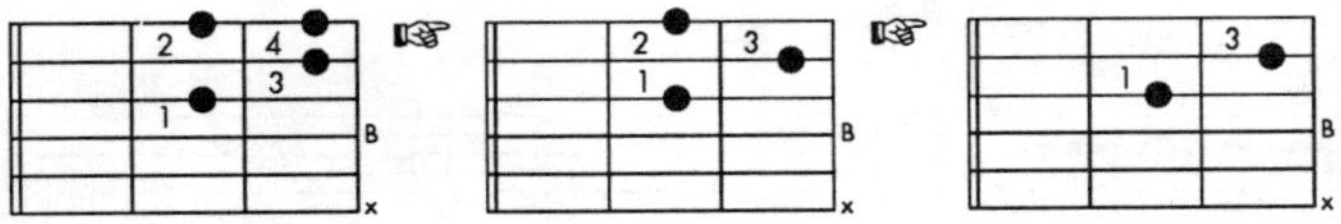

Spar deinen Wein nicht auf für morgen

Einfach und selbstverständlich scheint, was Gerhard Schöne über das Geben und Teilen können zu Gehör bringt. Er versteht es, in uns ruhende, träge gewordene Erkenntnisse neu zu beleben. Die im Liederbuch notierte Melodie kann auf alle Strophen gesungen werden. Im Arrangement der LP wird sie jedoch in zwei Strophen variiert, mit einem Zwischengesang, der auf die Variation hinführt.

Gitarre

Ein Arpeggio mit Wechselbaß in allen Strophen, einschließlich der Variationen im Gesang.

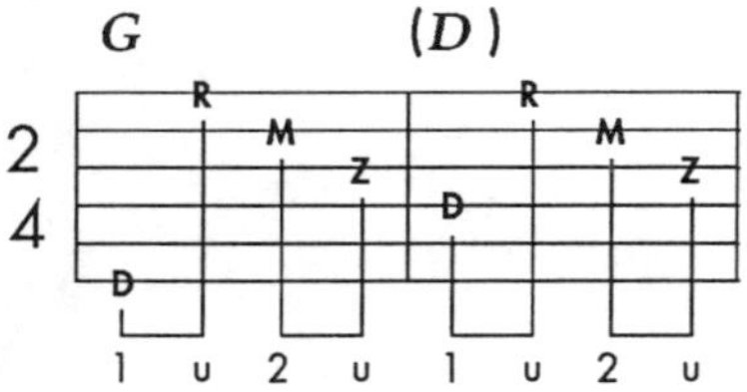

»Spar deinen Wein ...«

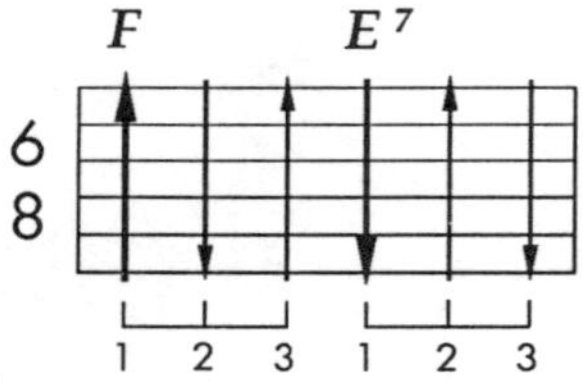

Eine auf »Da da ...« gesungene Passage leitet die Variationen ein. Sie steht im 6/8-Takt und hat ein geändertes Tempo ♩. = 112. Die Gitarre spielt hier Ab- und Aufschläge. (Die variierten Strophen werden wieder im Arpeggio begleitet.)

Variationen im Gesang

Die Strophen 3 und 4 können mit eigenen Melodien dargeboten werden, die in einer anderen Tonart stehen. Eingeleitet werden sie durch einen Zwischengesang.

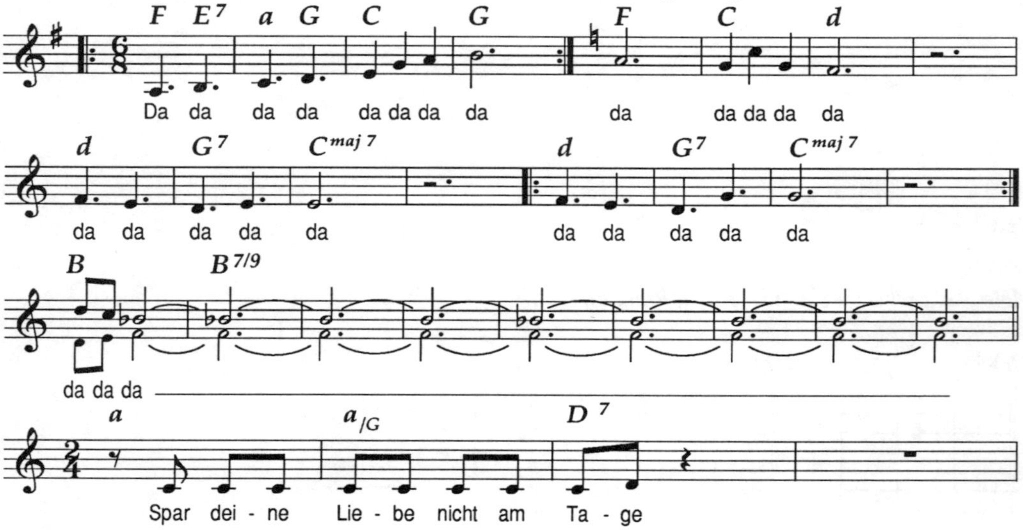

♩ = 132
Originaltonart: A-Dur | D-Dur
Schöne »Spar deinen Wein nicht auf für morgen«
Amiga (1981)
Text und Musik: Gerhard Schöne

Akkorde

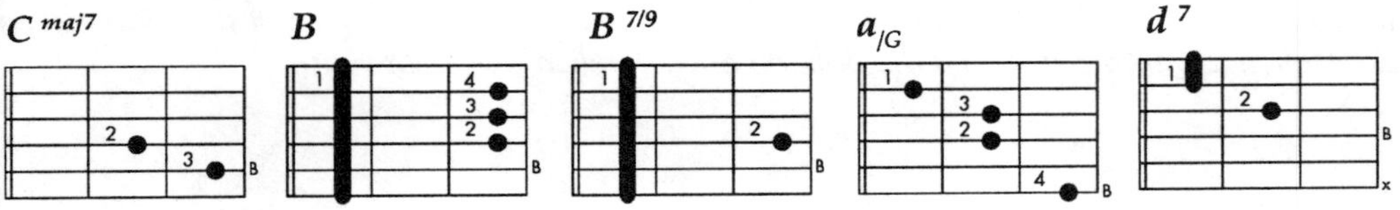

Laß uns leben

Ein Lebens-Liebes-Lied des ›Pfefferminz-Prinzen‹ Marius Müller-Westernhagen, der sich hier einmal von seiner sanften Seite zeigt. In der Aufnahme dominiert das Klavier. Es spielt in der Strophe die Gesangsmelodie mit und ›beantwortet‹ sie in den Gesangspausen. Im Refrain geht das Piano auf Arpeggien über. Während des letzten Refrains setzen das Schlagzeug und die übrige Band ein.

Gitarre

In der Strophe gleichmäßige Achtel. Im Refrain wechseln wir die Begleitung in ein ›Strumming‹, das wir weich mit den Fingern ausführen.

Strophe

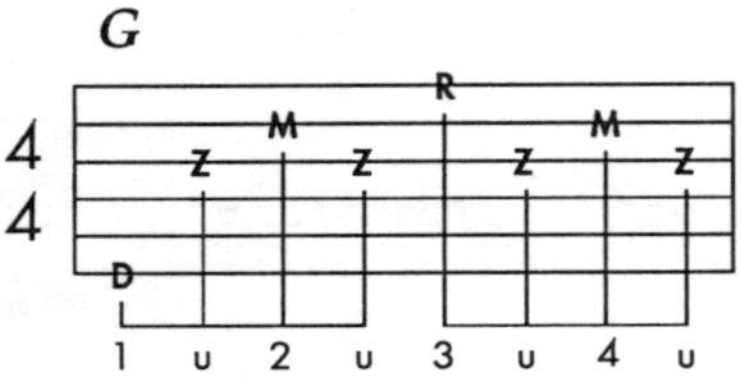

»Sie reden wieder mal ...«

In Takten mit 2 Akkorden wird der zweite Akkord auf Zählzeit 4 gelegt.

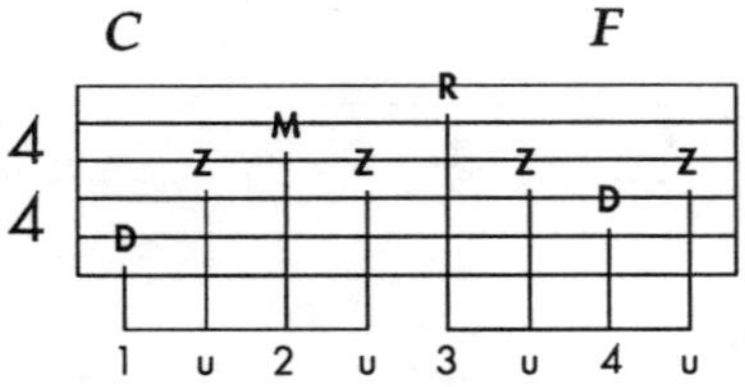

»Krieg, ... «

Refrain

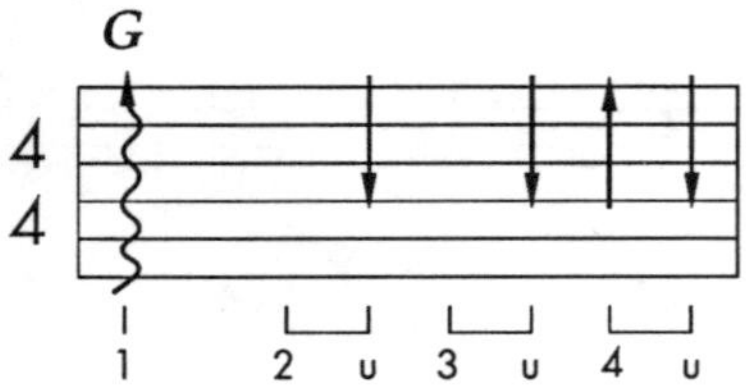

»(le)be. Ja ich lebe ...«

Den Abschlag auf der <u>1</u> gefühlvoll ausführen, ebenso die Aufschläge auf den unbetonten Zählzeiten 2 <u>u</u> und 3 <u>u</u>, damit die Ballade auch wirklich das Herz rührt.

𝅗𝅥 = 58 Half Time
Originaltonart: G-Dur
Westernhagen »Geiler is' schon«
WEA (1983)
Text und Musik: Marius Müller-Westernhagen

Fast wie in echt

Wir übertragen die Klavierbegleitung auf die Gitarre. Um den ›Pedal‹klang des Klaviers in der Strophe zu bekommen, floaten wir durch die Töne, indem wir vermeiden, zweimal hintereinander dieselbe Saite zu spielen. Im Refrain dann hauptsächlich Arpeggien.

Intro

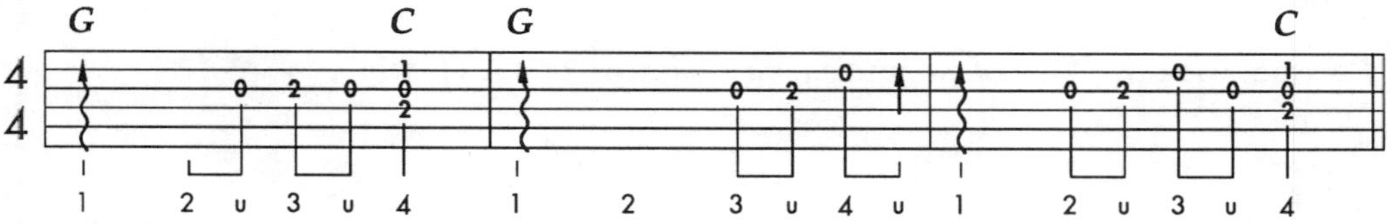

Strophe

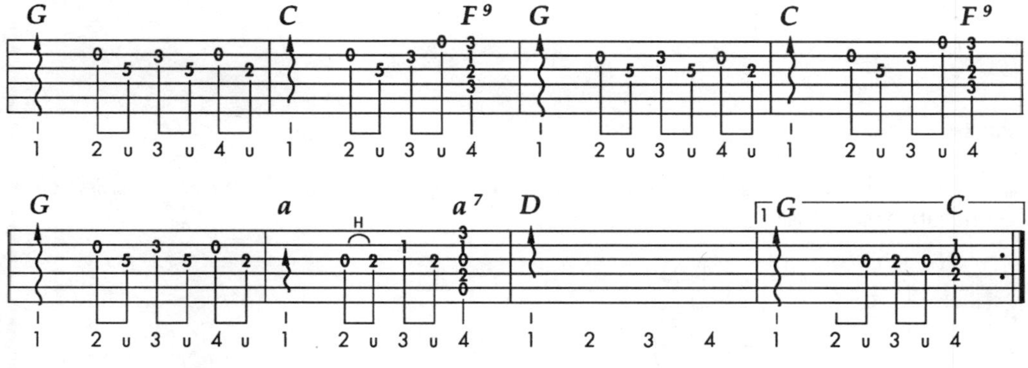

Refrain

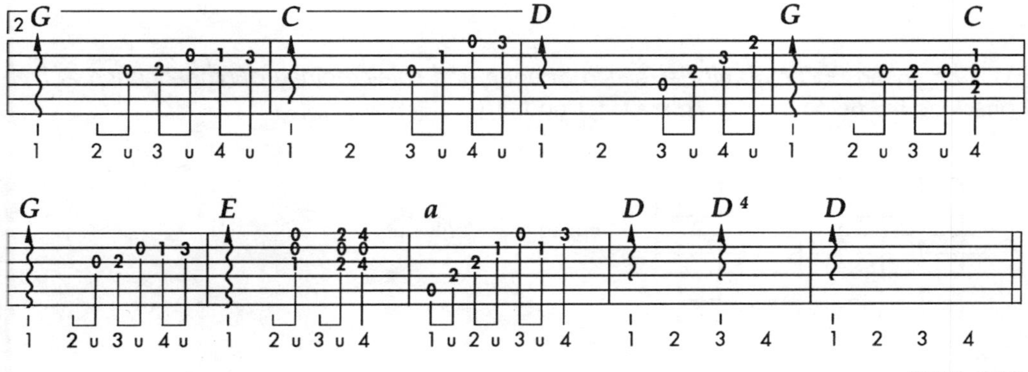

Für immer Punk

Die Goldenen Zitronen, Hamburgs hoffnungsvolle Fun-Punk-Band, covern gekonnt und augenzwinkernd den Alphaville-Hit »Forever Young«. Dazu steuern in einer großen Punk-Aid-Aktion bekannte Kapellen der deutschen Independant-Szene ihre spezielle Sichtweise zum Thema bei. Die ausgelassene Stimmung steigt, wenn diese Strophen im Wechselgesang kommen.

Gitarre

Das Stück beginnt als Half-Time-Ballade, melodiös und brav wie seine Vorlage, einschließlich der Strophe eins. Danach geht der Punk ab: Das Tempo steigert sich auf ♩ = 192. Die erste Strophe wird nochmal gesungen, gefolgt von den restlichen.

Ballade

Relaxed, wie das Original eingespielt, einschließlich der 1. Strophe.

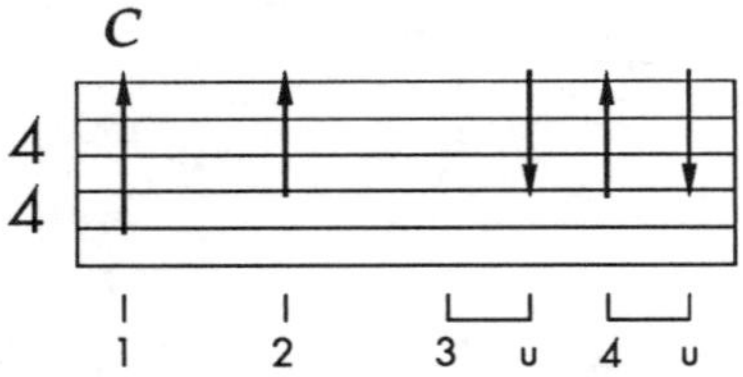

»Es ist jetzt vorbei ...«

Punk

In Rockmanier spielt die Gitarre in Barré als Übergang zum pankigen Strophenteil einen schnellen Achtelschlag vor.

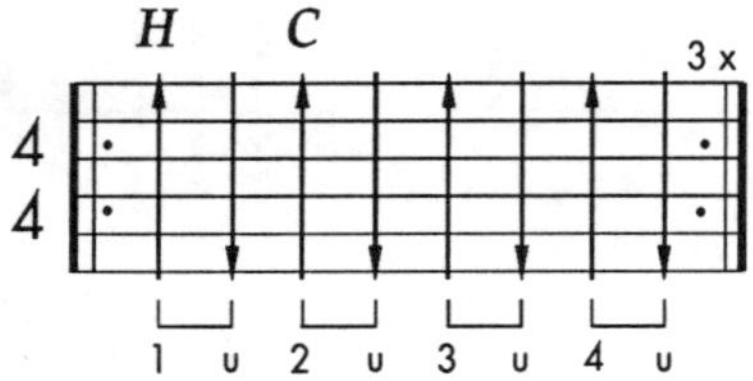

Wir beginnen nochmal mit der ersten Strophe und spielen einen durchgehenden Achtelanschlag mit Betonung der Zähzeiten 1 und 2 u.

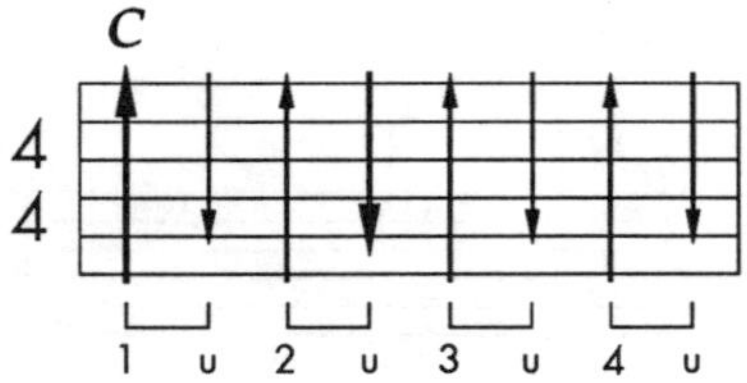

»Für immer Punk ...«

𝅗𝅥 = 76 Ballade ♩ = 192 Punk
Originaltonart: C-Dur
Goldene Zitronen »Porsche, Genscher, Hallo HSV«
Weserlabel EFA (1987)
Text: Schorsch Kamerun & Gäste
Musik: M. Gold, B. Lloyd, F. Mertens

Gesang

Wechselgesang

Während das letzte Wort einer Strophe verklingt, setzt bereits die nächste ›Punkband‹ mit ihrem Text der folgenden Strophe ein. (Die kursiv gesetzten Namen in Klammern sind ein Hinweis auf die Autoren der Verse). Die letzte Strophe endet mit einem Zitat aus dem ursprünglichen Song »Forever young«. Das Schlußwort »young« wird deshalb wie im Orignalsong wieder balladesk-melodiös gesungen, begleitet mit einfachen Gitarrenabschlägen auf C.

Zwischenteil

Die Message der Bewegung »If the Kids ...« wird zwischen die Punkstrophen eingefügt und wie eine Straßenparole laut mitgesungen.

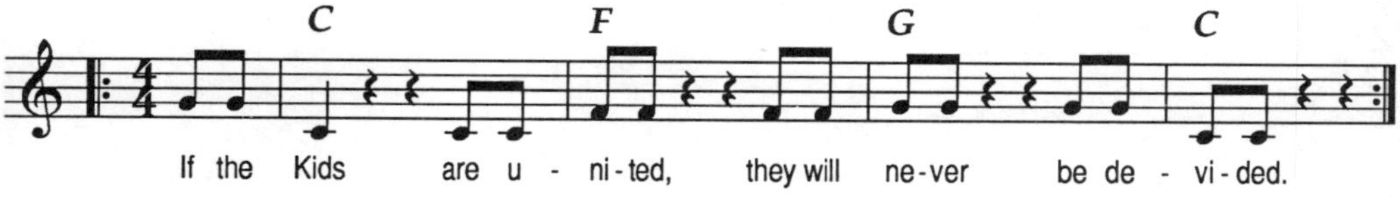

Akkorde

Nach echter Punk-›Art‹ wird das Stück mit nur zwei Barrégriffen gespielt, die beim Verschieben kaum gelockert werden, so daß ein ›unsauberer‹ Slide-Effekt entsteht.

F, G, H, C

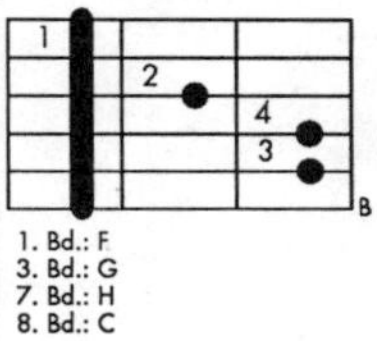

a

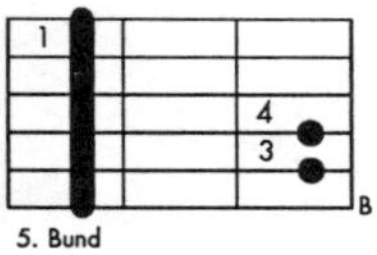

Neue Männer braucht das Land

Ina Deter provozierte eine ganze Generation ›alter Männer‹ mit dieser leuchtend spritzigen Montage aus Graffiti und Rockmusik. Nicht mit der Schere sondern mit weiblichem Charme nähert sie sich und zitiert in der letzten Strophe aus ihrem romantischen 76er Grand-Prix Erfolgstitel »Wenn du so bist wie dein Lachen …«.

Gitarre

Bunt wie eine Litfaßsäule setzen sich die wechselnden Rhythmen zusammen. Typisch für die Musik ist ein hart abgemischtes Schlagzeug und der etwas verschleppte Rhythmus.

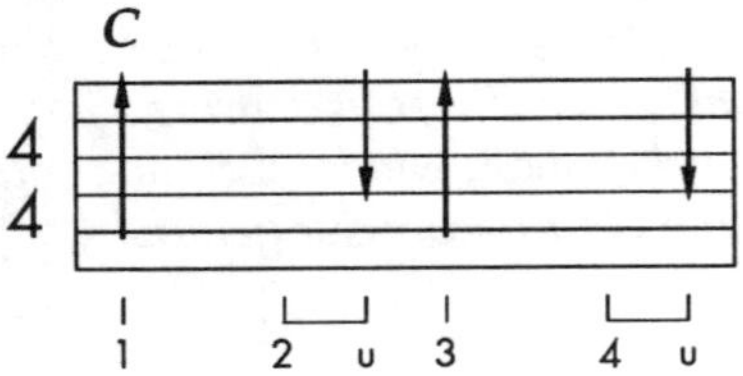

Strophe 1, 4, 6

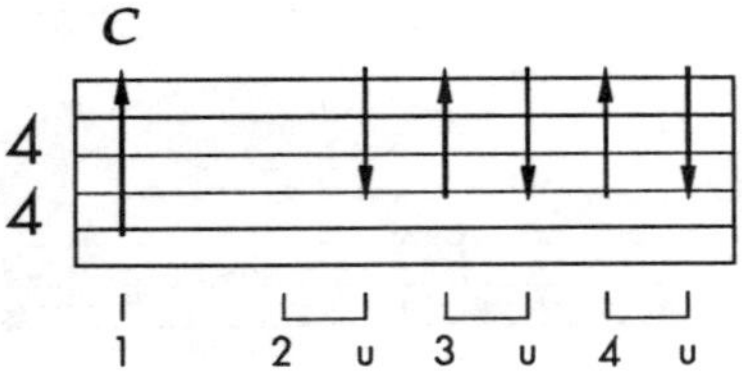

Takte mit 1 Akkord im übrigen Stück

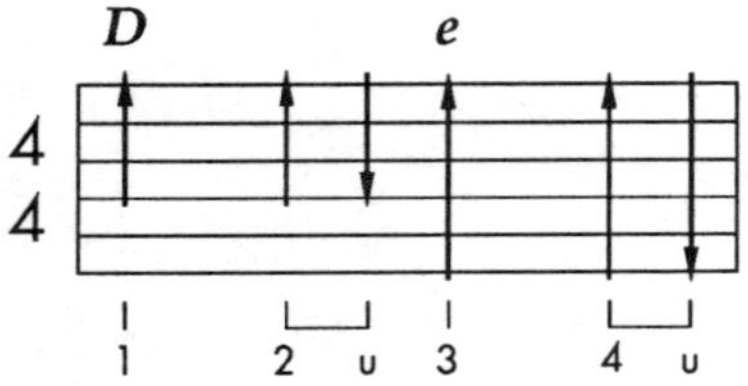

Takte mit 2 Akkorden im übrigen Stück

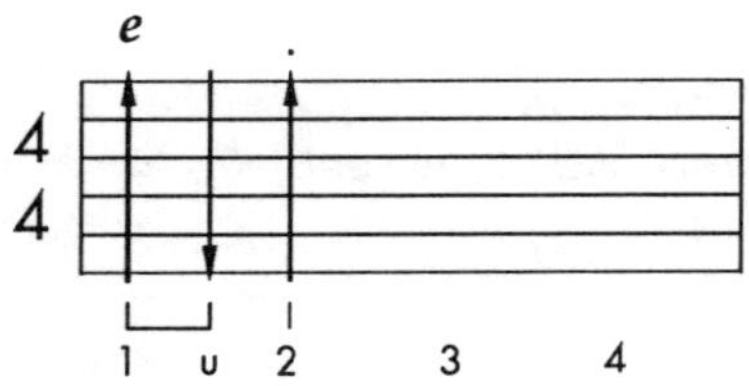

letzter Takt der Refrainwiederholung:
»braucht das Land.« (abgestoppt)

♩ = 144
Originaltonart: cis-Moll
Ina Deter Band »Neue Männer braucht das Land«
Fontana (1982)
Text und Musik: Ina Deter

Instrumental

Aus dem Schminkköfferchen ziehen wir die beiden Instrumental-Zwischenspiele, die wir in die Gitarrenbegleitung einarbeiten. Sie geben dem Song seine charakteristische Klangnote.

Zwischenspiel vor dem Refrain

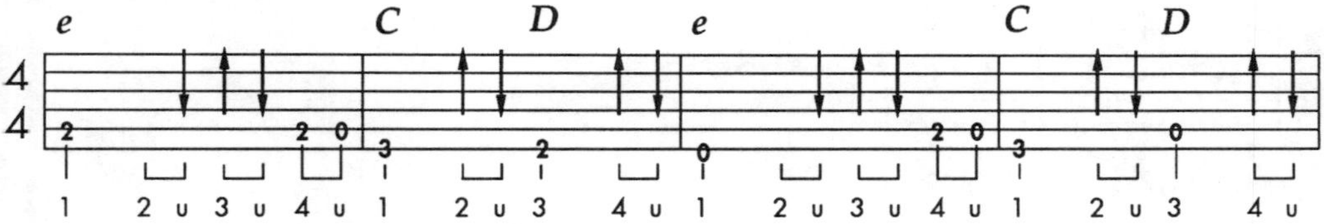

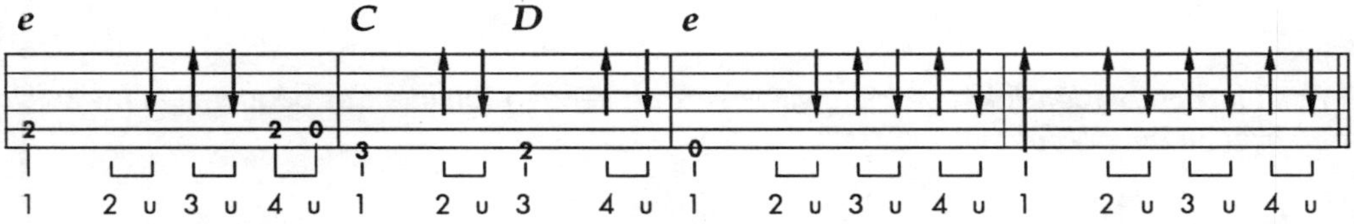

Zwischenspiel nach dem Refrain

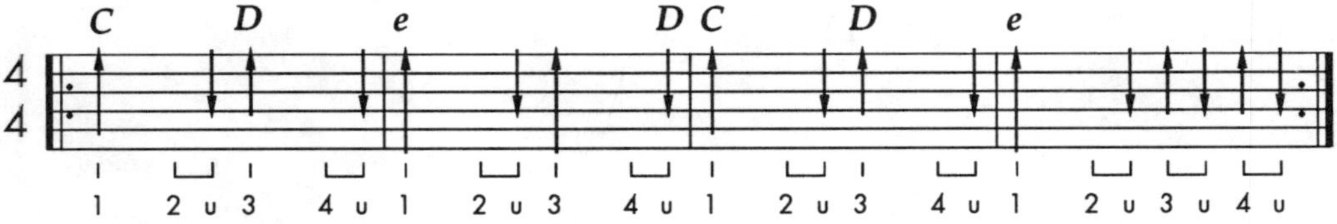

Schlagzeug

Der Song lebt durch seine stark synkopierte Rhythmik. Zwei der für das Stück typischen Schlagzeugfiguren haben wir notiert, die ganz nach Gefühl eingesetzt werden sollten.

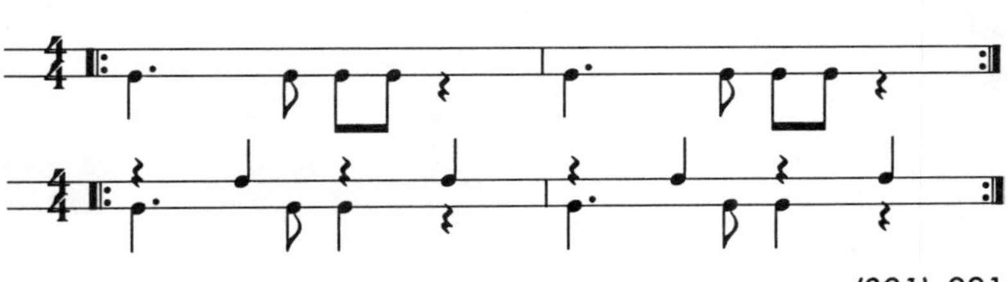

König von Deutschland

15 Jahre bevor dieser Song zum Hit wurde, machten sich Rio Reiser und seine damalige Band Ton Steine Scherben das erste Mal Gedanken darüber, was sie wohl täten, wenn sie König von Deutschland wären. Lassen wir die Gruppe selbst sprechen. G.: »Ich würd mit Deutschland 'ne Weltreise machen« – S.: »Irgendwie Zeichen von mir geben, irgend 'n Zeichen, das jeder versteht. Also alle Gefängnisse einreißen, oder 'n großes Fest machen vielleicht...« – L.: »Ich bin's ja!«

Gitarre

Während das Fernsehn rauscht und unser König das Programm auf seine Weise angenehm verarbeitet, spielen wir schnelle Achtel, die rockig die Back-Beat-Schläge 2 und 4 betonen.

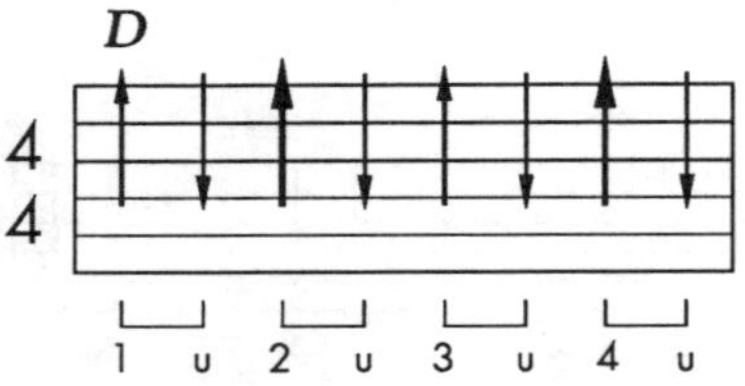

»Jede Nacht ...«

In den letzten beiden Takten folgen wir einer abfallenden Tonlinie des Sequenzers ins Reich der Träume und Wünsche ...

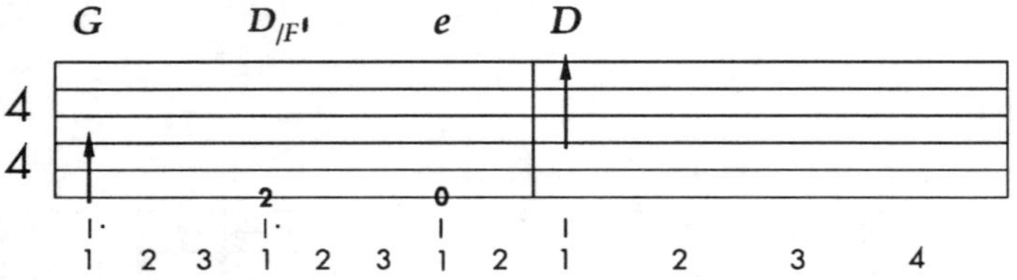

»Deutschland wär. Oh.«

♩ = *165*
Originaltonart: A-Dur
Rio Reiser »Rio I.«
CBS (1986)
Text und Musik: Rio Reiser

Sequenzer

Refrain

Aus der schönen neuen Welt dringen Sphärenklänge im Sound eines Jahrmarkt-Orchestrions, die den Refrain unterlegen.

Akkorde

Die Akkordwechsel zwischen f♯, h und G lassen sich am einfachsten mit Barré bewerkstelligen.

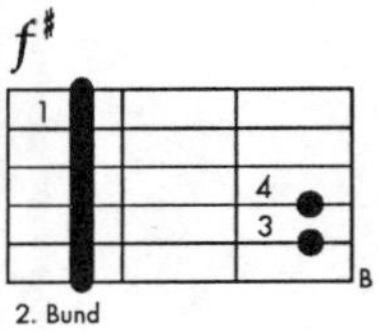

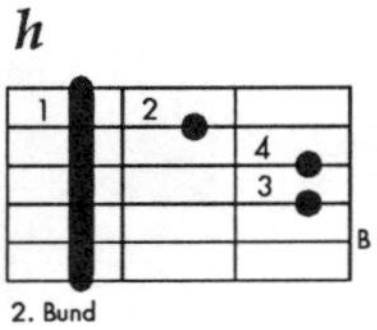

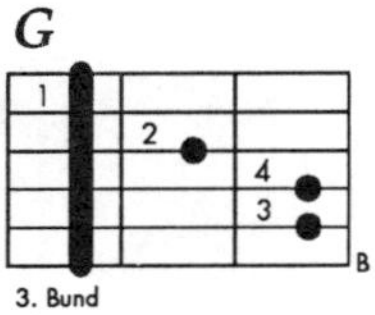

Volle Lotte

Dieser Fetzer darf auf keiner Fête fehlen. Damit die Wände auch richtig wackeln, empfehlen wir, in den Refrain mit allem was Stimme hat einzusteigen.

Gitarre

Strophe

Volle Lotte kommen wir ins Spiel, wenn in den Takten der ersten beiden Notenzeilen von D auf D^4 und von F auf F^4 gewechselt und der zweite Akkord um eine Achtel auf 2u vorgezogen wird.

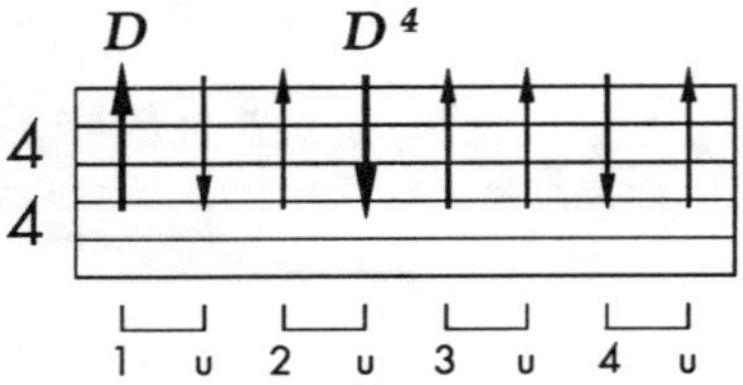

»Die Vögel machen's ...«

In Notenzeile 3 und 4 alle zwei Takte typische Beat-Abschläge à la »Get Back«.

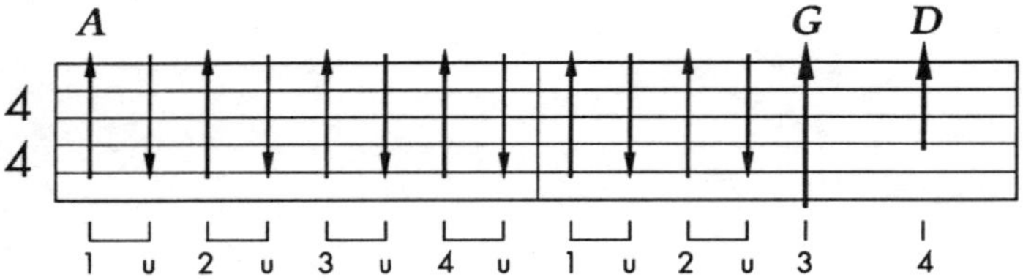

»Alle sagen ...«

Refrain und Zwischenteil

Rock im Back Beat bis zum Attest ...

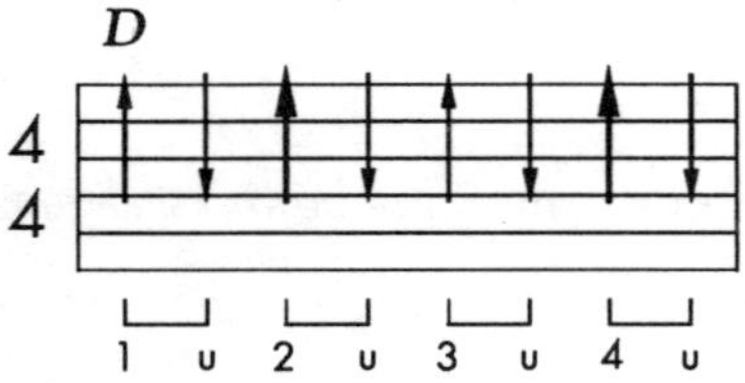

»Volle Lotte wieder mal ...«
»Wir brauchen mal 'ne Pause ...«

♩ = 163
Originaltonart: A-Dur
Rodgau Monotones »Volle Lotte«
Rockport Records, EMI Vertrieb (1984)
Text und Musik: Rodgau Monotones

Gesang

2. Stimme im Refrain

In der 10. Etage ist die 2. Stimme im Refrain der Hit, die andern singen in der Garage die Hauptstimme mit.

Akkorde

Eine runde Sache wird es mit den beiden Vorhalt-Akkorden D⁴ und F⁴, die im Wechsel mit ihren Dur-Akkorden in den ersten beiden Notenzeilen gespielt werden.

D 4

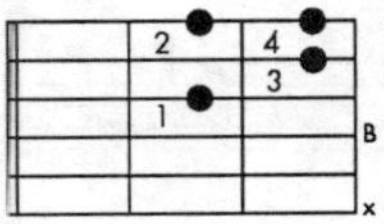

F 4

B

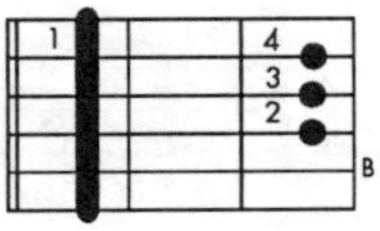

h

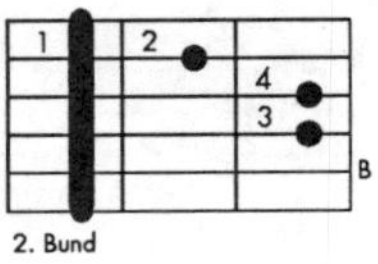

New York

Rache ist süß – mit dieser Hoffnung taucht Ulla in New York unter – eines Tages ist sie wieder da und kauft den ganzen Laden, daß sich alle nur so wundern. Ein typischer Meinecke Song, bei dem gesanglich und instrumental über einen durchlaufender Rhythmus improvisiert wird. Erwünscht sind hier Bläser, auch Bongos sind zuträglich.

Gitarre

Intro und Strophe

Die Gitarre groovt sich mit 2 Akkorden auf den Grundrhythmus ein, am besten in Barré.

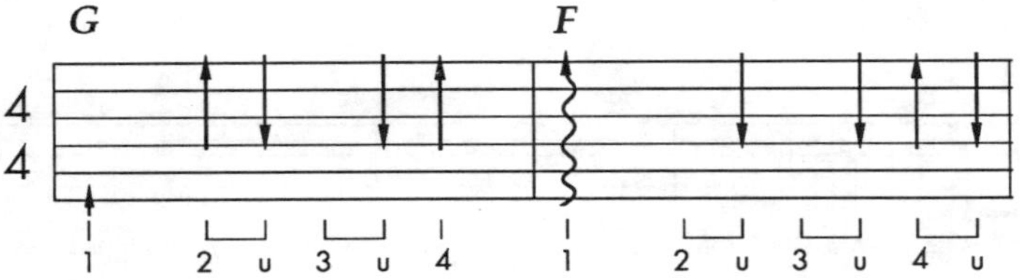

»Einer ruft an ...«

Refrain

Ein Achtelschlag als Steigerung, auf 2 und 4 perkussiv ausgeführt. Im vorletzten Takt ein Abschlag auf »Wenn ich's mach, mach ich's ganz.«, der in den letzten Takt ausklingt.

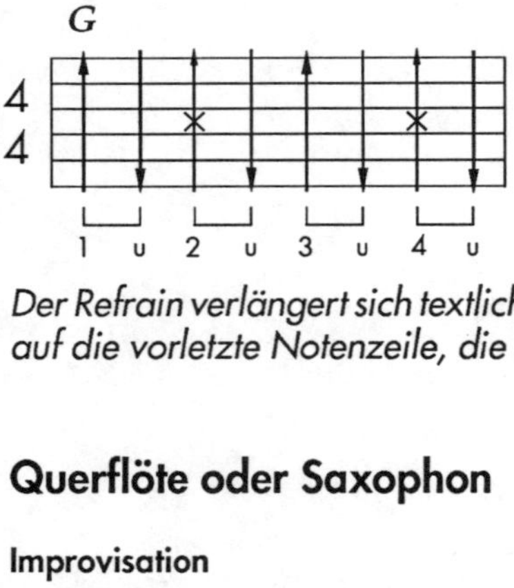

»New York, wenn ...«

Der Refrain verlängert sich textlich von Strophe zu Strophe. Gesungen wird diese Erweiterung auf die vorletzte Notenzeile, die entsprechend oft wiederholt wird.

Querflöte oder Saxophon

Improvisation

Eine durchlaufende Improvisation für Querflöte oder Saxophon stützt den coolen Gesang. Der Refrain »NEW YORK ...« verlängert sich im Laufe des Stücks. Siehe unter Gitarre.

♩ = 130
Originaltonart: H-Dur
Meinecke »Nächtelang«
– Zu fett fürs Ballett
RCA (1981)
Text und Musik: Ulla Meinecke, Herwig Mitteregger

Spieltechniken

Klassik, Folk, Latin, Jazz, Blues, Rock für Gitarre
Zeitgefühl in der Musik

Klassische Spieltechniken

Entwicklung der Gitarre, Tabulatur und klassischen Spielweise

Das Entstehungsland der Gitarre ist Spanien. Von dort gelangt die Gitarre auch nach Frankreich und Italien. In diesen drei Ländern spielt sich die frühe Entwicklung bis zum Ende des 18. Jahrhunderts ab – im übrigen Europa ist die Laute das bevorzugte Zupfinstrument.

Die Herkunft der in diesem Buch benutzten Tabulatur

Aus der Zeit vor Einführung des Noten- und Tabulaturdrucks durch Ottaviano Petrucci (1466-1539) existiert kaum Material über und für die Gitarre. Die älteste erhaltene Veröffentlichung von 1536 ist gleichzeitig eine der wichtigsten. Sie stammt von Luis Milan (1500-1561), Musiker am Hofe von Valencia. Seine Kompositionen zählen heute zum Repertoire vieler Konzertgitarristen. Hier eine Zeile aus einer Pavane von ihm.

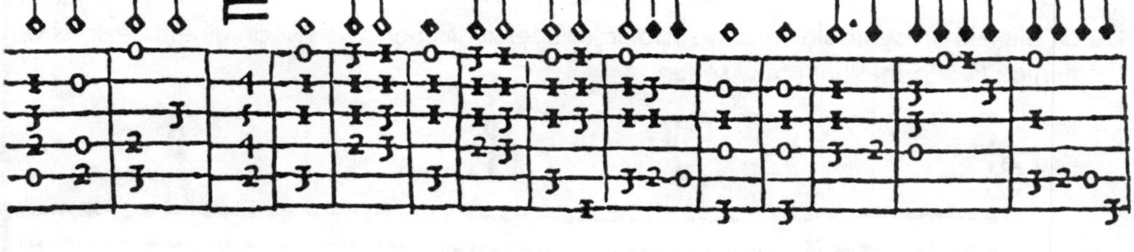

Wir benutzen heute noch die gleiche Tabulatur – einziger Unterschied: Milan gibt den Rhythmus durch Noten oberhalb der Tabulatur an. Um diese Pavane spielen zu können, muß die 3. Saite von g auf fis heruntergestimmt werden.

Wer weiter eindringen möchte: Luis Milan, El Maestro, 72 Kompositionen, Faksimile, Chêne Bourg/Genève.

Die Stimmung mit der heruntergestimmten 3. Saite erscheint zu Anfang ungewohnt, mit einem einfachen Trick haben wir sie aber sofort ›unter den Fingern‹: Wir greifen einige Akkorde, versetzen diese aber um eine Saite klanglich nach unten. Wenn wir die 1. Saite auslassen, läßt sich auf den verbleibenden fünf Saiten ganz normal spielen.

Betrachten wir jetzt die Tabulatur von Milan, erkennen wir im ersten Takt das bekannte d-Moll-Griffschema, im Takt 10 und 11 das C-Dur-Griffschema.

Die Entwicklung der klassischen Gitarrenstimmung

Den wichtigsten nächsten Schritt in der Geschichte der Gitarre haben wir mit unserem Spiel auf nur fünf Saiten bereits getan, denn zum Ende des Jahrhunderts ist die 1. Saite der Gitarre verschwunden. Die Gitarre ist jetzt fünfsaitig, oder besser gesagt fünfchörig, denn alle Saiten sind doppelt bespannt. Die Tonhöhe ist nicht absolut zu sehen, jeder Gitarrist stimmte seine Gitarre so, wie es die Saiten zuließen. Zumindest sind wir durch Weglassen der 1. Saite der alten Gitarrenstimmung bei unserer heutigen Stimmung angelangt, allerdings noch ohne 6. Saite (die tiefe E-Baßsaite).

Akkordsymbole und Griffbilder

Für diese fünfsaitige Gitarre erscheint um 1600 eine bahnbrechende Arbeit. Erstmals werden Akkordsymbole und Griffbilder eingeführt. Autor dieses Werkes mit dem Titel »Guitarra espanola« ist Juan Carlos Amat (1572-1642). Neben Milans Tabulatur erweisen sich die Errungenschaften Amats in allen Gitarrenstilen – außer der Klassik, aus der sie eigentlich stammen – als optimale Informationsträger.

Die Akkordnamen weichen zwar von unseren heutigen ab, erfüllen aber die gleiche Funktion. Im ersten Griffbild erkennen wir den D-Dur-Akkord, der bei Amat als 3n bzw. C bezeichnet wird, im zweiten den C-Dur Akkord, bezeichnet als 5 n bzw. B.

Durch die Akkordsymbole wird die Tabulatur übersichtlicher, wie wir an einem Beispiel von Domenico Pellegrini von 1650 sehen.

Bei Pellegrini steht die Tabulatur leider kopfüber, ansonsten benutzt er die von Amat eingeführte Nomenklatur. Das Zeichen unter dem C-Dur Akkord ist die Abkürzung für Arpeggio, das folgendermaßen ausgeführt werden soll:

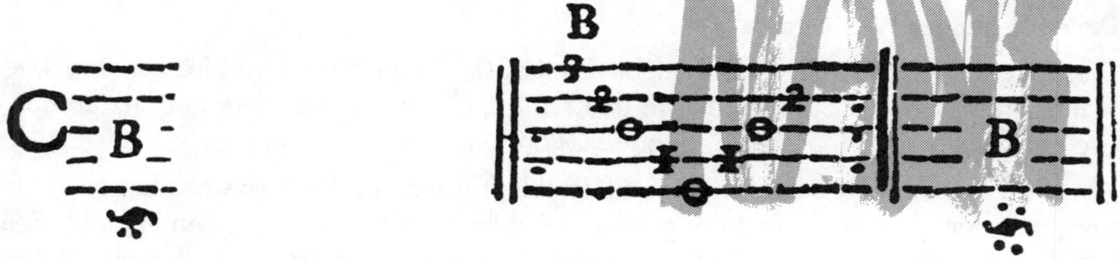

Aber auch zur einfachen Notation von Akkordfolgen werden die Akkordsymbole schon von dem bedeutenden spanischen Komponisten Gaspar Sanz (1640-1710) verwendet, wie wir an zwei Passacalles sehen.

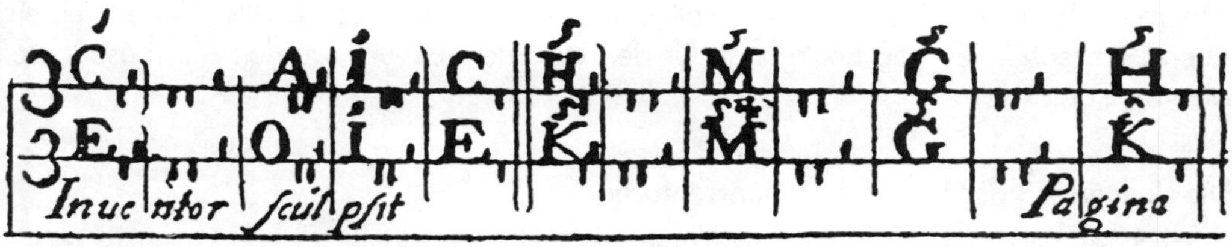

Im 3/4 Takt sollen wir die Akkordfolge D / D / G/ A / D // spielen. Dann geht es weiter mit Barrégriffen im fünften Bund, dann im siebten Bund.

Die zweite Passacalle steht in d-moll. Striche, die von der Linie nach unten weisen, bedeuten Abschläge, die anderen Aufschläge.

Entwicklung von Saiten und Instrument bis 1800

Für die weitere Entwicklung der Gitarre sind vor allem Fortschritte auf dem Gebiet der Saitenherstellung von Bedeutung. Mit den gängigen Darmsaiten ist es schwer, den 5. und 4. Chor zum Klingen zu bringen.

Um den dumpfen Klang aufzuhellen, benutzt man Oktavsaiten wie bei der modernen 12-saitigen Gitarre, oder man verzichtet ganz auf den tiefen Ton und zieht zwei Oktavsaiten auf – ähnlich der heutigen Nashville-Stimmung.

Einige Stimmungen der fünfchörigen Gitarre:

aA d´d gg hh é(é) oder aa d´d gg hh e´(e´) oder aa d´d´ gg hh e´(e´).

Zum Vergleich die heutige Gitarrenstimmung: E A d g h e´,

die Stimmung der 12-saitigen Gitarre: eE aA d´d g´g hh éé,

und die Nashville-Stimmung: e a d´ g´ h e´.

Nach 1700 wird die Technik des Umspinnens von Saiten entwickelt und im Laufe des 18. Jahrhunderts vervollkommnet. Die besser klingenden Saiten erlauben die Erweiterung des Tonumfangs um die sechste Saite und machen die Doppelbespannung überflüssig. Bis 1800 setzt sich die heute übliche Stimmung durch.

Weiterhin lösen bis 1800 Bundstäbe aus Metall, die in ein Griffbrett aus Hartholz geschlagen werden, die um den Gitarrenhals gebundenen Bünde (daher das Wort) aus Darmsaiten ab.

Die erste Blütezeit der Gitarre

Diese ›neue‹ sechssaitige Gitarre erlebt von 1800-1840 eine wahre Blütezeit und wird nun nicht mehr nur in Spanien, Italien und Frankreich gespielt, sondern in ganz Europa. Die Zentren des Gitarrenspiels sind London, Paris und Wien.

Ab 1800 setzt sich für die Gitarre die Notenschrift durch, wodurch das alte Repertoire in Vergessenheit gerät. Aufgrund der großen Beliebtheit der Gitarre schreiben in dieser Zeit jedoch viele Komponisten für die Gitarre, und es entsteht ein neues, klassisch-romantisches Repertoire.

Die fünf wichtigsten Komponisten dieser Zeit sind die Spanier Fernando Sor (1778-1839) und Dionisio Aguado (1784-1849) und die Italiener Ferdinando Carulli (1770-1841), Mauro Giuliani (1781-1829) und Matteo Carcassi (1792-1853). Alle fünf schreiben auch Gitarrenschulen, die heute noch für den Unterricht benutzt werden – insbesondere die von Carcassi.

Die Vollendung der klassischen Gitarrenform

Nach 1840 gilt das öffentliche Interesse mehr und mehr dem Klavier, das durch die ab 1830 aufkommenden Stahlsaiten nun immer lauter wird. Die Gitarre in ihrer damaligen Bauart ist ein Saloninstrument und muß nun die Konzertsäle dem Klavier überlassen. Nur in ihrem Ursprungsland Spanien gerät die Gitarre nicht in Vergessenheit – und zwar durch den ab 1850 immer populärer werdenden Flamenco.

Sowohl die Flamencogitarristen – für ihre Auftritte im café cantante – als auch die wenigen Konzertgitarristen brauchen lautere und bessere Gitarren. Diese Nachfrage befriedigt der Gitarrenbauer Antonio Torres (1817-1892), indem er aus dem Instrument, das bis in unser Jahrhundert als Wandergitarre überlebt, die Konzertgitarre und die Flamencogitarre entwickelt. Antonio Torres ist der Stradivari der Gitarre. An seinen Bauprinzipien hat sich bis heute nichts geändert.

Tarrega – Begründer der modernen klassischen Gitarrentechnik

Für die von Torres geschaffene klassische Gitarre entwickelt Francisco Tarrega (1852-1909) die angemessene Spieltechnik.

Aus der Unmenge von Spieltechniken filtriert er die günstigsten heraus und kommt so in puncto Sitzhaltung, Haltung der rechten und linken Hand und Anschlag der Saiten zu den heute noch geltenden Standards. Besonders wichtig ist das hohe rechte Handgelenk, da die Finger so die Saiten im rechten Winkel treffen.

Die Gitarre liegt bei der klassischen Haltung mit ihrem ausgerundeten Teil der Zargen auf dem linken Oberschenkel, der linke Fuß wird auf ein Fußbänkchen gestellt. Der rechte Vorderarm stützt sich auf den unteren Teil des Gitarrenkörpers, die Finger der rechten Hand schweben anschlagbereit zwischen Schalloch und Steg über den Saiten.

Beim Anschlag der rechten Hand unterscheidet er zwischen Tirando (Zupfen) und Apoyando

(›den Finger durch die Saite drücken‹). Dieser Apoyando-Anschlag, von den Flamenco-Gitarristen übernommen, erweitert die Ausdrucksmöglichkeiten der Gitarre gewaltig, da er viel prägnanter als das Zupfen ist.

Tarregas Erkenntnisse faßt sein Schüler Emilio Pujol (1886-1980) in einer fünfbändigen Escuola Razonada de la Guitarra, deutsche Übersetzung von Wolf Moser, Ricordi, München, zusammen.

Die Entwicklungen in jüngerer Zeit

Dank Torres und Tarregas hält die Gitarre Einzug ins 20. Jahrhundert und erfreut sich seit den 20er Jahren allergrößter Beliebtheit.

1947 lösen Nylonsaiten die Darmsaiten ab und in den 70ern führt die Firma Ovation elektrisch verstärkbare Konzertgitarren ein (die bislang mehr von Rockgitarristen denn von Klassikgitarristen genutzt werden).

Klassische Anschlagstechnik

Unterschieden wird seit Tarrega streng zwischen den beiden Anschlagsarten: Dem Anschlag ohne Anlegen (spanisch Tirando) und dem Anschlag mit Anlegen (spanisch Apoyando). Sie ergeben beide ein anderes Klangbild.

Tirando

Tirando ist für das Akkordspiel sowie Akkordzerlegungen (Arpeggiospiel) die klassische Anschlagtechnik, denn sie ermöglicht ein schnelles fließendes Spiel. Die Finger stehen senkrecht über den Saiten, ohne sie zu berühren. Sie zupfen mit der Kuppe (oder mit dem Nagel) die ihnen zugewiesene Saite an, und kehren dann in einer ovalen Bewegung zu ihrer Saite zurück, über der sie senkrecht, mit einem kleinem Abstand, wieder in Ausgangsstellung stehen (daher Anschlag ohne Anlegen). Bei klassischer Spielweise sollte nicht derselbe Finger zweimal hintereinander die Saite anschlagen. Diese Technik findet auch bei schnellem Melodiespiel Anwendung.

Apoyando

Apoyando bleibt als klassischer Anschlag normalerweise dem Melodiespiel vorbehalten. Bei Arpeggien wird es nur eingesetzt, um bestimmte Töne hervorzuheben. Der Finger drückt dabei mit der Kuppe die Saite weich aber kraftvoll durch und bleibt danach auf der nächsten Saite bis zum nächsten Anschlag liegen (daher auch Anschlag mit Anlegen). Durch diese Technik wird ein kräftigerer Ton erreicht. Auch bei dem Apoyando sollte ein Finger niemals zweimal hintereinander anschlagen, sondern der Wechselschlag angewendet werden.

Wer sich mit klassischen Anschlagtechniken weiter befassen möchte, sei verwiesen auf ein Standardwerk über klassische Technik: Vladimir Bobri, The Segovia Technique, Collier Macmillan, New York-London.

Arpeggien – gebrochene Akkordanschläge

Die Arpeggiospielweise etabliert sich mit dem Aufkommen der homophonen Musik als beliebteste Begleitungsart. Während bei der polyphonen Musik – z. B. beim Kanon – jede Stimme gleichberechtigt ist, setzt sich in der homophonen Musik eine Stimme als Hauptstimme durch. Zur Begleitung dieser Hauptstimme werden nun Nebenstimmen benötigt, die sich der Hauptstimme unterordnen. So eine Begleitstimme entsteht, wenn man die Akkorde eines Stückes in Einzeltöne zerlegt und einfach rhythmisiert.

Als Bezeichnung für derartige einfache Begleitstimmen, die sich aus Akkordtönen aufbauen, hat sich der Begriff ›Arpeggio‹ eingebürgert. Obwohl Arpeggio sich vom Wort ›arpa‹ (ital. Harfe) ableitet, ist die Arpeggiospielweise als Begleitung populär geworden durch den Klavierstil Mozarts (1756-1791), insbesondere durch die Klaviersonate C-Dur, Köchelverzeichnis 545. Hier die Arpeggiofigur seiner linken Hand:

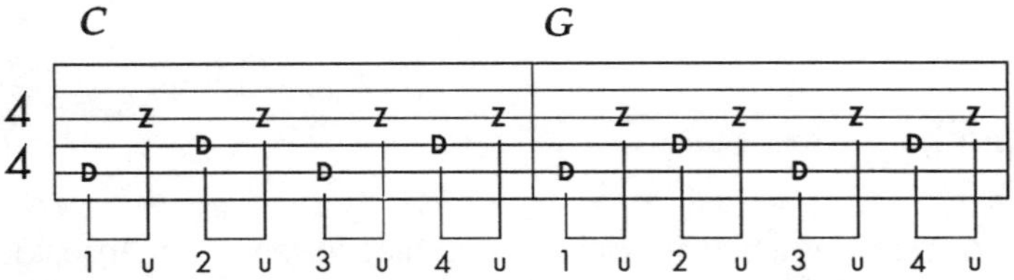

Mozart liebt Arpeggien so sehr, daß er zum Teil auch seine Hauptmelodien aus Arpeggien aufbaut, z. B. den Anfang der »Kleinen Nachtmusik« oder das Lied »Komm lieber Mai«.

Den für klassische Musik typischen pedalartigen Klang erreicht man auf der Gitarre dadurch, daß die Finger der linken Hand alle Akkordtöne sauber und ungedämpft gegriffen halten. Die rechte Hand benutzt den Tirando-Anschlag. So geht der Klang der Töne ineinander über.

Beim Arpeggiospiel gleich welcher Art kommt es darauf an, die Akkorde entsprechend der Taktart eines Stückes zu zerlegen. Im Normalfall werden die Achtel gespielt. Beim 4/4-Takt liegen die Betonungen auf der 1. und 5. oder der 3. und 7. Achtel, beim 3/4-Takt nur auf der ersten, während beim 6/8-Takt die Betonungen auf der 1. und 4. Achtel liegen. Arpeggien im 2/4-Takt ähneln denen im 4/4-Takt, Arpeggien im 12/8-Takt denen im 6/8-Takt. Hier nun eine ganze Reihe bekannter Beispiele, die für Akkorde mit Baßtönen auf der A-Saite notiert sind wie C-Dur, A-Dur. (vergleiche die Songs mit dem → Klassik-Symbol)

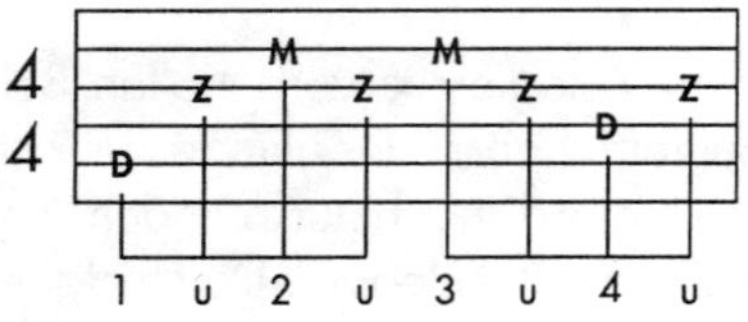

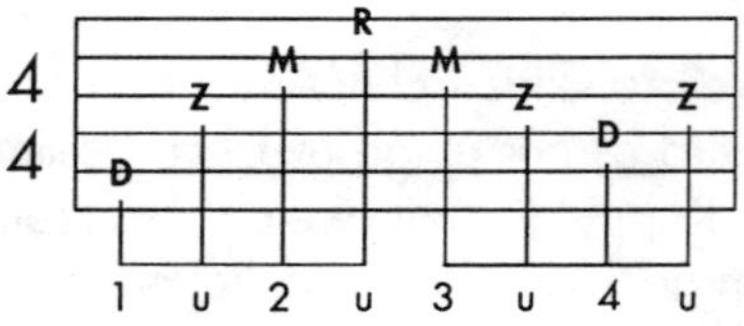

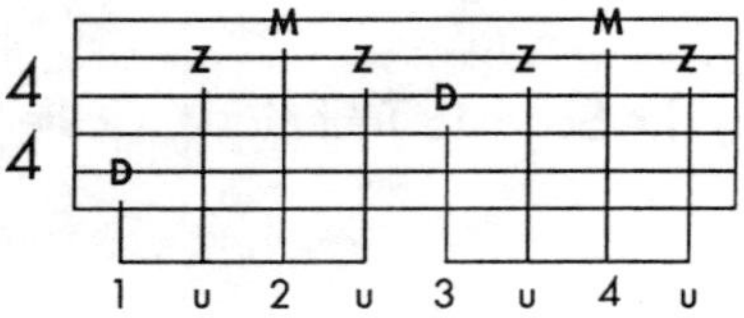

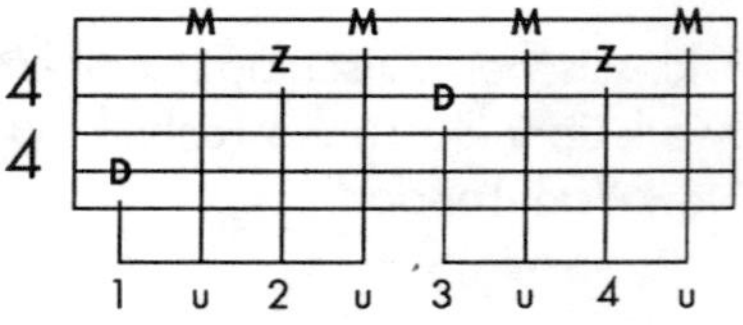

Beim klassischen Arpeggio zupft der Daumen eine der drei Baßsaiten, E A oder D, dem jeweiligen Grundton des Akkords entsprechend, der Zeigefinger zupft in der Regel die G-Saite, der Mittelfinger die H-Saite und der Ringfinger die hohe E-Saite. Möglich ist aber auch ein Spiel ohne Ringfinger. Dann zupft der Zeigefinger die H-Saite und der Mittelfinger die hohe E-Saite. Zu Beginn eines Akkordes kommt, wenn nicht anders vermerkt, der Grundton des Akkordes, sollten noch weitere Baßtöne gebraucht werden, kommen dafür die anderen Baßtöne des Akkordes in Frage. Auf den Baßanschlag folgen jetzt die Anschläge der hohen Saiten in beliebiger Reihenfolge, jedoch in Betonung und Anzahl zum Takt des Stückes passend.

Wer in den Bereich der gezupften Arpeggien tiefer eindringen will, dem seien die Studien für Gitarre Opus 1 a von Mauro Giuliani – erschienen im Schott Verlag Mainz – empfohlen. Mauro Giuliani (1781-1829) zerlegt hier die Akkordfolge C - G7 - C in allen denkbaren Variationen. Eine Fundgrube für Liedbegleitungen.

Wechselbässe

Um die Liedbegleitung abwechslungsreicher zu gestalten, werden gerne Wechselbässe eingesetzt. Neben dem Grundton des jeweiligen Akkordes spielt der Daumen dabei im Wechsel weitere Töne des Akkordes als Baß, zum Beispiel die Terz oder Quinte.

Eine sehr einfache Anwendungsform ist der Wechsel vom Grundton des jeweiligen Akkords zur nächsthöheren Saite. Wenn der Grundton auf der 6. Saite liegt, wird für den Wechselbaß die 5. Saite eingesetzt. Liegt der Grundton auf der 5. Saite, spielen wir als Wechselbaß die 4. Saite. Falls der Grundton auf der 4. Saite liegt, nehmen wir als Wechselbaß die 5. Saite.

Zunächst zwei Arpeggien mit Wechselbässen in einem Takt. Solche Arpeggien eignen sich auch gut bei Akkordwechseln in der Mitte des Taktes. Dann wird anstelle des Wechselbasses die Baßsaite mit dem Grundton des entsprechenden Akkordes angeschlagen. (→»Wintertraum«, Hené oder »Herz«, van Veen)

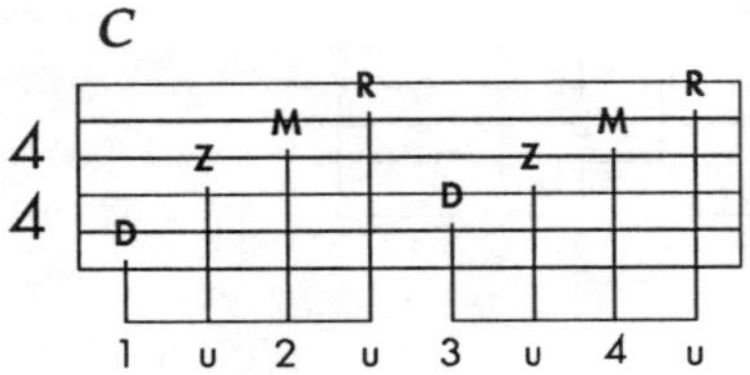

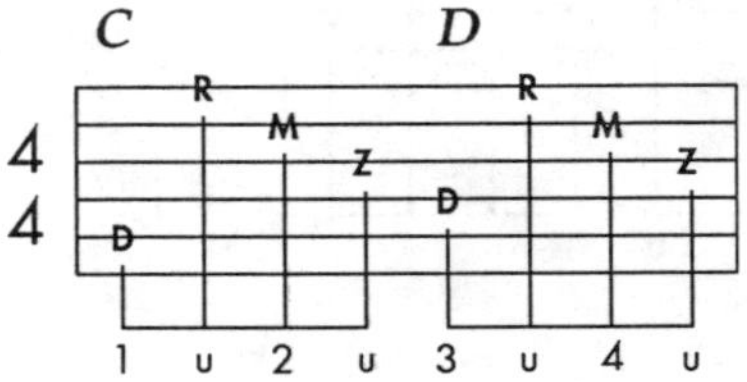

Bei der Liedbegleitung kann der Wechselbaß auch in jedem zweiten Takt eingesetzt werden. Dafür eignet sich jedes Arpeggio. (→»Kleiner Fratz«, van Veen)

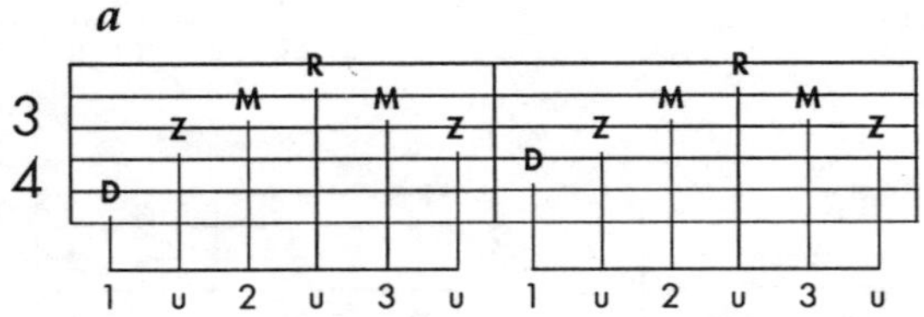

Wechselbässe können auch bei den geschlossenen Anschlagsarten gespielt werden. Gerade hier sorgen sie oft für notwendige Abwechslung.

Kombination zweier Anschlagsarten

Häufig werden in der Liedbegleitung auch zwei Anschlagsvarianten miteinander kombiniert.

Entweder in Form eines zweitaktigen Musters oder indem Strophe und Refrain mit unterschiedlichen Mustern begleitet werden. (→»Der Clown«, Stählin; »Lied vom Clown«, Liedehrlich; »Abschminklied«, Wenzel)

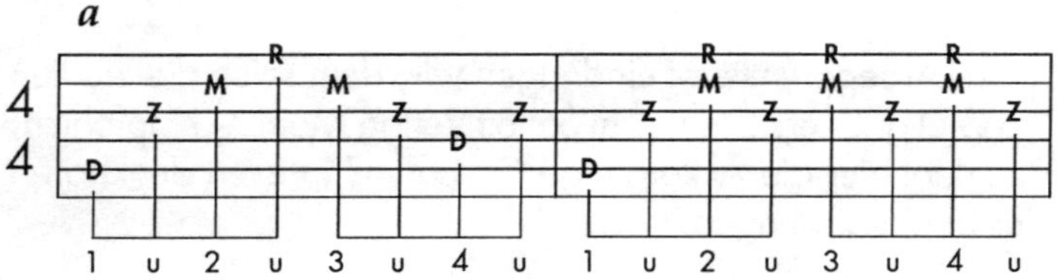

Arpeggien in Rock

Akkordzerlegungen werden auch im Rock gepflegt. Zum einen sind es die klassischen Arpeggien, die gerne zur Begleitung von Balladen verwendet werden, aber auch riffähnliche Arpeggien werden zahlreich eingesetzt. Boogie-Woogie-Arpeggien über zwei bis drei Seiten sind sehr beliebt, zum Beispiel in → »Verdamp lang her«, BAP. Heavy-Metal-Gitarristen spielen Arpeggien mit Vorliebe auf einer Saite, vgl. Eddie van Halen »Eruption«

Hier nun der Beginn des Arpeggios von »House of the Rising Sun«, einem Lied, bei dem das Arpeggio genauso bekannt ist wie die Melodie. Auf der Stahlsaiten-Gitarre läßt es sich auch gut mit einem Plektrum bringen.

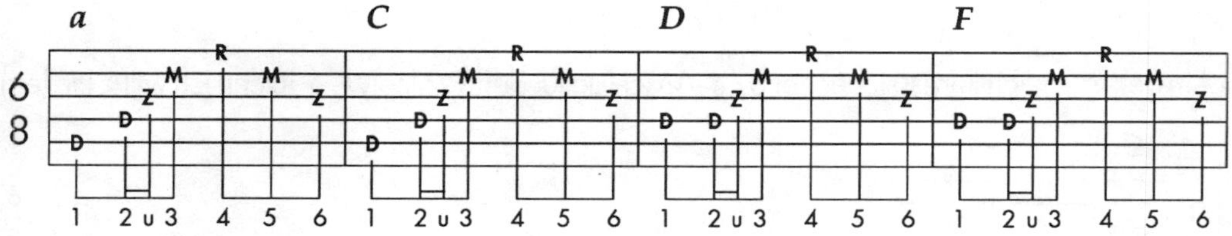

Die vollständige Akkordfolge: ‖: a / C / D / F / a / C / E / E /
a / C / D / F / a / E / a / E :‖ a

Am besten klingt es also, wenn man ein Arpeggio erfindet, das untrennbar mit dem Lied verbunden ist. Ein gutes Beispiel ist das Spieluhr-Arpeggio in → »Hohlraum in der Zeit« von Thommie Bayer. Hier zwei weitere ›Signatur‹-Arpeggien aus dem Bereich der Rockmusik. In beiden Beispielen werden die Grundakkorde um die None zu add9 Akkorden erweitert.

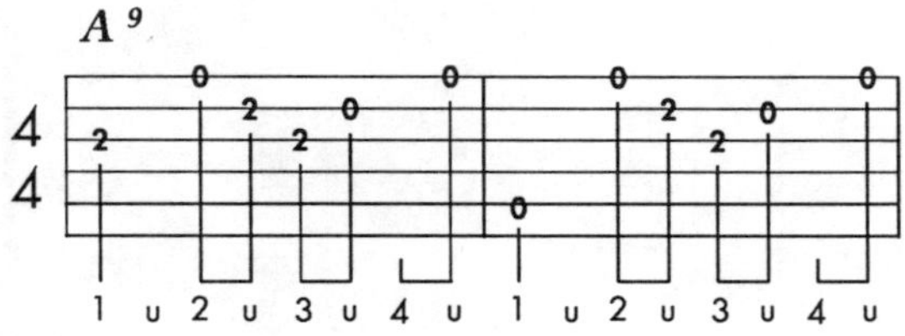

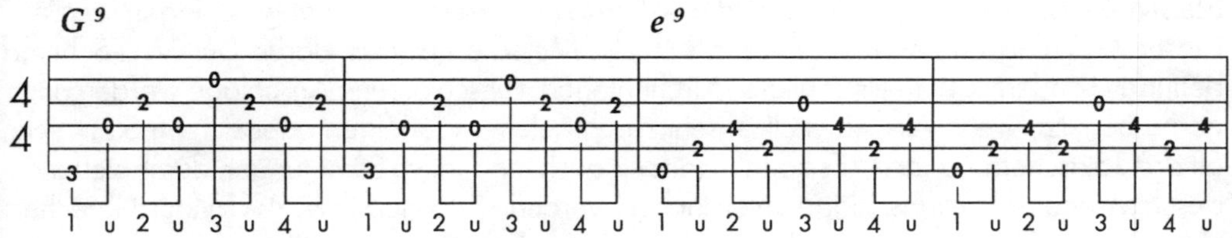

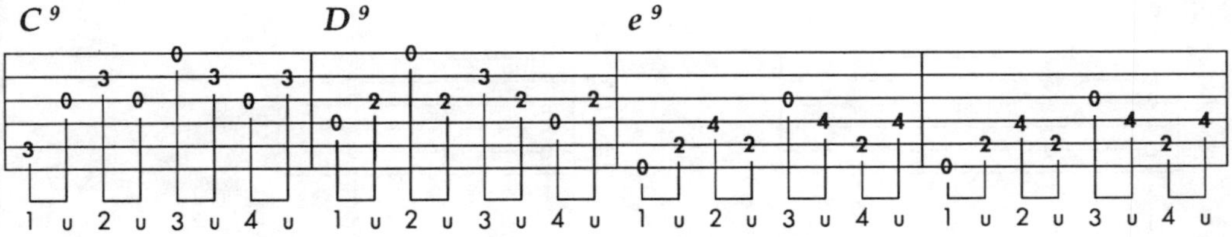

Baß-Akkord-Anschlag

Manchmal erfolgt auch ein Daumenanschlag mit nachfolgendem Anschlag der geschlossenen Fingergruppe aus Zeige-, Mittel- und Ringfinger.
Diese Baß-Akkord-Anschläge sind sehr stark rhythmisierend und werden deshalb gerne für die Tanzmusik und Volksmusik benutzt. Zunächst ein 4/4 mit Wechselbaß.

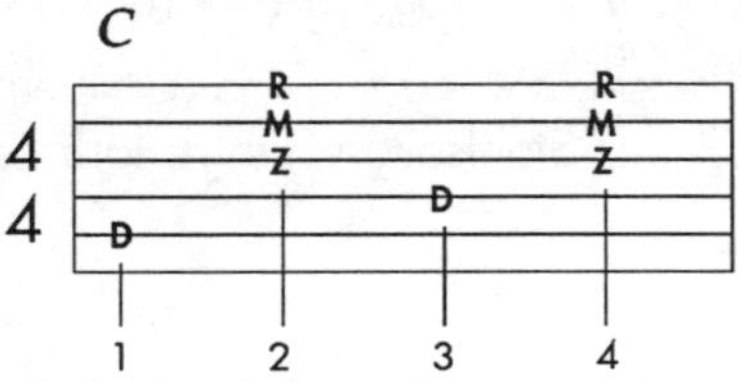

Am gebräuchlichsten ist sicher der 3/4-Anschlag für den Walzer. (→ »Denn ich will«, Heller;)

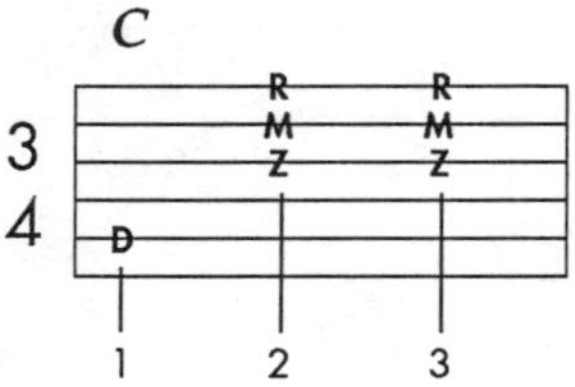

Aber auch synkopierte Rhythmen sind damit zu realisieren. (→ »Ein Junge weint nicht«, Schöne)

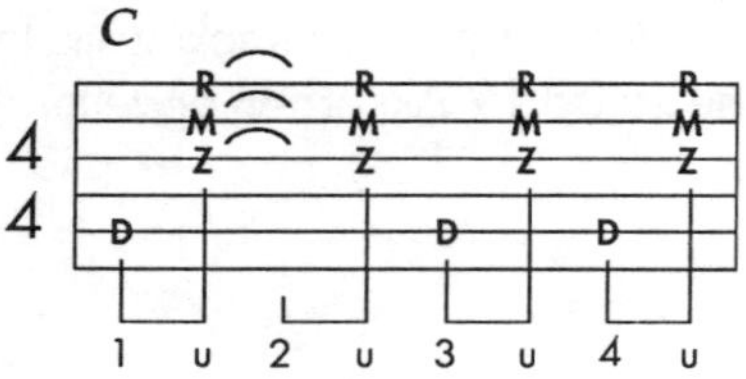

Geschlossener Anschlag

Neben Akkordzerlegungen können die Akkorde auch geschlossen angeschlagen werden. Dieser Anschlag erfolgt häufig, wenn sich die Melodie nicht im klaren Dur-Moll-Schema befindet, sondern z.B. in einer älteren Kirchentonart. Geschlossene Anschläge werden auch gerne benutzt, wenn Akkordwechsel sehr rasch aufeinanderfolgen oder sich im Stück sehr oft das Taktschema ändert. Es können jedoch auch meditative Stimmungen durch stehende geschlossene Akkordanschläge unterstrichen werden. (→ »Flußabwärts«, Maurenbrecher; »Das Feuer«, Thomas Felder; »Laß mich fallen wie Schnee», Anne Haigis)

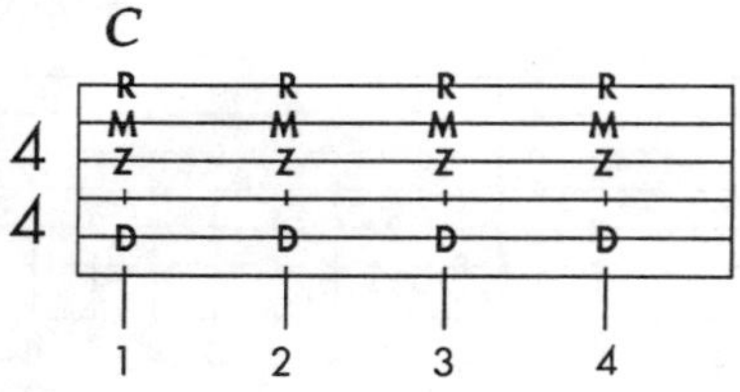

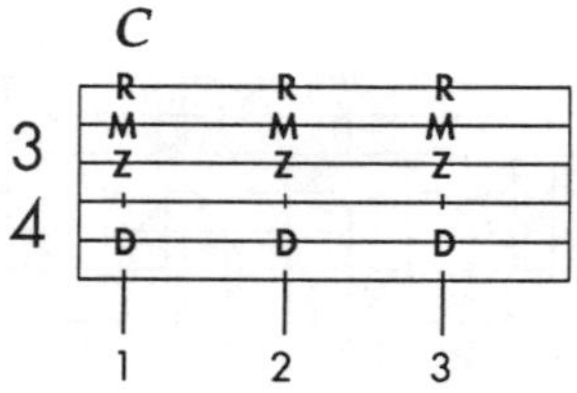

Harmonik

Die Töne einer Melodie und ihrer musikalischen Begleitung stehen untereinander in festen Beziehungen. In welcher Weise sie aufeinanderfolgen, hat sich im Laufe der geschichtlichen Entwicklung verändert. Seit dem 17. Jhd. bilden die Dur- und Molltonalität mit entsprechenden Akkorden die Grundlage für das klassische europäische Musikempfinden. An diese Tonfolgen hat sich unser Ohr ›gewöhnt‹ und wir empfinden sie als harmonisch. In diesem Rahmen bewegen sich die Melodiestimme, die Begleitung und selbst die Improvisation.

Dur und Moll

Das Schema einer Dur-Tonleiter ist immer: ein Ganztonschritt, ein Ganztonschritt, ein Halbtonschritt, ein Ganztonschritt, ein Ganztonschritt, ein Halbtonschritt. Bei Moll-Tonleitern verteilen sich die Ganz- und Halbtonschritte anders. Zu jeder Dur-Tonleiter gibt es eine natürliche parallele Molltonart, die aus denselben Tönen besteht und anders als die Durtonleiter startet – ihr Grundton entspricht dem sechsten Ton der Dur-Tonleiter. Als Beispiel die Töne der C-Dur-Tonleiter und der parallel liegenden natürlichen a-Moll-Tonleiter:

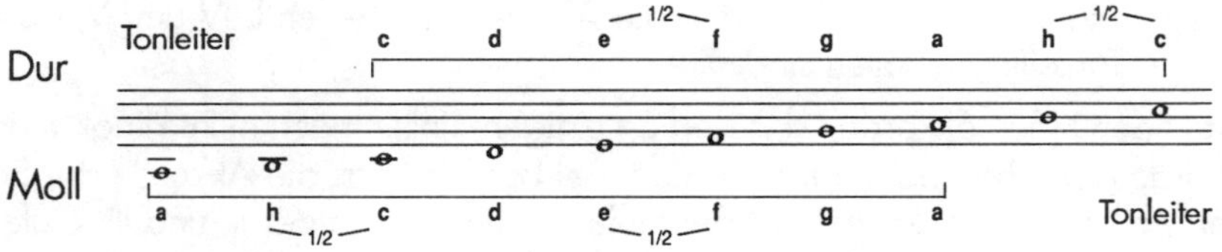

Wenn wir Tonleitertöne nacheinander spielen, entstehen Melodien, wenn wir mehrere Tonleitertöne zugleich spielen, entstehen Akkorde. Da nahe beieinanderliegende Töne zu Disharmonien führen, überspringt man bei der Bildung von Akkorden jeweils einen Tonleiterton. Ob ein Akkord zum Dur- oder Mollakkord wird, hängt davon ab, ob aufgrund der Halb- und Ganztonschritte der Tonleiter eine große Terz mit vier Halbtonschritten und eine kleine Terz mit drei Halbtonschritten aufeinander folgen können oder umgekehrt eine kleine Terz und eine große Terz. Im ersten Fall entsteht ein Dur-Akkord, im zweiten Fall ein Moll-Akkord. Die Akkorde wieder für C-Dur und die Parallele a-Moll:

Wie C-Dur/a-Moll sind auch alle übrigen Tonleitern aufgebaut. Sie bestehen aus 7 Tönen, die sich nach oben und nach unten im Oktavabstand wiederholen. Alle Dur-Tonarten haben eine Mollparallele. Leider kommen bei Moll noch einige Feinheiten hinzu.

Da in der parallelen natürlichen Molltonleiter von der VII. Stufe zum Grundton ein Ganztonschritt auftritt, fehlt dem Gehör der ›gewohnte Leitton‹, der wieder zum Grundton führt und häufig als Schlußwendung gebracht wird. Durch Erhöhen der VII. Stufe (der natürlichen Molltonleiter) um einen Halbton wird nun ein künstlicher Leitton geschaffen, der für eine harmonische Melodieführung von hoher Bedeutung ist. Die harmonische Molltonleiter ist damit erfunden. Bei ihr entsteht das Gefühl, daß die Tonfolge mit dem anschließenden Grundton enden kann. Nachteil des künstlichen Leittons ist, daß er nun durch seine Erhöhung eine Lücke von 1 1/2 Tönen in die Melodieführung von der VI. zur VII. Stufe reißt. Da ein solcher Sprung dem klassisch geprägten Gehör ebenfalls unvollkommen erscheint, wird bei harmonisch Moll die Melodie häufig nur bis zur VI. Stufe nach oben geführt, danach wieder nach unten und der Leitton der VII. Stufe führt eine Oktave tiefer mit einem Halbton zum Grundton hin. Die Melodie meidet also den übermäßigen Sprung und arbeitet mit einem oktav nach unten versetzten Leitton. Im 18. Jahrhundert wurde deshalb zu allem Überdruß eine 3. Tonleiter erfunden, melodisch Moll. Sie vermeidet die große Lücke von harmonisch Moll, indem zusätzlich zur VII. auch schon die VI. Stufe um einen Halbton erhöht wird. Nun sind Melodiefolgen aufwärts wieder lückenlos möglich, in der Abwärtsbewegung der Melodie benutzt die melodische Moll-Tonleiter meist die Töne der reinen Moll-Tonleiter, denn in dieser Bewegung wird normalerweise kein Leitton auftreten.

Akkordfindung einfach gemacht

Viele Lieder lassen sich schon mit den 3 Hauptakkorden der jeweiligen Tonart begleiten. Es sind dies für alle Dur- und Molltonarten die Akkorde der Stufen I, IV und V, da in ihnen alle Töne einer Tonleiter enthalten sind.

Erst wenn mit den Hauptakkorden das Lied an einigen Stellen noch nicht klingt, müssen die Nebenakkorde dafür herangezogen werden. Bei Dur sind das die Akkorde der Stufe II, III und VI, bei Moll meist nur der Akkord der Stufe VI, die Akorde der II. und III. Stufe eignen sich hier wegen des Abstands ihrer Töne nicht gut für die Liedbegleitung.

Griffwechsel erfolgen meist zu Beginn des Taktes (bei geraden Takten auch häufig in der Mitte). Vorzuziehen ist derjenige (Haupt-)Akkord,in dem die meisten oder alle Noten dieses Taktes enthalten sind. Über einzelne Noten im Takt, die nicht in den Akkord passen, kann in der Regel hinweggegangen werden.

Klassische Satzregeln

Die Kenntnis von Akkorden und Arpeggios hat noch nicht den klassischen ›Sound‹ zur Folge, denn sie werden auch in anderen Stilen verwendet. Klassisch klingt es erst, wenn man beim Arrangieren die wichtigsten Regeln des Tonsatzes beachtet.

1. Regel: Gleiche Töne bleiben liegen bei Akkordwechseln. Die anderen Töne gehen den kürzesten Weg zum nächsten Akkord

2. Regel: Gegenbewegung der Stimmen – bei Akkordwechseln sollen nicht alle Töne in der gleichen Richtung verändert werden, einige sollen sich abwärts bewegen, andere aufwärts.

3. Regel: Verbot von Oktavparallelen – Stimmführungen, wie wir sie von Wes Montgomery her kennen, sind in der Klassik verboten.

4. Regel: Verbot von Quintparallelen – dieses bestimmende Merkmal des Hard Rock – die Quintparallele (bekannt durch das Riff von »Smoke on the Water« von Deep Purple), sollte in klassischen Akkordfolgen nicht vorkommen.

Durch Beachten dieser Satzregeln erreicht man eine große Eigenständigkeit der einzelnen Stimmen. Werden Stimmen dagegen parallel in Oktaven oder Quinten geführt, geht ihre Eigenständigkeit verloren.

Klassik spezial

Für ein abwechslungsreiches Spiel sind Nuancen und alle Ausdrucksmöglichkeiten der Gitarre zu nutzen, die der Interpretation erst ihre Spannung, Lebendigkeit, Dynamik, Energie verleihen. Aus den vielfältigen klassischen Möglichkeiten der Akzentuierung, um verschiedene Ton-Klangfarben zu erreichen, sollen hier nur einige Beispiele Platz finden.

Natürliches Flageolett

Natürliche Flageolett-Töne entstehen, wenn wir die Finger der linken Hand nur ganz leicht auf eine Saite aufsetzen und sofort nach dem Anschlag wieder anheben. Die Tönhöhe ist jetzt nicht mehr vom Bundstäbchen abhängig, sondern der Finger unterteilt die Saite ›frei schwebend‹. Laute Obertöne entstehen nur bei einer Unterteilung in einfachen Verhältnissen, also wenn wir die Saitenlänge halbieren, dritteln oder vierteln.

Beim Halbieren der Saitenlänge setzen wir den Finger genau über dem 12. Bundstäbchen auf – der Flageolett-Ton ist eine Oktave höher als die leere Saite und entspricht somit dem im zwölften Bund gegriffenen Ton. Sollte dies nicht der Fall sein, ist die Gitarre nicht bundrein. Bei der Konzertgitarre sind leichte Korrekturen durch Feilen der Stegeinlage möglich (bei der E-Gitarre muß der Saitenreiter mittels des Schraubmechanismus vor- oder zurückgedreht werden). Beim Vierteln der Saite setzen wir den Finger über dem fünften oder vierundzwanzigsten Bund auf. Der Ton ist zwei Oktaven höher als die leere Saite. Beim Dritteln der Saite setzen wir den Finger über dem siebten oder neunzehnten Bund auf. Im neunzehnten Bund sind der gegriffene und der Flageolett-Ton gleich, im siebten Bund ist der gegriffene Ton eine Oktave tiefer.

Weitere Flageolett-Töne sind möglich. Gute Berührungspunkte für natürliche Flageolett-Töne sind die Stellen über dem 4. 5. 7. 9. 12. sowie etwas vor und etwas hinter dem 3. Bundstäbchen. Alle Teilungspunkte der Saitenlänge gibt es auch zwischen dem 12. Bund und dem Steg, nur fehlt hier zum Teil die Orientierung an Hand der Bundstäbchen, so daß man sich diese Stellen merken muß.

Künstliches Flageolett

Künstliches Flageolett benutzen wir bei gegriffenen Tönen. Zwölf Bünde weiter setzen wir den Zeigefinger der rechten Hand leicht über dem Bundstäbchen auf und zupfen dann mit dem Daumen. Um die klassische Handhaltung nicht aufgeben zu müssen, empfiehlt es sich aber, das Jaco-Pastorius-Flageolett einzusetzen. Hierbei wird anstelle des Zeigefingers die linke Kante des Daumens leicht auf die Saite aufgesetzt. Gezupft wird mit Zeige- oder Mittelfinger.

Vibrato

Ein leichtes Beben des Tones entsteht, indem die Greifhand nach dem Anschlag locker in Saitenrichtung hin- und herschwingt, während die entsprechenden Saiten abgedrückt bleiben. Diese feine Höhenveränderung gibt dem Ton mehr Klangfülle. Der Daumen hinter dem Hals wird gelockert, der Druck auf die Saiten erfolgt nur aus Unterarm und Hand heraus, die entspannt hin- und herschwingen. Bei den tiefen Baßsaiten, die auf seitliche Schwingung nicht mehr so gut ansprechen, kann das Vibrato der Hand auch quer zu den Saiten erfolgen.

Staccato

Staccato werden solche Töne gespielt, die prägnant voneinander getrennt und kurz erklingen sollen. Auf der Gitarre erreicht man diesen Effekt durch sofortige Nachlassen des Fingerdrucks der Greifhand nach dem Anschlag des Tons (am besten bei Barré gespielten Akkorden) oder durch Abdämpfen der Töne durch Auflegen eines Anschlagfingers. Das Zeichen für staccato ist ein Punkt über oder unter den Noten, bzw. der Tabulatur.

Anschlagsregister

Unterschiedliche Klangfarben des Gitarrentons lassen sich nicht nur durch verschieden starkes Anschlagen erreichen, sondern auch durch Veränderung der Anschlagsstelle. Erfolgt der Anschlag am unteren Schallochrand, ist der Ton mittelstark. Rückt die Anschlagshand zum Steg hin, wird das Spiel kräftiger, während bei zartem, leisen Spiel über dem Schalloch in der Nähe des Griffbretts angeschlagen wird. Eine metallische Klangfarbe ergibt sich dicht am Steg.

Rasgueado

Dieser Anschlag stammt aus dem Flamenco und hört sich an wie ein Trommelwirbel über die Saiten. Er besteht aus einer zeitlich knapp versetzten Folge von Anschlägen der Finger der rechten Hand in der Reihenfolge: Kleiner Finger, Ring-, Mittel- und Zeigefinger.

Der Daumen stützt sich auf der tiefsten Saite ab, die Finger machen eine lockere Faust, ohne die Handfläche zu berühren. Beginnend mit dem kleinen Finger strecken wir nacheinander in schneller Folge die Finger der rechten Hand und lassen sie über die fünf verbleibenden Saiten gleiten.

Mehrere Anschläge dieser Art lassen sich auch nacheinander spielen.

Melodiespiel

Ein wichtiger Bereich der klassischen Spielweise besteht im ein- und mehrstimmigen Melodiespiel. Da wir in diesem Buch jedoch hauptsächlich Liedbegleitungen haben, hier nur wenige Worte zum Anschlag. Damit sich der klangliche Zusammenhang der Melodieführung verbessert, wird bei einstimmigem Spiel stets der Wechselschlag angewendet, d. h. die Saiten werden abwechselnd mit zwei Fingern angeschlagen. Beliebte Kombinationen sind der Zeige- und Mittelfinger. Weniger häufig kommen Mittel- und Ringfinger zum Einsatz, nur selten Zeige- und Ringfinger. Auch ein Dreieranschlag ist möglich, in beliebiger Kombination von Zeige-, Mittel- und Ringfinger.

Folk-Spieltechniken

Das Folk-Revival

Die amerikanische Folkmusik bezieht ihre wichtigsten Inspirationen aus der Old Time Music der Appalachen und dem Folk-Blues der Farbigen.

Ende der 30er Jahre greifen Musiker wie Woody Guthrie und Pete Seeger auf diese Musikstile zurück und schreiben zeitkritische Lieder. Von Pete Seeger stammen die Titel »Where Have All the Flowers Gone« – »Sag mir wo die Blumen sind« – und »If I Had a Hammer«. Woody Guthrie schreibt die Folkhymne »This Land Is Your Land« und viele Talking Blues – später eine beliebte Songform vor allem bei Bob Dylan und Hannes Wader. Durch den Eintritt der USA in den zweiten Weltkrieg verringert sich das Interesse an kritischen Liedern in Amerika, so daß dieses erste Folk-Revival rasch zu Ende geht.

Das zweite Folk-Revival wird vom Kingston Trio 1958 mit der Appalachen-Ballade »Tom Dooley«, einem Top-Hit, eingeläutet. Schon ein Jahr später findet das erste Newport Folk Festival statt, das zu einem wichtigen Ereignis der Folkbewegung wird. Hier signalisiert Bob Dylan 1965 durch seinen Auftritt mit einer Rockband den Aufbruch zum Folk-Rock.

Die Folk-Gitarre

Hauptverantwortlich für die Entstehung der typischen Folk-Gitarre ist die Firma Martin aus Nazareth in Pennsylvanien. Gegründet wird sie von Christian Frederick Martin (1796 - 1867) aus dem Instrumentenbauzentrum Markneukirchen, Sachsen. 1833 wandert er in die USA aus, mit sich nimmt er den Stand des europäischen Gitarrenbaus von 1830, d. h. den der Wandergitarre. Unabhängig von den Entwicklungen in Spanien baut Martin zunächst in New York, dann in Nazareth seine Gitarren und entwickelt ab 1850 die X-förmige Deckenverstrebung. Diese Deckenverstrebung erweist sich später als ideal für Stahlsaiten, die ab 1890 an die Stelle der Darmsaiten treten.

1929 führt die Firma Martin den 14-bündigen Hals ein und kurz darauf die ›Western-Gitarre‹, das große Gitarrenmodell mit geringer Taillierung. Ähnlich wie Antonio Torres auf dem Gebiet der klassischen Gitarre setzt die Firma Martin den Standard der Stahlsaitengitarre. Die kleineren Modelle sind besonders bei Fingerpicking-Gitarristen beliebt, während Flatpicker den baßbetonten Klang der Western-Gitarre bevorzugen. Fast alle Gitarrenbaufirmen begnügen sich bis heute damit, diese Entwicklungen nachzubauen, bis auf die Firma Ovation, die als Resonanzkörper die Plastikschüssel einführt.

Anschlagstechnik

Die Gitarre im Folk wird entweder gezupft oder mit dem Plektrum angeschlagen.

Das Zupfen

Die Folkgitarre benutzt klassische Zupftechniken des frühen 19. Jahrhunderts. Die Erneuerung der klassischen Technik durch Tarrega Ende des 19. Jahrhunderts zeigt in den USA keine Wirkung, da zu diesem Zeitpunkt sich das Gitarrenspiel schon losgelöst von Europa entwickelt.

Die rechte Hand stützt sich mit dem kleinen Finger auf der Decke ab – eine Technik, die Tarrega zugunsten des hohen Handgelenks abschafft. Beim Fingerpicking setzen viele Gitarristen zusätzlich die Handkante am Steg auf, um die drei Baßsaiten abzudämpfen.

Das Zupfen selbst erfolgt mit dem Tirando-Anschlag. Der Apoyando-Anschlag ist weitgehend unbekannt – er wird erst von Tarrega in die klassische Spieltechnik eingeführt.

Anstelle des Apoyandos läßt der Folk-Gitarrist die Saiten auf das Griffbrett schnellen. Man geht mit dem Finger unter die Saite, zieht sie von der Gitarre weg und läßt sie dann wie eine Bogensehne auf das Griffbrett schnellen.

Um einen knackigen Baßanschlag zu bekommen, benutzen viele Gitarristen einen Daumenpick. Der zusätzliche Einsatz von Fingerpicks ist Geschmackssache. Fingerpicks ergeben zwar einen lauteren Ton, erzeugen aber gleichzeitig viele Nebengeräusche, insbesondere, wenn der Fingerpick auf eine schwingende Saite trifft.

Das Plektrumspiel

Das Plektrum wird vom eingeknickten Zeigefinger gegen den Daumen gedrückt. Durch die Haltung des Plektrums ergibt sich eine gerade Linie von Unterarm und Daumen.

Dies ist ergonomisch günstig, da die Anschlagsbewegung sich so direkt aus der Bewegung des Handgelenks und des Ellenbogengelenks zusammensetzen kann, ohne über Winkelstellungen umgeleitet zu werden.

Die Hand wird frei gehalten und nicht auf dem Steg aufgesetzt, allenfalls die ausgestreckten Finger berühren leicht die Decke.

Bei geringer Lautstärke kommt die Bewegung mehr aus dem Handgelenk, mit zunehmender Lautstärke beteiligt sich das Ellenbogengelenk verstärkt an der Arbeit. Ein Anschlag nur aus dem Handgelenk, wie er auf der E-Gitarre durchaus möglich ist, holt aus der akustischen Stahlsaitengitarre nur einen Bruchteil des möglichen Volumens. Möglich ist außerdem ein Anschlag nur aus dem Ellenbogengelenk, mit fixiertem Handgelenk. Diese Anschlagstechnik empfiehlt sich vor allem für die rasend schnellen Läufe in der Bluegrass-Musik.

Schnelle Tonfolgen werden mit einer Ab- und Aufwärtsbewegung gespielt, bei der das Plektrum frei zur und von der Saite weg schwingt.

Bei wichtigen Tönen, Arpeggios oder beim Sweep Picking ›drücken wir das Plektrum durch die Saite‹, bis es auf der nächsten Saite landet.

Fingerpicking

Das Fingerpicking entwickelt sich zu Beginn des Jahrhunderts, als farbige Musiker versuchen, den Ragtime-Klavierstil auf die Gitarre zu übertragen. Charakteristisch für den Ragtime ist der Baß-Akkord-Wechsel in der linken Hand und die synkopierte Melodie in der rechten. Dieser Stil wird auch von weißen Country-Musikern aufgegriffen, so daß sich im Fingerpicking schwarze und weiße Einflüsse vermischen. Wichtige farbige Vertreter sind Blind Blake, Blind Lemon Jefferson und Mississippi John Hurt, wichtige weiße Sam McGee, Merle Travis und Chet Atkins. Im Folk-Revival der 60er Jahre wird das Fingerpicking dann neu entdeckt.

Den Part der linken Klavierhand übernimmt beim Fingerpicking der rechte Daumen. Er spielt meist statt des Baß-Akkord-Wechsels einen Wechselbaß. Rhythmisch versetzt dazu – synkopiert – übernehmen die anderen Finger Melodielinien oder Akkordtöne. Man spielt ›aus den Akkorden heraus‹.

Zunächst zum Daumenanschlag. Wir greifen den C-Dur Akkord und schlagen mit dem Daumen die fünfte und vierte Saite im Wechsel an. Etwas interessanter klingt es, wenn man noch einen dritten Baßton auf der sechsten Saite dazunimmt.

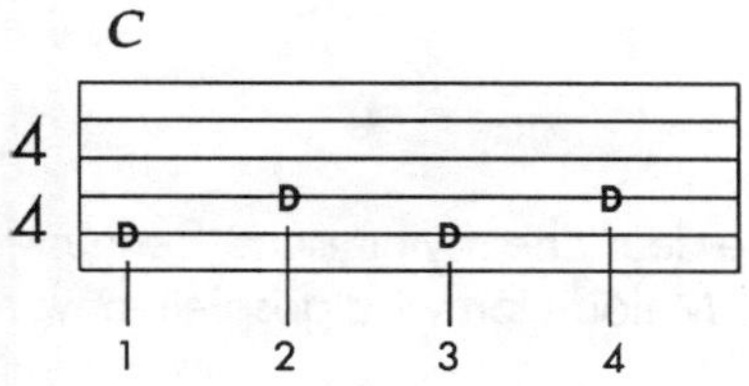

oder

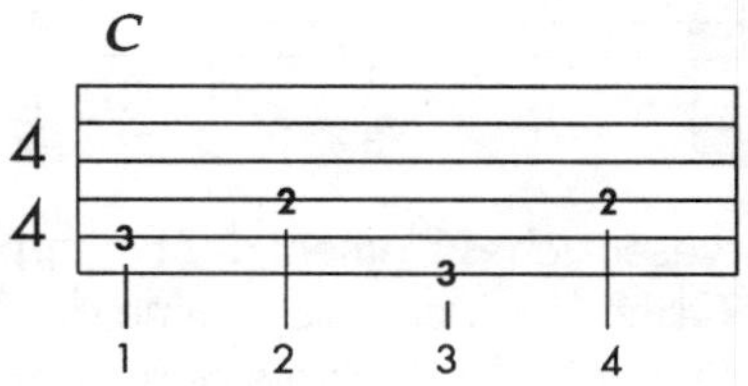

In der Regel werden zum Anschlagen neben dem Daumen der Zeige- und Mittelfinger benutzt. Hier zwei Muster in diesem Fingersatz.

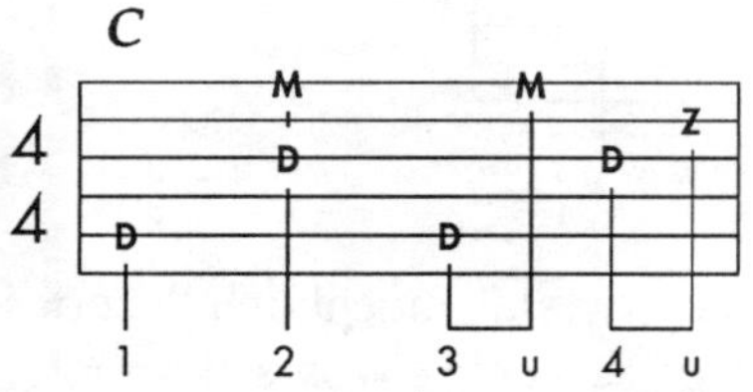

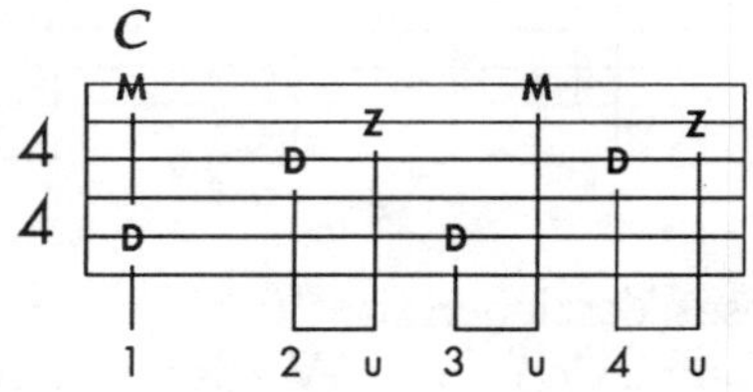

Der Daumen spielt den Wechselbaß auf den Hauptzählzeiten, allein oder ergänzt durch einen der anderen Finger, er ist dabei nicht auf die Baßsaiten beschränkt. Beispiele solch einfacher Pickings sind → »Für dich tu ich fast alles«, Meinecke; »Wounded Knee« Braukmann; »Laß uns auf die Reise gehn«, Witthüser & Westrupp.

Viele Gitarristen dämpfen die Baßsaiten ab, um sie klanglich noch mehr von den Diskantsaiten abzusetzen. Dazu setzt man die Handkante der rechten Hand leicht auf die Baßsaiten auf. Da hierbei der Daumen mit seiner Breitseite auf die Saite trifft, benutzen bei dieser Spielweise viele Gitarristen einen Daumenpick, das heißt ein Plektrum, in dessen ringförmige Schlaufe der Daumen schlüpfen kann.

Meist empfiehlt es sich, die Taktschläge 2 und 4 zu betonen. Um dies noch zu intensivieren, kann man einen Baß-Akkord-Wechsel nach Ragtime-Manier bringen.

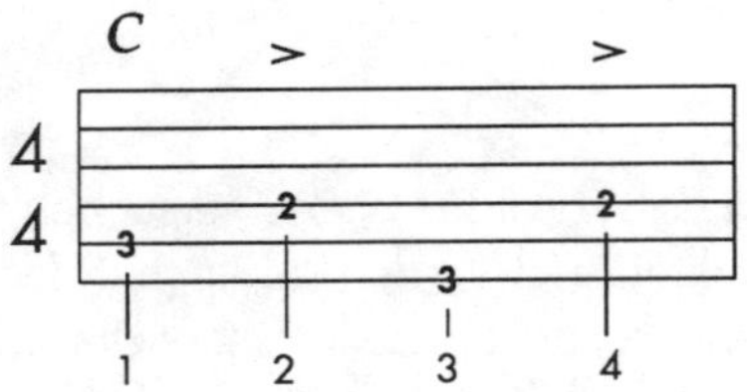

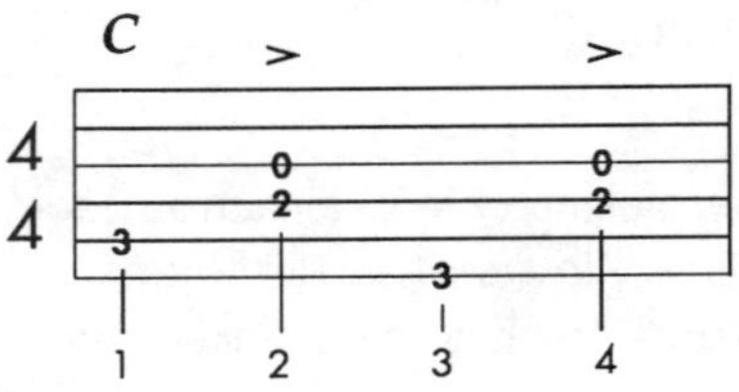

Fingerpicking sollte jedoch nicht als starres Muster aufgefaßt werden, sondern als Möglichkeit, Melodietöne flexibel in das Spiel einzubauen. Um die Essenz des Fingerpickings zu ergründen, suchen wir uns eine einfache Melodie und machen aus ihr einen ›Fetzer‹ (Ragtime, zerfetzte Zeit). Die rechte Hand zupft mit Daumen, Zeige- und Mittelfinger, aber auch ein klassischer Anschlag mit Daumen, Zeige-, Mittel- und Ringfinger ist möglich.

Wir wählen den einfachsten Baßanschlag und spielen »Alle meine Entchen« – aus den Akkorden heraus, wir verändern den Fingersatz also nur, falls die Melodie dies erfordert.

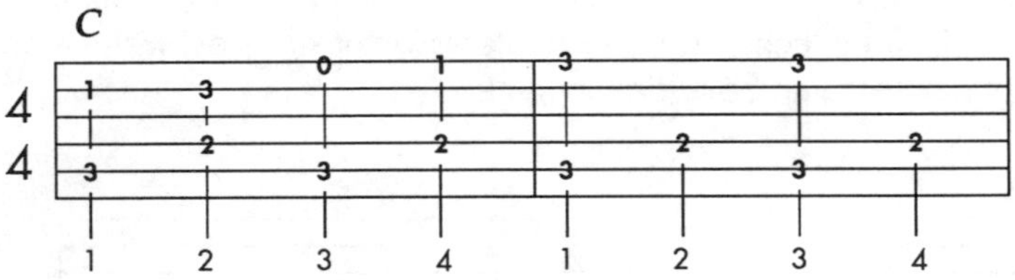

Ein wesentliches Element des Fingerpickings fehlt noch: die deutliche rhythmische Trennung der Ober- von der Unterstimme durch Synkopierung. Der Melodieton wird gespielt, bevor der Daumen die Baßsaite anschlägt.

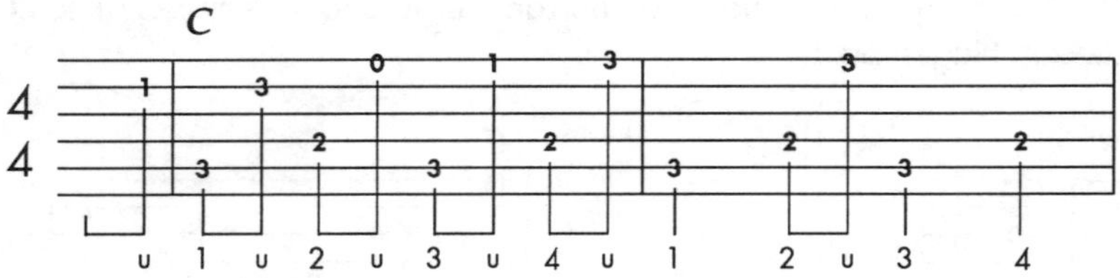

Dieses Vorziehen von Tönen, die man eigentlich erst später erwartet, macht den Reiz des Fingerpickings aus. Werden alle Töne vorgezogen, klingt es noch etwas schulmäßig. Die Mischung von Tönen ›on the beat‹ und ›off the beat‹ macht's.

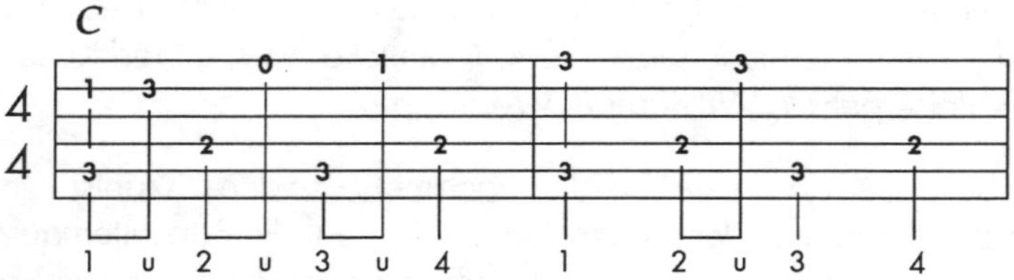

Eine solche Vorgehensweise gilt natürlich auch für Begleitungen. Wir spielen pro Takt drei bis vier (oder fünf) beliebige Akkordtöne, die wir synkopiert zu den Baßanschlägen spielen. → »Do kanns zaubere«, BAP. Wer sich weitergehend für das Fingerpicking interessiert: Marlies Borchardt, Peter Unbehauen, Fingerpicking-Werkstatt, Sikorski, Hamburg.

Das Flatpicking

Der Name leitet sich ab von Flatpick – (Plektrum). Er wird gebraucht für eine Stilrichtung, die sich in der amerikanischen Oldtime-, Country- und Bluegrass-Musik entwickelt. Da in den frühen kleinen ländlichen Ensembles kein Baß vorhanden ist, übernimmt der Rhythmusgitarrist diese Aufgabe zusätzlich. So entwickelt sich ein Stil, bei dem auf den Baßsaiten die Baßlinie gespielt wird – aufgefüllt von Akkord-Anschlägen auf den Diskantsaiten. Die Gitarristin Maybelle Carter entwickelt in den 30er Jahren diesen Stil weiter, indem sie neben Baßlinien auch Melodien auf den Baßsaiten spielt, wiederum aufgefüllt von Akkord-Anschlägen.

Zu spielen ist dieser Stil am besten in den Tonarten C und G. Hier sind die Akkorde leicht zu greifen, und alle leeren Saiten lassen sich für Baß- und Melodieläufe einsetzen.

Im 4/4 Takt schlagen wir zu Beginn des Taktes den Grundton des Akkordes auf den Baßsaiten an. Dann erfolgt über die hohen drei Saiten der Akkord-Anschlag, gefolgt von einem weiteren Baßton, auf den wiederum ein Akkord-Anschlag folgt. Da eine ständige Wiederholung des Grundtons als Baßton zu langweilig wird, weichen wir auf andere, zum Akkord gehörende Baßtöne aus. Wir spielen einen ›Wechselbaß‹. Wird über mehrere Takte der gleiche Akkord gespielt, braucht nicht jedesmal der Grundton am Anfang des Taktes stehen.

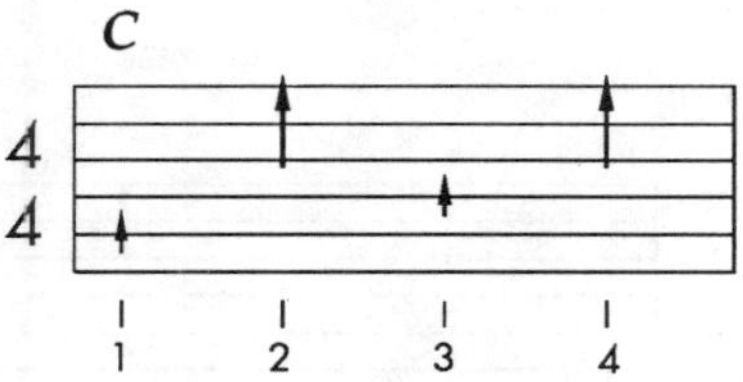

oder

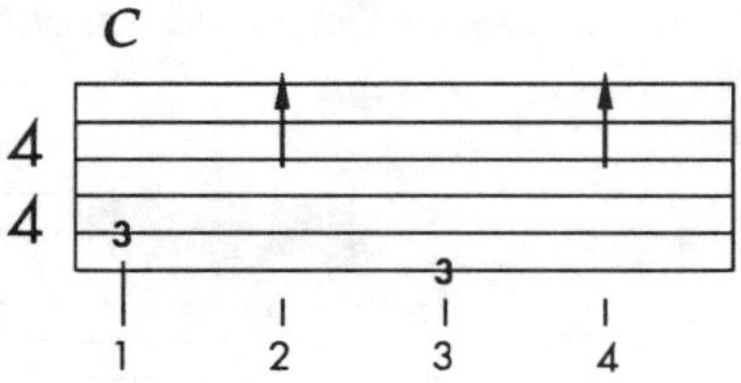

über zwei Takte

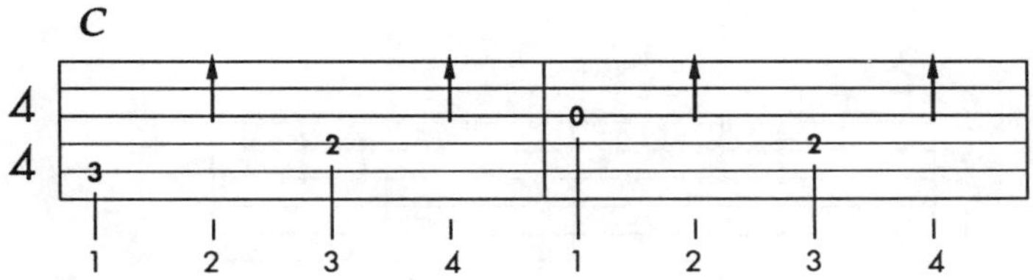

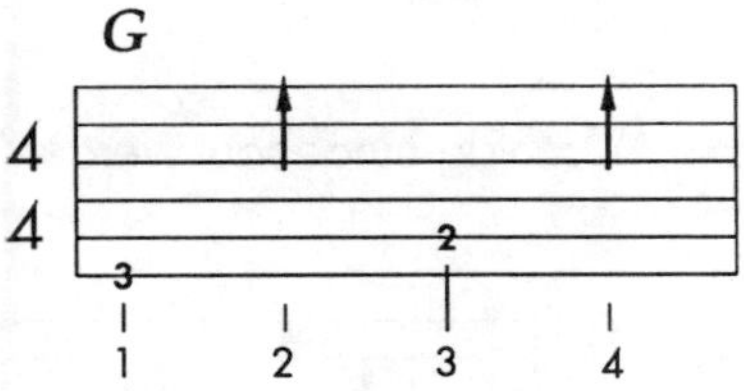

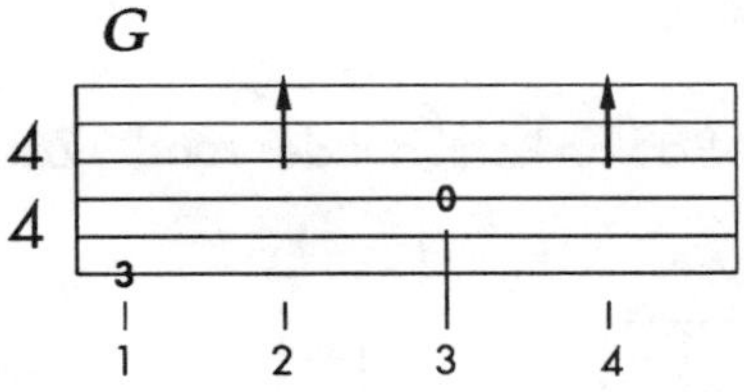

über zwei Takte

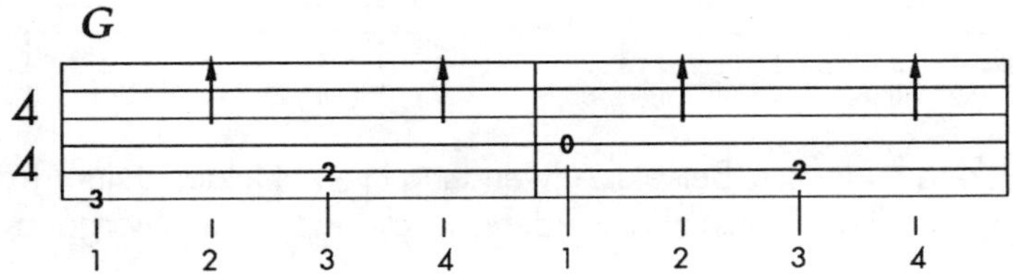

Im 3/4 Takt hier eine kleine Akkordfolge

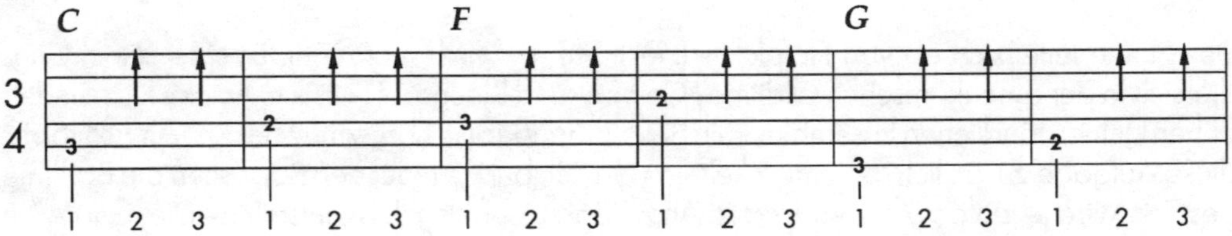

Spieltechnisch hält die linke Hand immer den jeweiligen Akkord gegriffen, die Finger verlassen ihre Position nur dann, wenn ein Baß- oder Melodieton dies erfordert. Es wird also ›aus den Akkorden heraus‹ gespielt.

Nun zu rhythmischen Variationen: Nach dem Akkordabschlag kann auf der ›und‹ - Zählzeit noch ein Aufschlag folgen. Hierbei gibt es zwei Anschlagsarten:

1. Man schlägt im Aufschlag die gleichen drei hohen Saiten an wie beim Abschlag.

2. Man schlägt beim Aufschlag nur die höchste Saite an. Dadurch werden die Anschläge wesentlich leichter, es entsteht ein flüssigerer Rhythmus.

Die Ausführung ist jeweils Geschmackssache.

1. Variante

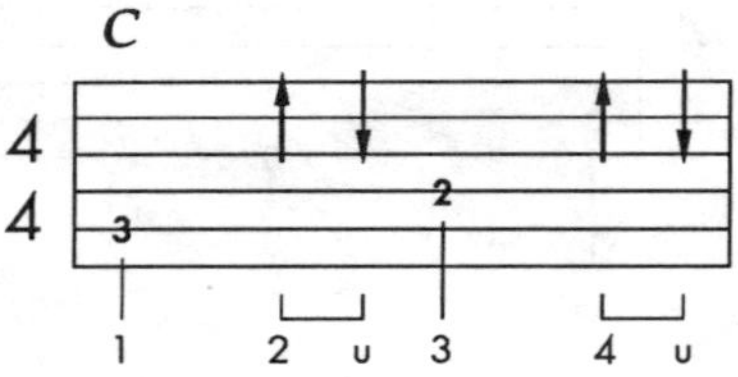

2. Variante

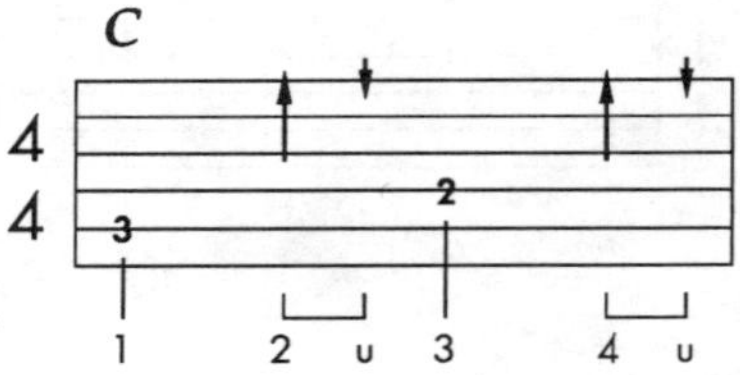

3/4 Takt

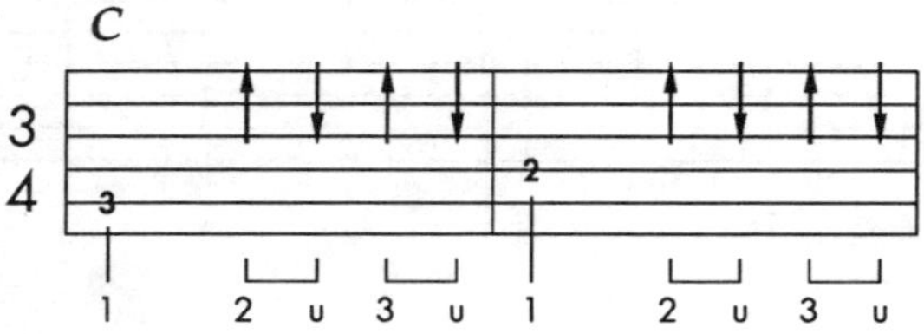

Nach dem Baßton kann auf der ›und‹ - Zählzeit ein weiterer Aufschlag eingebaut werden.

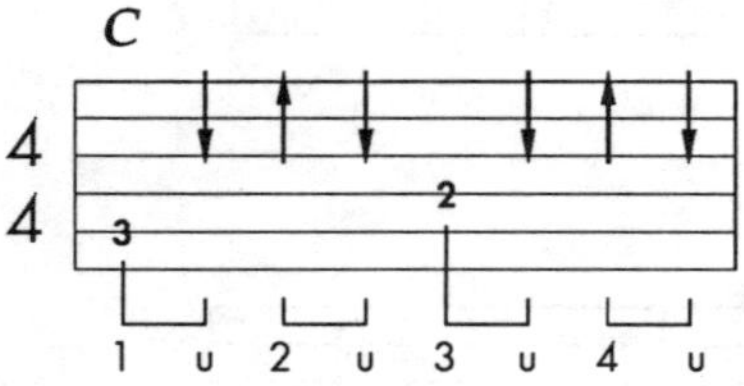

bzw.

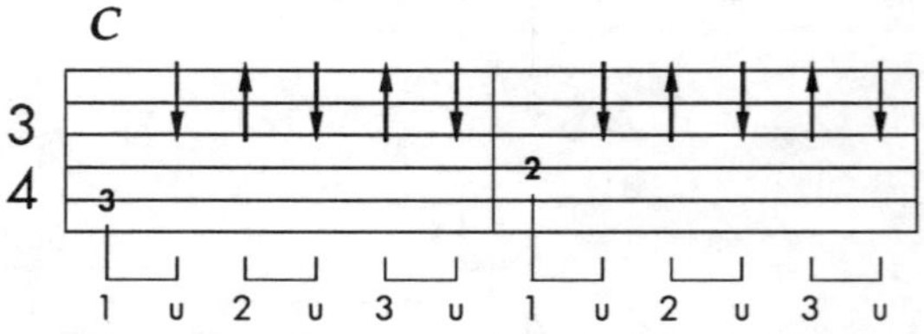

Das Flatpicking findet zum Beispiel Anwendung in → »Helden deiner Träume«, Kunterbunt; »Die alte Moorhexe«, Jehns; »Easy Rider«, Truck Stop; »Fata Morgana«, E A V.

Hammering on und Pulling off

Das Hammering on und das Pulling off gehören zu den beliebtesten Folk-Techniken. Sie werden häufig in Kombination mit dem Flatpicking eingesetzt.

Beim *Hammering on* erzeugen wir den Ton durch kräftiges Aufsetzen eines Fingers der linken Hand auf eine Saite nahe am Bundstäbchen. Meist wird es in Verbindung mit normal angeschlagenen Tönen gespielt, d.h. die Saite klingt schon, wenn wir das Hammering on spielen. Wir können auch eine stumme Saite durch Hammering on in Schwingung versetzen. Dies erfordert aber ein noch kräftigeres Aufsetzen des Fingers.

Notation

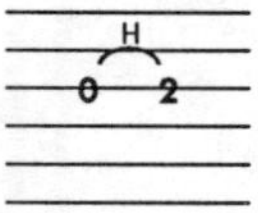

Die leere D-Saite anschlagen, dann den Mittelfinger hart im zweiten Bund aufsetzen

Beim *Pulling off*, dem Gegenstück zum Hammering on, zupfen wir die Saite mit dem Greiffinger der linken Hand. Bei einer klingenden Saite ergibt ein einfaches Anheben des Greiffingers einen ähnlichen, aber kraftlosen Effekt.

Notation

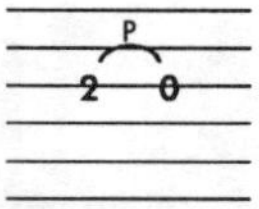

Die D-Saite im zweiten Bund greifen und den Ton mit dem Plektrum anschlagen. Dann mit dem Mittelfinger eine Zupfbewegung in Richtung der Unterkante des Griffbretts ausführen und die Saite wegschnellen lassen.

In der Kombination von Hammering on und Pulling off lassen sich längere Tonfolgen spielen, bei denen nur der erste Ton mit dem Plektrum angeschlagen wird.

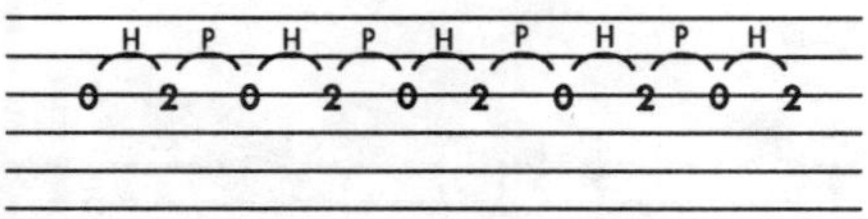

Hammering on und Pulling off müssen nicht in Verbindung mit einer Leersaite gespielt werden. Das Hammering kann auch von einem bereits gegriffenen Ton ausgehen. Beim Pulling off kann der Zeigefinger einen tieferen Ton auf der Saite gegriffen halten, der nach dem Abzug des Mittelfingers erklingt.

Es folgen die beliebtesten Hammering ons bei den gängigen Akkorden.

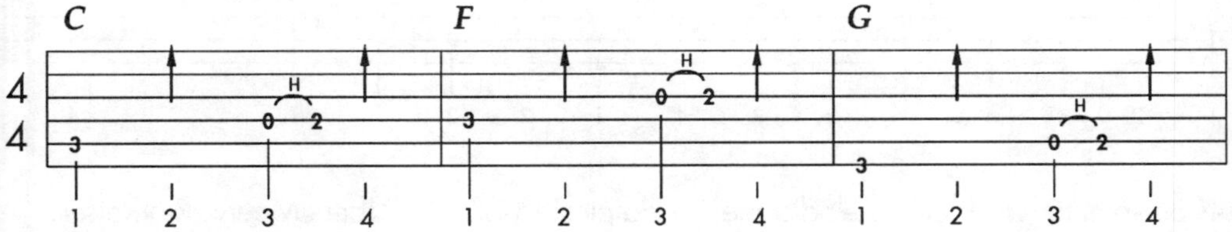

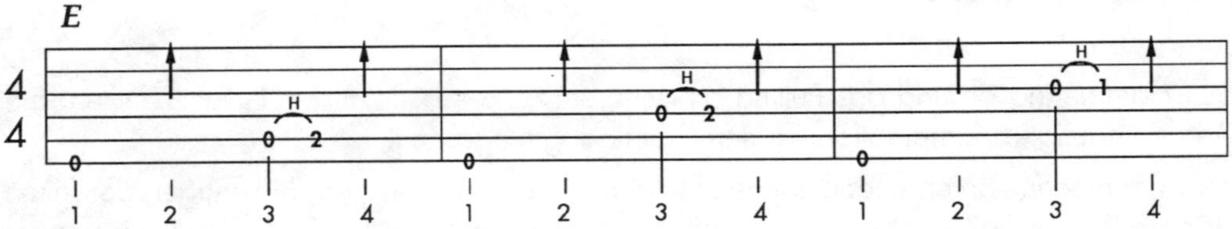

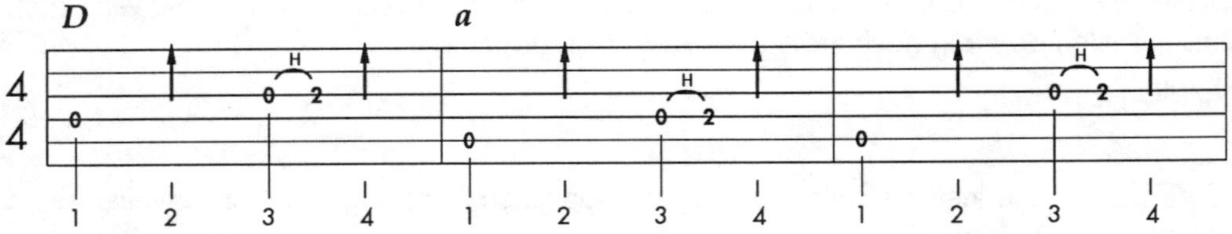

Baßläufe

Baßläufe dürfen beim Flatpicking nicht fehlen. Wir verbinden zwei Akkordgrundtöne mit den dazwischenliegenden Tonleitertönen. Zunächst die wichtigsten Baßläufe in C-Dur, dann in G-Dur in Kombination mit Hammering on.

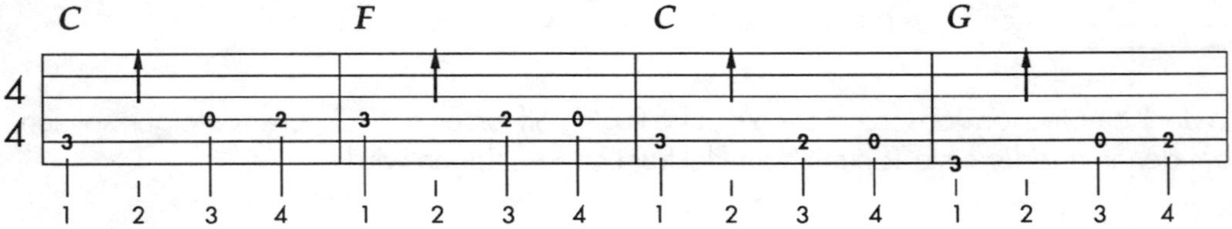

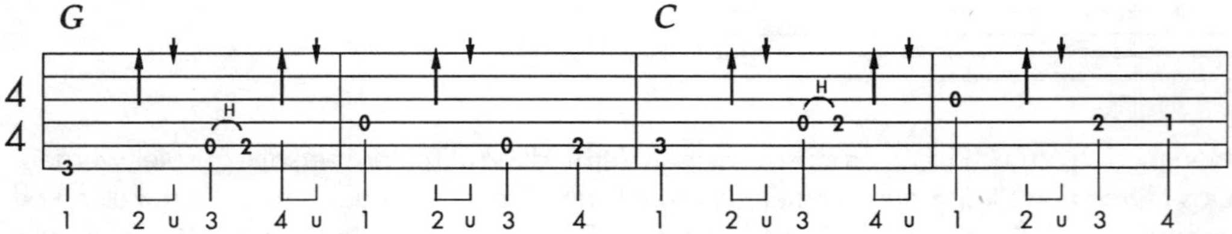

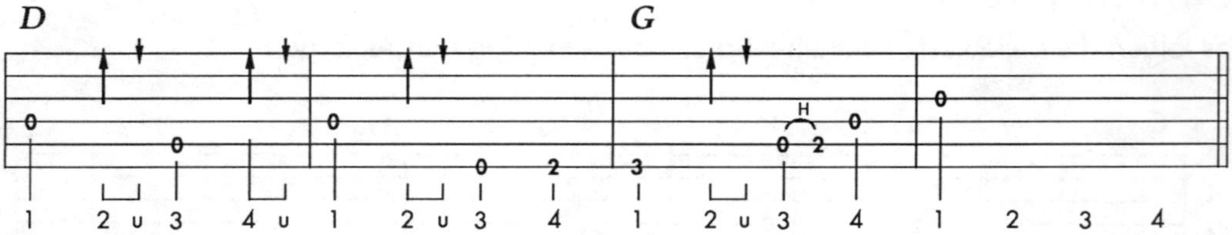

Als Beispiel für solch ein Melodiespiel im Flatpicking-Stil: → »Übers Meer«, Rio Reiser.

Sweep Picking

Die ersten Gitarristen, die das Sweep-Picking einsetzen, sind die Bluegrass-Gitarristen. Der typische Bluegrass-Lauf läßt sich bei den hohen Tempi dieser Musik kaum sauber mit Ab- und Aufschlägen spielen. Deshalb wird die Bewegung der rechten Hand auf eine einfache Abwärtsbewegung reduziert, wir drücken das Plektrum ›durch die Saiten hindurch‹, jede Saite wird nur einmal angeschlagen, die ausgelassenen Töne werden durch Hammering on und Pulling off eingefügt.

Der Bluegrass-Lauf mit Ab- und Aufschlägen

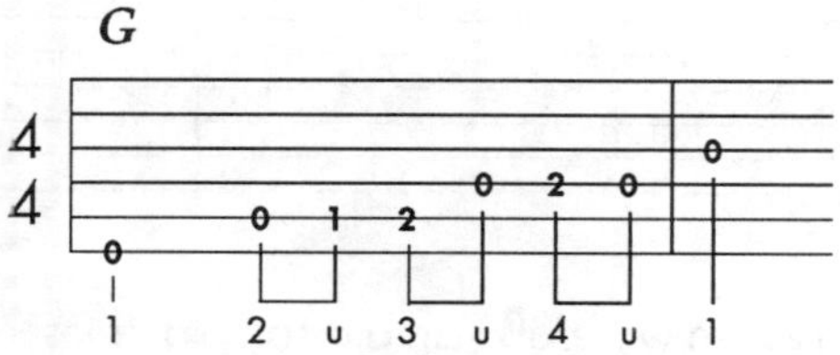

die Arbeit der rechten Hand

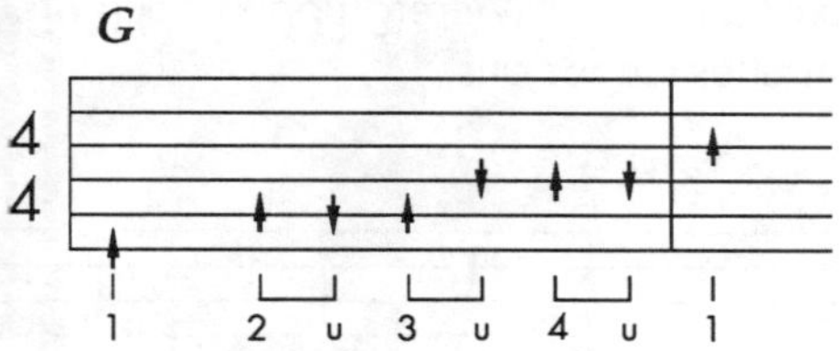

Der gleiche Lauf mit Sweep-Picking

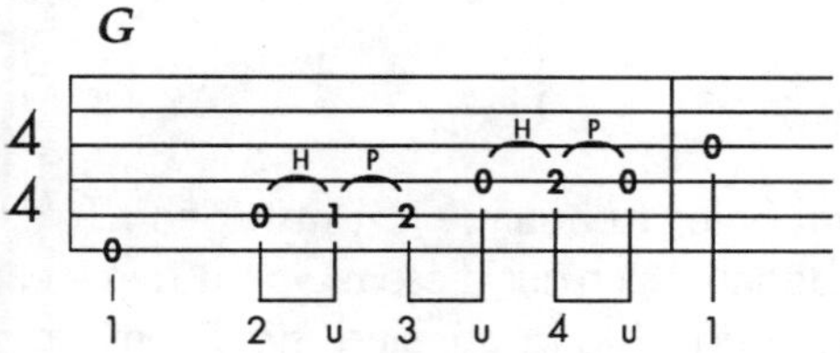

die Arbeit der rechten Hand verringert sich gewaltig

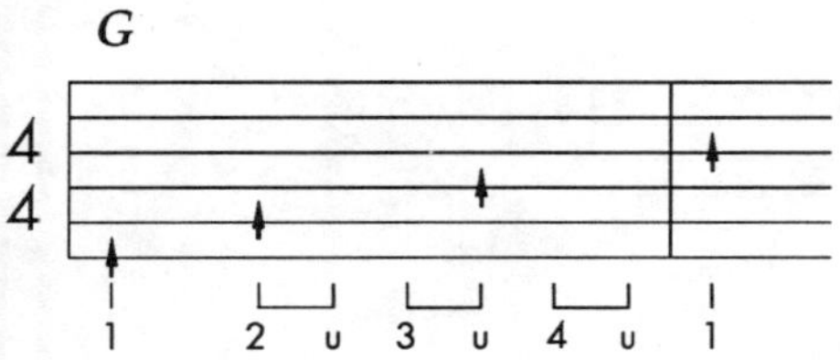

In unserem Beispiel werden aus acht Ab- und Aufschlägen vier Abschläge, wenn wir über die Saiten fegen (sweep, engl. fegen).

Diese Technik läßt sich überall dort einsetzen, wo mit ökonomischer Bewegung der rechten Hand schnelle Läufe gespielt werden sollen.

Das Crosspicking

Mit dem Crosspicking imitiert der Flatpicker die ›Rolls‹ des fünfsaitigen Banjos. Genau wie beim Banjospiel werden beim Crosspicking die Akkorde abgerollt. Da die Banjospieler mit Daumen, Zeige- und Mittelfinger spielen, bietet sich für sie förmlich der Anschlag Daumen, Zeigefinger, Mittelfinger auf drei aufeinanderfolgenden Saiten an.

Wir versuchen dies auf der Gitarre mit den drei leeren Saiten des G-Dur Akkordes, jedoch mit dem Plektrum. Man beachte die Anschlagsrichtung des Plektrums.

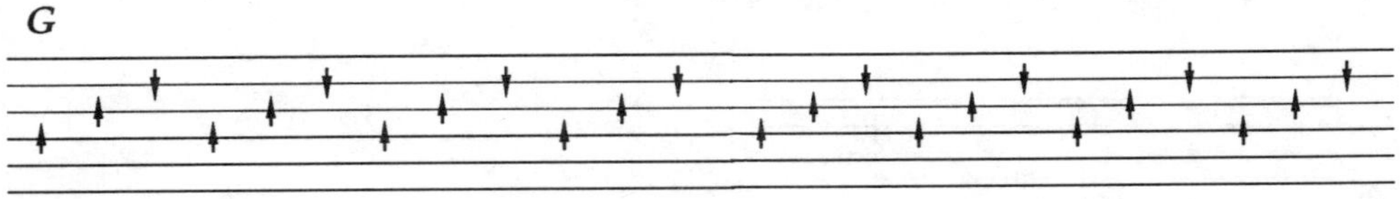

Versuchen wir jetzt, 1 u 2 u 3 u 4 u mitzuzählen, merken wir, daß sich die Tonfolge dieser Zählweise widersetzt. Das liegt daran, daß sich diese Tonfolge eher zu Dreiergruppen zusammenfassen lassen will. Es entsteht eine Polyrhythmik: Die Dreiergruppen reiben sich mit den erwarteten Vierergruppen. Da sich Dreiergruppen und Vierergruppen nach drei Takten jedoch immer wieder treffen, bleibt rhythmisches Chaos aus.

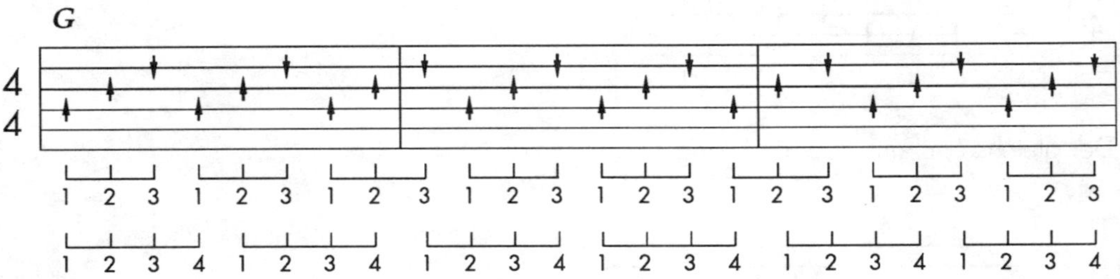

Solche Exkursionen auf glattes Parkett führen beim Spiel zu häufigem ›Umsteigen‹, Takte werden leicht in der falschen Länge gespielt. Man begnügt sich aus diesem Grund gerne mit Crosspicking-Mustern, die nur einen Takt lang sind. Klanglich sind sie kaum vom polyrhythmischen Original zu unterscheiden.

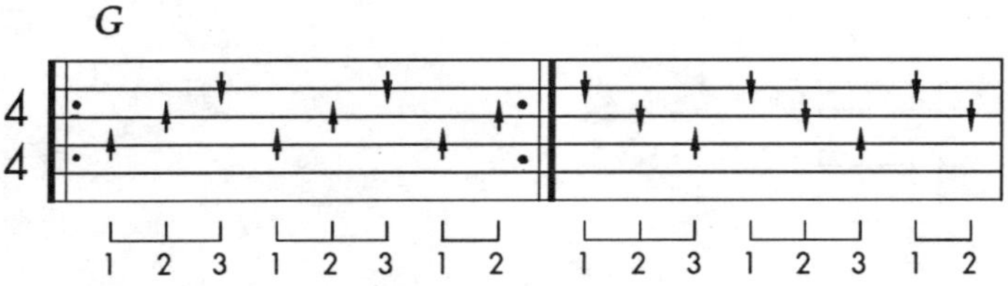

Dieses Crosspicking mit der Achtelzählweise 123 123 12 entspricht dem Rumbarhythmus der Latin-Musik. Wir finden es bei → »Satt zu essen«, Pension Volkmann oder »Was passierte in den Jahren«, Konstantin Wecker.

Rhythmusgitarre – Folk-Rock

Auf der Folkgitarre hat sich neben Flatpicking ein einfaches Rhythmusspiel erhalten. Diese Art des Rhythmusspiels baut sich auf einfachen Ab- und Aufschlägen im Achtelrhythmus auf. Begleitungen im 4/4-Takt setzen wir aus vier Grundbausteinen zusammen.

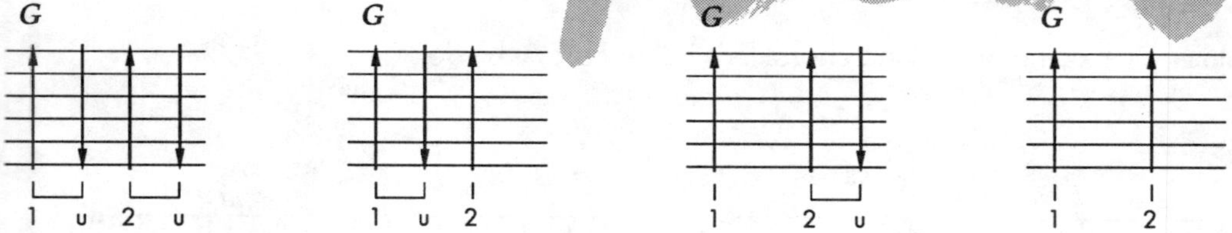

Aus diesen einfachen Rhythmusbausteinen lassen sich schon brauchbare Begleitungen aufbauen. Jeweils zwei Bausteine füllen einen 4/4-Takt.

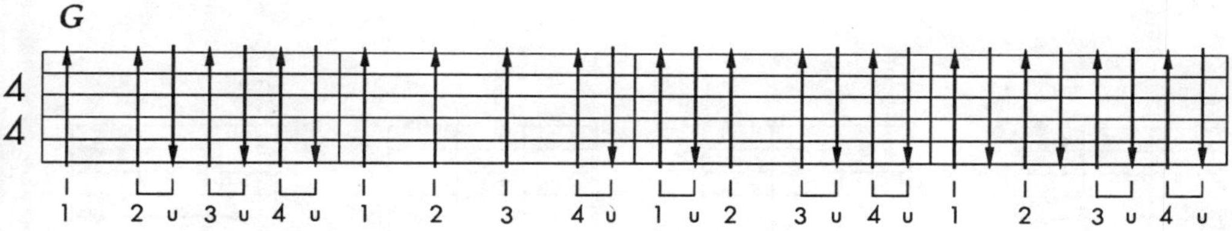

Perkussionsschläge auf Taktschlag 2 und 4 ergeben einen Folk-Rock-Sound.

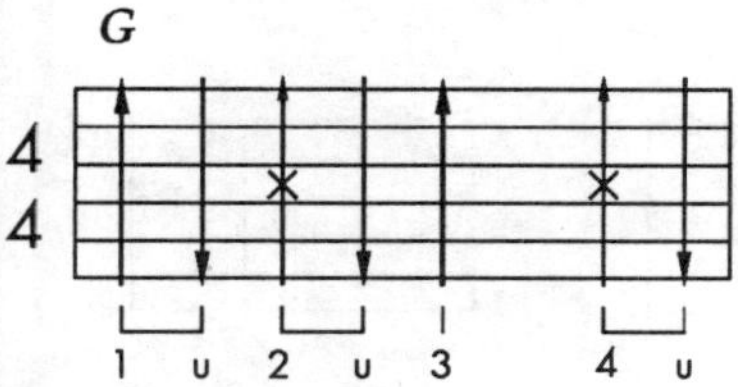

Der rechte Handballen erzeugt ein ›Tschak‹, er wird zusammen mit dem Abschlag nahe am Steg auf die Saiten gelegt, so daß die Töne nicht klingen.

Rhythmusmuster wie diese kommen im 3/4-Takt zum Einsatz.

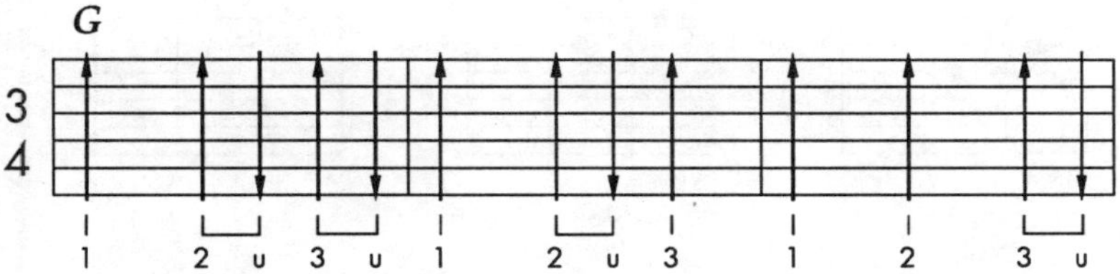

Der 6/8-Takt wird mit folgendem Anschlag gespielt.

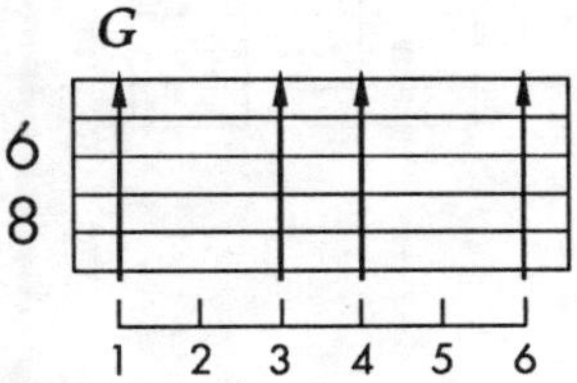

Beispiele für einfache Folk-Rock-Rhythmen finden sich auch bei → »Der Clown hat den Blues«, Wolf Mahn; »Ich tu das«, Maria Bill; »Der Traum ist aus«, Ton Steine Scherben.

Folk-Akkorde

Typisch für die Folkmusik sind ›offen klingende‹ Akkorde.
Besonders folky hören sich Akkorde an, wenn wir einige Saiten in hohen Bünden greifen und dazu leere Saiten anschlagen.

Hier eine kleine Sammlung charakteristischer Folk-Akkorde:

G

G $^{4/6}$

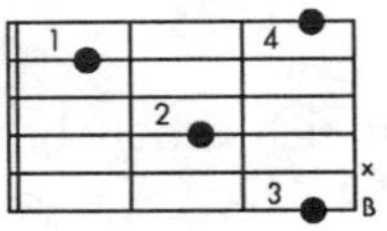

G $^{4/9}$

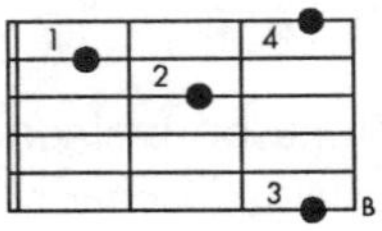

G $_{/H}$

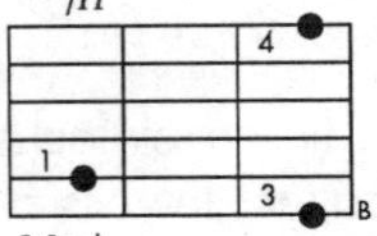

5. Bund

G ^{6}

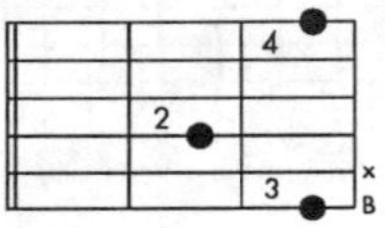

G ^{6}, *A*

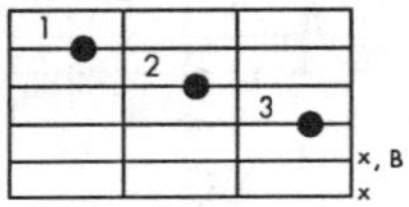

3. Bund: G ^{6}
5. Bund: A

C

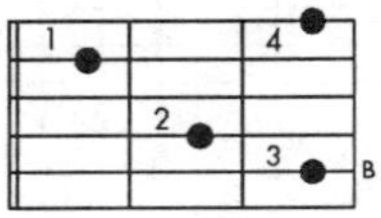

C ^{9}

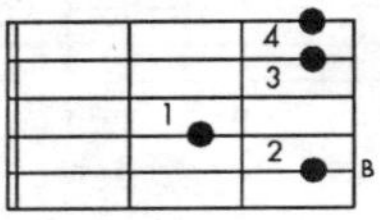

E

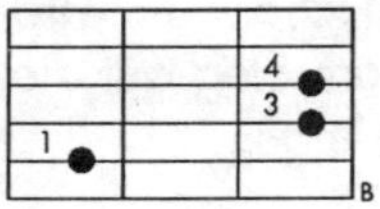

7. Bund

F $_{/G}$

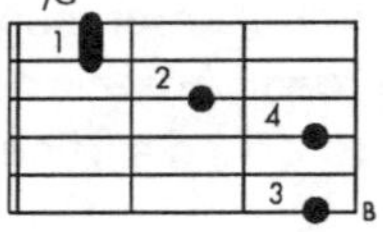

e ^{7}

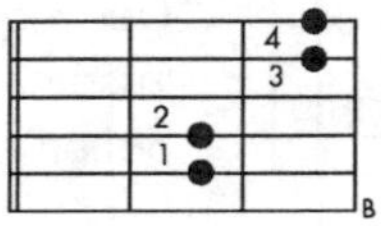

D

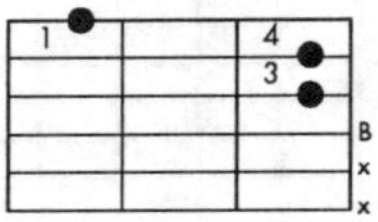

5. Bund

A ^{maj7}

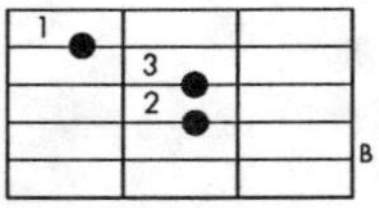

5. Bund

A ^{7}

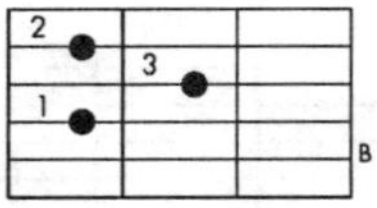

5. Bund

d ^{7}

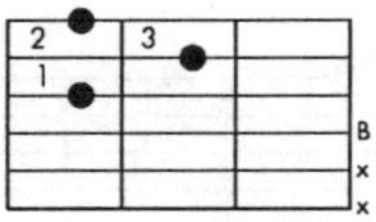

5. Bund

d

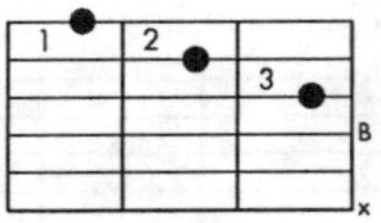

5. Bund

a ^{9}

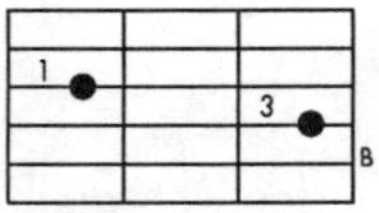

5. Bund

F ^{6}

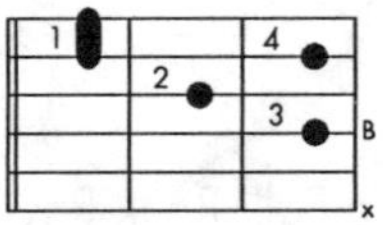

D $^{7/9}{}_{/Fis}$

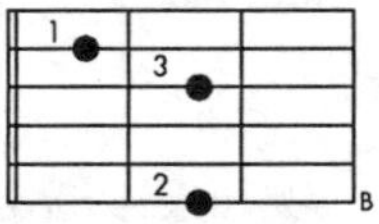

e

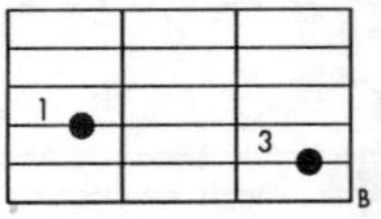

5. Bund

Folk spezial

Offene Stimmung am Beispiel der Waldzither

Die Waldzither ist ein Zupfinstrument aus Thüringen. Sie ist kleiner als die Gitarre, ihr fehlt deren Taillierung, sie ist kurzhalsig und besitzt meist Mechaniken, die mit einem Uhrenschlüssel verstellt werden. Dieses fünfsaitige Instrument – eine Einzelsaite, vier Chöre – wird auf den G-Dur-Akkord gestimmt. Dies erleichtert das Spiel, da der Grundakkord sich aus dem Anschlag der leeren Saiten ergibt. Die Waldzither wird heute nur noch vereinzelt von Pfadfindern gespielt. In England gibt ihr der Instrumentenbauer Stefan Sobell einen längeren Hals. Seitdem wird sie als ›Cittern‹ häufig zur Begleitung englischer, irischer und schottischer Folklore benutzt.

Ihre Stimmung läßt sich gut auf die Gitarre übertragen. Die vierte, dritte und zweite Saite bleiben unverändert, die fünfte Saite wird um einen Ton auf G, die erste Saite um einen Ton auf D herabgestimmt. Die sechste Saite wird eigentlich nicht benötigt, damit sie auch zum Akkord paßt, stimmen wir sie auch auf D. Keith Richards benutzt für die Waldzither-Stimmung eine fünfsaitige Gitarre, die bei vielen Stones-Songs den Sound bestimmt. Offen G-Dur gestimmt sind auch die Gitarren in → »Vollmond«, Herbert Grönemeyer; »Alter Adel«, Freiberg.

Das Spiel in der Waldzither-Stimmung läuft im einfachsten Fall in G-Dur und wir greifen auf den drei nicht umgestimmten Saiten die gewohnten Akkorde. Die umgestimmten Saiten lassen wir als Borduntöne mitklingen. So erhalten wir einen altertümlichen, modalen Klang.

Floating

Mit dieser Technik gelingt es uns, den pedalartigen Klang, den wir von abgerollten Akkorden kennen, auch auf das Melodiespiel zu übertragen. Wir müssen Melodien so spielen, daß ein angeschlagener Ton noch weiterklingen kann, wenn der folgende angeschlagen wird – es dürfen also niemals zwei Töne nacheinander auf derselben Saite gespielt werden. Slide, Hammering on und Pulling off helfen uns manchmal aus der Patsche. Entwickelt wird diese Technik von Chet Atkins, der den Banjostil von Bill Keith auf die Gitarre überträgt.

Vier Takte mit normalem Melodiespiel

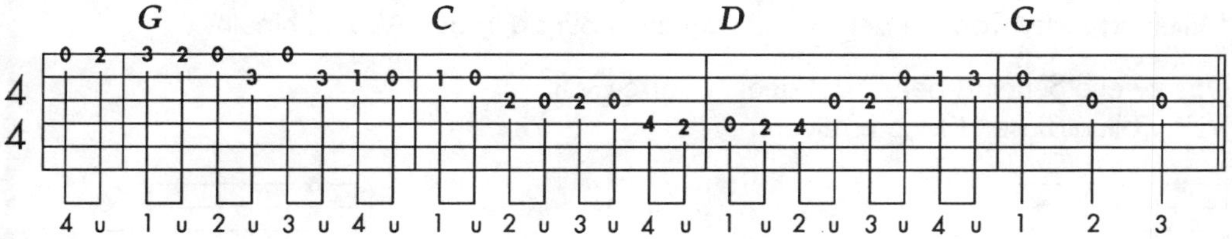

und in der Floating-Technik

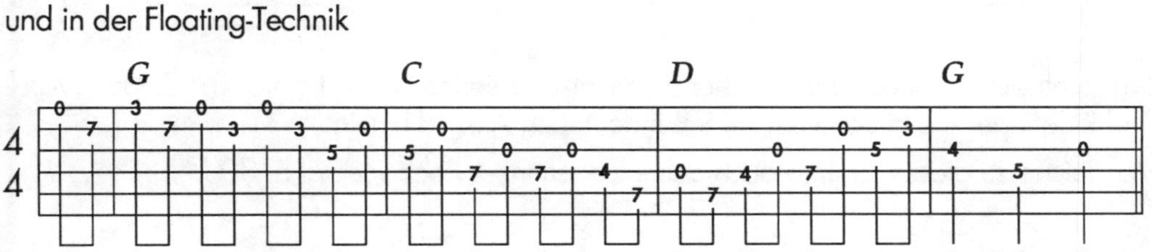

Wir nutzen diese Technik bei der Umsetzung des Klavierarrangements in → »Laß uns leben«.

Dämpfen mit der Handkante

Beim Fingerpicking werden häufig die drei Baßsaiten durch Aufsetzen der Handkante der rechten Hand nahe am Steg abgedämpft. Man erzielt so einen trockenen, knackigen Klang und eine gute Trennung der Baßanschläge von den Tönen der Diskantsaiten.

Perkussives Saitenschnellen

Diese Technik wird vor allem von Folk-Blues-Gitarristen angewandt, um Töne besonders hervorzuheben. Man geht mit dem Daumen oder dem Finger der rechten Hand unter die Saite, spannt sie wie eine Bogensehne und läßt sie aufs Griffbrett schnellen. Der Aufschlag der Saite auf die Bundstäbchen ergibt einen perkussiven Ton.

Country-Ziehtechniken

Verknüpft mit dem Folk-Rock ist der Country-Rock, bei dem Gruppen wie die Byrds, Flying Burrito Brothers, Eagles, die Hot Band von Emmylou Harris und Poco bis Mitte der 70er Jahre stilbildend sind . Die Gitarristen James Burton, Clarence White, Bernie Leadon, Albert Lee und Jerry Donahue übertragen viele Techniken der Pedal Steel Guitar (›Nähmaschine‹) auf die sechssaitige Gitarre, Ziehtechniken, bei denen im einfachsten Fall zwei Akkordtöne und ein akkordfremder Ton angeschlagen werden. Der akkordfremde Ton wird bei der Pedal Steel Guitar dann durch Treten eines Pedals, bei der normalen Gitarre durch Ziehen der Saite in den Akkord geführt. So entsteht der ›weinende‹ Gitarrenklang der Countrymusik.

In der Countrymusik wird in Akkorde ›hineingezogen‹. Das beliebteste Schema beruht auf den hohen drei Saiten des E-Barré-Griffs.
Wir wollen diesen Klang erreichen

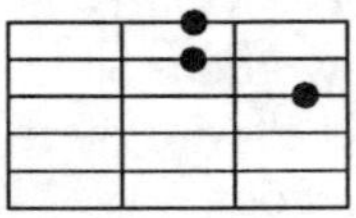

greifen aber folgendermaßen:

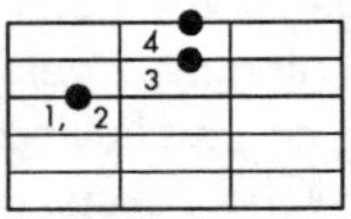

Dann schlagen wir alle drei Saiten gleichzeitig an und ziehen durch Strecken von Zeige- und Mittelfinger den Ton auf der G-Saite um zwei Bünde in den Akkord hinein.

Das zweite Schema beruht auf dem A-Barré-Griff.
Wir wollen diesen Klang erreichen

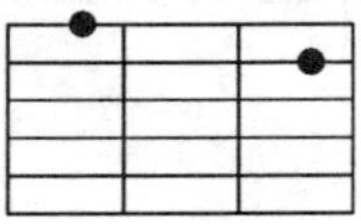

greifen aber folgendermaßen:

Nun schlagen wir die beiden höchsten Saiten an und ziehen durch Strecken von Zeige-, Mittel- und Ringfinger die H-Saite um zwei Bünde in den Akkord hinein.

Vergleiche zu diesem Thema auch Saitenziehen in → Rock spezial S. 304.

Latin-Spieltechniken

Entwicklung südamerikanischer Musik

Die Entwicklung der lateinamerikanischen Musik ist eng mit der Kolonisation durch Spanier und Portugiesen verbunden. Die Musik der Ureinwohner, der Indios, geht durch deren starke Ausrottung während ihrer Versklavung fast vollständig unter.

Als widerstandsfähigere Arbeitskräfte werden Sklaven aus Westafrika ins Land gebracht. Dies gilt insbesondere für die Karibik und die Küstenbereiche Venezuelas und Brasiliens. Da, im Unterschied zu Nordamerika, den Farbigen ihre eigene Musizierpraxis nicht verboten wird, kommt es hier zu einer Verbindung spanisch-portugiesischer Melodik und afrikanischer Rhythmik. Die in der südamerikanischen Popularmusik häufig anzutreffenden Synkopen und die Aufteilung des Taktes in Dreier-Achtelgruppen wie beim Rumba oder Claves, gehen auf die Anpassung des afrikanischen Rhythmusgefühls an den Takt der europäischen Musik zurück. Dies ist die Musik, an die man zuerst denkt beim Stichwort ›Latin‹.

Die Rhythmusgruppe besteht aus Instrumenten wie Congas, Bongos, Timbales, Claves. Bekannte Rhythmen sind Samba, Rumba, Mambo, Merengue, Calypso, Chacha.

Argentinien und weite Teile Brasiliens sind im 19. Jahrhundert bevorzugte Auswanderungsländer der Südeuropäer. Aus deren Musikstilen entwickelt sich um 1900 der Tango.

Das gegenseitige Interesse brasilianischer Samba- und nordamerikanischer Jazzmusiker für ihre Musikstile führt in den 50er Jahren zum Bossa Nova. Jazzharmonik, Songaufbau und Elemente der Melodik werden mit Sambarhythmen kombiniert. Im Gegensatz zur sonst in Lateinamerika üblichen Spielweise ›on the beat‹ wird Bossa Nova ›laid back‹ gespielt.

Die Gitarre in Lateinamerika

Das meistgebrauchte Instrument ist die spanische Konzertgitarre. Daneben existiert eine Vielzahl von Soprangitarren wie Charango (aus einem Gürteltierpanzer), Tiple und Cuatro. Nach unten runden Bajo sexto (eine 12-saitige Baritongitarre) und Guitarrón (eine 6-saitige Baßgitarre) die südamerikanische Gitarrenfamilie ab.

Die Gitarre wird in Brasilien vornehmlich in klassischer Manier gezupft, in den anderen Ländern meist geschlagen, mit dem Plektrum oder mit den Fingern.

In den folgenden Spieltechniken sollen uns vor allem Elemente interessieren, die auch im Folk und Rock verwendet werden können.

Calypso

Eine auf den westindischen Inseln aufgekommene Tanzmusik mit charakteristischem Rhythmus, im Gesang mit Wechsel von Vorsänger und Chor. Ende der 50er Jahre, zu Zeiten des zweiten Folkrevivals, hält der Calypso Einzug in die Folkmusik Nordamerikas. Insbesondere das Kingston Trio mit »Tom Dooley« und Harry Belafonte mit »Hey Mr. Tallyman«, »Island in the Sun«, »Jamaica Farewell« interpretieren viele Songs im Calypso-Rhythmus. Dieser ist bis heute einer der Standardrhythmen des Folk.

Die Grundlage des Calypsos ist ein Achtelrhythmus im 4/4 Takt mit Ab- und Aufschlägen.

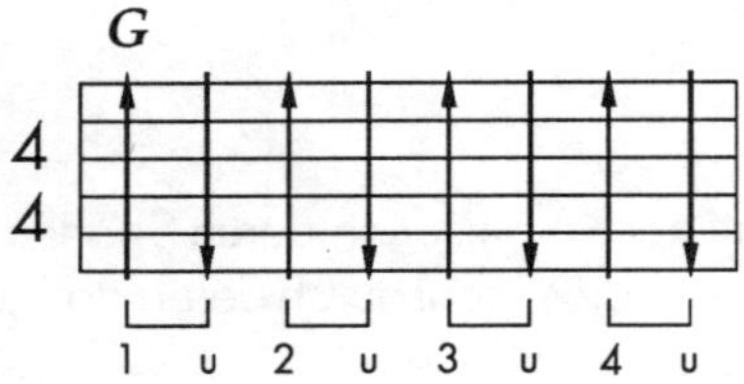

Lassen wir aus diesem Achtelrhythmus einzelne Aufschläge weg, erhalten wir interessante Variationen, der Charakter verändert sich jedoch nicht. Dies passiert erst, wenn Abschläge wegfallen, da sie sich auf den wichtigeren Zählzeiten (1 2 3 4) des Taktes befinden. Fehlt einer der Abschläge, wandert sein ›Gewicht‹ zu der davorliegenden Note auf einem ›und‹. Dieser Effekt wird als Synkopierung bezeichnet. Am häufigsten wird der Abschlag auf der Zählzeit 3 weggelassen. Fällt zusätzlich der Aufschlag auf ›1 und‹ weg, ergibt sich die leicht einzuprägende Anschlagsfolge: 2x ab, 2x auf, ab und auf.

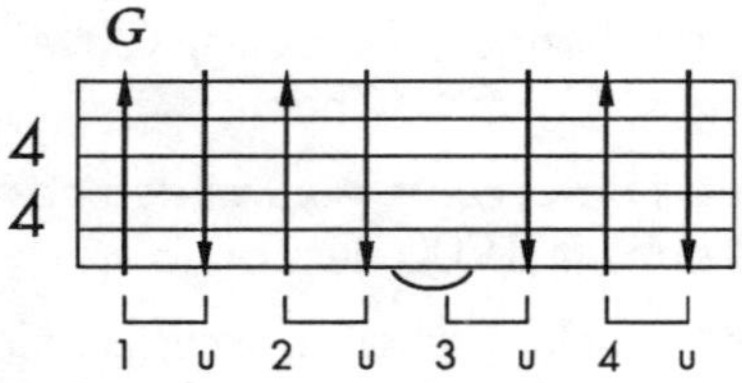

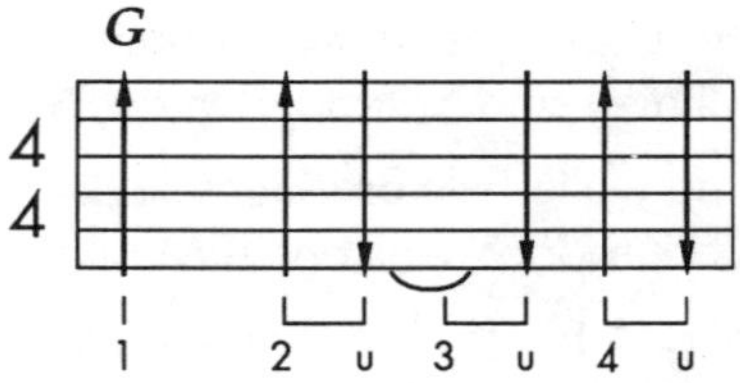

Weitere Rhythmen lassen sich aus dem eingangs vorgestellten Achtelrhythmus selbst entwickeln, wenn man mindestens einen Abschlag pro Takt wegfallen läßt.

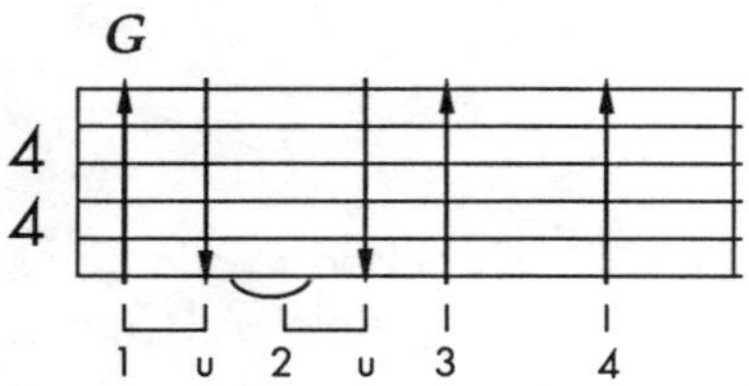

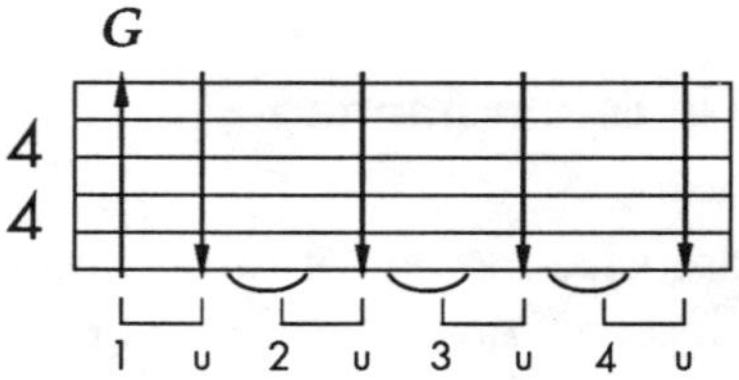

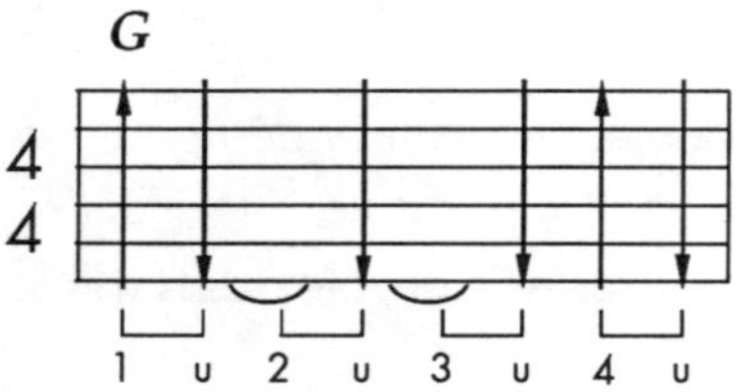

Bislang haben wir die Aufschläge über die Lücken hinweg klingen lassen, der Rhythmus wird akzentuierter, wenn wir sie abstoppen. Dies tun wir bei Barrégriffen durch leichtes Anheben der Greiffinger, bei normalen Akkorden durch Schrägstellen der Finger.

Erweitern können wir den Calypso um ein schnell ausgeführtes Arpeggio. Auf Taktschlag ›1‹ schlagen wir nur den Baßton des Akkordes an. Auf ›1 und‹ beginnend, drücken wir das Plektrum durch die verbleibenden Saiten des Akkordes hindurch. Es erklingt ein Arpeggio – zu schnell, um in Notenwerten dargestellt zu werden, aber deutlich hörbar.

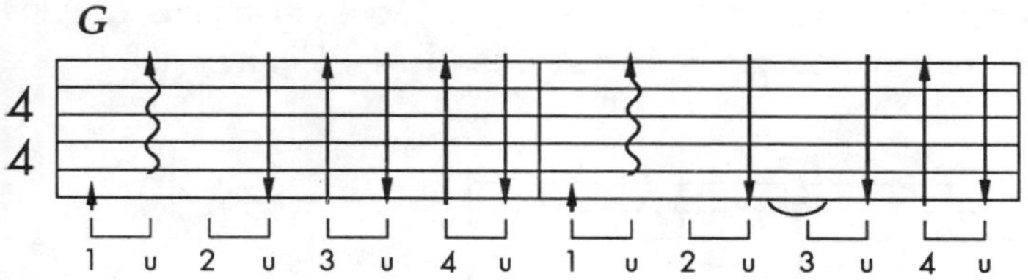

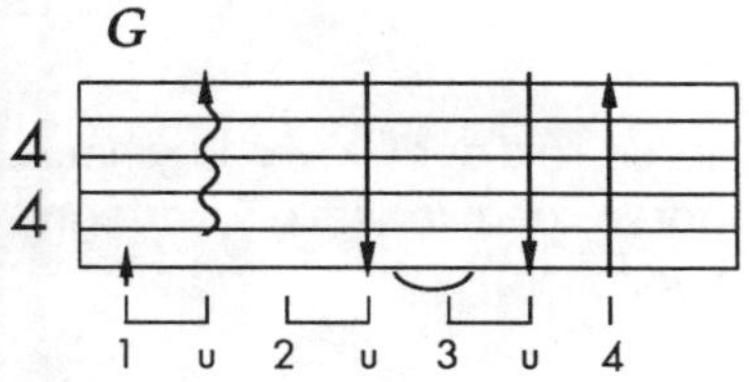

Auch gezupft ist der Calypso sehr beliebt und nicht mehr wegzudenken aus der Trickkiste gekonnter Interpretation auf der Akustikgitarre. Gut verwenden läßt er sich beispielsweise in → »Genug ist nicht genug«. Konstantin Wecker läßt gerne lateinamerikanische Rhythmen in sein Klavierspiel einfließen. Wir spielen auf der Gitarre neben geschlagenen Calypsorhythmen auch Arpeggien in diesem Groove.

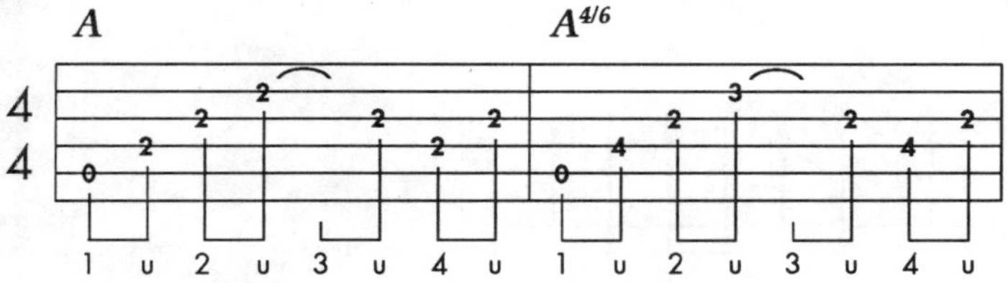

Leicht variiert und mit den einfachen Standardakkorden tritt das Calypso-Arpeggio auch in Liedern van Veens, als Grundbaustein Gerhard Schönes → »Ein Junge weint nicht« oder Schneewittchens → »Ich will den Tag nicht halten« in Erscheinung.

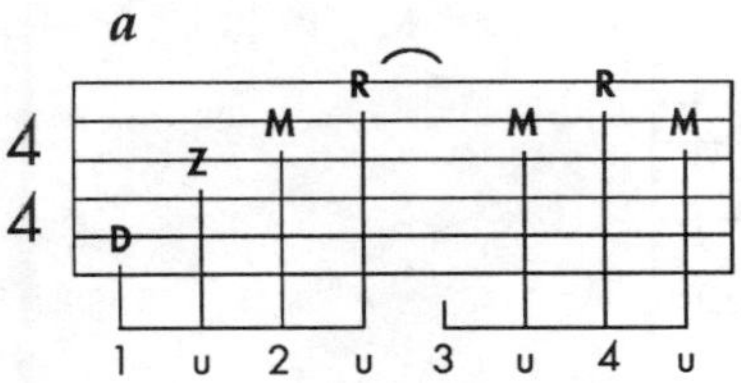

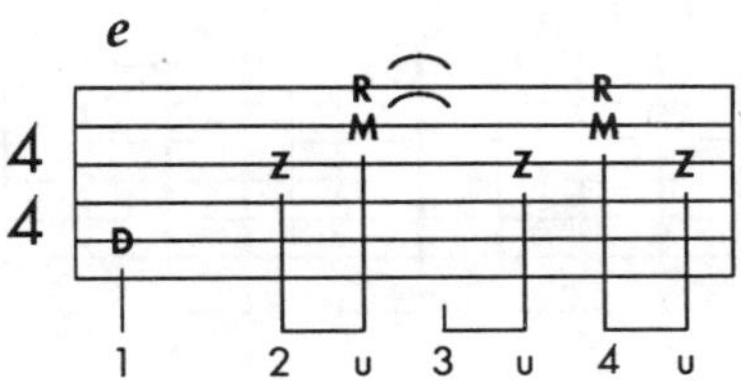

Claves-Rhythmus

Ende der 60er Jahre verbindet die Band Santana als erste erfolgreich Rockmusik mit lateinamerikanischen Rhythmen. Neben den typischen Instrumenten wie Congas, Bongos und Timbales wird vor allem eine wichtige Rhythmusfigur der lateinamerikanischen Musik in den Rock übernommen: der Claves-Rhythmus, so genannt nach den Klanghölzern auf denen er gespielt wird. Sein erster Takt fällt mit dem Rumba-Rhythmus zusammen.

Im Zusammenspiel mit anderen Instrumenten kann der reine Claves-Rhythmus gespielt werden. Auch in umgedrehter Reihenfolge, zuerst Takt 2, dann Takt 1 klingt er gut.

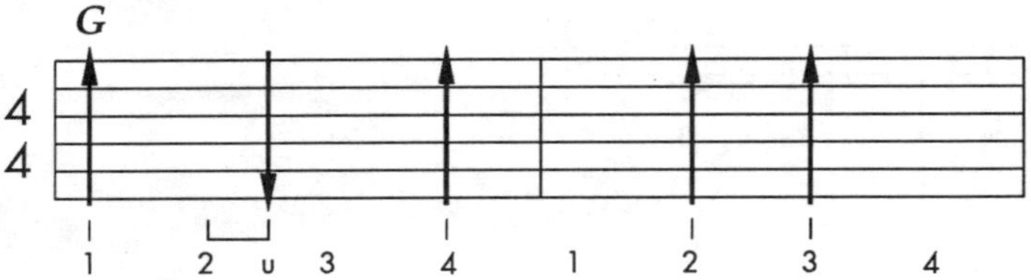

Lateinamerikanisches Feeling erhält man bereits durch den ersten Takt des Claves-Rhythmus. Der mittlere Anschlag kann entweder klingen oder abgestoppt werden, indem ein Barrégriff gelockert wird. Der letzte Schlag auf Zählzeit 4 kann ganz entfallen.

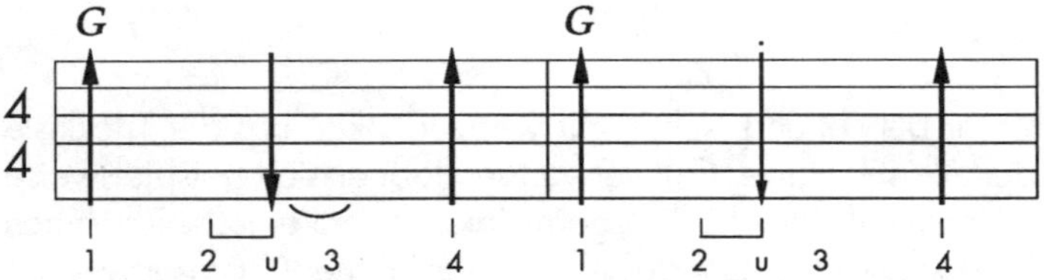

Leichter ist es, den Claves in eine gleichmäßige Achtelbewegung einzubauen und nur durch Betonungen hervorzuheben.

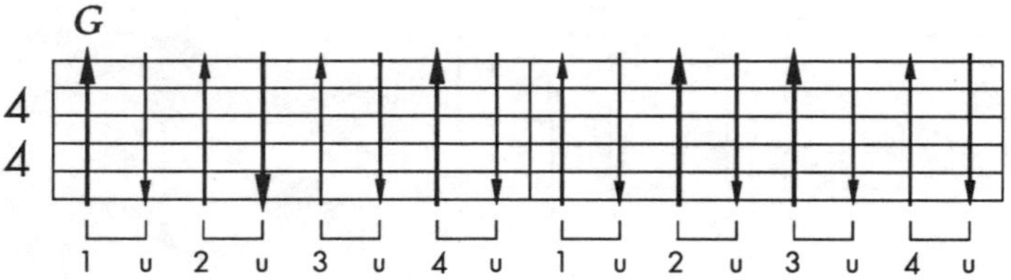

Dieser Anschlag eignet sich zur Begleitung vieler Songs, Riffcharakter erhält er, wenn wir an den betonten Stellen Akkordwechsel oder -erweiterungen hinzunehmen.

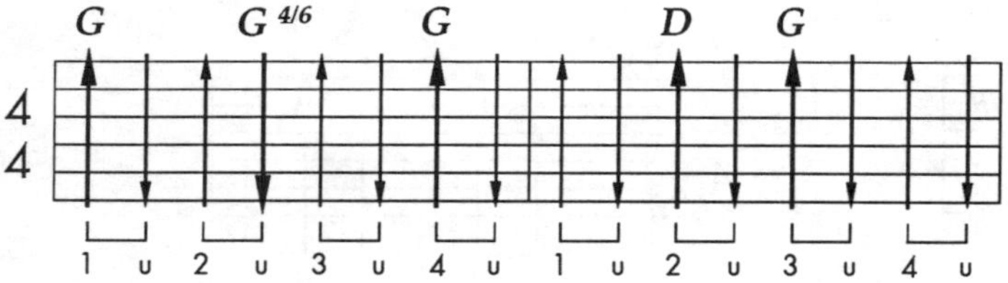

Rumba

Von der Insel Cuba stammen eine Reihe bekannter lateinamerikanischer Rhythmen, die als ›Salsa-Musik‹ buntgemischt werden, darunter der Chacha, der Claves, der Mambo. Zu ihnen gehört auch der Rumba, dessen Rhythmusformel in vielen Tänzen Lateinamerikas wieder auftaucht. Sein Rhythmus beruht auf einer 123 123 12 Einteilung des Taktes.

Wir üben den Rhythmus des Rumba in Achtelschlägen mit Betonung der Zählzeiten auf 1.

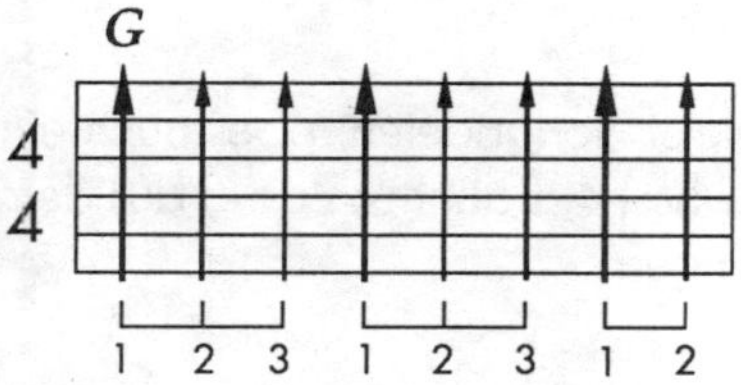

Durch Einfügen von Aufschlägen in der Mitte der Dreiergruppe eröffnen wir uns Möglichkeiten zur Variation des Rumba-Rhythmus´.

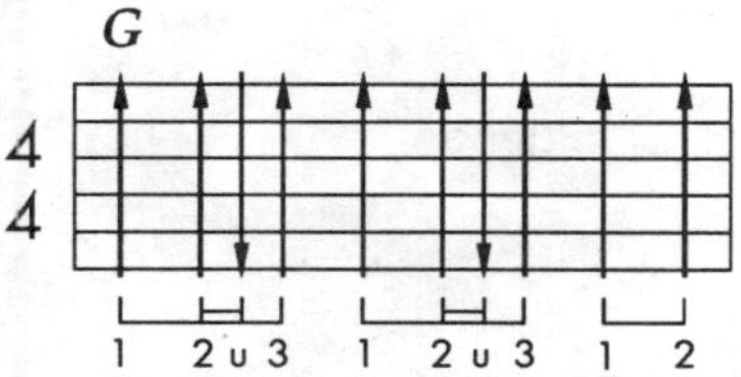

Varianten wie diese tauchen u. a. im Rock der Eagles auf und bringen einen satten Sound.

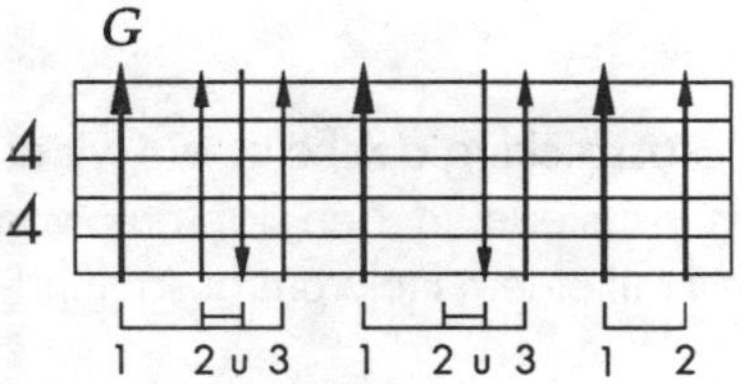

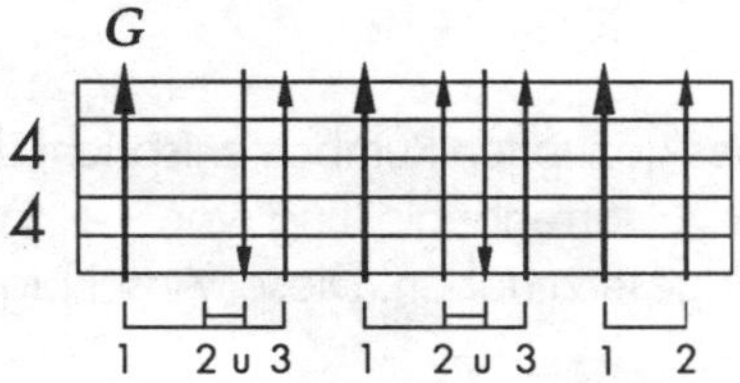

Im Rock finden wir die Rumbaformel auch im gedämpften Baß-Anschlag der Lieder → »Laß uns´n Wunder sein« von Ton Steine Scherben oder → »Die Zauberformel« von Meinecke. Gedämpft wird dabei durch leichtes Auflegen der Handkante der rechten Hand während des Abschlags oder Lockern eines Barrégriffs durch die linke Hand.

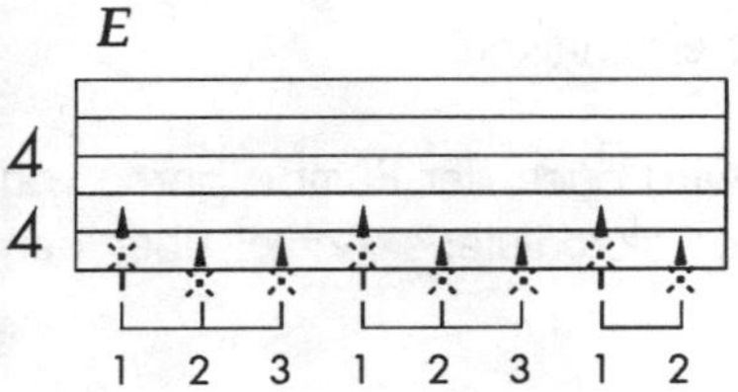

Auf der Konzertgitarre wird der Rumba auch gerne gezupft. Damit sich die Finger an die ungewöhnliche Aufteilung 123 123 12 gewöhnen, kann er zunächst in dieser einfachen Variante geübt werden.

A

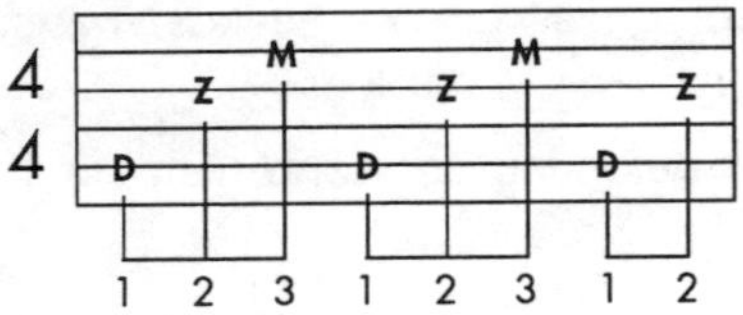

Nun in etwas geänderter Form. So läßt sich die Musik vieler Songpoeten, aber auch ein Latin Rock wie in Ulla Meinecke-Stücken oder in → »6 Uhr 14, Bahnhof Zoo«, aus dem Musical Linie 1, gut auf einer akustischen Gitarre rüberbringen.

E

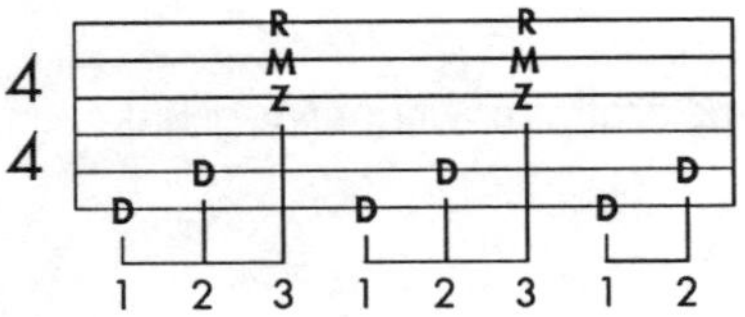

Eine Variante, die auch im Bossa Nova Anwendung findet, ist folgende.

A

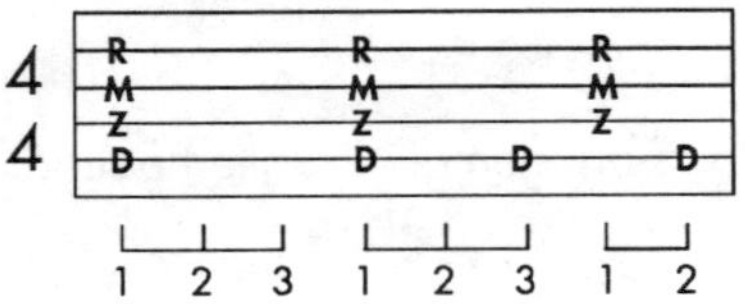

Der einfachen Form des gezupften Rumbas entspricht das Crosspicking des Folk, wie wir es zum Beispiel bei der Gitarrenbegleitung von → »Was passierte in den Jahren« von Konstantin Wecker eingesetzt haben. Dieser Anschlag wird mit einem Plektrum ausgeführt.

C

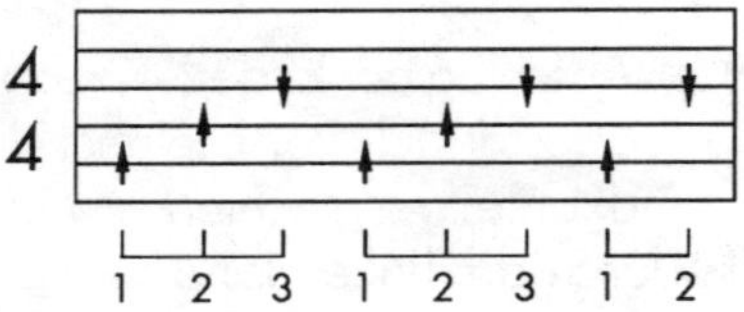

Muster im Crosspicking Stil finden sich auch unter Folk-Spieltechniken.

Wie bei fast allen lateinamerikanischen Tanzrhythmen wird auch der Rumba gerne von Percussioninstrumenten verstärkt, die durchlaufende oder akzentuierte Achtel über den Grundrhythmus legen.

Hemiola

Unter Hemiola versteht man die in lateinamerikanischer Musik häufige Verquickung von 6/8 und 3/4 Takt. Beide Takte sind zwar gleich lang, unterscheiden sich aber in der Verteilung der Betonungen. Im 6/8 Takt liegen die Betonungen auf der ersten und der vierten Achtelnote. Im 3/4 Takt liegt die Betonung auf der Zählzeit 1, die nachfolgenden Zählzeiten 2 und 3 erhalten mehr Gewicht als die dazwischenliegenden ›und‹ Zählzeiten.

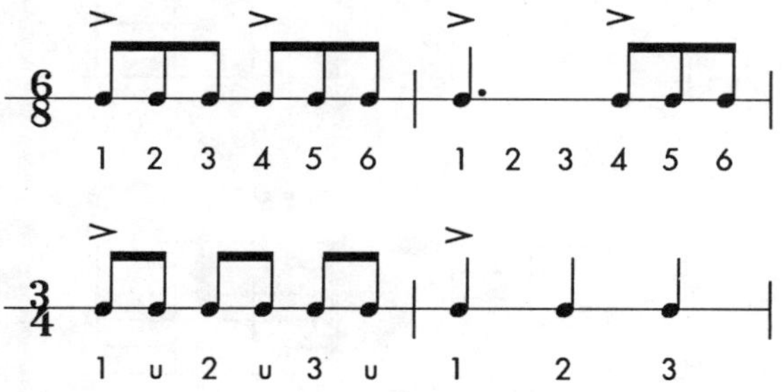

Achtelnoten werden im 6/8 Takt zu Dreiergruppen zusammengefaßt, dagegen werden sie im 3/4 Takt zu Zweiergruppen zusammengefaßt. Über die Achtelnote als dem gemeinsamen Nenner beider Taktarten nähern wir uns dem Hemiola-Rhythmus.

Im 6/8 Takt spielen wir die Achtelnoten mit der Anschlagsfolge ›ab auf ab‹, im Dreivierteltakt mit ›ab auf‹. Später können wir dann im 3/4 Takt die Achtelnoten weglassen.

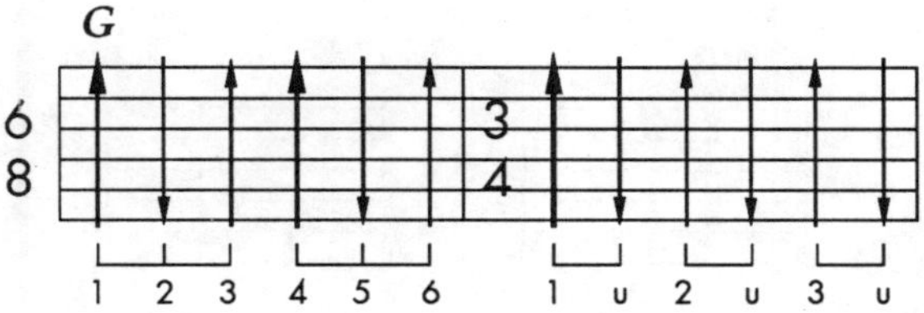

Durch diesen beständigen Wechsel von 6/8 und 3/4 Takt (oder umgekehrt) lassen sich Melodien, die in einer der beiden Taktarten stehen, auf interessante Weise begleiten. Zum Teil folgen auch die Melodien selbst dem Hemiola-Rhythmus, wie wir es von »America« aus der West Side Story von Leonard Bernstein kennen.

Auch der Song → »Nur dafür laßt uns leben« von Konstantin Wecker bezieht seinen Reiz aus der Reibung der Gesangsmelodie im 6/8 Takt mit den Instrumentalteilen im 3/4 Takt.

Latin-Akkorde

Durch die Fusion mit der Jazzmusik zum Bossa Nova halten viele Jazzharmonien Einzug in die lateinamerikanische Musik. Besonders beliebt sind maj7-Akkorde.

A maj7

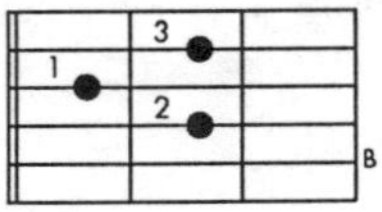

A maj7

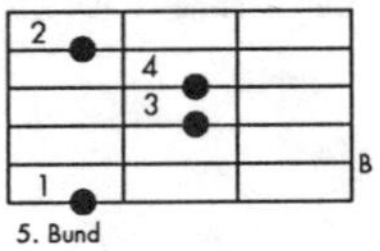

a maj7

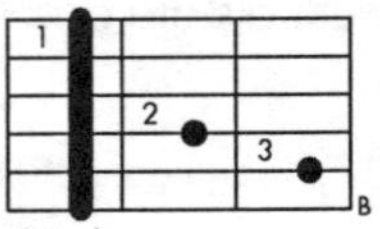

A maj7/9

B maj7

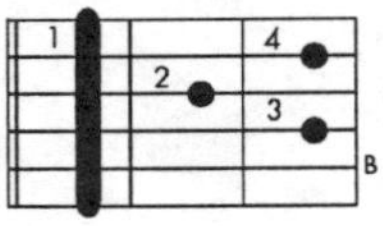

H maj 7

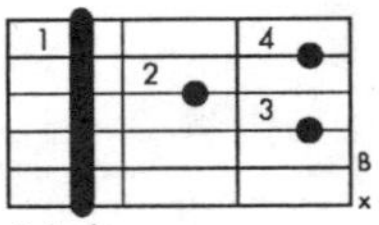

C maj7

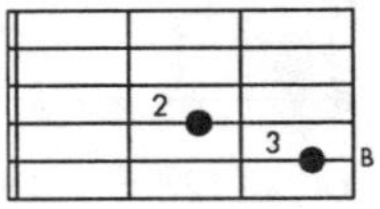

D maj 7

D maj 7

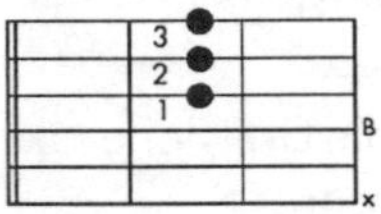

D maj 7

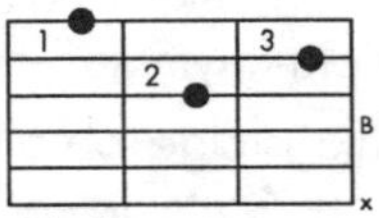

d maj7

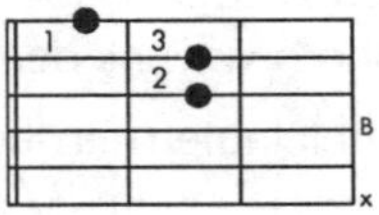

E maj 7

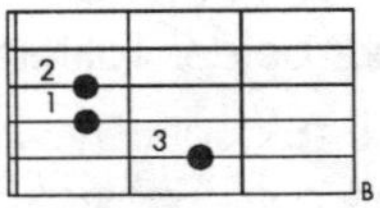

E maj 7

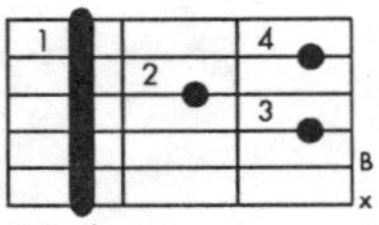

F maj 7

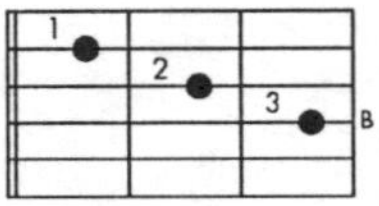

G maj7

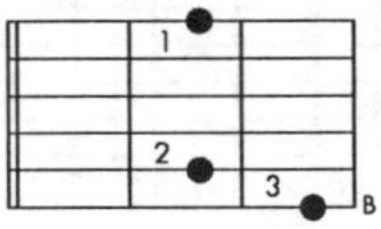

G 4/6

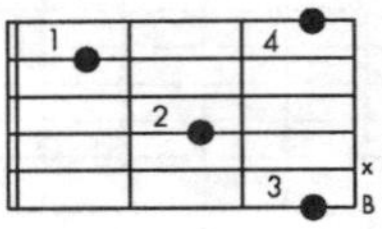

Latin spezial

Abstoppen mit der linken Hand

Barrégriffe stoppen wir durch leichtes Anheben der Greiffinger ab, normale Akkorde durch leichtes Anheben mit gleichzeitigem Schrägstellen der Finger, um auch die leeren Saiten abzustoppen. Das Zeichen dafür ist ein Staccato-Punkt oberhalb der Tabulatur.

Jazz-Spieltechniken

Entwicklung der Jazzstile

Jazz entsteht um 1900 in New Orleans, einem Schmelztiegel der Bevölkerungsgruppen. Hier treffen afrikanische, französische, kreolische, spanische Musikstile und Marschmusik aufeinander. Die Kreolen sind Nachfahren von Sklaven aus französischer Kolonialzeit.

Die typische Band dieser Zeit des New Orleans Jazz besteht aus einer Melodiegruppe mit Kornett, Klarinette und Posaune und einer Rhythmusgruppe mit Schlagzeug, Tuba und Klavier. Ist kein Piano vorhanden, spielt der Pianist Banjo. Durch den starken Einfluß der Marschmusik liegen die Betonungen im 4/4-Takt auf der 1 und der 3. Doch schon bald setzt der Widerstreit mit dieser Ordnung ein, es kommt zur Betonung der Taktschläge 2 und 4. In den frühen Stilen des New Orleans Jazz, Dixieland, Chicago Jazz spielen Klavier oder Banjo alle vier Taktschläge, Tuba und Bass Drum jedoch nur die Taktschläge 1 und 3. Diese Stile werden deshalb auch als Two Beat Jazz bezeichnet.

Mit Aufkommen des Swing Jazz Ende der 20er Jahre markieren Bass Drum und Kontrabaß alle vier Schläge des Taktes, so daß man von Four Beat Jazz sprechen müßte. Die Gitarre übernimmt den Part des Banjos in der Rhythmusgruppe. Die Art des Spiels bleibt ähnlich, der Klang der Gitarre mischt sich jedoch besser mit den übrigen Instrumenten. Wichtigster Vertreter der Schlaggitarre ist Freddie Green, unüberhörbar im Count-Basie-Orchester. Statt Barrégriffen benutzt er über nur vier Saiten gespielte Akkorde. In Europa entwickelt das Jazzquintett um Django Reinhardt eine Richtung, deren Basis das Schlaggitarrenspiel ist.

Ab den 40er Jahren entstehen moderne Stile wie Bebop, Cool Jazz, Hardbop, Free Jazz oder Impulse anderer Richtungen wie im Jazz Rock werden wichtig. Das Saxophon gewinnt an Bedeutung. Die Gitarre wird durch die elektrische Verstärkung zum vollwertigen Soloinstrument. Im Begleitungsspiel lösen Akkordeinwürfe das ›Schrubben‹ auf der Gitarre ab.

Die Jazz-Gitarre

Als Jazz-Rhythmusgitarre gilt die Schlaggitarre, die Prinzipien des Geigenbaus auf die Gitarre überträgt: Gewölbte Decke, Saitenhalter, ein Steg, der Druck auf die Decke ausübt und keinen Zug, wie sonst üblich, sowie Schallöcher in Form eines *f*. Das Resultat dieser Bauweise ist eine Gitarre mit einem harten, perkussiven und durchsetzungsfähigen Klang. Das Instrument, das diesen Gitarrentyp am deutlichsten verkörpert, ist die Gibson L 5.

Jazz-Rhythmusgitarre wird mit dem Plektrum gespielt. Das Plektrum wird von Daumen und Zeigefinger gehalten. Auf Wes Montgomery geht das Spiel mit Daumen zurück. Anstelle des Plektrums werden die Saiten mit dem Daumen angeschlagen.

Jazz-Rhythmen

Die Funktion der Gitarre ist einfach umrissen: sie markiert die Viertelnoten durch prägnante Abschläge mit dem Plektrum, daher der Begriff ›Schlaggitarre‹. Besonders zu achten ist auf die Betonung der Taktschläge 2 und 4. Will man einen Jazzstil der 20er Jahre und früher spielen, stoppt man jeden zweiten Anschlag durch Anheben der linken Hand ab.

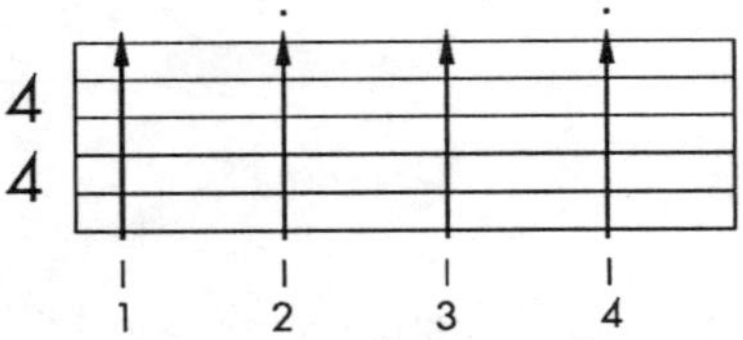

Für Jazzstile der 30er und frühen 40er Jahre werden alle vier Anschläge abgestoppt.

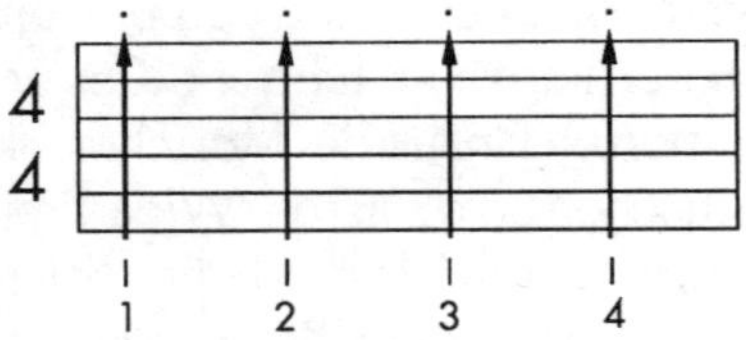

Dies sind die beiden Standardanschläge.

Wenn man sich allein auf der Gitarre begleitet – und somit eines der wichtigsten Elemente des Jazz, der Beckenrhythmus des Schlagzeugs fehlt – kann man diesen durch zwei zusätzliche Aufschläge mit dem Plektrum mitspielen.

Variante des ersten Anschlags 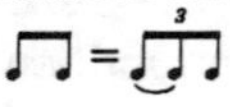 *Swing*

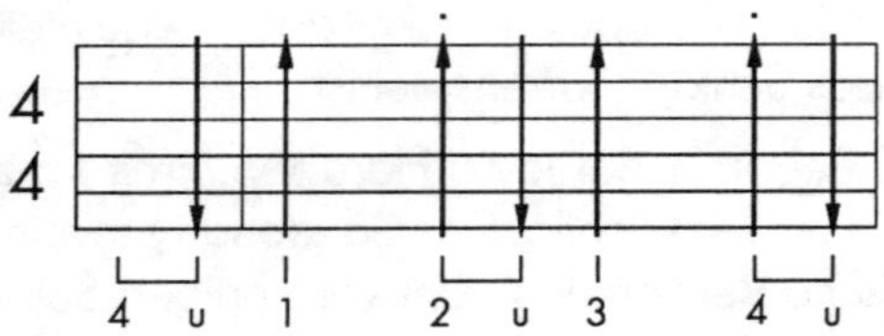

Variante des zweiten Anschlags 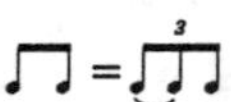 *Swing*

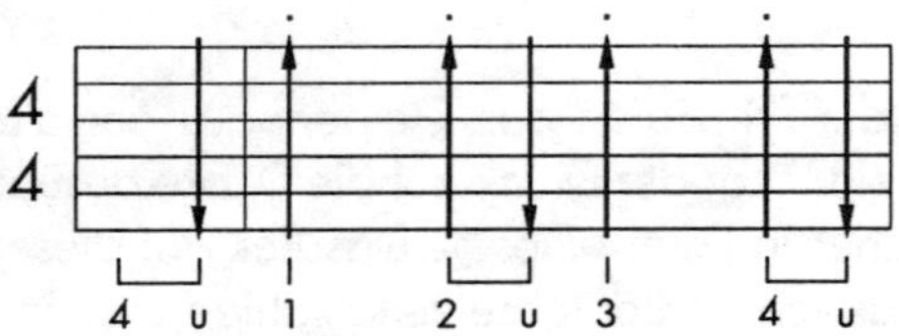

Mitte der 40er Jahre tritt an die Stelle der akustischen Schlaggitarre immer häufiger die Elektrogitarre, die keinen durchgehenden Rhythmus spielt, sondern sich auf kurze Akkordeinwürfe beschränkt.

Der Aufbau von Jazz-Stücken

Die bevorzugte Form für Jazz-Stücke ist der 32-Takter, der sich aus achttaktigen Teilen zusammensetzt. Der typische Aufbau von Jazz-Stücken:

A-Teil	A-Teil	B-Teil	A-Teil
8 Takte	8 Takte	8 Takte	8 Takte = 32 Takte

Diese Abfolge A A B A wird bis zum Schluß des Stückes wiederholt. Im ersten Durchlauf der 32 Takte wird die Melodie des Songs vorgestellt, im weiteren Verlauf des Stückes wird darüber improvisiert. Ein Durchlauf dieser Abfolge wird als Chorus bezeichnet. Jeder Solist erhält einen Chorus (oder mehrere) zur Improvisation. Zum Schluß des Stückes erscheint noch einmal die Melodie, häufig unterbrochen von einem Schlagzeugsolo über dem letzten B-Teil. Dieses strenge Festhalten an einer Form erleichtert den sonst weitgehend improvisierten Umgang mit der Musik. Alle 32 Takte heißt's also aufpassen.

Auch beim Aufbau der A- und B-Teile gibt es bestimmte Vorlieben. Den meisten A-Teilen liegt folgende Grundakkordfolge zugrunde, die allerdings vielfach variiert wird.

A^{maj7} $f\#^{7}$ / h^{7} E^{7} / A^{maj7} $f\#^{7}$ / h^{7} E^{7} /

A^{maj7} A^{7} / D^{maj7} $D\#^{\circ}$ / A^{maj7} E^{7} / A^{maj7} //

B-Teile haben häufig diese Akkordfolge:

$C\#^{7}$ / $C\#^{7}$ / $F\#^{7}$ / $F\#^{7}$ /

H^{7} / H^{7} / E^{7} / E^{7} //

Der Jazz-Blues

Neben dem 32-Takter ist das Bluesschema Grundlage vieler Jazzstücke. Im Jazz wird das Bluesschema meist in erweiterter Form benutzt. Hier das Bluesschema in seiner einfachsten Form:

A^{7} / A^{7} / A^{7} / A^{7} /

D^{7} / D^{7} / A^{7} / A^{7} /

E^{7} / E^{7} / A^{7} / A^{7} //

Die wichtigste Veränderung, die Jazzmusiker vornehmen, besteht aus zwei Gängen durch den Quintenzirkel vom achten zum zehnten und vom elften zum zwölften Takt.

Das Jazz-Bluesschema:

A^{7} / D^{7} / A^{7} / A^{7} /

D^{7} / D^{7} / A^{7} / $F\#^{7}$ /

H^{7} / E^{7} / A^{7} $F\#^{7}$ / H^{7} E^{7} //

Jazz-Harmonien

Das Jazzgitarrenspiel lebt nicht von der Variation des Rhythmus, sondern von der Variation der Akkorde. Jazzgitarristen sehen Akkorde nicht als etwas Statisches an, sondern sie variieren Akkorde ständig, entweder durch Wechselnoten – an Stelle eines Taktes C wird z.B. zwischen C^6 und C^{maj7} gewechselt – oder durch Durchgangstöne – ein Ton aus dem Akkord tastet sich schon Schritt für Schritt, d.h. Bund für Bund auf den nächsten Akkord zu. Jazzakkorde klingen klarer, wenn man sie nur über vier Saiten spielt. Die nicht benötigten Saiten werden durch Schrägstellung der Finger abgedämpft.

Um die besagte Flexibilität im Umgang mit Akkorden zu erreichen, sollte man nicht Einzelakkorde lernen, sondern lieber zwei Griffbrett-Bereiche von vier Bünden, bezogen auf einen Grundton, ›unter die Finger bekommen‹. Beim Griffbrett-Bereich I liegt der Grundton des Akkords auf der sechsten Saite (tiefe E-Saite), seine dazugehörigen Akkordtöne auf der vierten, dritten und zweiten Saite. Beim Griffbrett-Bereich II liegt der Grundton auf der fünften Saite (A-Saite). Aus diesen beiden Bereichen werden die meisten Jazz-Akkorde gespielt.

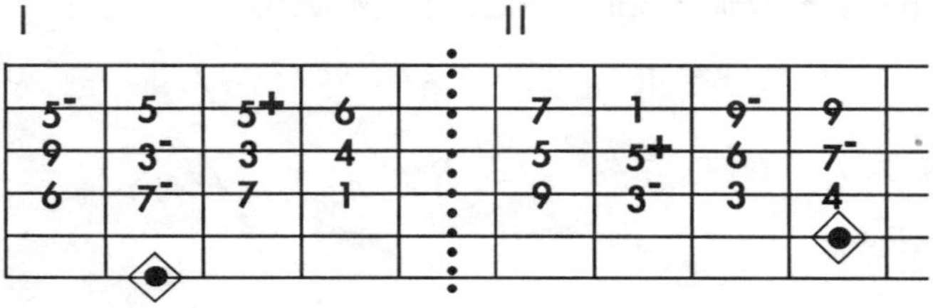

Die Zahlen bezeichnen die Intervalle vom Grundton aus

◈ Grundton des Akkords

Bei Jazz-Akkorden wird der einfache Dreiklang erweitert zum Vier- oder Fünfklang, indem weitere Töne hinzukommen. Da fast immer nur vier Töne angeschlagen werden, muß man bei Fünfklängen entweder Grundton (1) oder Quinte (5) weglassen.

Die Akkordbezeichnungen entstehen durch Numerierung der Tonleitertöne des jeweiligen Akkordes, ausgehend vom Grundton (1). Bei A^6 soll der sechste Ton der Tonleiter zum einfachen Dreiklang (1, 3, 5) hinzutreten. Wir zählen sechs Töne der A-Durtonleiter ab und landen beim Fis. Der A^6 Akkord besteht also aus den Tönen A, Cis, E und Fis.

Die Septime fällt etwas aus der Nomenklatur heraus. Hier müßte logischerweise die kleine Septime, deren Ton nicht in der Dur -Tonleiter enthalten ist, mit 7- , die große Septime mit 7 bezeichnet werden. Da sich für die kleine Septime die 7 eingebürgert hat, wird die große Septime durch maj (major, größer) abgesetzt.

Die Zusammensetzung der wichtigsten Jazz-Akkorde am Beispiel A

A^{maj7}	1 3 5 7	A^6	1 3 5 6	
A^7	1 3 5 7-	$A^{6/7}$ (A^{13})	1 3 5 6 7-	
$A^{7/5+}$	1 3 5+ 7-	A^+	1 3 5+	übermäßig
A^9	1 3 5 9	$A^{(sus)4}$	1 4 5	suspended
$A^{7/9}$	1 3 5 7- 9	A^O	1 3- 5- 7-- (=6)	vermindert
$A^{7/9+}$	1 3 5 7- 9+	a^7	1 3- 5 7-	
$A^{7/9-}$	1 3 5 7- 9-	$a^{7/5-}$	1 3- 5- 7-	

Zur Orientierung die Zählweise der Töne in A-Dur, tonleitereigene Töne sind unterstrichen.

1	2	3-	3	4	5-	5	5+	6	7-	maj 7	9-	9	9+	11=4	13=6
A	H	C	C#	D	E♭	E	E#	F#	G	G#	B	H	H#	D	F#

Für unsere Übungen wählen wir zunächst die Akkorde in A.

Im ersten Schritt brauchen wir dann den Grundton nicht zu greifen, wir können stattdessen die leere A-Saite anschlagen. Konzentrieren müssen wir uns nur auf die meist bekannten Griffmuster auf der vierten, dritten und zweiten Saite. Immer die A-Saite mitklingen lassen!

Jetzt ist das Zusammensetzen verschiebbarer Akkorde auch nicht mehr so schwierig. Zunächst einige Beispiele aus dem Griffbrett-Bereich I

A *maj 7*

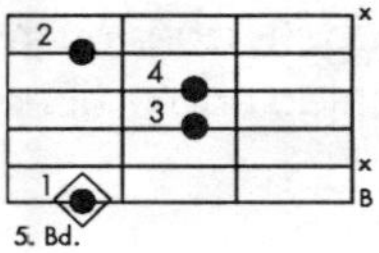

5. Bd.

a *7/5-*

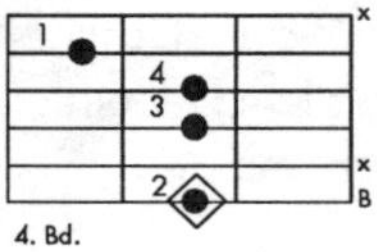

4. Bd.

a *7*

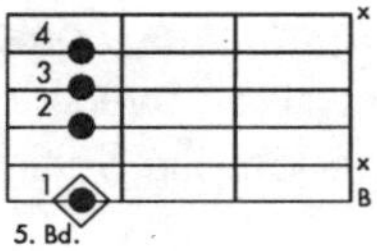

5. Bd.

A *7/9*

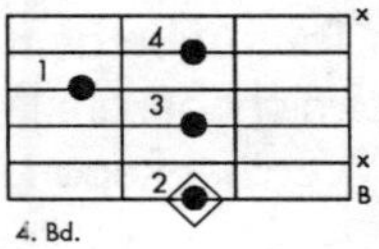

4. Bd.

A *7*

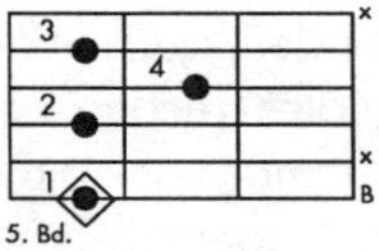

5. Bd.

◈ Grundton des Akkords

Mit den bekannten Griffmustern A-Dur und a-moll erhalten wir im vierten und fünften Bund interessant klingende Jazz-Akkorde.

Nun einige bekannte Akkordbeispiele aus dem Griffbrett-Bereich II

A *7*

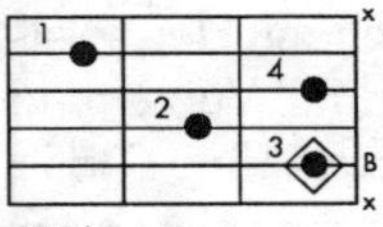

10. Bd.

A *7/9*

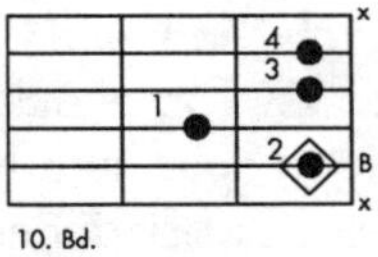

10. Bd.

A *6*

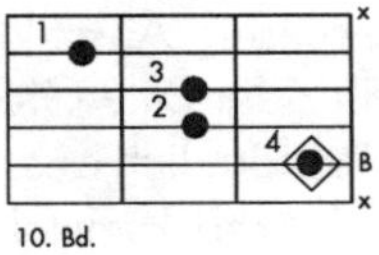

10. Bd.

A *+*

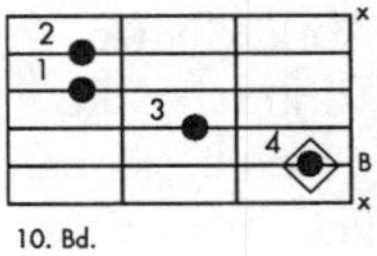

10. Bd.

Alle aufgebauten Akkorde sind verschiebbar wie Barrégriffe, da keine leeren Saiten mitklingen. Die mit x rechts neben dem Akkord gekennzeichneten Saiten dürfen nur bei Akkorden in A mitklingen, bei allen anderen Akkorden müssen sie abgedämpft werden oder dürfen nicht angerissen werden. Je nachdem in welchen Bund der E- oder A-Saite der Grundton gelegt wird, bestimmt sich der Name der Akkordfamilie.

Auf ähnliche Weise kann man sich weitere ›weiße Flecken‹ auf dem Griffbrett erarbeiten.

Jazz spezial

Spiel in Oktaven

Das Spiel in Oktaven ist eine spezielle Jazztechnik, die auf Wes Montgomery zurückgeht. Sie eignet sich für Übergänge zwischen Akkorden und fürs Solospiel, dem sie eine zusätzliche Klangfarbe verleiht. Beim Spiel greifen wir mit dem Zeigefinger den Grundton und auf der übernächsten Saite die Oktave mit dem kleinen Finger. Der etwas schräg gestellte Zeigefinger dämpft die dazwischenliegende Saite ab.

Oktaven auf den tiefen vier Saiten

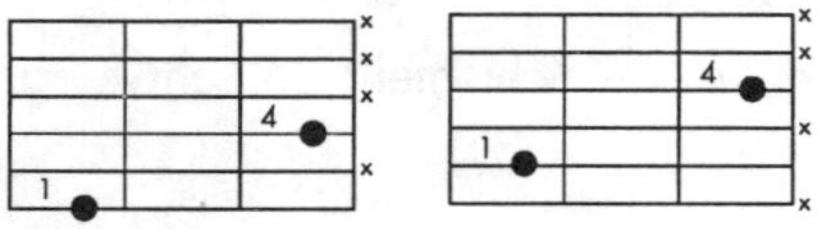

Oktaven auf den hohen vier Saiten

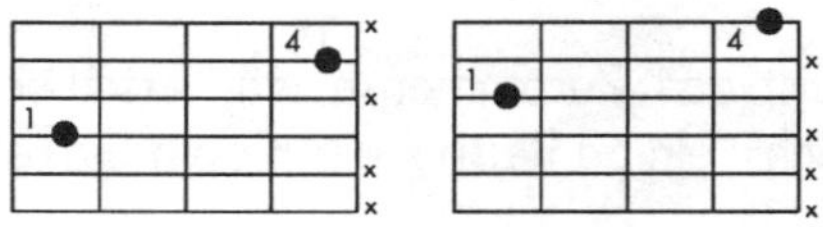

Man kann die Saiten Original wie Montgomery mit dem Daumen anschlagen, aber auch das Spiel mit dem Plektrum ist selbstverständlich möglich. Der einfache Abschlag erfolgt über 2 Saiten, die mittlere abgedämpfte Saite klingt nicht mit.

Jaco-Pastorius-Flageolett

Der Jazz-Rock-Musiker Jaco Pastorius ist einer der Erneuerer des E-Baß-Klanges. Auf dem bundlosen (fretless) E-Bass spielt er mit einem singenden, quasi akustischen Ton. Außerdem erreicht er mit seiner genialen wie einfachen Flageolett-Technik eine vorher nicht bekannte Beweglichkeit. Der schwebende Klang des Hauptthemas von »Birdland« (Weather Report, zu hören auf Heavy Weather) entsteht durch diese Flageolett-Töne.

Dieses von Jaco Pastorius für den E-Baß entwickelte Flageolett läßt sich auch auf die Gitarre übertragen. Wir greifen den Ton wie gewohnt mit der linken Hand und setzen zwölf Bünde weiter die linke Kante des rechten Daumens leicht auf die Saite auf. Dann zupfen wir den Ton mit Zeige- oder Mittelfinger. Bei diesem Anschlag ist es sogar möglich, das Plektrum in seiner gewohnten Position zu lassen. Dann muß mit dem Mittel- oder Ringfinger angeschlagen werden. Es handelt sich also um eine biomechanisch wesentlich einfachere Ausführung des künstlichen Flageoletts.

Außerdem kann man mit diesem Anschlag die durch Mark und Bein gehenden Flageolett-Töne eines Roy Buchanan oder Billy Gibbons von ZZ Top erzielen. Wird mit Verzerrung gespielt, stechen diese Töne förmlich aus dem übrigen Spiel heraus. Flageolett-Töne sind im Rock also ein essentielles Ausdrucksmittel. Zu diesem Zweck dürfen wir uns jetzt nicht mehr im Zwölf-Bünde-Abstand zum gegriffenen Ton bewegen, sondern müssen mit diesem Anschlag die Saite Millimeter für Millimeter im Bereich der Tonabnehmer erforschen. Am besten funktioniert es mit Tönen, die in niedrigen Bünden gegriffen werden.

BLUES

Blues-Spieltechniken

Entwicklung des Blues

Der Musikstil Blues nimmt um 1900 die heute bekannte Form an. Neben den religiösen Spirituals schaffen sich die Farbigen im Süden der USA mit dem Blues ein Ausdrucksmittel, das sich mit dem Alltag auseinandersetzt.

Anfang der 20er Jahre entdeckt die Plattenindustrie den Blues. Mit ›Race Records‹ versorgt sie den Markt der Farbigen. Zunächst werden bekannte Sängerinnen aus Vaudeville-Theatern aufgenommen, begleitet von kleinen Ensembles. Aufgrund des Erfolges der Bluesplatten werden einige Jahre später auch die urwüchsigeren Country-Blues-Sänger aus Mississippi, Texas und Georgia eingespielt – häufig in Hotelzimmern mit mobilem Aufnahmegerät. So entstehen Aufnahmen von Charley Patton, Blind Lemon Jefferson, Blind Blake, Skip James, Son House, Robert Johnson, Blind Willie McTell, Blind Boy Fuller und Lonnie Johnson, die später unzähligen Rock- und Folkmusikern als Inspirationsquelle dienen sollen.

Durch den Ausbau der Rüstungsindustrie im zweiten Weltkrieg sucht der Norden der USA verstärkt Arbeitskräfte. Dies führt zu einem starken Zustrom von Farbigen aus dem Süden. Zum neuen Zentrum des Blues wird die South Side von Chicago. Musiker aus Mississippi, wie Muddy Waters und Howlin´ Wolf passen den Country Blues den veränderten Bedingungen in der Großstadt an und spielen ihn nun auf elektrisch verstärkten Gitarren in Bands mit Klavier, Mundharmonika, Baß und Schlagzeug.

Elemente des Blues gehen in den 50er Jahren in die kommerzielleren Musikstile Rock ´n´ Roll, Rockabilly und Rhythm & Blues ein, das Interesse am authentisch gespielten Blues wird geringer. Zu Popularität gelangt der Blues erst auf dem Umweg über England. Hier sind es Alexis Korner und John Mayall, die den Blues einem weißen Publikum nahebringen. Aus ihren Blues Bands gehen so bekannte Musiker hervor wie Mick Jagger, Charlie Watts, Brian Jones und Mick Taylor – alle Rolling Stones, Peter Green, John McVie, Mick Fleetwood – alle Fleetwood Mac, Ginger Baker, Jack Bruce und Eric Clapton – alle Cream.

In den USA kann der Blues sich beim weißen Publikum erst 1967 durchsetzen. Zum einen erhalten die alten Bluesgrößen wie B. B. King, John Lee Hooker, Albert King, Otis Rush, Buddy Guy, Bukka White und Skip James endlich die verdiente Anerkennung, zum anderen gewinnt auch bluesorienter Rock an Bedeutung.

Während der Blues-Boom Mitte der 70er Jahre zu Ende geht, verliert der Blues in Texas nie an Bedeutung. Und so kommen die Impulse, die Ende der 80er Jahre ein neues Blues-Revival einleiten, auch von dort – durch Gitarristen wie Stevie Ray Vaughan, Jimmy Vaughan und Billy Gibbons.

Blues-Begleitungen

Die Anschlagstechniken des Blues entsprechen denen unter Rhythm & Blues im Rock beschriebenen. Entscheidend ist die Interpretation der Achtelnoten. Diese werden wie im Jazz ungerade gespielt. Man spricht hier allerdings nicht vom Swing, sondern von Shuffle, da der Blues nicht so leicht und federnd gespielt wird wie der Jazz. Am deutlichsten wird dies, wenn man den Spielstil von Jazz- und Bluesschlagzeugern vergleicht. Beide spielen meist mit einer Extremität einen durchgehenden (ungeraden) Achtelrhythmus. Der Jazzschlagzeuger spielt diesen mit der rechten Hand auf dem Becken, der Bluesschlagzeuger mit dem rechten Fuß auf der Bass Drum.

Auf der Gitarre spielen wir den Shuffle-Rhythmus mit Abschlägen jeweils nur über zwei Saiten. Hierbei ist es wichtig, das Plektrum ›durch die Saiten zu drücken‹. Mit dem Handballen der rechten Hand dämpfen wir die Saiten nahe am Steg ab.

Hier der Anschlag bei den drei Akkorden, die wir für einen Blues in A brauchen:

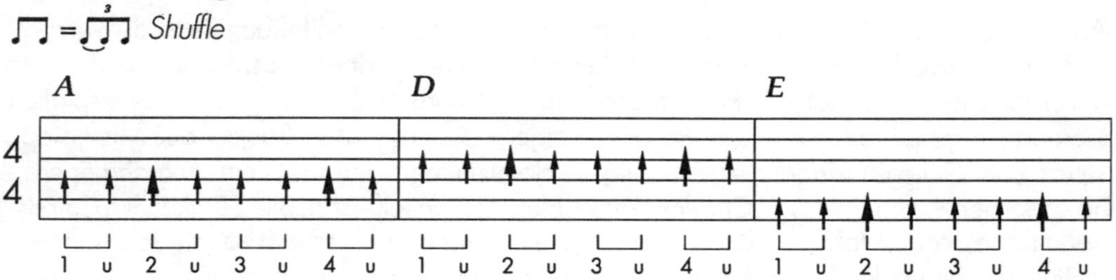

Durch Hinzunahme der Sexte (und Septime) des Akkordes erhalten wir die Standard-Bluesbegleitung (bei D entsprechend eine Saite höher, bei E eine Saite tiefer):

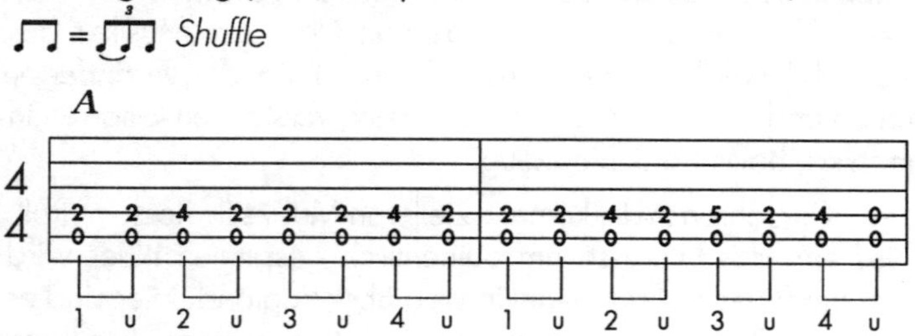

Die Melodik besteht aus einer Reihung von zweitaktigen Motiven. Der Rhythmik liegt ein Swingfeeling (Shuffle) zugrunde, bei langsamen Stücken mit deutlichem Triolenfeeling.

Bei langsamen Stücken können wir diese Standard-Bluesbegleitung über 2 Saiten, die soeben beschrieben wurde, wie folgt harmonisieren. Das Spiel erfolgt nun über 4 Saiten.

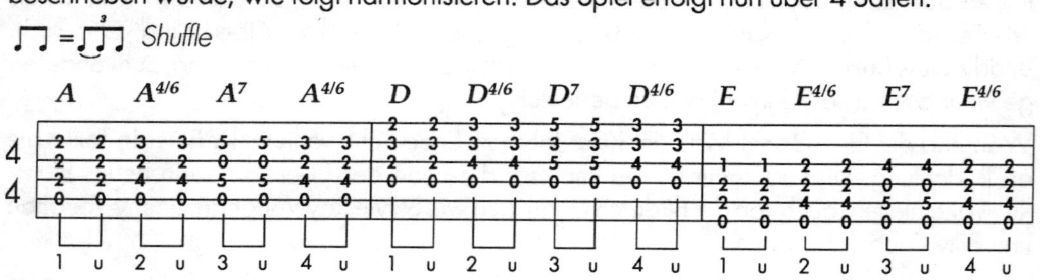

Aufbau des Blues

Solange im Blues der Sänger sich selbst begleitet, ist wenig standardisiert. Der Gitarrist (und Sänger) wechselt frei zwischen Begleitfiguren und Melodiespiel, mit dem er seinen Gesang kommentiert. Taktlängen und Akkordwechsel unterliegen einem groben, aber keineswegs starren Schema. Dies ändert sich mit der Entstehung des urbanen Blues, der von Bands gespielt wird. Eine Einigung auf eine Standardform wird unumgänglich.

Der Standardblues besteht aus nur einem Teil, der bis zum Schluß des Stückes wiederholt wird. Refrains oder Bridges (Überleitungen) fehlen. Dieser Teil ist zwölf Takte lang und untergliedert sich in drei Phrasen von vier Takten, die sich wiederum in zweitaktige Motive unterteilen.

Im ersten Motiv der ersten Phrase stellt der Sänger dem Zuhörer sein Problem vor und läßt zwei Takte frei für ein Instrumentalmotiv. Die ersten vier Takte verweilen auf der Tonika.

In der zweiten Phrase wiederholt der Sänger seine Klage. Harmonisch bringt dieser erste Teil der zweiten Phrase einen Wechsel zur Subdominante, den der Sänger mitvollziehen oder aber auch ignorieren kann. Dann erfolgt für das Instrumentalmotiv wieder ein Wechsel zur Tonika.

In der dritten Phrase bringt der Sänger ein neues Motiv und antwortet sich selbst. Harmonisch erfolgt hier ein Wechsel zur Dominante und für das abschließende Instrumentalmotiv eine Rückkehr zur Tonika.

Der formale Aufbau des Blues in einer Übersicht.

1. Phrase

4	*A* (Tonika)			
4	I've got ramblin', I've	got ramblin'on my mind	Instrumentalmotiv	

2. Phrase

D (Subdominante)		*A* (Tonika)	
I've got ramblin', I've	got ramblin'on my mind	Instrumentalmotiv	

3. Phrase

E (Dominante)		*A* (Tonika)	
Hate to leave my baby	but she treats me so unkind	Instrumentalmotiv	

Der Blues stellt insofern einen Spezialfall dar, als daß bei ihm dem Komponisten schon die Hälfte der Arbeit vorgegeben ist. Alle Bluesstücke haben praktisch die gleiche Akkordfolge (die variiert werden kann, von der aber nie ganz abgewichen wird) und den gleichen Aufbau der Lyrik, einen Dreizeiler nach dem Formschema A A B und dem Reimschema a a a.

Aus dieser festen Form erklärt sich auch seine Beliebtheit als Grundlage für Jam Sessions, da jeder Musiker, der den formalen Aufbau kennt, sofort einsteigen kann. Er muß nur die Tonart, in der gespielt wird, in Erfahrung bringen.

Einwürfe mit typischen Blues-Akkorden

Die folgenden Akkorde werden nicht in durchgehendem Shuffle gespielt, sondern für kurze Einwürfe gebraucht. Es handelt sich um Akkorde mit Sept/None und Akkorde mit Sexte.

Sie werden nur über drei Saiten gespielt und sind sehr leicht zu greifen. Beide Akkordgruppen werden gleich gegriffen, verschieben wir $A^{7/9}$ um zwei Bünde nach oben, erklingt A^{6}.

12. Bd.: $A^{7/9}$
14. Bd.: A^{6}
5. Bd.: $D^{7/9}$
7. Bd.: D^{6}
7. Bd.: $E^{7/9}$
9. Bd.: E^{6}

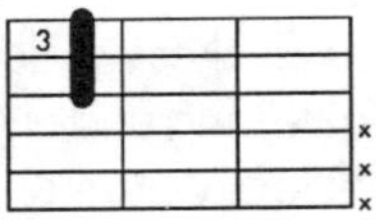

4. Bd.: $A^{7/9}$
6. Bd.: A^{6}
9. Bd.: $D^{7/9}$
11. Bd.: D^{6}
11. Bd.: $E^{7/9}$
13. Bd.: E^{6}

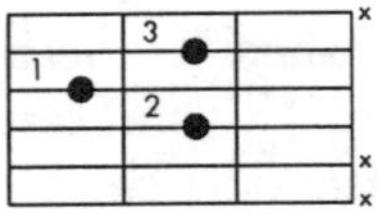

3. Bd.: $A^{7/9}$
5. Bd.: A^{6}
8. Bd.: $D^{7/9}$
10. Bd.: D^{6}
10. Bd.: $E^{7/9}$
12. Bd.: E^{6}

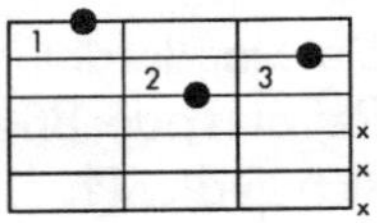

Hier ein Blues, der die typischen Akkordeinwürfe verarbeitet. Weil der Klang dieser Akkorde nur richtig zu erfassen ist, wenn sie auf ihren jeweiligen Grundton bezogen werden (der in den 7/9-Akkorden nicht enthalten ist), wurde das Stück im Fingerpicking-Stil arrangiert. Der monotone Baß bringt immer den Grundton des Akkordes. Spielt man mit einer Band, läßt die Gitarre die Baßtöne weg. Der Slide bietet sich bei diesen Akkorden zum Hineinrutschen an.

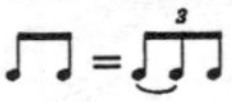

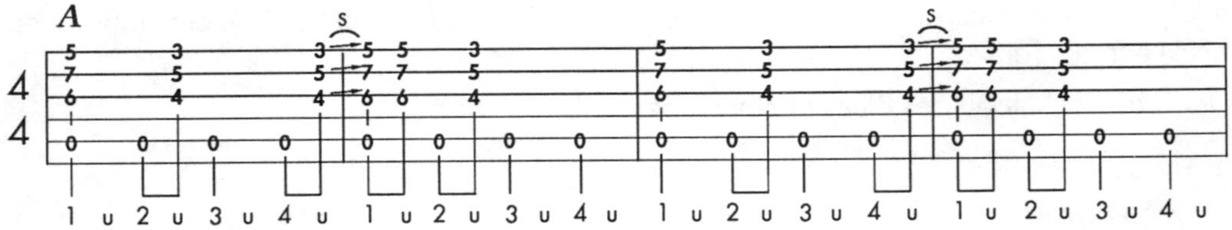

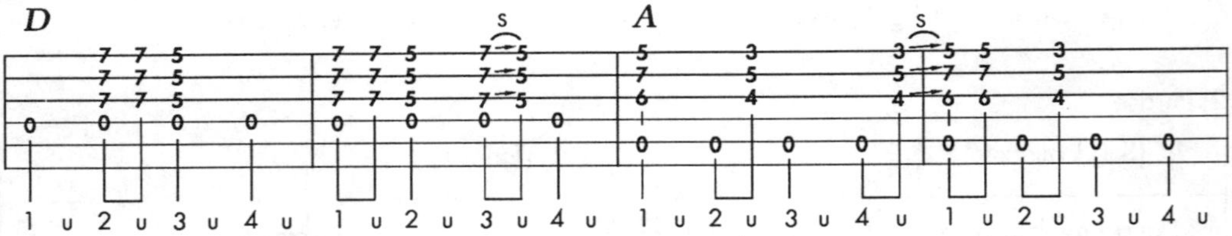

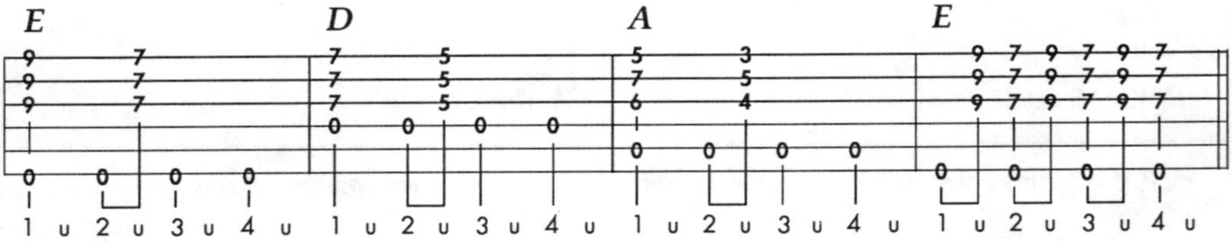

Wer einen volleren Klang erreichen will, kann die 7/9-Akkorde auch über vier bzw. fünf Saiten spielen. Jetzt ist das Hineinrutschen in den 6-Akkord allerdings nicht mehr möglich.

11. Bd.: $A^{7/9}$
4. Bd.: $D^{7/9}$
6. Bd.: $E^{7/9}$

4. Bd.: $A^{7/9}$
9. Bd.: $D^{7/9}$
11. Bd.: $E^{7/9}$

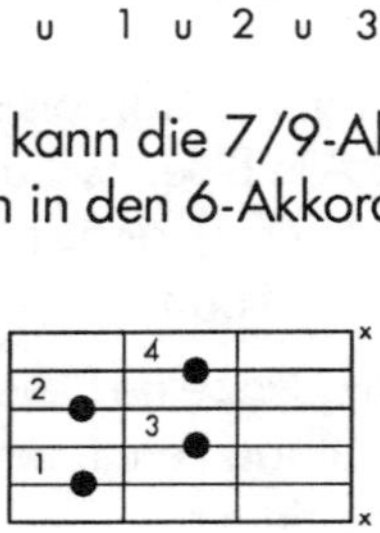

2. Bd.: $A^{7/9}$
7. Bd.: $D^{7/9}$
9. Bd.: $E^{7/9}$

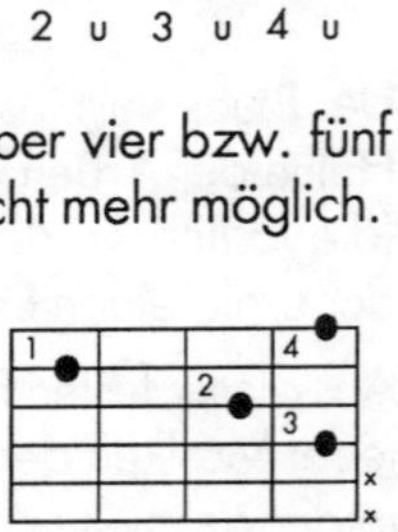

Blues mit Triolen und Soloeinwürfen

Der Shuffle-Rhythmus des Blues kann auch in Triolen aufgelöst werden. Wir zählen dabei 1 und und, 2 u u, 3 u u, 4 u u. Das Spiel mit dem Plektrum erfolgt in Abschlägen oder im Wechsel ab-auf-ab auf-ab-auf usw., wir können aber auch zupfen. Häufig werden in einen Shuffle auch nur einzelne Triolen eingestreut, dies ist besonders beliebt im Solospiel.

Hier ein solcher Blues mit Einwürfen. Die Gesangsmelodie ist frei, zwei Anregungen dazu: 2/3 jeder Zeile auf einen Ton mit winzigen, bluesigen Schleifen nach oben und unten, zum Schluß jeder Zeile eine absteigende Linie mit Tönen der Bluestonleiter – oder gesprochen als Talking Blues. Als Einstimmung der Beginn eines Textes von Jochen Wiegandt. Das letzte Wort einer Lyrikzeile »um« und »stumm«, kommt jeweils auf die 1 des dritten Taktes.
I I: Ich sag, mit deinem Optimismus bringst du mich fast um. : I I
Aber ich leb immer noch und jetzt bleib ich wohl besser stumm.

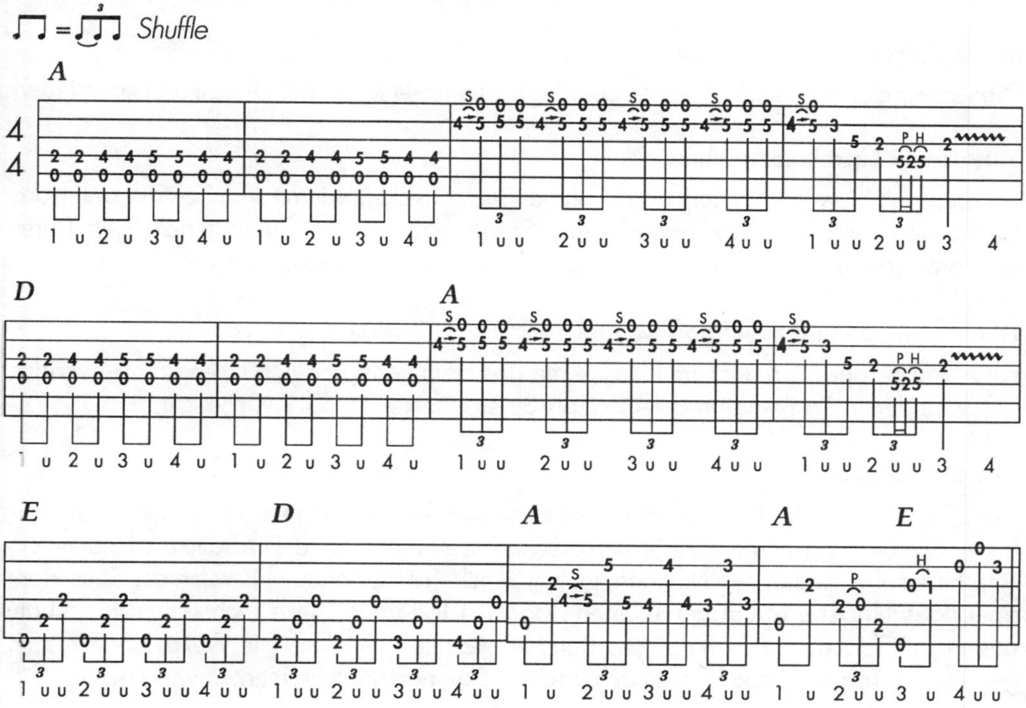

In den letzten beiden Takten 11 und 12 eines Blues wird meist ein sogenannter Turnaround gespielt, der auch als Intro Verwendung findet. Beliebt sind triolische Auflösungen eines Griffes über drei Saiten in Takt 11 mit einer Rückführung zum Shuffle in Takt 12. Im obigen Beispiel wird in Takt 11 über den verschobenen A-Dur-Akkord gespielt.

Nebenstehend ein weiteres Beispiel für einen effektvollen beliebten Turnaround, gespielt mit Triolen über den in den Bünden verschobenen D-Akkord im vorletzten Takt sowie einen Shuffle im letzten Takt.

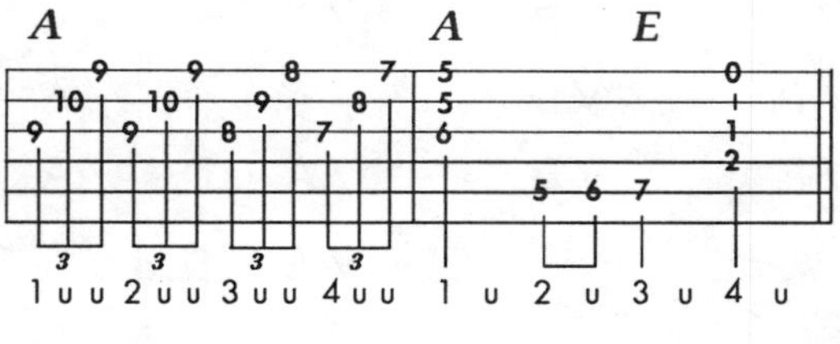

Blues spezial

Slide

Beim Slide, auch als Glissando bekannt, rutschen wir mit dem Finger der linken Hand, der die Saite greift, von Ton zu Ton. Wichtig ist, daß der Druck auf der Saite erhalten bleibt. Bei kurzem Slide über ein bis zwei Bünde wird nur der erste Ton angeschlagen, der Zielton meist nicht noch einmal. Bei längeren Rutschpartien empfielt es sich, den Zielton noch einmal anzuschlagen. Auch in Akkorde können wir hineinrutschen.

Vibrato

Eine andere zentrale Bluestechnik ist das Vibrato. Der greifende Finger hält durch schnelle Hin- und Herbewegung auf der angeschlagenen Saite den Ton länger in Schwingung. Er wird dadurch hervorgehoben. Diese Technik ist unter → Rock spezial, S. 306 ausgeführt.

Saitenziehen

Die Technik des Saitenziehens (engl. Bending) ist unter → Rock spezial, S. 304 beschrieben.

Perkussiver Einzelton-Anschlag

Bei dieser häufig von B. B. King angewandten Technik rakeln wir mit dem Plektrum durch drei bis vier von der linken Hand abgedämpfte Saiten, bevor wir zur Zielsaite gelangen. Durch die vorangegangenen Perkussionsgeräusche sticht der Ton deutlich hervor.

Hammering on und Pulling off

Für schnelle Töne wird auch im Blues gerne das Hammering on und Pulling off verwendet. Diese beiden Techniken sind unter → Folk-Spieltechniken, S. 249 vorgestellt.

Daumen-Flageolett

Diese Technik kann bei Einzeltönen angewendet werden, sie stammt von Roy Buchanan. Wir fassen das Plektrum extrem kurz an und drücken es durch die Saite. Die Saite prallt nach dem Anschlag sofort gegen den Daumen. Im Schallloch- (Tonabnehmer-) Bereich der Saite kippt der angeschlagene Ton dabei in einen Flageolett-Ton über. Diese Technik funktioniert am besten mit Tönen, die in niedrigen Bünden gegriffen werden. Die Stelle, an der zum gegriffenen Ton ein Flageolett mit dem rechten Daumen entsteht, merken wir uns.

Variationen der Harmoniefolge

Um Monotonie vorzubeugen, eine beliebte Variation der Standard-Akkordfolge in A mit einem Wechsel zum D-Dur-Akkord im zweiten und zehnten Takt. Die letzten beiden Takte werden häufig als Turnaround gespielt, einer Überleitung zum nächsten Blues-Chorus.

/ A	/ D	/ A	/ A	/
/ D	/ D	/ A	/ A	/
/ E	/ D	/ A D	/ A E	//

oder / A A^7 D d / A F^7 E^7 E^7 //

Rock-Spieltechniken

Stile und Entwicklung

Entstehung des Rock

Rockmusik entsteht Anfang der 50er Jahre in den USA aus einer Verschmelzung von Country-, Blues- und Jazzelementen.

Die 30er und 40er Jahre sind die Zeit des Jazz. Als Swing ist er die Popmusik der Zeit. Doch Ende der 40er Jahre wird der Jazz immer komplizierter und damit für das breite Publikum uninteressant. Der Jazz ist bis heute eine lebendige Musikform. Als Popmusik wird er jedoch Mitte der 50er Jahre verdrängt vom Rock, der diese Position dreißig Jahre lang behaupten kann, bevor er seinerseits von computergesteuerter Musik verdrängt wird.

Die Jazzelemente übernimmt der Rock zum Teil direkt aus der Jazzmusik, zum Teil aus dem Western Swing, einer Fusion von Jazz und Country. Hierzu gehören Rhythmusgruppe – bestehend aus Schlagzeug, Kontrabaß, Rhythmusgitarre (und Klavier) – Betonung der Taktschläge 2 und 4 im 4/4 Takt, Walking-Bass-Arpeggiofiguren, Swingrhythmus und eine Vorliebe für das Saxophon als Soloinstrument.

Aus der Countrymusik kommen die singbaren Melodien, die einfache Liedform, die Dur-Pentatonik, die einfachen Akkorde, der eng gesetzte Harmoniegesang (high and lonesome) und die geraden Achtel.

Aus dem Blues kommen die Mollpentatonik, das zwölftaktige Bluesschema, aber auch Songs ohne Akkordwechsel, das Bottleneck-Spiel, die Blues-Harp, Frage- und Antwort-Schema in der Lyrik, die expressiven Gitarrentechniken und langsame Tempi mit deutlichem Triolenfeeling.

Neben Jazz, Country und Blues stehen auch Gospel, Instrumentalmusik der 50er Jahre (insbesondere die des Gitarristen Les Paul) und Boogie Woogie Pate bei der Geburt des Rock.

Rock 'n' Roll, Rockabilly und Rhythm & Blues

Swingende Rockmusik mit Betonung der Jazzerbanlagen wird am deutlichsten verkörpert durch Bill Haley and his Comets. Sein Titel »Rock Around the Clock« hört sich – aus heutiger Sicht – wie Jazz bzw. Western Swing an, und man wundert sich, was die Leute früher daran so revolutionär fanden. Als Rock ´n´ Roll erfreut sich diese Stilrichtung dank mehrerer Revivals bis heute großer Beliebtheit.

Der größte Teil der Rockmusik der 50er Jahre bekennt sich als Rockabilly (Rock & Hillbilly/ Hinterwäldler) am deutlichsten zu seinen Country Roots. Im Gitarrenspiel ist deutlich der Einfluß von Chet Atkins zu hören, insbesondere bei Scotty Moore, dem Gitarristen der frühen

Elvis-Aufnahmen »The Sun Sessions«, den wohl wichtigsten frühen Rockaufnahmen. Bei diesen ›Sun Sessions‹ verzichtet man nach Country-Manier auf das Schlagzeug. Gesang, akustische Rhythmusgitarre, E-Gitarre und Kontrabaß sind die Instrumente. Weitere Vertreter des Rockabilly sind Buddy Holly, Gene Vincent and the Blue Caps, die Everly Brothers, Eddy Cochran, Carl Perkins und Ricky Nelson mit James Burton an der Gitarre.

Während Rock 'n' Roll und Rockabilly weiße Rockmusik sind, ist der Rhythm & Blues die Rockmusik der Farbigen. Blues in seiner Ursprungsform wird ohne Begleitband gespielt: Der Sänger begleitet sich auf seiner Gitarre. Einflußreichster Musiker dieses frühen Blues ist Robert Johnson (1911-1938). Er ist der Komponist bekannter Titel wie »Sweet Home Chicago«, »Love in Vain«, »Roll and Tumble«, »Dust My Broom«, »Crossroads« (Der gleichnamige Film versetzt uns an die Entstehungsorte des Blues entlang des Highway 61 in Mississippi – Steve Vai in einer der Hauptrollen, Musik von Ry Cooder). Big Joe Turner in Kansas City, T. Bone Walker in Texas und Muddy Waters in Chicago machen in den Großstädten aus dem Blues Bandmusik. Dieser urbane Blues ist im Rhythm & Blues der 50er Jahre neben Country, Gospel und Jazzeinflüssen am deutlichsten zu hören. Bekannte Vertreter sind Chuck Berry, Little Richard, Bo Diddley, King Curtis, Sam Cooke und Ray Charles. Ray Charles bringt Gospelelemente in den Rhythm & Blues ein und wird so zum Wegbereiter der Soulmusik.

Beat

In Europa, speziell in England, findet die amerikanische Rockmusik viele Nachahmer. Die ersten Aufnahmen der Beatles und der Rolling Stones, der beiden wichtigsten frühen britischen Bands, klingen zunächst verblüffend nach Rockabilly eines Carl Perkins, bzw. Rhythm & Blues eines Chuck Berry. Vieles aus dieser Ära, außer Stones und Beatles, scheint heute vergessen, was wohl in erster Linie daran liegt, daß die Rhythmusgruppen der meisten Beat-Bands einfach nicht ›heavy‹ genug sind, es fehlt der schwere Back Beat der amerikanischen Drummer. Eine Bereicherung sind die kompositorischen und textlichen Erungenschaften vor allem der Beatles. Die Schwäche des frühen Rock ist nämlich seine geringe kompositorische Substanz. Durch melodischen und harmonischen Einfallsreichtum wetzen die Beatles diese Scharte aus. Sie ersetzen auch die ›Shake, Rattle and Roll Lyrik‹ durch geistreichere Texte.

Ab 1964 trifft die Musik der britischen Gruppen den Geschmack der amerikanischen Jugend besser als die der amerikanischen Bands. Es brechen schlechte Zeiten an für die Rockstars der 50er Jahre, viele wechseln ins Country-Fach, z. B. Johnny Cash, Carl Perkins und Jerry Lee Lewis. Die 60er Jahre sind für die amerikanischen Musiker die Zeit der ›British Invasion‹.

Mitte der 60er ist der Vorrat an Inspirationen aus dem Rock der 50er aufgebraucht. Es werden neue Musikstile in den Rock integriert oder er kehrt zur Musik seiner Wurzeln zurück.

Blues-Rock

Den Weg ›back to the roots‹ markiert Eric Clapton mit seinem Ausstieg aus der erfolgreichen Band The Yardbirds, um sich der Bluesband von John Mayall anzuschließen. Clapton ist der erste Rockgitarrist, der den Standard der amerikanischen Bluesgitarristen B.B. King, Freddie King, Albert King, Buddy Guy und Hubert Sumlin erreicht. Mit John Mayall spielt Clapton 1966 die Platte »Blues Breakers« (London) ein. Ein Meilenstein in puncto Gitarrensound – Clapton spielt hier eine Gibson Les Paul über einen Marshallkofferverstärker. Gibson hat zuvor die Produktion der Les Paul wegen mangelnder Nachfrage aufgegeben. Mit dieser Platte wird sie zu einem der beliebtesten Gitarrenmodelle und seitdem auch wieder produziert.

Musikalisch gesehen kombiniert Clapton hier melodiöses Spiel mit Aggressivität. Da in den USA der Durchbruch des Blues noch auf sich warten läßt, beginnt Jimi Hendrix seine Karriere mit dem Umweg über England. Hatten Eric Clapton, Jeff Beck, Jimmy Page, Keith Richards und Pete Townsend schon mit Rückkopplung, Verzerrung und massiver Lautstärke experimentiert, so macht Hendrix sie jetzt zur neuen Ausdrucksform der Rockgitarre. Eine Fender Stratocaster über einen Marshallverstärker gespielt, ist seither das Werkzeug fast aller Gitarristen, die Lautstärke als Gestaltungsmittel einsetzen. Hendrix musikalische Palette reicht vom erdigen Blues »Red House« bis zur psychodelischen Klangcollage »Third Stone from the Sun«, zu hören auf Hendrix' Debutalbum »Are You Experienced« 1967.

Folk-Rock

Auf seiner England-Tour von 1964 lernt Bob Dylan die Beatles, Rolling Stones und Animals kennen und beginnt sich für Rockmusik zu interessieren. Besonders beeindruckt ihn die Rockversion der Animals von »House of the Rising Sun« – eines Folksongs, den er selbst auf seiner ersten Platte singt. Von da ist der Weg nicht mehr weit bis zur Rockversion seines »Mr. Tambourine Man« durch die Byrds und eigenen Auftritten und Plattenaufnahmen mit Rockband. Die Byrds verhelfen dem Folk-Rock zum Durchbruch und entwickeln einen neuen Gitarrensound: Crosspicking auf der 12-saitigen E-Gitarre. 1963 von der Firma Rickenbacker entwickelt, ist diese Gitarre bis dahin nur bei den Beatles (Solo auf »A Hard Day's Night«} zu hören. Neben der Rickenbacker-Gitarre ist die akustische Gitarre mit Stahlsaiten das wichtigste Instrument des Folk-Rock. Da ihre Verstärkung per Mikrophon in einer Rockband Probleme bereitet, wird mit verschiedenen Tonabnehmern experimentiert, bis die Firma Ovation in der elektro-akustischen Gitarre das passende Instrument entwickelt. Von allen Rockstilen ist Folk-Rock der nachspielfreundlichste, da sich die Songs von Dylan, Gordon Lightfoot, John Denver, Steve Goodman, den Lovin' Spoonful, Crosby, Stills & Nash und Neil Young ohne Probleme mit einer akustischen Gitarre interpretieren lassen.

Jazz-, Latin-, Klassik-, Funk-Rock und Reggae

Es gehört zu den Grundeigenschaften des Rock, sich Anleihen aus anderen Stilrichtungen zu holen. Schon in den Kinderschuhen ist er eine Mischung aus den damals gängigen amerikanischen Klängen. Diese Eigenschaft, mit den Volksmusiken vieler Länder zu fusionieren, bildet auch das Lebenselexier des Rock der 70er, 80er Jahre. Einfaches Grundschema dabei ist meist, daß die Kompositionen im jeweiligen Stil erhalten bleiben, oft mit entsprechenden akustischen Instrumenten angereichert, und lediglich der Basisrhythmus des Rock darübergelegt wird. Aber auch avantgardistische Anregungen, wie Collagentechnik und asymetrische Taktgliederung, werden von Musikern wie Frank Zappa in die Rock-Gestaltung eingeführt.

Im Bereich des Jazz ist es zum einen die Kombination einer Rock-Rhythmusgruppe mit einem Jazz-Bläsersatz, wie bei den Gruppen Blood Sweat & Tears oder Chicago, zum anderen die Integration komplizierter Jazz-Tonleitern in den Rock vor allem bei John McLaughlin, z.B. auf den beiden Alben »The Inner Mounting Flame, 1972« und »Birds of Fire, 1973«. Im Latin-Bereich zeigt die Gruppe Santana, wie sich vielfältige Percussioninstrumente und lateinamerikanische Tanzrhythmen mit dem Rock verbinden lassen. Hier sind es die Rhythmusformeln des Rumba, Claves oder Calypso, die in unzähligen Latin-Rock-Stücken verarbeitet werden. Als klassische Kompositionen finden beispielsweise der erste Satz der

»Mondscheinsonate« von Beethoven, op. 27,2, sein »Albumblatt für Elise« oder Werke von Bach und Mozart Eingang in den Rock. Zu nennen sind hier Gruppen wie Ekseption, The Nice, Emerson Lake & Palmer. Auch Reggae und Funk sind in ihren populären Formen Fusionen afro-amerikanischer Rhythmen mit dem Rock.

Hard-Rock und Heavy Metal

Die Verstärkertechnik ermöglicht Ende der 60er Jahre erstmalig ein wirklich lautes Musizieren. Gruppen wie die Who, Rolling Stones, Cream und Musiker wie Jimi Hendrix, Jeff Beck oder Jimmy Page von Led Zeppelin experimentieren mit Lautstärke als Ausdrucksmittel. Über einen voll aufgedrehten Verstärker-Turm – 2 Boxen mit jeweils 4 Lautsprechern plus Verstärkerteil mit 100-200 Watt – gespielt, wird aus der E-Gitarre ein neues Instrument.

Sowie man die Finger von den Saiten nimmt, beginnen die Klangkaskaden, die man erst durch geschicktes Abdämpfen aller nicht gespielten Saiten unter Kontrolle hält. Töne, die sonst nach einigen Sekunden verklingen, lassen sich jetzt nach Belieben aushalten. Normale Dur- und Mollakkorde, geschweige denn Jazzakkorde, werden aufgrund der Verzerrung zur totalen Kakophonie, aber schon einfache Zweiklänge bringen einen vorher nicht gekannten Breitbandsound. Während früher Gitarristen Sänger begleiten, kann sich jetzt um eine Gitarre eine ganze Band scharen. Das Gitarrenriff wird zum Song, alles andere Beiwerk.

Diese entfesselte Energie der E-Gitarre wird zum Fundament des sich nun entwickelnden Hard-Rocks. Während andere Rock-Stile ihre Inspiration von außen beziehen, erforscht der Hard-Rock die Möglichkeiten, die in der neuen E-Gitarre liegen. So entwickelt sich dieser Stil, mit seiner Unterabteilung Heavy Metal, seit Ende der 60er Jahre konstant, weder durch Jazz-Rock verunsichert noch durch den Punk eingeschüchtert. Dies hat zur Folge, daß der Hard-Rock bis heute zu einer absolut virtuos gespielten Musik wird. Angefangen vom Architekten dieses Stils, Jimmy Page, bis zu Steve Vai, dem Virtuosen der 90er Jahre, bringt dieser Musikstil unzählige gute Musiker hervor. Stellvertretend seien hier genannt Angus und Malcom Young von AC/DC, Ulli Roth und Michael Schenker, ehemals bei den Scorpions, Edward van Halen, Yngwie Malmsteen und Joe Satriani, die rhythmisch, melodisch und harmonisch in die Grenzbereiche des Hard-Rock vorstoßen.

New Wave und Punk

Punk und New Wave erteilen der Experimentierfreudigkeit in den Soundstudios eine deutliche Absage. Schon die Bezeichnung Punk (eng. Müll, Schund) steht für das ästhetische Programm. Der Begriff kommt im USA-Rockjournalismus der 60er Jahre als Ausdruck für musikalische Unbedarftheit auf und kennzeichnet eine Spielart, die den Ansprüchen der Medien den Rücken kehrt und stattdessen bei einem Ausdruck voller Aggressivität und Energie nach dem Vorbild der frühen Kinks, Rolling Stones und Who bleibt. Vorstadt- und Schülerbands spielen zu dieser Zeit hautnah eine Musik nach der Devise, jeder kann Rockmusik selber machen. Nach ihrem Probenraum werden sie auch als ›Garagen-Bands‹ bezeichnet. Als erste Gruppe der neuen Subkultur machen die Sex Pistols im Sommer 1976 den Punk in England bühnenfähig mit allen seinen musikalischen Eigenschaften: rasantes Tempo, kreischende verzerrte Gitarren und hemmungslose Lautstärke.

Dies kann natürlich keine umfassende Geschichte der Rockmusik sein. In erster Linie interessieren uns hier gitarrenbetonte Stile, die im folgenden beschrieben werden.

Die E-Gitarre

Untrennbar mit der Entwicklung der Rockmusik verbunden ist die Entwicklung der Elektrogitarre. Mitte der 30er Jahre tauchen die ersten Schallplattenaufnahmen mit Elektrogitarren auf. Der erste Gitarrist, der größeres Interesse für die E-Gitarre weckt, ist Charlie Christian (1919-1941). In seinen Aufnahmen aus den Jahren 1939-1941 mit dem Benny Goodman Sextett zeigt er, daß die E-Gitarre ein vollwertiges Soloinstrument ist und befreit die Gitarre aus ihrer unscheinbaren Rolle in der Rhythmusgruppe.

Die ersten E-Gitarren sind akustische Schlaggitarren mit eingebautem Tonabnehmer. Diese Instrumente neigen zu akustischen Rückkopplungen, und so werden in den 40er Jahren vielfältige Versuche unternommen, die optimale E-Gitarre zu entwickeln. Leo Fender verzichtet ganz auf den hohlen Klangkörper und bringt 1948 mit der Broadcaster – später umbenannt in Telecaster – die erste ›Brettgitarre‹ auf den Markt. 1952 folgt dann die Firma Gibson mit ihrem Les Paul Modell. 1954 baut Fender die erste serienmäßig mit einem Vibrato (›Wimmerhebel‹) ausgestattete Gitarre, die Stratocaster. 1957 ersetzt die Firma Gibson die einspuligen Tonabnehmer auf ihrem Les Paul Modell durch die neu entwickelten zweispuligen Humbucker. Die zweite Spule soll das Rauschen (engl. Hum) unterdrücken, bringt aber gleichzeitig einen warmen, mittigen Klang.

Weitere ›Verbesserungen‹ der Elektrik der Gitarre nach 1957 finden keinen Anklang bei den Gitarristen. Man ist eher unzufrieden mit dem Klang der neuen Gitarren und ersetzt die Tonabnehmer durch solche von kleinen Firmen, die wieder den Originalsound der 50er Jahre bringen. Die einzige Neuerung seit 1957, die sich durchsetzt, ist der Vibrato von Floyd Rose. Ende der 70er Jahre gelingt es ihm, einen weitgehend verstimmungsfreien ›Wimmerhebel‹ zu bauen, der sofort großen Anklang bei Hard-Rock-Gitarristen findet. Während der Fender-Vibrato für Tonveränderungen im Halbtonbereich vorgesehen ist, lassen sich mit dem Floyd-Rose-Vibrato die Saiten bis zur völligen Erschlaffung lockern und nach oben um bis zu drei Ganztonschritte ziehen, ohne daß die Gitarre hinterher völlig verstimmt ist. Damit erschließen sich der Gitarre Geräusche vom dumpfen Donnergrollen bis hin zum Wiehern von Pferden.

Anschlagstechnik

Fast alle Rockgitarristen benutzen ein Plektrum für den Anschlag der Saiten. Die bevorzugte Form ist die Tropfenform. Das Plektrum wird vom Daumen und Zeigefinger gehalten.

Insbesondere Rockabilly-Gitarristen zupfen bei Crosspicking-Techniken zusätzlich zum Plektrum noch mit dem Mittel- und Ringfinger. Einige wenige Rockgitarristen zupfen mit den Fingern.

Grundsätzlich läßt sich zwischen zwei Anschlagsarten mit dem Plektrum unterscheiden: Einer mit dem Tirando der klassischen Gitarre vergleichbaren Technik, bei der das Plektrum zur anzuschlagenden Saite hin- und wieder weggeführt wird (dies ist die Anschlagsart für schnelle Tonfolgen, meist mit einem Wechsel von Auf- und Abschlägen) und der dem Apoyando vergleichbaren Technik, bei der das Plektrum ›durch die Saite durchgedrückt wird‹, bis es auf der benachbarten Saite landet (dies ist die Anschlagsart für wichtige Töne, ›to get *inside* the note‹, aber auch für Arpeggien).

Rock ´n´ Roll, Rockabilly und Rhythm & Blues

Hinter dem frühen Rock der 50er Jahre verbergen sich drei musikalischen Strömungen. *Rock ´n´ Roll*, der den Rhythmus der Swing- und Jumpbands des Jazz beibehält, *Rockabilly*, die Musik der weißen Südstaatler in den USA, und *Rhythm & Blues* – die Musik der farbigen Amerikaner. Medien wie das soeben erfunden Kofferradio und die Einführung der Single unterstützen die Verbreitung dieser Musikstile.

Im Rockabilly der 50er Jahre dominiert in vielen Songs das einfache Rhythmus-Gitarrenspiel in Achtelschlägen, wie bei Elvis Presley (akustische Rhythmusgitarre), Buddy Holly (elektrische Rhythmusgitarre) und den Everly Brothers (akustische Rhythmusgitarre plus Nashville-Gitarre). Der Einsatz dieser Anschläge ist jedoch nicht auf den Rockabilly beschränkt.

Die meisten Rocksongs stehen im 4/4 Takt. Der Grundanschlag erfolgt mit Ab- und Aufschlägen im Achtelfeeling. Wichtig dabei ist die *Betonung der Taktschläge 2 und 4*.

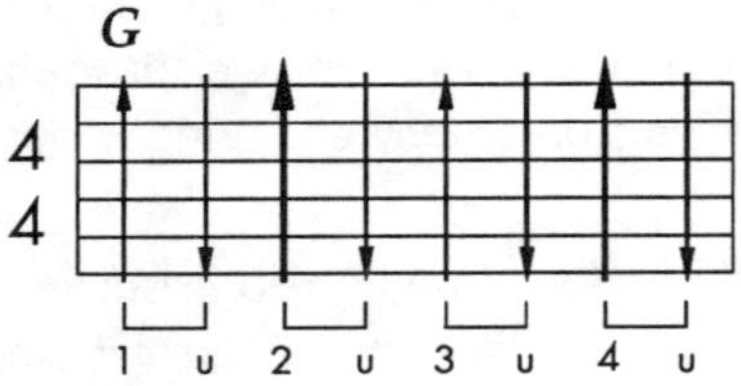

Es ist auch möglich, alle Achtel nur mit Abschlägen zu spielen.

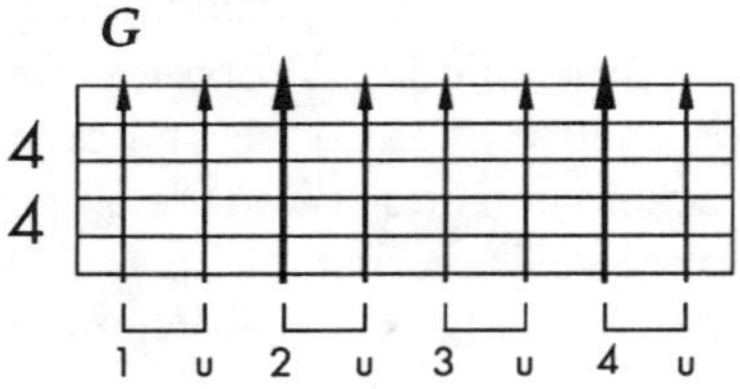

Angedeutete Aufschläge nach jeder zweiten Achtelnote geben diesem Anschlag mehr Drive.

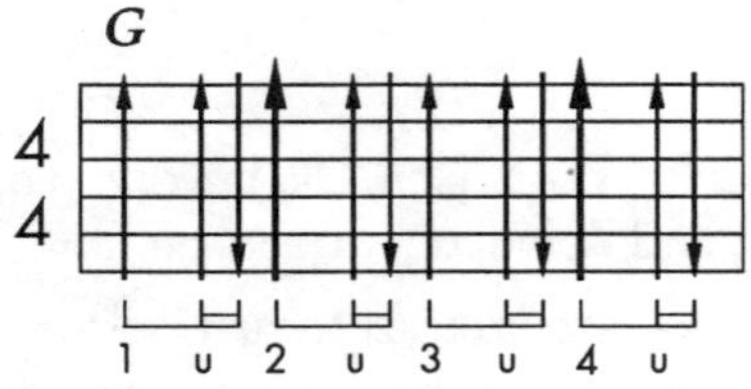

Achtelfeeling im Spiel bedeutet, daß sich der Rhythmus in Achteln aufgebaut, und der Spieler zählt in Gedanken Achtel. Seine rechte Hand bewegt sich in diesem Feeling. Das Achtelfeeling ist die Grundlage für das Rhythmusgitarrenspiel der meisten Rockstile. Variationen im Spiel durch Sechzehntelschläge oder Synkopierung werden stets von diesem Feeling her gedacht. Sechzehntel erscheinen als Aufsplittung einer Achtel in zwei Teile, Synkopen als Luftschläge, das heißt Auslassung einzelner Schläge.

Für Rock ´n´ Roll Begleitungen ist unbedingt auf eine swingende Ausführung der Achtel zu achten. Die Rockabilly-Grundanschläge swingend ausgeführt, eignen sich hierfür.

Jetzt zu zwei Rhythmusgitarrenstilen aus dem Bereich des Rhythm & Blues.

Bereits in den 50er Jahren entwickelt der farbige Musiker *Bo Diddley* einen Rhythmusgitarrenstil, der bis heute populär ist. Zu hören bei seinen Hits wie »Who Do You Love« und »Hey, Bo Diddley«. In den 60er Jahren spielen die Rolling Stones Buddy Holly's »Not Fade Away« in diesem Stil, und in den 80er Jahren taucht er bei George Michael's »Faith« und bei Grönemeyers »Was soll das« wieder auf. Greife einen A-Dur Barrégriff im fünften Bund, ohne die Saiten ganz niederzudrücken. Dann ›kratze‹ im Achtelrhythmus mit Ab- und Aufschlägen über diese abgedämpften Saiten. Es entsteht ein Waschbrett-Effekt.

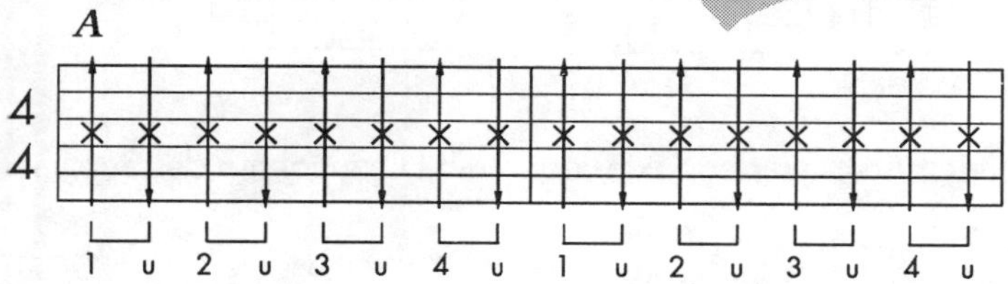

An den betonten Taktteilen wird der Akkord mit der linken Hand jetzt richtig niedergedrückt. Kratzgeräusche und normale Akkordklänge wechseln nun einander ab.

Die typischen Claves-Betonungen Bo Diddleys

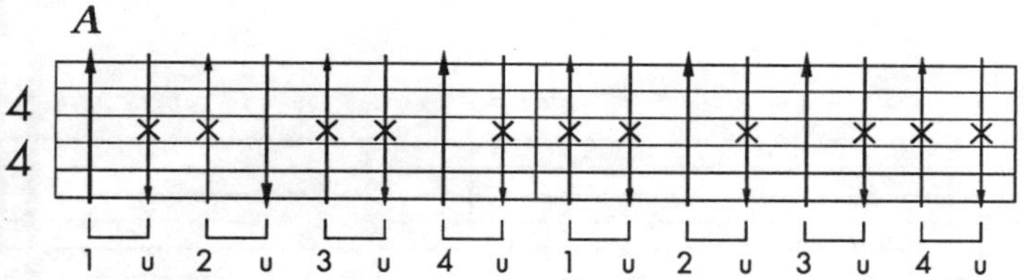

Diese Technik läßt jedoch auch Raum für eigene Betonungsmuster.

Eine der zentralen Gestalten der Rockgeschichte ist der schwarze Musiker *Chuck Berry*. Durch Stücke wie »Johnny B. Goode«, »Memphis Tennessee«, »Roll Over Beethoven«, »Sweet Little Sixteen«, »Little Queenie«, »Rock and Roll Music« gibt er wie kaum ein anderer das Lebensgefühl der Teenager der 50er Jahre wieder.

Er spielt einen charakteristischen Gitarrenstil auf nur zwei Baßsaiten. Am einfachsten geht es in der Tonart A-Dur mit deren drei Akkorden A, D und E. Wir setzen den Zeigefinger in den zweiten Bund der vierten Saite und schlagen mit dem Plektrum die fünfte und vierte Saite nur mit Abschlägen an. Mit Betonung der Taktschläge 2 und 4 klingt es schon nach Rock.

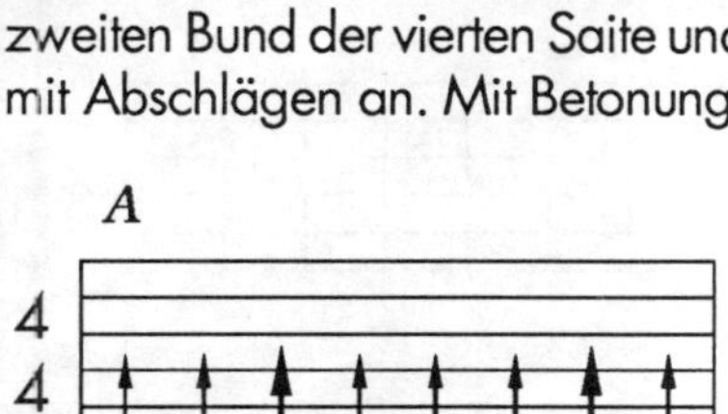

Einen trockenen Sound bekommen wir, indem wir die Saiten durch Auflegen der Kante der rechten Hand nahe am Steg abdämpfen.

Der typische Chuck-Berry-Rhythmus entsteht jedoch erst, wenn die Taktschläge 2 und 4 zusätzlich betont werden. Chuck Berry spielt hier die Sext des Akkordes beim A-Akkord im vierten Bund auf der vierten Saite. Für den E- und D-Akkord spielen wir das gleiche, jeweils eine Saite versetzt nach unten oder oben. Der Grundton liegt jeweils auf der mitangeschlagenen leeren Baßsaite. Zusätzlich kann auf den Taktschlag 3 noch die Septime hinzukommen.

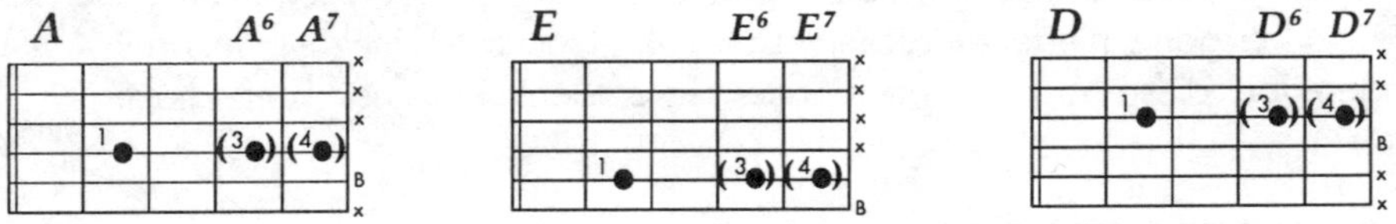

Das Ganze in Tabulatur, zunächst nur mit der Sexte, dann mit Hinzunahme der Septime.

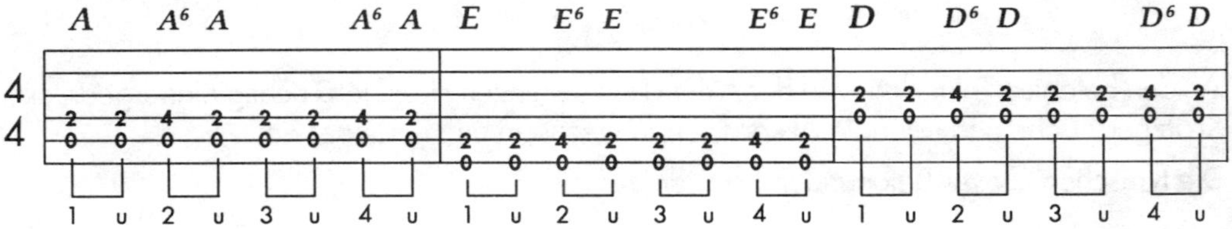

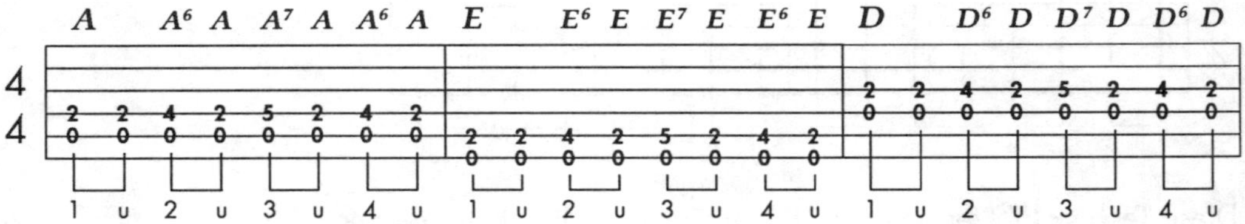

Bei allen anderen Akkorden steht uns der Baßton nicht mehr als Ton einer leeren Saite zur Verfügung – diesen muß jetzt der Zeigefinger greifen. Die entstehenden Griffmuster lassen sich wie ein Barrégriff verschieben, der vom Zeigefinger gegriffene Ton ist immer der Grundton des Akkordes. Mit dem Zeigefinger im ersten Bund des Griffbretts ergeben sich die Akkorde B, F und Es, im zweiten Bund H, Fis und E. Man sollte zuerst in höheren Lagen üben, da dort die Bundabstände geringer sind.

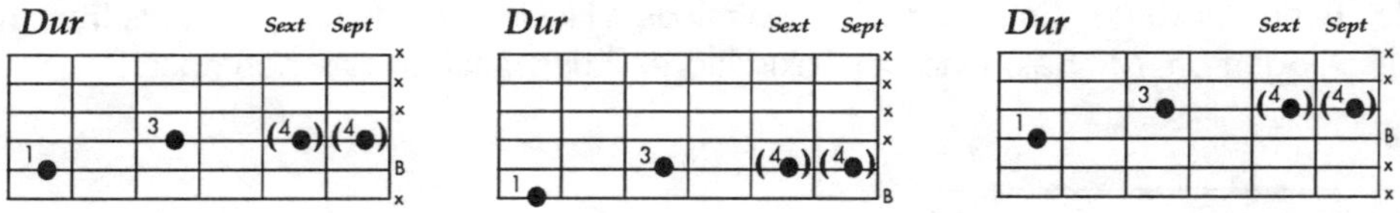

Dieser Anschlag eignet sich zur Begleitung vieler Rocksongs. Damit läßt sich sogar ein Weihnachtslied verrocken. Wir finden diesen Anschlag z. B. bei →»Marlowe, finden Sie Mabel« von Kunze.

Swingend gespielt, ergibt diese Technik einen schönen Shuffle und eine gute Bluesbegleitung.

Entscheidend ist für den frühen Rock neben der richtigen Betonung auch eine richtige Interpretation der Achtelnoten.

Je nachdem, ob es bluesig-jazzig oder eher hillbilly-rockig klingen soll, werden die Achtel *swingend* oder *gerade* gespielt. Rock ´n´ Roll - Titel wie »Rock Around the Clock« von Bill Haley zeigen noch die Nähe des Rock zum Swing. Bei seinen ersten Aufnahmen spielt Chuck Berry die Gitarre mit geraden Achteln zu den Swing-Achteln der Rhythmusgruppe. Je weiter der Kontrabaß vom E-Baß verdrängt wird, desto weiter entschwindet auch der klassische Swingrhythmus aus der Rockmusik.

›Gerade Achtel‹ (oder ›binär‹)

heißt, daß wir bei der Aufteilung einer Viertelnote in zwei Achtelnoten jeder die Hälfte, d. h. 50 %, des Wertes der Viertelnote zuteilen

›Swing-Achtel‹ (oder ›ternär‹)

heißt, daß bei der Aufteilung einer Viertelnote in zwei Achtel die erste Achtelnote 66 % erhält, die zweite aber nur 33 %.

Während gerade Achtel vom Rhythmus her dem Worte ›rok-ken‹ entsprechen, paßt auf die ungeraden Achtel gut das Wort ›swin-gen‹.

Die richtige Notierung des Phänomens Swing-Achtel hat den Musikern viel Kopfzerbrechen bereitet, weshalb mindestens 4 Schreibweisen existieren:

Rhythmisch richtig ist es, die Swing-Achtel aus Achteltriolen abzuleiten. Das bedeutet, eine Viertelnote in drei gleiche Teile zu zerlegen. Die ersten beiden Teile werden dann zu einer Note zusammengebunden. Schreibtechnisch ist es jedoch ungünstig, wenn eine ganze Seite in Triolen ausnotiert wird. Durchgesetzt hat sich deshalb eine Schreibweise in normalen Achteln mit einer Angabe zu Beginn des Stückes

 oder »Swing-Achtel«.

Stile mit geraden Achteln sind: Rock, Latin, Reggae, Folk, Ragtime, Klassik

Stile mit ungeraden Achteln sind: Swing, Blues, Bebop, Jazz, Shuffle, Boogie

›Shuffle‹ ist die Bezeichnung von Swingen im Rock- und Bluesbereich.

Zwischenformen ›leicht angeswingt‹ sind möglich. Ein Sonderfall ist der punktierte Rhythmus, auch Polkarhythmus genannt. Diese Interpretationsform ist für Rock und Jazz ungeeignet.

Gerade Achtel	Swing-Achtel	Zwischenformen	Polkarhythmus
50% : 50%	66% : 33%	55% : 45% 60% : 40%	75% : 25%

Hier bieten sich gute Möglichkeiten der eigenen Interpretation: ein Song kann sowohl mit swingenden Achteln als auch normal mit geraden Achtel gespielt werden.

Boogie-Woogie-Läufe

Boogie Woogie ist ein Musikstil, der sich seit den 20er Jahren ungebrochener Popularität erfreut. Charakteristisch sind seine rollenden, vorwärtstreibenden Arpeggiofiguren im Baß. Boogie Woogie ist eigentlich Klaviermusik, die ›linke Hand‹ des Pianisten läßt sich jedoch auch auf Gitarre und Baß in einem Swingorchester oder in einer Rockband übertragen. Boogie-Arpeggien können zur Variation vieler Gitarrenstile eingesetzt werden, insbesondere des Rhythmus von Chuck Berry, der im Grunde eine reduzierte Boogie-Form ist.

In A-Dur lassen sich Boogie-Arpeggien am besten spielen, da immer eine leere Saite für den Grundton zur Verfügung steht. Zunächst die Grundform:

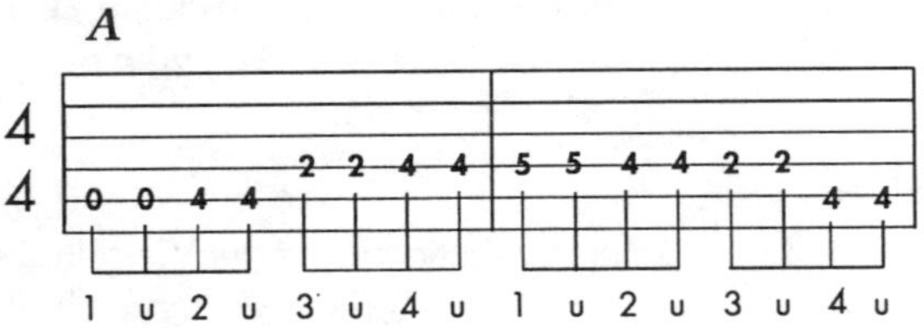

Das typische Boogie-Arpeggio besteht aus Grundton, großer Terz, Quinte, Sexte, kleiner Septime, häufig tritt neben der großen auch die kleine Terz auf.

Daraus läßt sich ein fester Fingersatz aufbauen. Die Töne können in beliebiger Folge zu Arpeggien zusammengesetzt werden.

Fingersatz für den A-Akkord

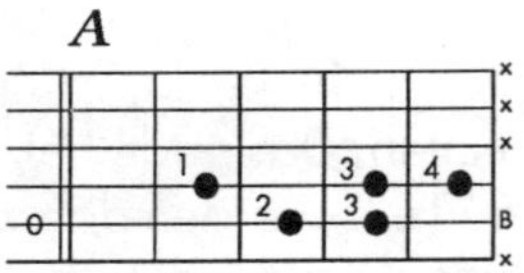

Die Töne werden einzeln gegriffen und angeschlagen.

Arpeggio-Töne des A-Akkords

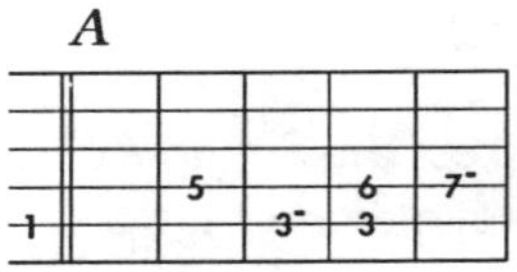

Grundton=1, kleine Terz=3-, große Terz=3, Quinte=5, Sexte=6, kleine Septime=7-

Für den D-Akkord setzen wir alles eine Saite höher – der Grundton liegt nun auf der leeren D-Saite. Für den E-Akkord alles eine Saite tiefer – der Grundton liegt auf der leeren E-Saite. Damit haben wir die drei Hauptakkorde der A-Dur-Tonart.

Für alle anderen Akkorde wird ein geänderter Fingersatz zugrundegelegt, denn nun wird auch der Grundton gegriffen. Dieser Fingersatz läßt sich wie ein Barré verschieben und kann auch versetzt um eine Saite nach oben auf der A-, D-, und G-Saite gespielt werden.

Fingersatz für alle Akkorde

Arpeggio-Töne für alle Akkorde

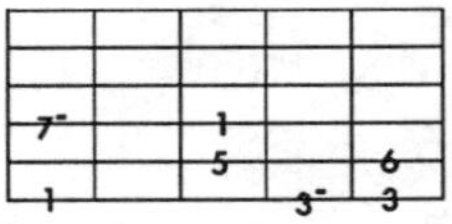

Grundton=1, kleine Terz=3-, usw.

Boogie-Läufe mit dem neuen Fingersatz

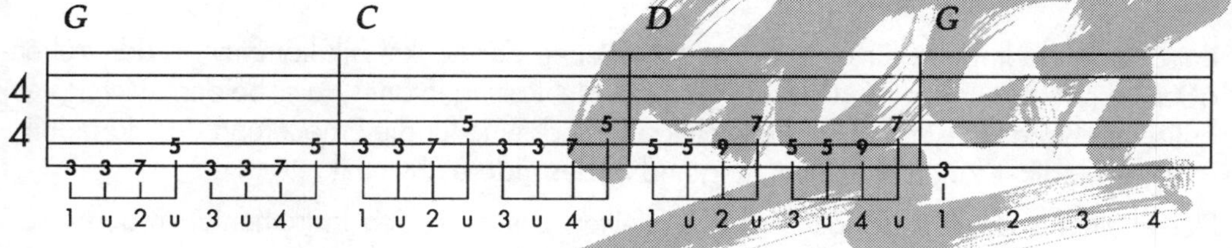

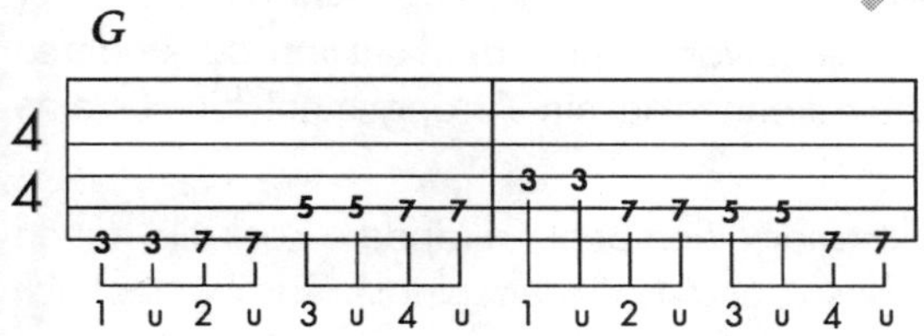

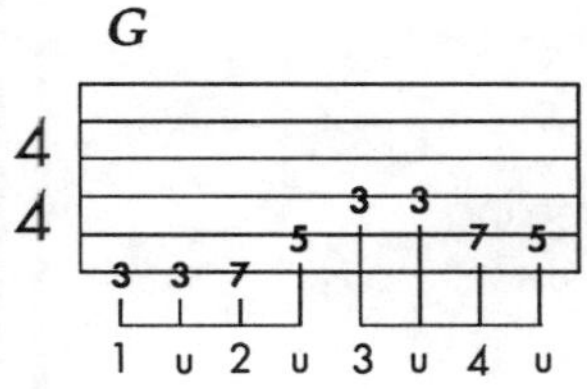

Boogie-Fingersätze sind von essentieller Bedeutung für das Rock-Gitarrenspiel. Sie sind nicht nur Ausgangspunkt für Boogie-Arpeggien, sondern alle *Baß-Riffs schlechthin*. Bassisten lernen diese Fingersätze wie Gitarristen ihre Akkorde.

Wer den allgemeinen, wie einen Barré verschiebbaren, zweiten Fingersatz beherrscht, kann auf dem E-Baß jedes Lied begleiten, sofern er nur mit dem Zeigefinger immer auf dem Grundton des jeweiligen Akkordes ist. Aus diesem Fingersatz stammt beispielsweise auch das Gitarrenriff von →»Verdamp lang her«, BAP. Bei Dur-Akkorden lassen sich dann alle Töne in beliebiger Reihenfolge, passend zum Rhythmus des Stückes, spielen. Bei Moll-Akkorden verzichten wir auf die große Terz (3).

Später kann die harmonische Palette nochmals erweitert werden

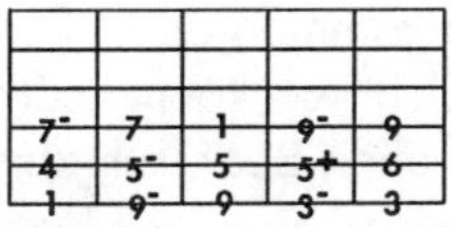

Auf der Gitarre lassen sich solche Läufe in Einzeltönen spielen, interessanter klingt es jedoch, wenn Einzeltöne mit Akkordanschlägen verbunden werden. So können wir aus einfachen Akkordanschlägen durch Hinzunahme von einigen Arpeggiotönen interessante Begleitungen machen. Dies sollte jedoch nicht unter tiefschürfenden Harmonielehrestudien geschehen, sondern intuitiv, abhängig davon, was sich gut greifen läßt und zum Rhythmus des Songs paßt. Das Ohr entscheidet dann, ob ein Ton paßt oder ob wir's nicht lieber einen Bund höher oder tiefer versuchen sollten.

Beat-Rhythmen

Entscheidende Impulse für eine Weiterentwicklung der Rockmusik kommen in den frühen 60er Jahren aus England. Die Beatles und die Rolling Stones, die beiden wichtigsten britischen Bands dieser Zeit, legen wichtige Grundsteine für die Erneuerung der Harmonik, Form, Melodik, Klangfarbe, Stimmung und insbesondere Rhythmik.

Der Rhythmus der Rocksongs wird ausgefeilter. Die einzelnen Instrumente streben nach größerer Freiheit. Der eigentliche Groove entsteht dann erst durch das Zusammenwirken der verschiedenen rhythmischen Ebenen. Da es bei den meisten Stücken nicht ausreicht, nur den Part der Rhythmusgitarre nachzuspielen, ist es von Vorteil, die Funktion der anderen Rhythmusinstrumente zu kennen. Ihre Akzente können in ein Arrangement für nur eine Gitarre aufgenommen werden.

Im frühen Beat geben vier gleiche Viertel-Taktschläge den Beat an (andere Rockstile haben dagegen die starke Back-Beat-Betonung nur des 2. und 4. Viertelschlags). Darüber legt sich ein Achtelrhythmus (später im Funk zusätzlich eine Sechzehntelebene). Im Rockrhythmus treffen also mindestens zwei Rhythmus- oder Feeling-Ebenen zusammen.

Die Rhythmusebenen des Rock

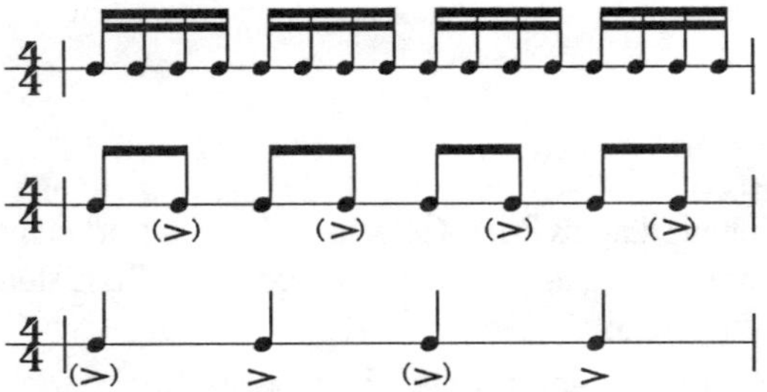

Sechzehntelfeeling
kommt im Funk dazu

Achtelfeeling
mit wahlweiser Off-Beat-Betonung

Viertel-Beat
Betonung aller Viertel oder Back Beat

Interessant am Rockrhythmus ist, daß sich auf jeder Ebene ein rhythmisches Eigenleben entwickeln kann, das von jeweils anderen Instrumenten der Band getragen wird.

Wichtige Akzente setzt immer die Bass Drum. Hier kann zwischen zwei Mustern unterschieden werden. Im einen Stil spielt die Bass Drum die Taktschläge 1 und 3 und zusätzliche ›und‹-Zählzeiten, läßt aber Lücken auf den Taktschlägen 2 und 4, die dann von der Snare ausgefüllt werden. Im anderen Stil spielt die Bass Drum ›Four on the Floor‹, pro Takt vier gleichmäßige Viertelschläge. Dazu kommen dann Schläge der Snare auf 2 und 4. Der Betonungsgrad dieser Anschläge reicht von kaum spürbar bis zur ›Eisentür, die einem vor der Nase zugeschlagen wird‹. In frühen Beat-Aufnahmen fehlt dieser zusätzliche Akzent auf 2 und 4. Das zeigt, daß Rock auch ohne Back Beat möglich ist.

Die Hi-Hat des Schlagzeugs spielt in der Regel durchgehende Achtel.

Der E-Baß setzt meist Achtelnoten, durch den Einfluß der Motown-Bassisten entwickelt die Baßlinie ihr synkopiertes Eigenleben.

Die Rhythmusgitarre spielt häufig durchgehende Achtel parallel zur Hi-Hat. Aber auch sie kann rhythmisch ihre eigenen Wege gehen, die von Betonungen einiger Off Beats bis zur Polyrhythmik reichen.

Auf einer einzelnen Gitarre lassen sich natürlich diese unterschiedlichen Ebenen nicht gleichzeitig realisieren. Während sich die Rhythmusgitarre der Band häufig auf bestimmte Akzente beschränkt, muß eine einzelne Gitarre einen Kompromiß suchen. Sie spielt normalerweise im Achtelfeeling und betont die Schläge des Beat auf 1 2 3 4 oder nur auf 2 und 4 stärker. Zwischendurch kann sie statt des Rhythmusspiels auch Riffs oder Melodielinien als Bausteine einfügen, der Rest wird bei bekannten Stücken dann häufig ›im Kopf‹ ergänzt.

Die Akzente von Bass Drum, Snare, Hi-Hat und Baß lassen sich gut mit einer *Baß-Diskant-Trennung* aufgreifen. Auch John Lennon spielt in diesem Rhythmusgitarrenstil bei vielen Beatles-Songs ein in sich geschlossenes Mini-Arrangement.

Hier einige gebräuchliche Basis-Muster des frühen Beat in der typischen Betonung aller vier Taktschläge. Sie lassen sich aber auch im Back Beat spielen.

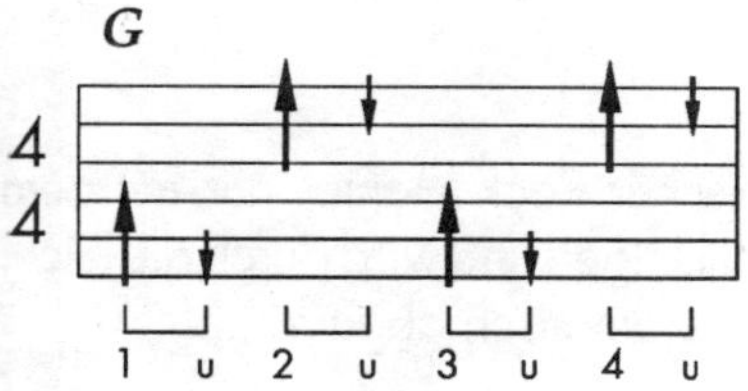

oder mit noch deutlicherer Heraushebung der Beats des Basisrhythmus

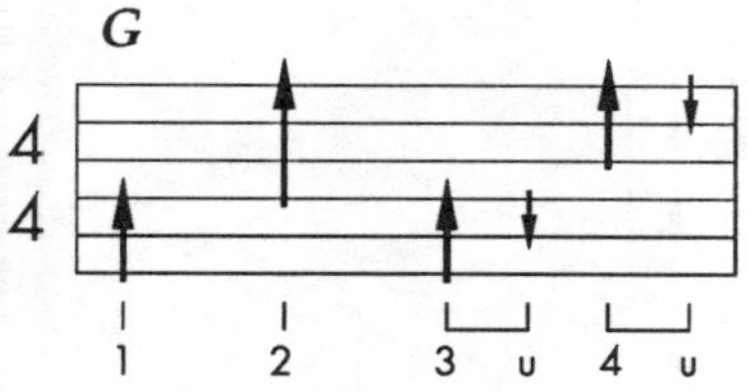

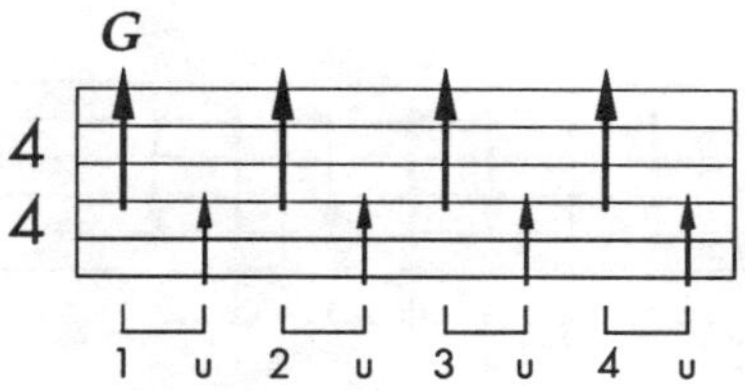

Eine gute Möglichkeit, den Back Beat der Snare hervorzuheben, sind *Perkussivschläge* mit der rechten Hand(kante) auf die Saiten. Diese Technik finden wir auch im Hard-Rock als Rhythmushilfe bei Riffs wieder. Die Akkorde bleiben dabei gegriffen.

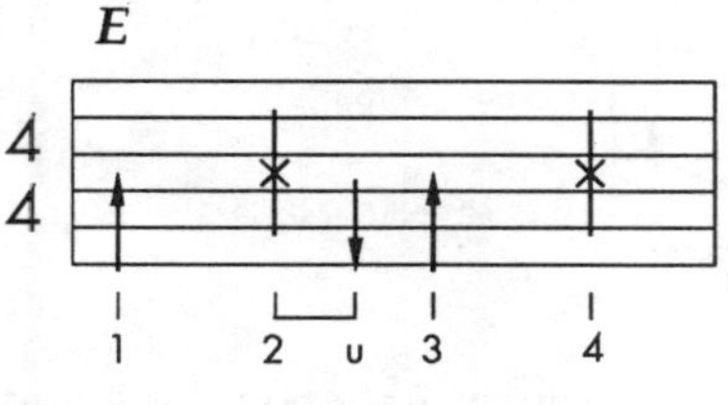

Oft wird der Basisrhythmus nur angedeutet, zum Beispiel durch Betonung nur der Zählzeit 2, wie in dieser Honky-Tonk-Version mit starker Hervorhebung der Off Beats.

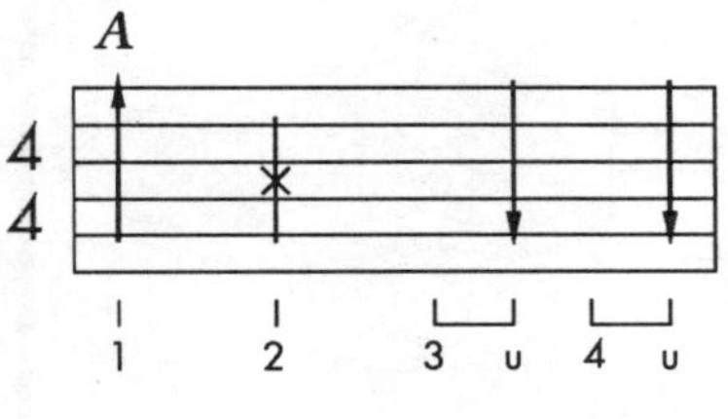

Hard-Rock-Riffs

Initiiert durch Titel von den Rolling Stones wie »Jumpin' Jack Flash« und »Street Fighting Man« entwickelt sich ab Mitte der 60er Jahre ein Rockstil, der mehr auf dem Gitarrenriff denn auf dem Song aufbaut. Weitere Wegbereiter sind Gruppen wie Cream mit Eric Clapton, Led Zeppelin mit Jimmy Page sowie Jeff Beck und Jimi Hendrix, die die tragende Rolle der Gitarre in diesem Rockstil unterstreichen. Aus diesen Anfängen entwickelt sich der Hard-Rock, einer der langlebigsten Rockstile, von vielen als der ›wahre Rock‹ gepriesen, von vielen aber auch als ›the same old riff‹ geschmäht.

Wichtig bei diesem Rockstil ist die Fähigkeit, Off Beats betont zu spielen, sie über nachfolgende Zählzeiten ›hinüberhängenzulassen‹ oder sie bewußt abzustoppen. Songs in diesem Stil lassen sich am besten in A-Dur spielen.

A

Wir greifen den A-Akkord in typischer Rock-Manier nur mit dem Zeigefinger. Die E-Saite soll nicht mitklingen und wird durch die leicht schräge Haltung des Zeigefingers automatisch abgedämpft.

Wir beginnen mit Ab- und Aufschlägen im Achtelrhythmus und Betonung der Off Beats:

A

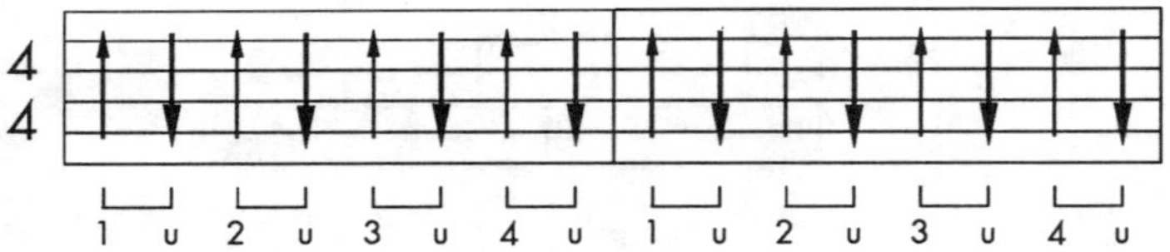

Im nächsten Schritt fallen die Abschläge weg. Wir lassen die Aufschläge über die Lücken ›hinweghängen‹:

A

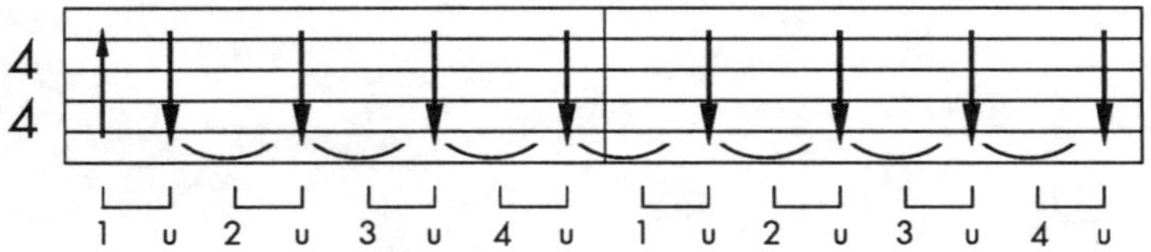

Jetzt nehmen wir die gleichen Anschläge, stoppen sie aber ab durch Anheben des linken Zeigefingers, den wir dabei in Richtung fünfte Saite führen, um so auch diese abzudämpfen:

A

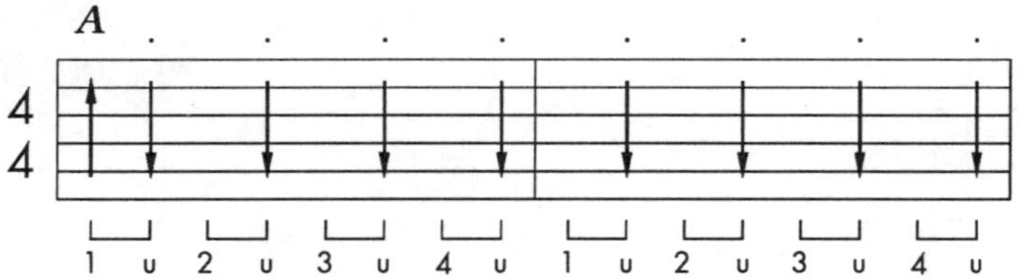

Alle Off Beats zu spielen, macht die Sache zu vorhersehbar, deswegen lassen wir einige Anschläge weg. Wir kombinieren abgestoppte mit hinüberhängenden Anschlägen:

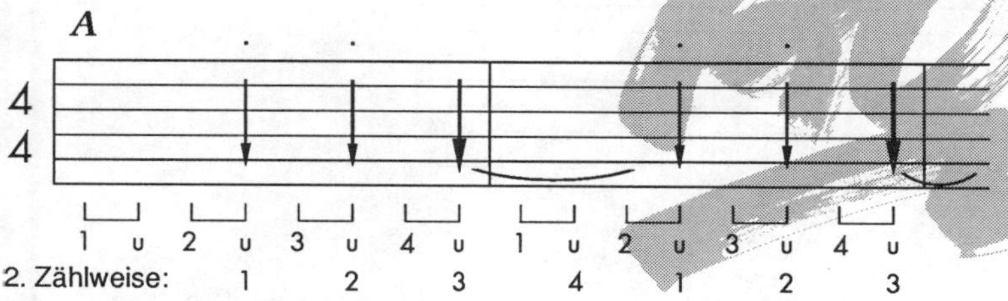

Entscheidend ist, daß die Off Beats ein Eigenleben entwickeln und am Gefüge des 4/4-Taktes zerren. Werden solche Rhythmen von der Gitarre allein als Intro gespielt, merkt man häufig erst durch den Einsatz der anderen Instrumente, wo die 1 des Taktes ist (siehe 2. Zählweise). Die Gitarre solo kann durch Perkussionsschläge auf 2 und 4 die Snare imitieren:

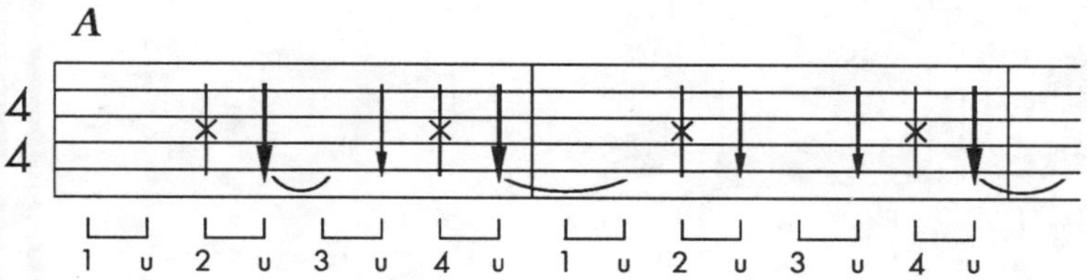

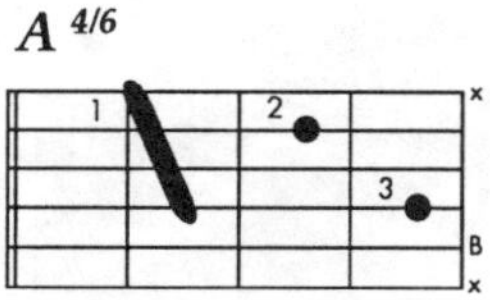

Zu den Off-Beat-Rhythmen kommen noch einige typische Akkorderweiterungen hinzu. Die beliebteste ist der A 4/6-Akkord. Dadurch, daß wir den A-Akkord nur mit dem Zeigefinger greifen, haben wir Mittel- und Ringfinger frei für die zusätzlichen Töne.

Wir entwickeln einen Rhythmus

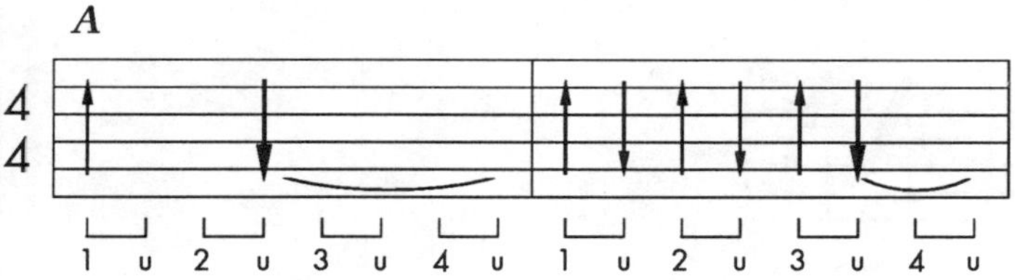

und akzentuieren mit dem A 4/6-Akkord.

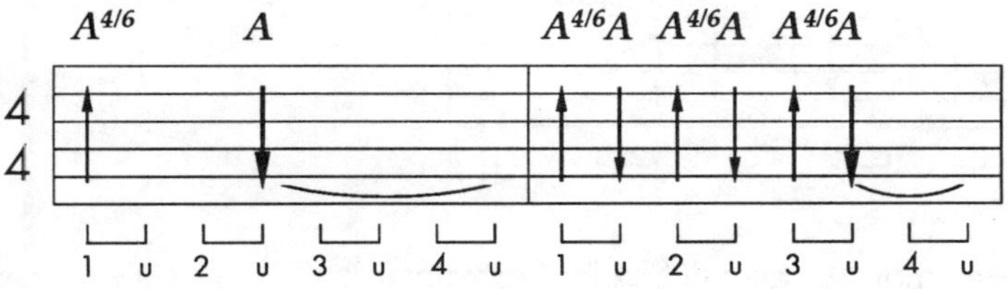

Weitere Bespiele:

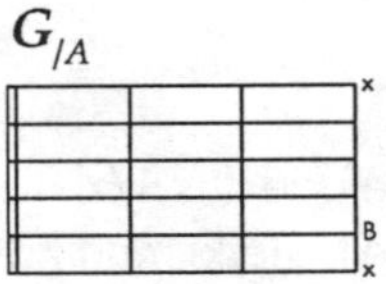

Die nächste Akkorderweiterung erhalten wir durch Anheben des Zeigefingers…

Riffs, die beide Akkorderweiterungen benutzen:

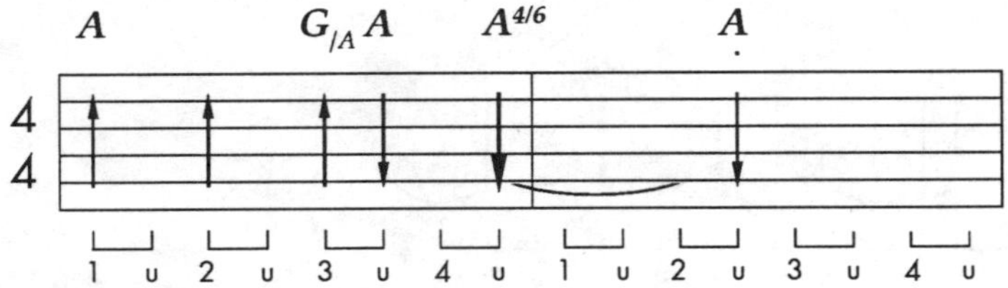

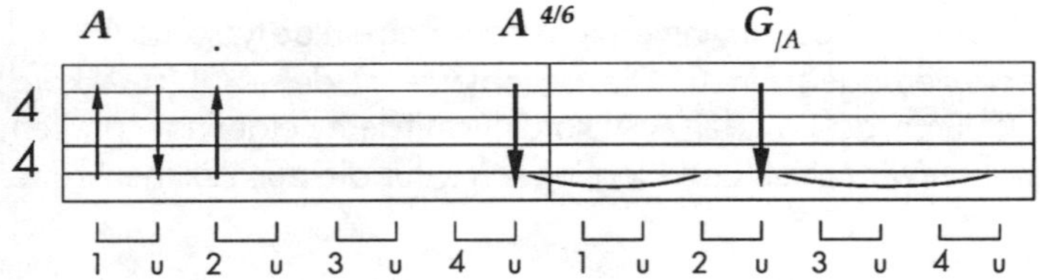

Durch Verschieben des Zeigefingers erhalten wir zusätzliche Akkorderweiterungen:

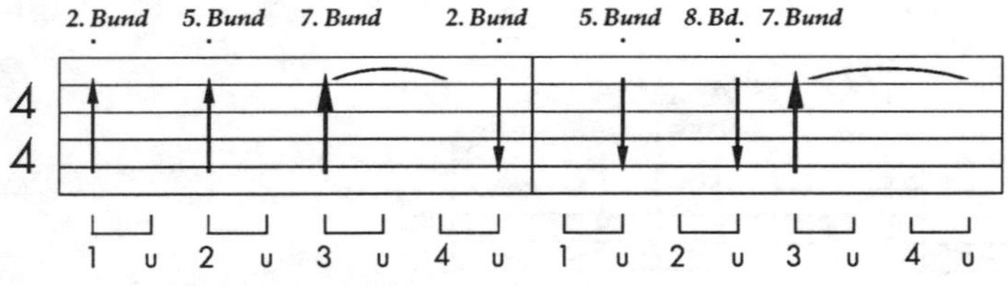

Aus einfachen Bausteinen kann man so seine Riffs selber komponieren.

New Wave und Punk

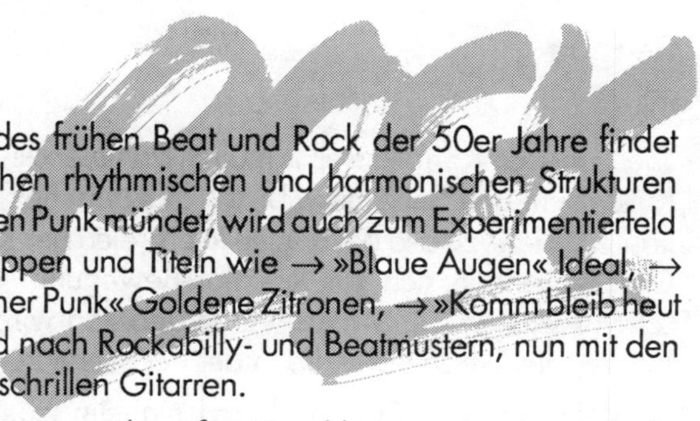

Eine Rückbesinnung auf Rocktraditionen des frühen Beat und Rock der 50er Jahre findet Ende der 70er Jahre statt. Die mit einfachen rhythmischen und harmonischen Strukturen arbeitende Musik des New Wave, die in den Punk mündet, wird auch zum Experimentierfeld einer neuen deutschen Rockszene mit Gruppen und Titeln wie → »Blaue Augen« Ideal, → »Haus der drei Sonnen« Nena, → »Für immer Punk« Goldene Zitronen, → »Komm bleib heut nacht bei mir« Jeile Träumer. Gespielt wird nach Rockabilly- und Beatmustern, nun mit den Insignien eines aberwitziges Tempos und schrillen Gitarren.

Diese Stücke lassen sich gut mit einem trockenen gedämpften Anschlag in gehetzten Achteln über nur zwei Seiten oder einem schnellen Anschlag in Baß-Diskant-Trennung spielen.

A

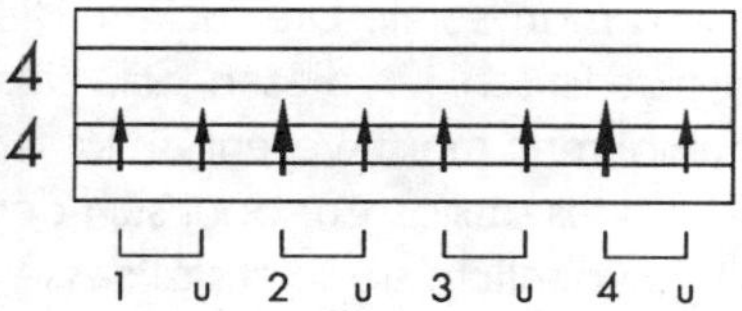

E

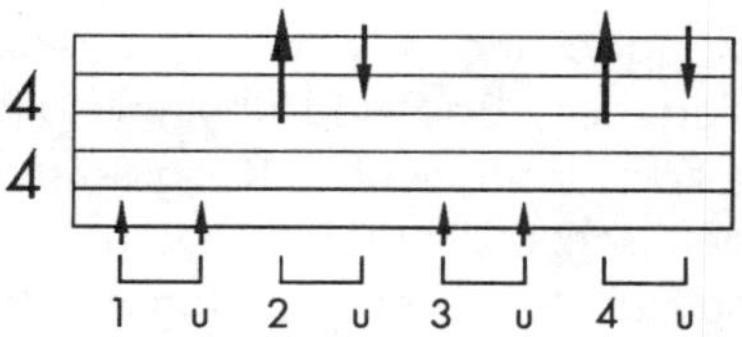

Zum Dämpfen ruht der rechte Handballen während des Abschlags locker und leicht auf den Saiten nahe des Stegs, so daß der Ton teilweise noch erklingt, teilweise geschluckt wird. Es entsteht dadurch ein trocken-rockiges Klangbild.

Rock-Akkorde

›Typische Rock-Akkorde‹ finden vor allem im Hard-Rock, aber auch im Punk und New Wave Verwendung. Bei starker Verzerrung entwickeln sich bei Tönen, die nicht in einfachem Schwingungsverhältnis zueinander stehen, Dissonanzen. Um Mißtöne zu vermeiden, reduzieren Rockgitarristen ihre Akkorde deshalb auf Grundton, Quinte (und Oktave). Da die Terz fehlt, fällt bei diesen Rock-Akkorden die Unterscheidung in Dur und Moll weg.

Es handelt sich quasi um verkürzte E- und A-Barré-Griffe. Gespielt werden sie nur über drei Saiten und wie Barréakkorde verschoben. Im 7. Bund kann bei E und A die leere Baßsaite mitklingen. Der Zeigefinger greift stets den Grundton, nach dem der Akkord benannt ist.

auf E-Basis

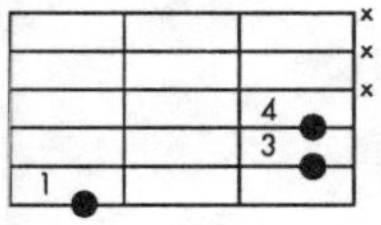

auf A-Basis

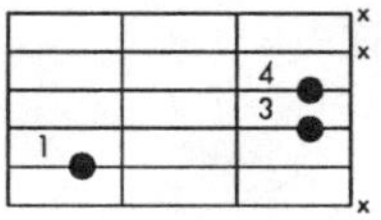

E

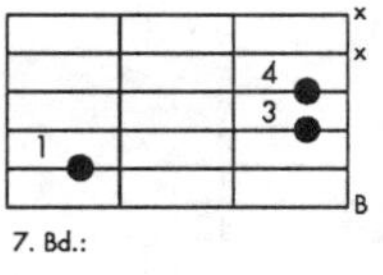

A

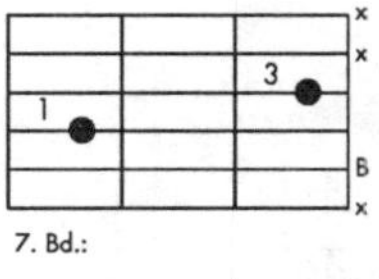

Eine Variation für die Akkorde der Tonart A-Dur mit leerer Baßsaite, unverschiebbar.

A

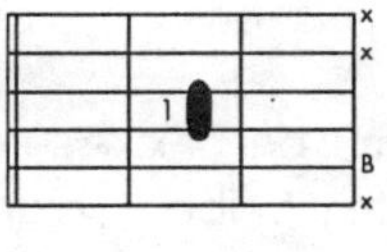

D

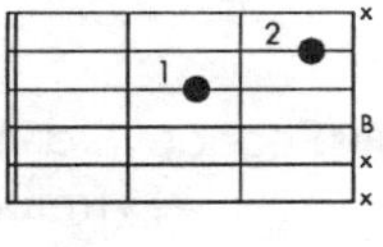

E

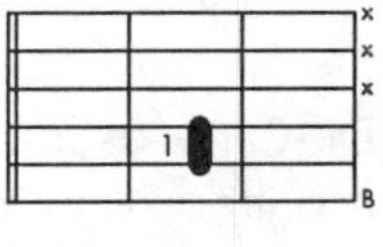

Diese Akkorde bringen auch bei unverzerrter Gitarre sofort den typischen Rocksound.

Reggae

Die von der Karibikinsel Jamaika stammende Musik des Reggae hat ihre Wurzeln im Kulturraum und Selbstbewußtsein afrikanischer Schwarzer, die als Sklaven auf diese Insel kamen. Nahezu alle bekannten Interpreten des Reggae, wie Bob Marley, Peter Tosh, Jimmy Cliffs bekennen sich zur Rastafari-Bewegung, die davon ausgeht, daß der Messias als schwarzer König in Afrika wiedergeboren wird. Ihr Erkennungszeichen sind geflochtene Haare, die Dreadlocks, die in der Popscene zum Modeaccessoir werden.

Eine Vorform des Reggae legen einheimische Discjockeys auf Jamaica zunächst unter dem Namen Ska als Tanzmusik auf. Mit dem Song Bob Marleys »I shot the sheriff«, der 1974 von Eric Clapton gecovert und zum Hit wird, gewinnt die bis dahin sich im Verborgenen entwickelnde Musik Einfluß auf den Rock.

Im Reggae ist das, was man ausläßt, wichtiger als das, was man spielt. Die Lücken, die Schlagzeug, Baß und Rhythmusgitarre lassen, sind charakteristisch für diesen Stil. Das wichtigste Instrument im Reggae ist der Baß, auf Reggaeaufnahmen meist wesentlich lauter abgemischt als sonst üblich. Auf Baßfiguren, die die 1 des Taktes auslassen, baut sich der Song auf. Auch der Anschlag der Baßdrum auf der 1 fehlt gewöhnlich, sie setzt stattdessen einen reggaetypischen Akzent gleichzeitig mit einem Kantenschlag auf die Snare (im Sechzehntelfeeling auf der 2. und 4., im Achtelfeeling auf der 3. Zählzeit), wodurch das ganze Schlagzeugmuster wie rückwärts gespielt klingt. Die Gitarre pausiert an dieser Stelle.

Reggaesongs sind im 4/4 Takt, entweder in einem langsamen Sechzehntelfeeling oder im Achtelfeeling notiert. Auch eine swingende Spielweise im Triolenfeeling ist möglich.

Im Sechzehntelfeeling groovt sich die Gitarre auf ›Off beats‹ ein, die ›und‹-Schläge des Taktes, angereichert durch Sechzehntel. Bis auf die Anschläge vor den Sechzehnteln werden alle Anschläge abgestoppt durch Lockern der linken Hand (am besten Barrégriffe benutzen). Zusätzlich zum Abstoppen kann man auch noch mit der rechten Handkante abdämpfen.

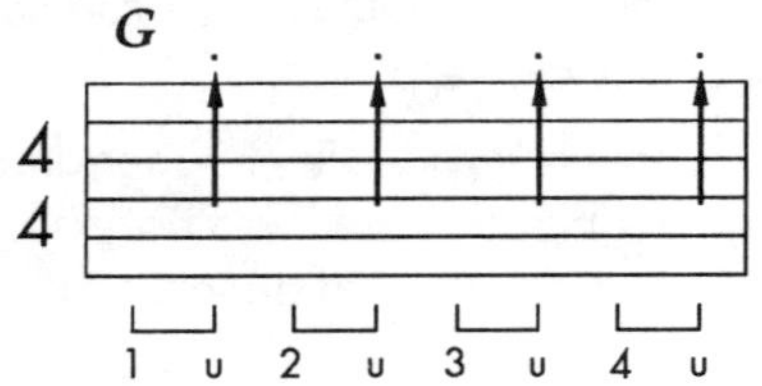

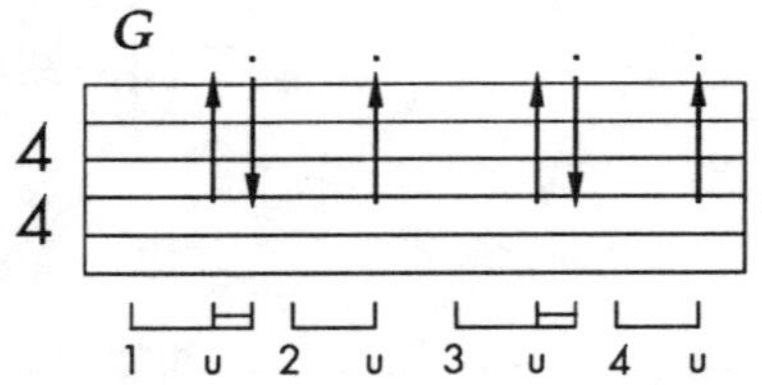

Die Off-Beat-Spielweise des Reggae wird im Rhythmus der Stücke →»Gib mir deine Zigarette«, Manfred Maurenbrecher oder →»Treiben gleiten treiben« Franz-Josef Degenhardt, als interessantes Stilmittel aufgenommen.

Häufig sind die Grundfiguren des Reggae im Achtelfeling notiert. Nach wie vor muß besondere Sorgfalt auf die abgestoppten Schläge gelegt werden.

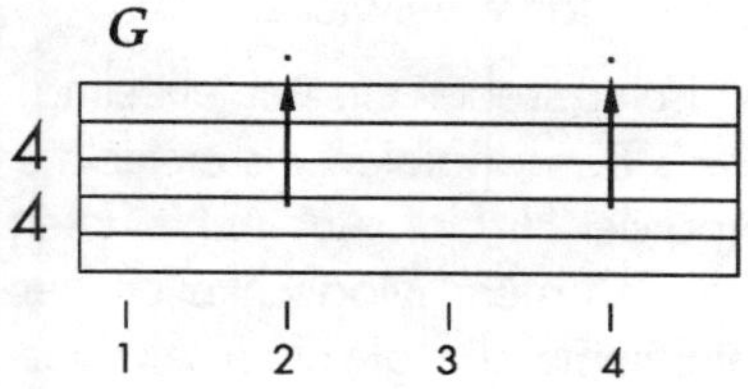

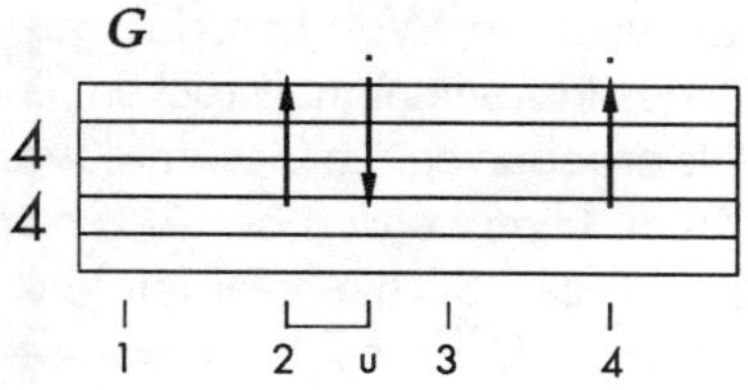

Die rhythmische Wirkung der Achtel, bei denen die erste breit gespielt und die zweite abgestoppt ist, wird gesteigert, wenn sie in einem Triolenfeeling gespielt werden. Alle Reggae-Muster lassen sich sowohl gerade als auch swingend ausführen.

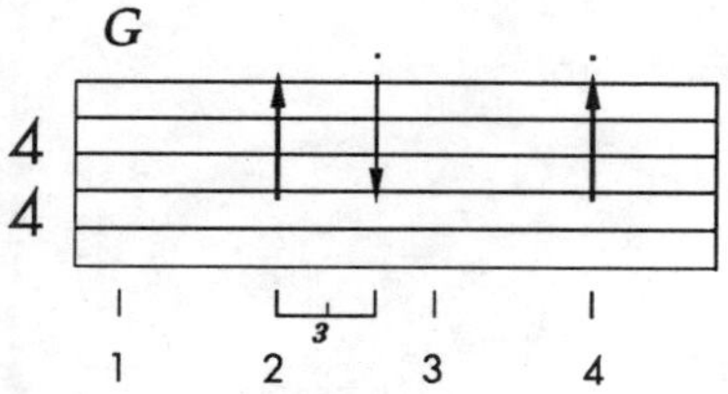

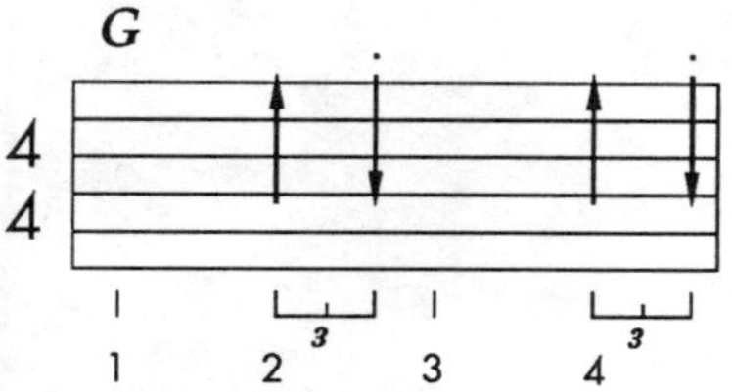

Vergleiche dazu auch → »Herzkasper«, Meier Plus, ein gezupfter Swing-Reggae.

Neben typischen Gitarrenmustern, wie sie hier beschrieben sind, kann die Gitarre aber auch Baßläufe des Reggae aufnehmen. Ein Beispiel für solch eine Begleitung ist bei → »In der Sprache, die sie verstehn«, Heinz Rudolf Kunze, notiert.

Funk

Pionier des Funk ist James Brown, der diesen Stil Mitte der 60er Jahre entwickelt.

Bis zur Entstehung des Funk herrscht in der Rockmusik rhythmisch gesehen ein Achtelfeeling, gerade oder swingend. Der Schlagzeuger in James Brown's Band halbiert als erster die Anschläge von Baß und Snare bei gleichbleibendem Tempo der Hi-Hat. Aus Achtelnoten werden Sechzehntel. Ein Sechzehntelrhythmus bietet wesentlich mehr Möglichkeiten der Synkopierung. Während beim Rock häufig mehrere Instrumente die gleichen Akzente spielen, beruht Funk auf rhythmischer Arbeitsteilung.

Hinter dem, was bei James Brown wie improvisiert klingt, steckt in Wahrheit das ausgeklügelte Konzept eines zusammengesetzten Rhythmus. Jedes Instrument muß Lücken für die anderen lassen und die Akzente der einzelnen Instrumente ergeben erst im Gesamtklang den ›Groove‹. Einzige Ausnahme bilden Baß und Bass Drum. Hier werden die Akzente von beiden gespielt, was dem Groove eine solide Basis gibt. Die Sechzehntel im Funk werden fast immer gerade gespielt, bei Prince gibt es hin und wieder auch swingende Sechzehntel.

Jimmy Nolen, der Gitarrist von James Brown, spielt die Gitarre wie ein Perkussionsinstrument. Er mischt abgedämpfte Anschläge mit messerscharfen Akkordanschlägen auf den hohen Saiten. Da Akkordwechsel im Funk selten sind, bleibt er auf einem Akkord, die Variation besteht aus gelegentlichem Hineinrutschen in den Akkord von einem Bund höher oder zwei Bünden tiefer.

Zunächst wollen wir einige der typischen Funk-Akkorde vorstellen.

E 9

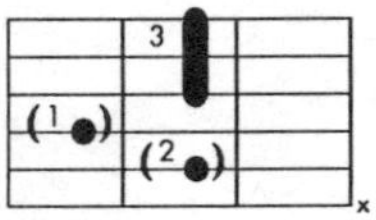

6. Bund

E 7/9+

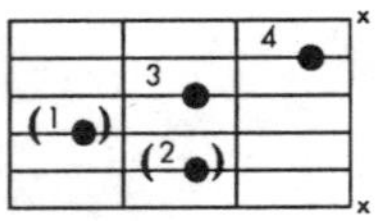

6. Bund

E 13

6. Bund

Zum Teil werden auch nur Oktaven gegriffen. In schneller Folge gespielt, klingen sie wie ein Morse-Alphabet.

E *Oktave*

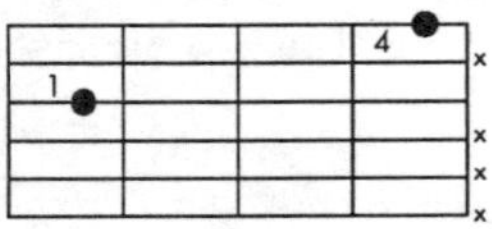

10. Bund

Der Grundanschlag des Funk gleicht dem perkussiven Rhythmusgitarrenspiel Bo Diddleys aus den 50er Jahren, hier aber im Sechzehntelrhythmus.

Wir kratzen mit dem Plektrum über die abgedämpften Saiten. Dieser Anschlag wird beibehalten, er verhindert, daß man bei komplizierten Synkopierungen aus der Bahn geworfen wird. Die rechte Hand bleibt immer im Sechzehntelrhythmus. Wem das Gekratze zuviel wird, der kann die Anschläge eventuell durch Luftschläge ersetzen.

Der Grundanschlag

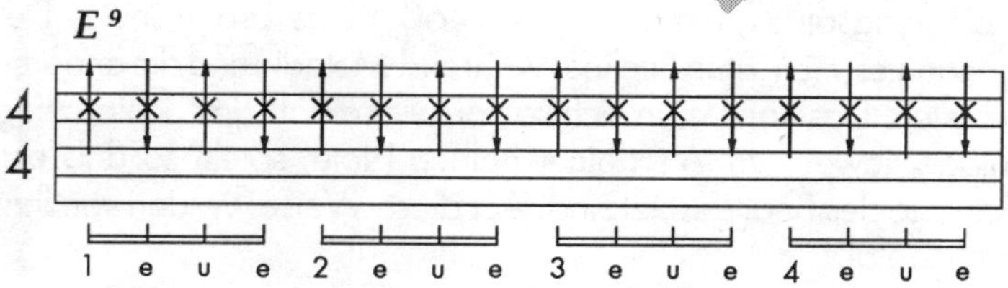

Durch festes Andrücken der Finger, bringen wir an einigen Stellen die Saiten zum Klingen. Dieser Gegensatz zwischen perkussiven und klingenden Akkorden macht es.

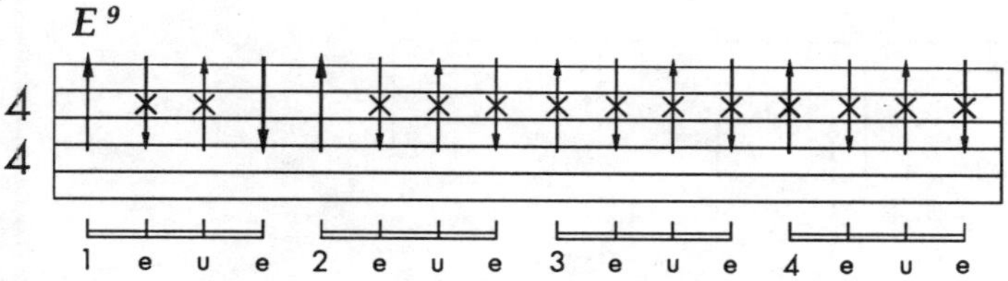

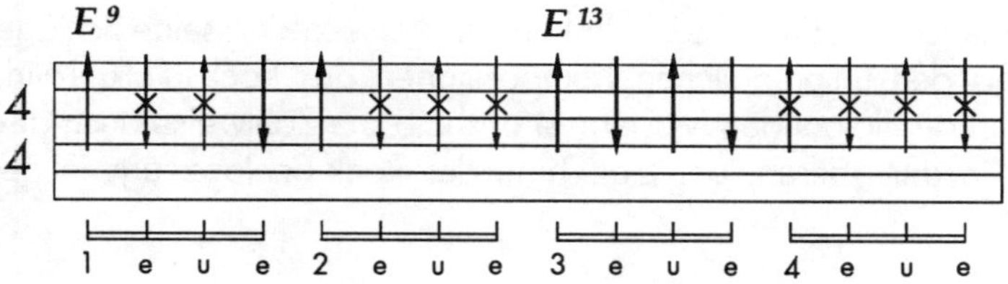

Einige Funk-Rhythmen können durch Hineinrutschen in den Akkord variiert werden.

Wenn man die Grundprinzipien beherrscht, ist es wahrscheinlich einfacher, eigene Funk-Rhythmen zu erfinden, als sie von Noten abzuspielen.

Rockballaden

Alle Rockstile haben immer wieder auch Balladen hervorgebracht.

Vor allem Kompositionen aus dem Folk-, Klassik- oder Bluesbereich werden häufig in diese alte Erzählform gekleidet. Häufig sind es balladenhafte Liebeslieder oder auch Stücke, die Geschichten über Menschen erzählen. Rockballaden stellen das melodische Moment und den Text gegenüber der Rhythmik in den Vordergrund. In jedem Livekonzert gehen hier die Feuerzeuge und Wunderkerzen an ...

Rockballaden bevorzugen ein langsames Tempo von ca. 60 Beats pro Minute. Der Schlagzeuger geht in ein sogenanntes *Half-Time*-Feeling, während Melodie und die anderen Instrumente ihr Tempo beibehalten. Das kann man sich so vorstellen, daß das Schlagzeug pro Takt nur noch zwei Schläge, jeweils im Wert einer halben Note, spielt, so daß erst nach zwei Takten alle vier Schläge des Beat gesetzt sind. Auf diese Weise werden von ihm zwei Takte zu einem zusammengefaßt.

Ein typisches Beispiel für eine Half-Time-Zählweise ist das Stück →»Mercedes Benz«, bei dem der Schlagzeugrhythmus als Mitklatsch-Muster über je zwei Takte der Komposition gelegt ist. Wir spielen ihn hier auf der Gitarre

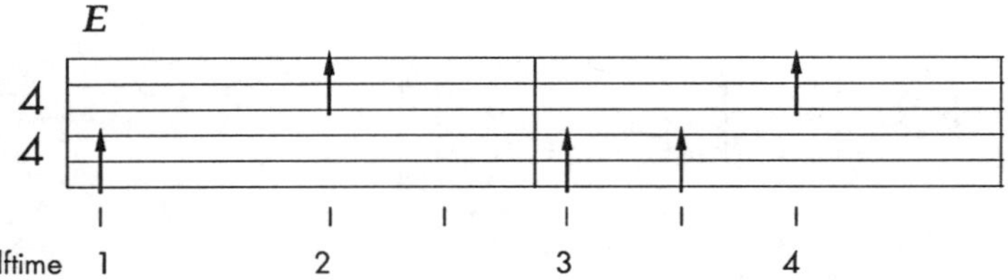

Half-Time-Feeling des Schlagzeugs ist charakteristisch für Rockballaden.

Für den Gitarristen ist das aber letztlich unerheblich. Er kann im Achtelfeeling seine Schläge und Techniken entsprechend den ursprünglichen Kompositionen aus Rock, Folk, Latin, Blues oder Klassik bringen. In den folgenden Mustern ist deshalb die Zählweise auch des ursprünglichen Stils jeweils in der oberen, der Half Time des Rock-Schlagzeugs in der unteren Ebene angegeben.

Im europäischen Raum greift die Rockballade häufig auf klasssische Elemente zurück. Dies trifft auf Stücke der Beatles genauso zu wie auf viele Lovesongs Udo Lindenbergs oder Herbert Grönemeyers. In der Einspielung steht hier häufig ein Klavier im Vordergrund, weshalb sich als Begleitung auf Gitarre klassische Arpeggien besonders gut eignen.

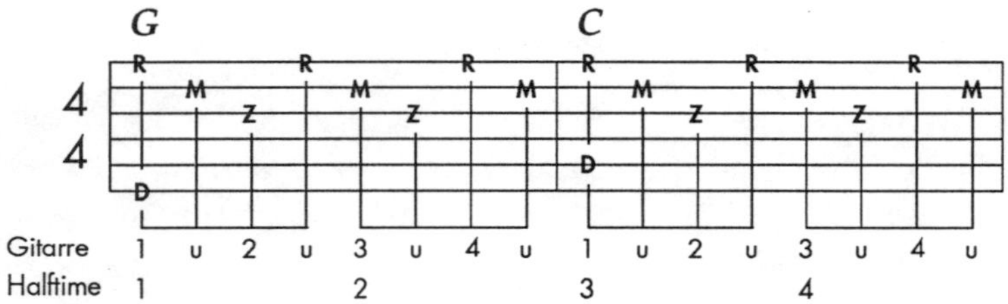

Einen Sonderfall bilden Balladen im 6/8-Takt, die in den Rock eingebunden werden. Da der Rock keine ungeraden Takte mag, stehen diese Stücke nun im 4/4-Takt mit Triolenfeeling. Ein bekanntes Beispiel dafür ist »House of the Rising Sun«, dessen 6/8-Arpeggio in der Folk-Rock-Fassung der Animals wie folgt aussieht

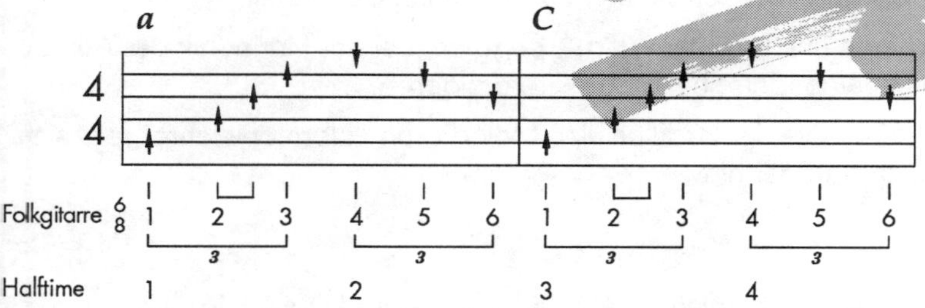

Solche Folk-Rockballaden im Triolenfeeling – bekannte Beispiele dafür sind »Norwegian Wood«, »You've Got To Hide Your Love Away« – lassen sich auch gut mit Rhythmusschlägen über alle Saiten begleiten:

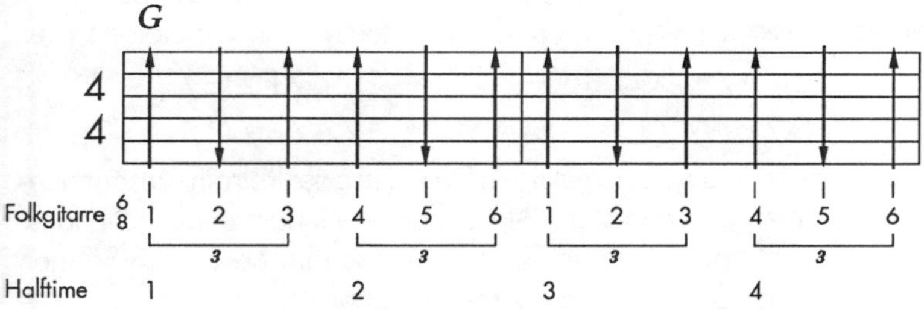

Werden die Triolen nur in Abschlägen gespielt, können angedeutete Aufschläge mit dem Plektrum gut eingebaut werden, die ihnen Drive geben.

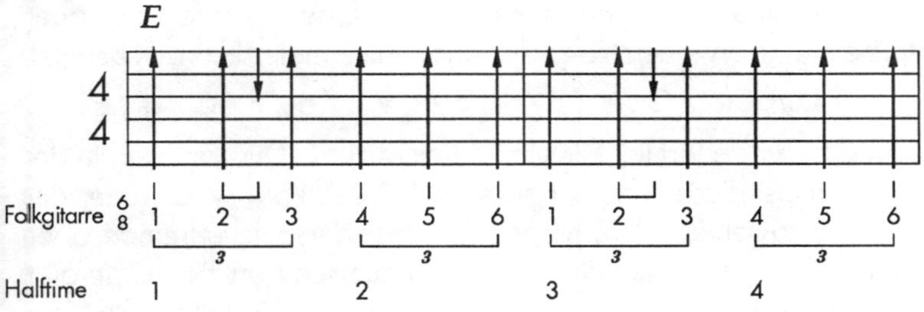

Interessant ist auch die Form der Rockballade, wie sie zum Beispiel von Marius Müller-Westernhagen gepflegt wird: In →»Laß uns leben« setzt das Schlagzeug erst in der letzten Strophe ein und bringt das Stück ab diesem Punkt auf die Rockebene im Half-Time-Feeling. Bis dahin ist die Ballade noch ein reiner Folksong ohne Rockelemente.

Komposition und Improvisation

Um in Melodik und Harmonik einzudringen, stellen wir uns vor, wir sollten einen Rocksong komponieren – die Stones spielen nur Fremdmaterial, bis ihr Manager sie mit den Worten »Wir brauchen einen Hit« zum Komponieren animiert. Da Melodik und Harmonik häufig eng miteinander verwandt sind, werden sie hier zusammen abgehandelt.

Bei der Melodik interessieren uns Tonleitern und Arpeggien, bei der Harmonik der Aufbau der Akkorde und deren Aneinanderreihung zu Akkordfolgen.

Rockmusik benutzt viele Elemente der traditionellen Melodie- und Harmonielehre, setzt sich in weiten Teilen aber auch darüber hinweg.

Traditionelle Elemente

Zunächst zu den traditionellen Elementen, die für jeden Rockmusiker wichtig sind.

Bei der traditionellen Melodie- und Harmonielehre handelt es sich um ein geschlossenes System. Benutzt die Melodie (oder ein Abschnitt daraus) z. B. die Töne der C-Dur-Tonleiter, so werden die dazugehörigen Akkorde auch aus der C-Dur-Tonleiter zusammengesetzt.

Der verminderte Akkord wird kaum benutzt, die übrigen Akkorde sind jedoch Grundlage der meisten Rocksongs, insbesondere bei Rockballaden versucht der Komponist, aus den sechs Akkorden eine charakteristische Akkordfolge zu bilden. Es entstehen Harmoniefolgen wie:

C / a / F / G /   C / e / F / G /   C / d / F / G /

C / F / a / G /   C / F / G / a /   d / a / d / C /

Solche viertaktigen Bausteine werden meist zu achttaktigen Strophen oder Refrains zusammengefaßt. Der Rockmusiker komponiert also zuerst die Akkordfolge, mit dem entsprechenden Rhythmus oder Groove. Häufig steht das gesamte Grundgerüst schon, bevor sich Sänger (Komponist der Melodie), Texter und Solisten an die Arbeit machen.

Erweiterung der Akkordpalette

Tauchen in einem Lied, das in C-Dur steht, der A-, der D- oder der E-Dur-Akkord auf, geht man traditionellerweise davon aus, daß ein Wechsel in eine andere Tonart vorliegt, da diese Akkorde nicht in C-Dur enthalten sind. In der Rockmusik werden diese Akkorde meist aber nur als alternative Klangfarbe zu den erwarteten a-moll, d-moll und e-moll-Akkorden benutzt.

C / D / F / G /   C / E / F / D /   a / G / F / E /   F / C / E / a / F / C / d / E /

Bei den Akkorden A-, D- und E-Dur gehört jeweils ein Ton nicht zur C-Dur-Tonleiter. In der Melodieführung umgeht man meist diese Töne. Über dem D-Dur-Akkord wird weder der tonleitereigene, zum d-moll Akkord gehörende Ton F gespielt, noch der tonleiterfremde, aber zum D-Dur Akkord gehörende Ton Fis. Lassen wir uns jedoch auf den Konkflikt ein, ergibt der tonleitereigene Ton bei allen drei Dur-Akkorden eine Blue Note, da wir statt der Dur-Terz die moll-Terz des Akkords spielen – es klingt nicht falsch, sondern bluesig.

Für Akkordfolgen steht uns nun also eine erweiterte Palette von Dur-Akkorden zur Verfügung:

C / F / G /   a / d / e /   A / D / E /

Rockakkorde sind häufig bereits so gebaut, daß ihnen die Terz fehlt und damit auch die Unterscheidung in Dur und Moll. Griffmuster finden sich unter → Rock-Akkorde S. 293.

Komponieren von Melodien

Um jetzt zu Gesangs- und Instrumentalmelodien zu kommen, gibt es verschiedene Wege. Die folgenden Erklärungen beziehen sich auf die Gitarre, gelten aber auch für Gesangsmelodien.

Die einfachste Vorgehensweise besteht darin, die Melodie aus der Akkordfolge zu ›quetschen‹. Dazu ist es wichtig, die Position der Tonleiter auf dem Griffbrett zu kennen. Hier die beliebteste Position für eine Dur-Tonleiter, in diesem Fall C-Dur. Da keine leeren Saiten benutzt werden, läßt sich die gesamte Tonleiter wie ein Barrégriff verschieben.

C-Dur-Tonleiter

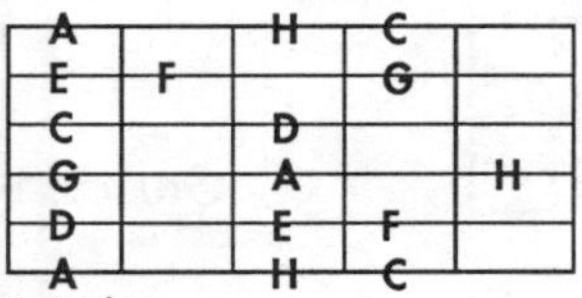

5. Bund

Griffbild

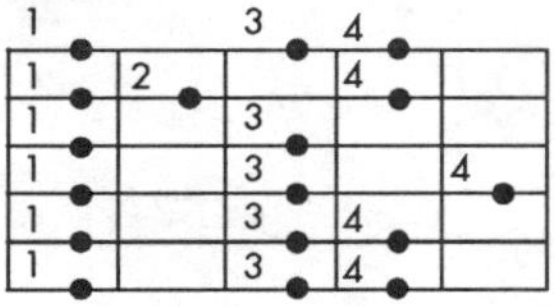

5. Bund

Wenn wir die Tonleiter unter den Fingern haben, geht es als nächstes darum, die Töne der sechs Akkorde zu lokalisieren. Das erscheint zu Anfang schwierig, ist aber extrem wichtig.

C-Dur-Akkordtöne

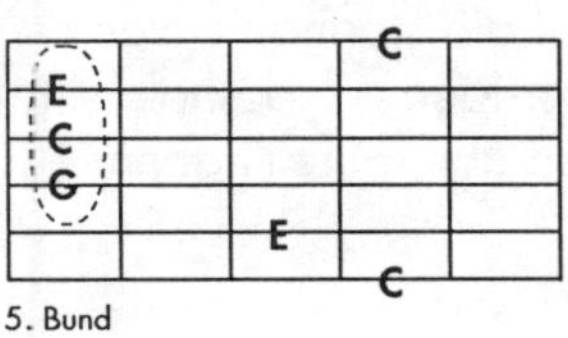

5. Bund

F-Dur-Akkordtöne

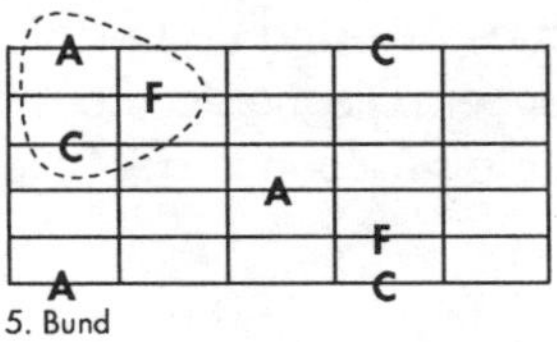

5. Bund

G-Dur-Akkordtöne

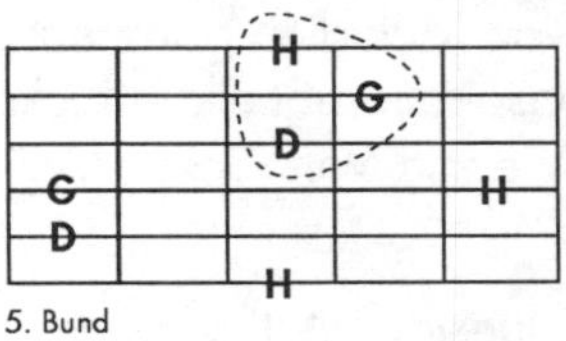

5. Bund

a-moll-Akkordtöne

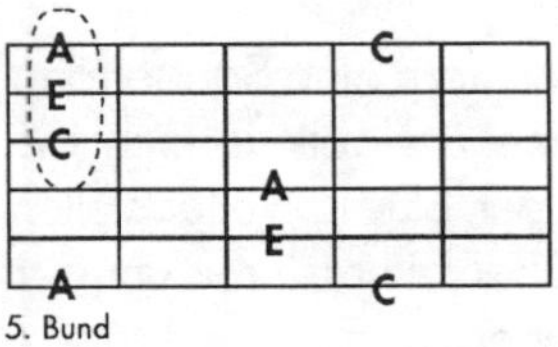

5. Bund

d-moll-Akkordtöne

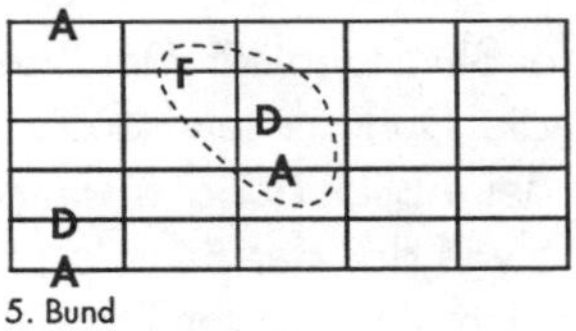

5. Bund

e-moll-Akkordtöne

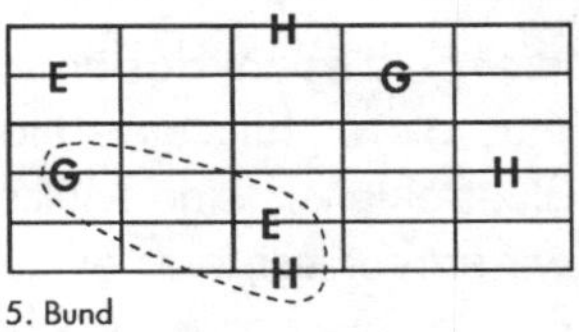

5. Bund

Die Kenntnis der Akkordtöne versetzt uns in die Lage, eine Melodie zu erfinden, die maßgeschneidert zur Harmoniefolge eines Stückes paßt. Taucht z. B. in der Begleitung der C-Dur-Akkord auf, setzen wir die Töne C, E, G, taucht in der Begleitung der d-moll-Akkord auf, spielen wir die Töne D, F, A – in beliebigem Rhythmus und beliebiger Reihenfolge. Auf diese Weise lernen wir es, eine Melodie direkt an einer Begleitung entlangzuführen – auch die Mitspieler wissen immer, wo sich der Solist gerade befindet. Dieses Vorgehen beim Komponieren und Improvisieren führt immer zu logischen und brauchbaren Ergebnissen. Wir zerteilen die Tonleiter in Arpeggien, die zum jeweiligen Akkord der Begleitung passen.

Im nächsten Schritt können wir dann dieses starre Prinzip etwas aufweichen und die weiteren Tonleitertöne als Durchgangs- oder Wechselnoten einbauen. Über dem C-Akkord spielen wir weiterhin in erster Linie C, E, G, aber angereichert mit den übrigen Tönen der Tonleiter.

Diese Methode ist ideal für das Komponieren von Gesangsmelodien mit Hilfe der Gitarre und für das Entwickeln durchkomponierter Gitarrensolos.

Rock-Improvisationen

Für schnelle ad hoc Improvisationen haben die meisten Rockgitarristen die pentatonische Dur-Tonleiter als As im Ärmel. Damit können die Töne auf dem Griffbrett des Instruments sicher und einfach gefunden werden.

Wir lassen aus der siebentönigen Dur-Tonleiter einfach zwei Töne, die Halbtonschritte, weg und landen bei einer Fünftonleiter (fünf = griech. penta). Hier das Griffschema

Pentatonische Durtonleiter in C

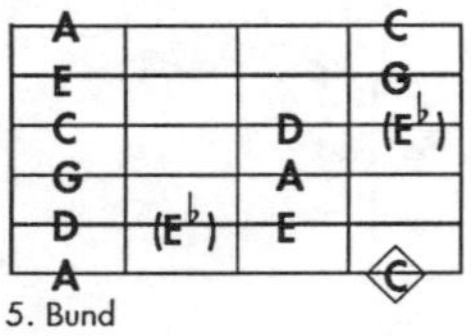

Fingersatz der Töne

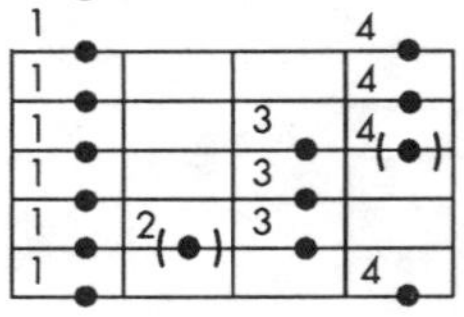

◇ Grundton

Der Ton in Klammern hat sich als häufig gebrauchter ›Durchgangston‹ eingeschlichen. Mit dieser pentatonischen Dur-Tonleiter können wir jetzt über alle Akkorde der siebentönigen Dur-Tonleiter driften, ohne genau zu wissen, über welchem Akkord wir uns gerade befinden. Der Vorteil besteht darin, daß wir bei jeder Session sofort mitspielen können, sofern wir nur wissen, in welcher Tonart sich das Stück befindet, der Nachteil darin, daß wir beim Entwickeln von Melodien ganz auf uns selbst gestellt sind und nicht mehr auf die Harmoniefolge als Inspirationsquelle zurückgreifen können. Die meisten Rockmusiker prägen sich deshalb eine Vielzahl von ›Licks‹, Motiven, ein, die sie dann in der Spielsituation abrufbereit haben.

Bluestonalität im Rock

Der Begriff ›Blues‹ wird in vielfältiger Weise gebraucht – Blues als Musikstil, Blues als Formschema, Blues als Klangfarbe, Blues als Gefühlslage.

Hier geht es um das Phänomen der Bluestonalität. Der Blues stellt insofern eine Sonderform dar, als er für seine Harmonik die Durtonleiter benutzt, für seine Melodik jedoch die Bluestonleiter, eine Molltonleiter. Beim Blick auf das Griffschema der Bluestonleiter stellen wir erfreut fest, daß es das gleiche wie das der pentatonischen Durtonleiter ist, nur um vier Bünde verschoben. Auch hier hat sich ein sechster Ton eingeschlichen, eine ›Blue Note‹.

Pentatonische Bluestonleiter in C

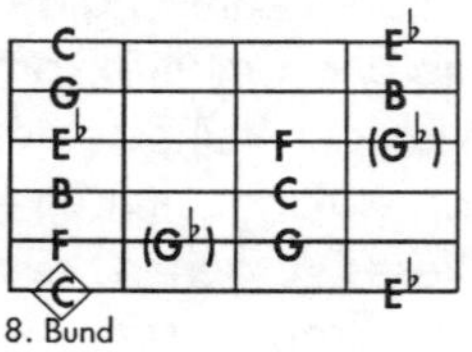

Gleicher Fingersatz
wie bei Dur-Pentatonik

Die Töne der Bluestonleiter lassen sich über den Akkorden der Durtonleiter spielen oder singen, ganz nach Art der pentatonischen Durtonleiter, also ohne vorher die Akkordfolge zu analysieren. Am besten ist auch hier wieder von Licks, also Spielfiguren, auszugehen. Im übrigen lassen sich sämtliche Licks der pentatonischen Durtonleiter auch hier spielen. Ihre Klangfarbe wandelt sich aber von country-rockig zu bluesig-erdig. Bei diesem freieren Umgang mit dem Tonmaterial muß das Ohr immer die oberste Entscheidungsinstanz sein.

Die Bluestonleiter bringt drei neue Töne ins Spiel, das Es, das B und das Ges bzw. Fis. Die Dur-Akkorde auf dem Es, B, und seltener auf dem Ges, sind beliebte Erweiterungen der Rockharmonik. Einige Beispiele: C / B / F / C / C / C / B F / C / C / Es / F / C /

Kombination der beiden Tonleitern

Der Reiz vieler Melodien von Rocksongs und vieler Gitarrensoli liegt in der geschickten Kombination der Dur-Tonalität und der Blues-Tonalität.

In den folgenden Diagrammen zunächst die pentatonische Dur-, dann die Bluestonleiter in der gleichen Lage, danach die Kombination aus beiden. Diese Griffposition ist *die* Rocklage. Im Hard-Rock haben wir sie schon teilweise kennengelernt, dort jedoch in A-Dur im 2. Bund.

Dur-Pentatonik Blues-Pentatonik Kombination – Die Rocklage

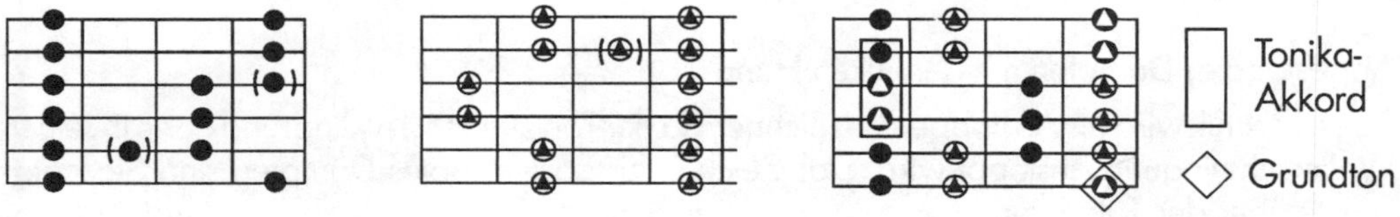

Alle Töne aus der Kombination passen zu den Akkordfolgen der normalen Rock-Songs. Sie können in beliebiger Folge gespielt werden. In der Rocklage liegen alle Töne, die ein Gitarrist braucht, direkt unter den Fingern, der rettende Grundakkord (Tonika) läßt sich durch ein kleines Barré über drei Saiten greifen. Da die meisten Stücke in A-Dur sind, kann man die Rocklage zwischen dem 2. und 5. Bund in die Griffbretter der Rockgitarristen ›eingraviert‹ sehen.

Weitere Einsatzmöglichkeiten der Pentatonik

Die beiden pentatonischen Tonleitern lassen sich auch als Erweiterung von Arpeggien auffassen. Über Dur-Akkorden spielen wir die gleichnamige pentatonische Dur-Tonleiter, über Moll-Akkorden die pentatonische Molltonleiter. Über ihrem jeweiligen Mollakkord büßt diese Tonleiter natürlich ihren Bluescharakter ein. Wollen wir die Bluestonalität gezielt einsetzen, spielen wir über Dur-Akkorden die gleichnamige Bluestonleiter.

Um so flexibel mit den pentatonischen Tonleitern umgehen zu können, ist es nötig, sie in mehreren Lagen zu beherrschen, um ein ständiges Rutschen auf dem Griffbrett zu vermeiden. Hier die vier beliebtesten Griffmuster der pentatonischen Tonleitern auf einen Blick. ›D‹ gibt den Grundton der pentatonischen Durtonleiter an, ›B‹ den der Bluestonleiter.

Pentatonische Griffschemen im Überblick

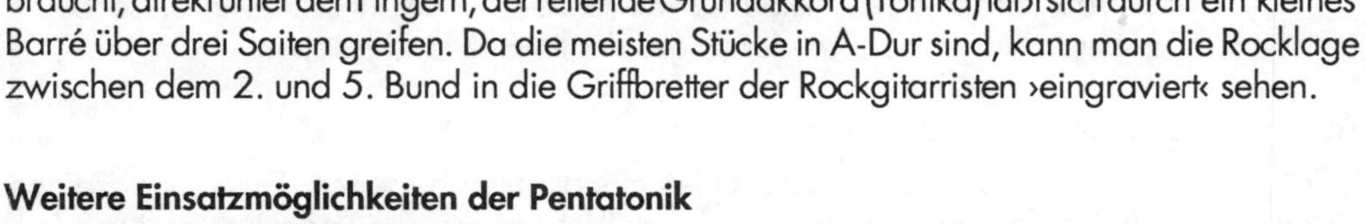

Mit diesen Ausführungen haben wir die Oberfläche der vielen Möglichkeiten angekratzt. Harmonisch sind Akkorderweiterungen, Akkorde über ungewöhnlichen Baßtönen, absteigende Baßlinien, Modulationen in andere Tonarten und vieles mehr denkbar. Melodisch reicht die Bandbreite vom eingangs beschriebenen Arpeggiosolo bis zu völlig freiem Spiel.

Rock spezial

Dämpftechniken

Das Abdämpfen der Saiten spielt eine wichtige Rolle im Rockspiel. Je nach dem gewünschten Klangeffekt wird die Technik mit der rechten oder der linken Hand ausgeführt.

Trockenes Dämpfen mit der rechten Hand

Es ist unerläßlich für das Spiel in hohen Lautstärken oder mit Verzerrung auf der E-Gitarre, um den Tönen einen ›trockenen‹ Klang zu geben. Auch auf der akustischen Gitarre kommt damit sofort eine rocktypische Klangfarbe in das Spiel.

Wir dämpfen die Saiten während des Anschlags durch leichtes Auflegen des Handballens oder der Handkante nahe am Steg ab. Der Auflagedruck und die Position wird nach Gehör gewählt.

Abgestopptes Dämpfen mit der linken Hand

Diese Technik wird als Abstoppen bezeichnet, da der Ton zunächst erklingt und dann in seiner Weiterschwingung gestoppt wird. Das Zeichen für abgestopptes Dämpfen sind Staccato-Punkte über der Tabulatur.

Wir stoppen den Akkord oder Einzelton durch leichtes Anheben der Finger der greifenden Hand nach dem Anschlag. Das geht am einfachsten bei Barréakkorden. Bei Akkorden mit leeren Saiten müssen wir diese durch zusätzliches Abklappen der Finger der linken Hand stoppen.

Abgestopptes Dämpfen mit der rechten Hand

Wir können auch durch Aufsetzen der rechten Handkante abstoppen. Einzeltöne werden durch Aufsetzen des Plektrums – gibt oft ein kleines Nebengeräusch – oder besser durch Aufsetzen der linken Daumenkante abgestoppt. Die Schreibweise ist ebenfalls der Staccatopunkt.

Perkussives Dämpfen mit der linken Hand

Diese Dämpfart ist ein Stilmittel beim Funk und Bo-Diddley-Rhythmus. Es entsteht ein Kratzgeräusch wie auf einem Waschbrett. Besonders wirkungsvoll ist der perkussive Klang im Wechselspiel mit normal, ungedämpft ausgeführten Schlägen.

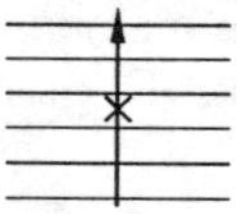

Indem wir einen Akkord möglichst als Barrégriff halten, die Saiten aber nicht ganz niederdrücken und nun mit dem Plektrum anschlagen, entsteht der perkussive Effekt.

Perkussiver Schlag

Diese Technik ist sehr hilfreich für einen rockbetonten Rhythmus, wenn das Schlagzeug fehlt. Insbesondere bei Hard-Rock-Riffs setzen diese Schläge einen deutlichen Kontrapunkt zu den langen überhängenden synkopierten Schlägen und geben dem Spiel die zwingende Back-Beat-Betonung des Rock auf 2 und 4.

Wir schlagen mit der rechten Hand (Ballen und Fingerkuppen gleichzeitig) auf die Saiten, so daß ein perkussiver Klang entsteht und die Schwingung des vorhergehenden Schlags zudem abgestoppt wird. Der Akkordgriff kann dabei gehalten werden.

Saitenziehen

Das Saitenziehen ist eine Sologitarren-Technik aus dem Blues. Wir sind dadurch nicht mehr auf Töne festgelegt, die durch die Bundstäbe im Griffbrett vorgegeben sind, sondern können einen Ton stufenlos verändern. Meist zieht man die Saite um einen Halbton oder Ganzton, aber auch größere Intervalle sind bei kräftigen Fingern möglich. Während Country-Gitarristen den Zielton schnell und präzise ansteuern, bevorzugen Blues- und Rockgitarristen ein langsames Ziehen, wobei Unsauberkeiten in der Intonation durchaus beabsichtigt sind.

Um einen Ton zu erhöhen, strecken wir die Finger, die in der normalen Spielhaltung leicht gebeugt sind, in Richtung Oberkante des Griffbretts. Der Daumen an der Oberkante des Griffbretts dient als Widerlager. Nur die tiefe E-Saite müssen wir nach unten ziehen.

Am besten funktioniert das Ziehen mit dem kleinen Finger, da wir alle anderen Finger dicht dahinter aufreihen und an der Arbeit beteiligen. Ähnlich geht es bei Ring- und Mittelfinger. Wir ziehen also möglichst mit mehreren Fingern. Beim Zeigefinger, der alleine ziehen muß, wenden wir einen andere Technik an. Wir halten die Saite mit dem gebeugten Finger und drehen die Hand von uns weg. Nach kurzer Drehung stoßen wir mit dem dritten Glied des Zeigefingers gegen die Unterkante des Griffbretts. Wird die Hand weitergedreht, wirkt der Zeigefinger wie ein Hebel, der die Saite nach unten drückt.

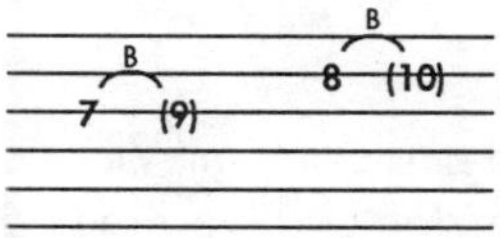

Zunächst die beiden häufigsten Saitenzieher in der Tonart A. Wir ziehen den Ton D zum E, den Ton G zum A. Die erste Zahl ist unser Ausgangston, die Zahl in Klammern der Zielton. B: steht für Bend (engl. ziehen, spannen), ist das Zeichen für einen Ton, der angeschlagen und nach oben gezogen wird.

Die gezogenen Töne müssen wir am Ende ihrer Klangdauer abstoppen, da die Saite noch unter Spannung steht. Dies geschieht mit der Kante des Daumens.

Wollen wir eine Tonveränderung nach unten, muß die Saite vor dem Anschlag gezogen werden. Durch Entspannen der Hand bringen wir den gezogenen Ton dann auf seinen Ausgangspunkt zurück. Wir schlagen aber erst an, wenn die Saite gedehnt ist.

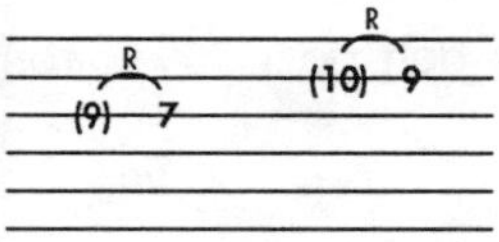

Die beiden Saitenzieher jetzt von oben nach unten. Die Zahl in Klammern zeigt den vorher gezogenen Ton an. Die Zahl ohne Klammern den Zielton. R: steht für Reverse Bend (engl. rückwärts) und ist das Zeichen für einen Ton, der nach dem Ziehen in seine Ausgangsposition zurückkehrt.

Als Übung eine kleine Aufwärtsfahrt im Stil von Santana – die gleichzeitig ein gutes Gehörtraining ist. Auch Clapton und Hendrix haben diese Spielweise in ihrem Repertoire.

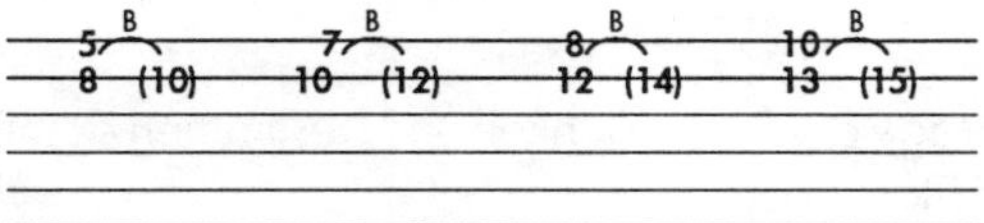

Wir greifen mit dem Zeigefinger das hohe A auf der ersten Saite im fünften Bund und mit dem kleinen Finger (plus Hilfsfinger) das G auf der zweiten Saite im achten Bund. Jetzt schlagen wir beide Saiten gleichzeitig an und ziehen das G zum A hoch. Wir ziehen solange, bis aus der Dissonanz eine Konsonanz wird.

Beliebt ist ferner, den ersten Ton auf der tieferen Saite zu ziehen, dann abzustoppen und danach den gleichen Ton auf der höheren Saite anzuschlagen. Das Ganze möglichst mehrmals hintereinander.

Vibrato

Das Vibrato erweckt einen Ton zum Leben und gibt ihm Breite. Wir spielen nicht nur die gegriffene Tonhöhe, sondern erzeugen ein Frequenzgemisch.

Beim klassischen Vibrato, das auch im Rock eingesetzt werden kann, bewegen wir den Greiffinger parallel zur Saite hin und her. Bewegen wir den Finger in Richtung Sattel, erhöht sich der Ton. In Richtung Steg erniedrigt er sich. Die Vorteile dieses Vibratos liegen darin, daß es leicht auszuführen ist, der Ton sowohl höher als auch tiefer wird und die Geschwindigkeit sich gut dosieren läßt. Der Nachteil liegt in der geringen Amplitude – der Ton wird nur geringfügig verändert. Deshalb ist den meisten Rockgitarristen das klassische Vibrato nicht expressiv genug. Im Rock wird deshalb hauptsächlich ein Vibrato verwendet, das dem Saitenziehen sehr ähnlich ist. Der Bewegungsablauf des Dehnens und Lockerns der Saite wird in schneller Folge ausgeführt.

Wir dehnen und lockern eine Saite in schneller Folge um einen halben Ton = 1 Bund.

Notierung

Ausführung

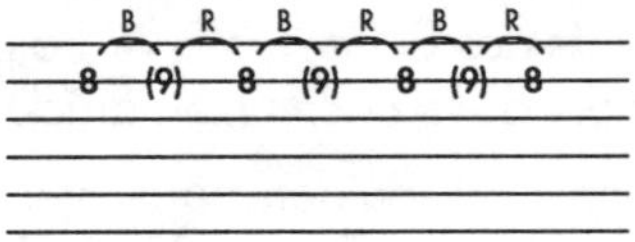

Die expressivste Rock-Solotechnik besteht darin, einen Ton zu ziehen und dann mit Vibrato zu versehen. In unserem Beispiel dehnen wir die Saite um einen Ganzton und lockern und dehnen sie danach um einen Halbton.

Notierung

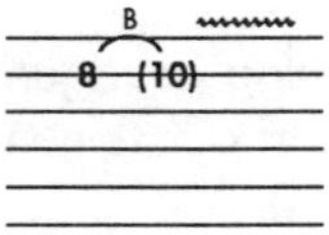

Ausführung

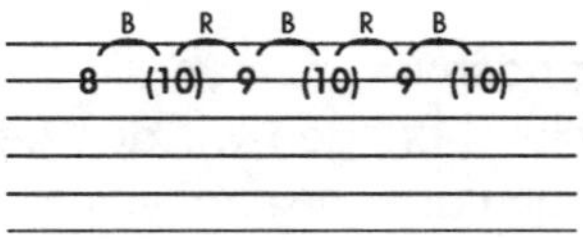

Mit kräftigen Fingern können wir auch ein Vibrato einsetzen, das den gezogenen Ton zusätzlich erhöht.

Notierung

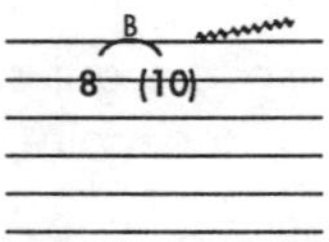

Ausführung

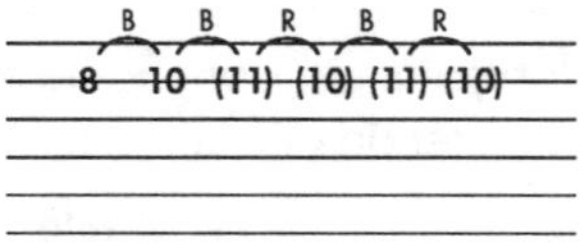

Breite und Schnelligkeit des Vibratos sind eine Frage der Persönlichkeit und bestimmen damit wesentlich den Wiedererkennungswert eines Gitarristen.

Auch das Saitenziehen mit dem Zeigefinger läßt sich für das Vibrato benutzen. Wir drehen die Hand in schneller Folge hin und her, steigern das Tempo, bis die Handbewegung in eine Schüttelbewegung übergeht. Dieses Vibrato ist typisch für B. B. King. Er führt es so schnell aus, daß man meint, ein Kolibri flattere am Griffbrett.

Das Zeitgefühl in der Musik

Betonungen im Takt

Der Finger klopft gleichmäßig schnell und gleichlaut auf die Tischplatte: wir hören Geräusche. Er betont jeden dritten Schlag: wir hören Takt.

Musik besteht nicht aus einer Folge von gleichlaut gespielten Tönen, was furchtbar langweilig wäre – man denke nur an alte Keyboards, die nicht anschlagdynamisch sind, oder an die ersten Sequenzer – sondern aus einer Anordnung von *betonten* lauten und *unbetonten* leisen Tönen. Auf die Betonungen kommt es also an!

Die betonten und unbetonten Töne sind in fast allen Musikstilen in einer bestimmten Reihenfolge angeordnet. Mit Taktangaben versucht man nun, das Grundmuster der Betonungen eines Stückes zu erfassen.

Ein einfaches Beispiel aus der Kinderzeit: Wir singen langsam »Fuchs du hast die Gans gestohlen, gib sie wieder her« und tippen bei jeder Silbe mit dem Fuß auf. Es entsteht ein gleichmäßig schnelles Tippen des Fußes. Jetzt tippen wir an den Stellen, an denen es sprachlich logisch erscheint, mit dem Fuß stärker auf. Im Vergleich: »*Fuchs* du *hast* die *Gans* ge-*stoh*-len, *gib* sie *wie*-der *her*« Ein Wechsel also von betont zu unbetont usw. Nach 2-maligem Fußtippen wiederholt sich das Grundmuster.

Diese 2, die wir eben ermittelt haben, erscheint bei Taktangaben im Zähler. Sie gibt an, wie oft wir in einem bestimmten Betonungsmuster auftippen müssen, bevor sich dieses wiederholt. Der Nenner der Taktangabe legt den Notenwert unseres Tippens fest. Bei mittlerem Tempo sind dies im allgemeinen Viertelnoten, bei schnellem Tempo Halbe Noten.

Metronom als Mitspieler

Zur Festlegung des Tempos eines Stückes dient das Metronom. Sein hörbares Klicken übernimmt die Funktion unseres Fußtippens. Die Metronomangabe ♩ = 100 besagt, daß in einer Minute 100 Viertelschläge erfolgen sollen, das entspricht 100-maligem Fußtippen. Ein 4/4-Takt oder 3/4-Takt wird in Viertelschlägen (Viertelnoten), ein 2/2-Takt oder 3/2-Takt in halben Schlägen, ein 6/8-Takt oder 8/8-Takt in Achtelschlägen gemessen.

Genauso wie wir mit dem Fuß an den betonten Stellen eines Taktes stärker auftippen, ist es auch möglich, das Metronom nur diese betonten Schläge ausführen zu lassen und es damit als Rhythmushilfe einzusetzen. Im 2/4- und 3/4-Takt liegt die Betonung jeweils auf dem ersten Schlag des Taktes. Im 6/8-Takt liegen Betonungen auf der ersten und vierten Achtel. Der 4/4-Takt hat zwei Betonungsmuster. Das klassische mit den Betonungen auf den Taktzeiten

1 und 3 (in der Klassik-, Folk- und Latinmusik) und das zeitgenössische auf 2 und 4 (in der Rock- Pop-, Disco-Musik, im Jazz, Blues sowie bei Rock-Fusionen wie Folk-Rock).

Bei Musikstücken im Betonungsmuster des Rock und Pop lassen wir das Metronom die betonten Schläge 2 und 4 vorgeben. Das Metronom übernimmt so den Part der Snare Drum und wird zum Mitspieler. Zu Anfang ist es vielleicht ungewöhnlich, sich das Klicken des Metronoms als Taktschlag 2 und 4 vorzustellen. Deshalb folgendes versuchen: Die Metronomangabe halbieren und nur 2 und 4 mitsprechen. Hat man sich an das Tempo gewöhnt, werden die fehlenden Taktzeiten in die Pausen des Metronoms gesprochen. So ist es möglich, sich zur 1 des Taktes vorzutasten.

Die englische Bezeichnung für die einem Takt zugrundeliegenden Schläge ist *Beat*. Liegen Schläge oder Töne auf den Beats, spricht man von *On Beat* oder *Down Beat*, liegen sie zwischen den Beats, spricht man dagegen von *Off Beat*. Die rocktypische Betonung der Schläge 2 und 4 im 4/4-Takt wird als *Back Beat* bezeichnet. Die Beats sind der Bezugsort für das rhythmische Geschehen aller Instrumente und des Gesangs. Dieses Grundzeitmaß, das den Takt angibt, muß man nicht unbedingt direkt hören, aber fühlen als inneres Metrum.

Gefühlvolles Timing

Hier soll nicht mehr die Sekunden-Ebene der Notenwerte interessieren – bei Metronom ♩ = 60 ist eine Viertelnote genau eine Sekunde lang – sondern die Millisekunden-Ebene der rhythmischen Interpretation. Diese Interpretation entscheidet darüber, ob ein Musikstück als losgehend *mit Drive*, entspannt *relaxed*, zurückhängend *laid back*, exakt auf dem Punkt *on the beat* empfunden wird.

Um zu hören, was gemeint ist: Ein Metronom wird auf 120 Schläge und einige Meter entfernt gestellt. Dann wird der E-Dur-Akkord laut und knackig mit dem Plektrum angeschlagen, genau im Metronomtempo. Wenn das Klicken des Metronoms nicht mehr zu hören ist, sind wir auf dem Punkt oder *auf dem Beat*. Diese Interpretationsweise stammt aus der lateinamerikanischen Musik und ist bei Disco und Pop durch die Sequenzer- und Drum-Computer-Einspielungen schon produktionsbedingt.

Jetzt versuchen wir, uns etwas zurückfallen zu lassen. Sofort wird das Klicken des Metronoms wieder deutlich hörbar. Diese Spielweise wird als *laid back* bezeichnet, nicht zu verwechseln mit schleppend, denn wir werden nicht langsamer, sondern befinden uns nur etwas hinter dem Beat. Der bekannteste Vertreter dieses Stils ist J. J. Cale, z. B »After Midnight«, »Cocaine«. Auch klassische Orchester spielen oft hinter dem Beat, weil es einen Moment dauert, bis die Körpersprache des Dirigenten bei den Musikern umgesetzt ist.

Wir beschleunigen nun und spielen vor dem Metronomklicken. Diese gehetzte Interpretation *mit Drive* finden wir bei den meisten Punk-Bands.

Auch Mischformen sind möglich. Für die Rolling Stones ist das Spannungsfeld zwischen den treibenden Gitarren und dem laid back gespielten Schlagzeug typisch. Gute Rock-Schlagzeuger spielen die Hi-Hat und die Bass Drum auf dem Punkt, die Snare jedoch ein wenig zu spät oder seltener auch zu früh, wodurch ein Spannungsfeld zwischen den von der Bass Drum gespielten Taktzeiten 1 und 3 und den von der Snare gespielten Taktzeiten 2 und 4 entsteht. Man sagt dann, die Musik rockt.

Anhang

Tabulaturerklärung, Glossar und Index
alphabetisches Verzeichnis der Spielhilfen

Tabulaturerklärung

In den Spielhilfen wird für die Notation des Gitarrenspiels die Tabulatur verwendet. Mit ihr lassen sich Anschläge und Fingersätze genau beschreiben. Die Tabulatur stellt ein grafisches Abbild der **6 Saiten** der Gitarre dar.

Werden Akkorde gegriffen, stellt die Tabulatur das Anschlagspiel der rechten Hand dar. Der Akkord steht oberhalb der Tabulatur.

Pfeile geben Schläge mit einem Plektrum oder mit den Fingern an. Die Pfeilspitze zeigt die Richtung, ob Auf- oder Abschlag, die Pfeillänge, über welche Saiten der Schlag erfolgt:

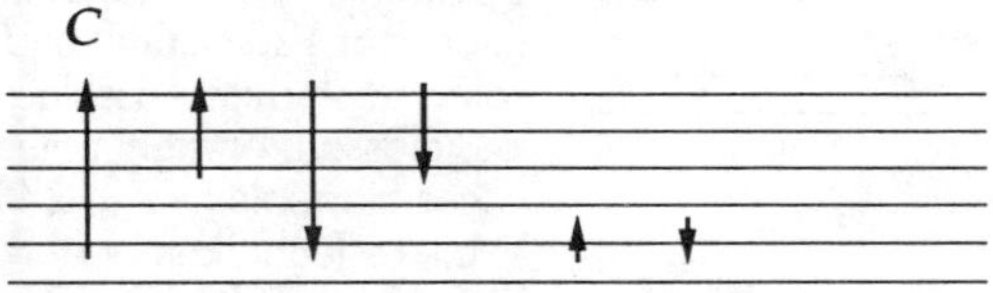

Fingersätze der rechten Hand, D=Daumen, Z=Zeigefinger, M=Mittelfinger, R=Ringfinger auf den anzureißenden Saiten zeigen an, daß hier gezupft wird:

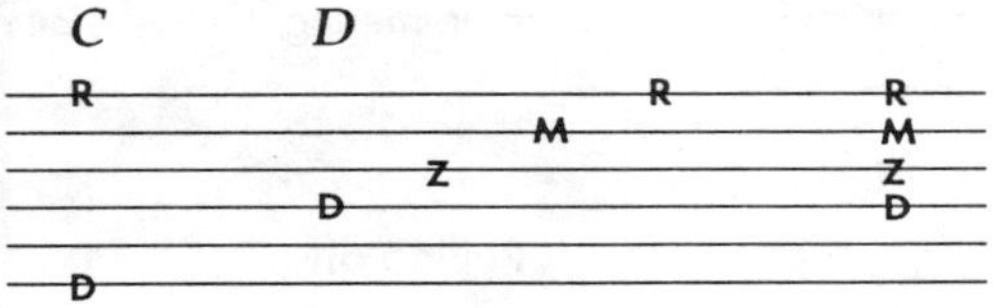

Die Tabulatur gibt in der Regel nur die Spielweise für den ersten Akkord eines Abschnitts an. Für die nachfolgenden Akkorde muß der **Grundton** auf den Baßsaiten angepaßt werden. Die Baßsaite kann wechseln, während die anderen Finger auf ihren Saiten bleiben.

Die Grundtöne für die Akkorde E, G und F-Barré liegen auf der E-Saite, für A, H und C auf der A-Saite, für D und F-Standard auf der D-Saite. Dies gilt auch für Moll-Akkorde, Septimakkorde, etc.

Wird gezupft, wechselt der Daumen der rechten Hand mit dem Grundton auf die entsprechende Saite. Bei Auf- und Abschlägen wird jeweils nur bis zur Saite des Grundtons gespielt.

Um einzelne Töne oder spezielle Harmonien für die Gitarre anzugeben, wird anstelle des Anschlags der rechten Hand die Griffweise der linken Hand dargestellt. **Ziffern** benennen dann den Bund, in welchem die entsprechende Saite niedergedrückt wird.

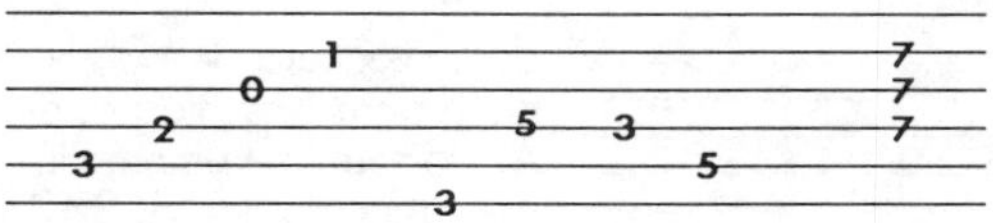

Eine 2 auf der D-Saite besagt, daß diese Saite im 2. Bund gegriffen wird, eine 0 auf der G-Saite, daß diese leer klingen soll, eine 1 auf der H-Saite, daß der Ton auf der H-Saite im 1. Bund gegriffen wird. Der Anschlag erfolgt nur über die mit Ziffern versehenen Saiten. Stehen mehrere Ziffern übereinander, werden sie gleichzeitig gegriffen und angeschlagen.

Links der Tabulatur steht die Taktangabe, ihr entsprechend wird die **Zählweise** unterhalb der Tabulatur angegeben. Die Tondauer der Anschläge folgt den Zeichen der Notenschrift:

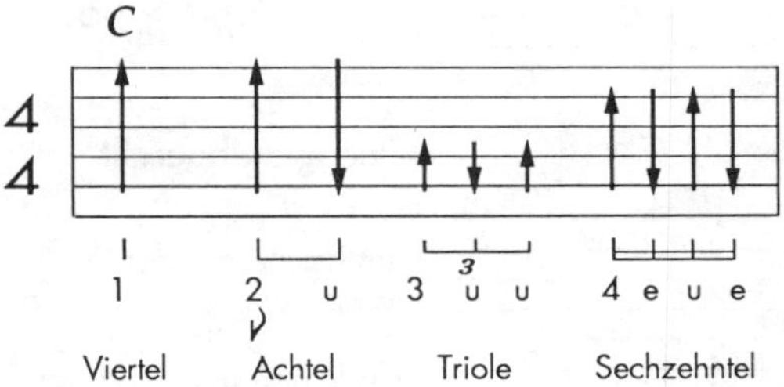

Viertelanschläge bekommen einen Hals. Achtel werden durch Querbalken zu Gruppen zusammengefaßt oder mit Fähnchen versehen. Sechzehntel erhalten einen Doppelbalken. Triolen werden mit einer 3 gekennzeichnet.

Pausen sind an Stellen, bei denen über der Zählzeit kein Anschlag notiert ist. Haltebögen bedeuten, die angeschlagenen Töne bis zum Ende des Bogens auszuhalten.

Bei der Zählzeit verweisen Zahlen auf die Hauptzählzeit, u und e auf Nebenzählzeiten. Manchmal wird anstelle der Zählweise unterhalb der Tabulatur der Fingersatz der rechten Hand notiert.

Neben den Grundzeichen der Tabulatur gibt es weitere Zeichen für besonderen Ausdruck und spezielle Techniken der Gitarre. Die Saitenzahl verweist auf Erklärungen.

Dämpfen -trocken

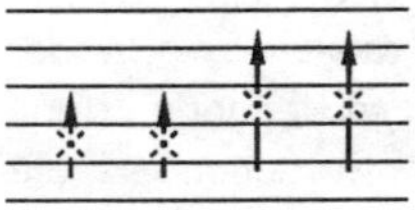

mit dem Handballen oder der Handkante der rechten Hand nahe am Steg → S. 304

-abgestoppt

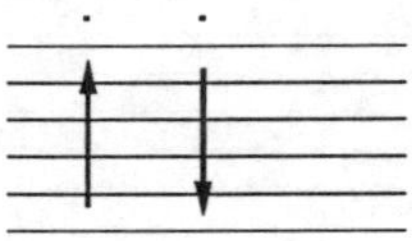

durch Lockern des Griffs nach dem Anschlag oder Abstoppen mit einem Finger, staccato, → S. 242, S. 264, S. 304

-perkussiv

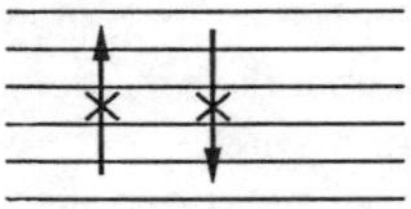

a) durch nicht vollständiges Niederdrücken der Saiten (meist mit Barré) → S. 304
b) durch Auflegen des rechten Handballens mit einem ›Tschak‹ → S. 304

Perkussiver Schlag

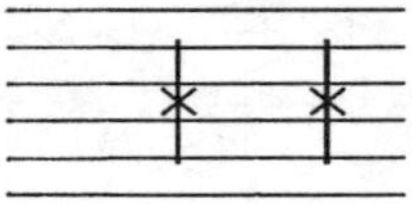

Ein Schlag auf die Saiten der Gitarre mit der rechten Hand in Höhe des Schalllochs → 304, S. 291

Arpeggio abgerollt

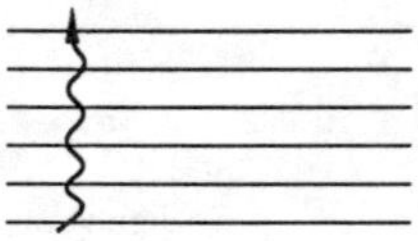

Die Saiten werden langsam nacheinander in Pfeilrichtung abgerollt, so daß jede Saite noch einzeln klingt, mit Plektrum

Haltebogen

Der angeschlagene Ton oder Akkord wird bis zum Bogenende ausgehalten

Akzent

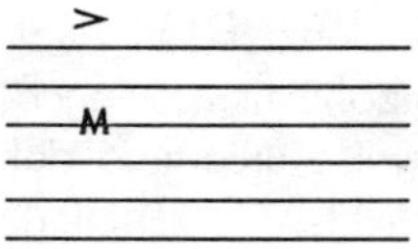

Ein Ton oder Akkord wird durch einen stärkeren Anschlag hervorgehoben

Betonung

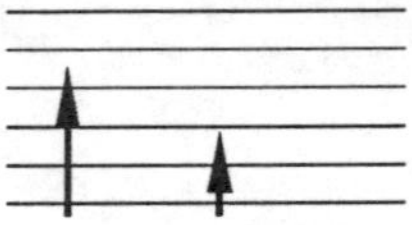

Taktzeiten werden durch einen kräftigeren Anschlag betont, dargestellt durch einen dickeren Pfeil

Slide, Glissando

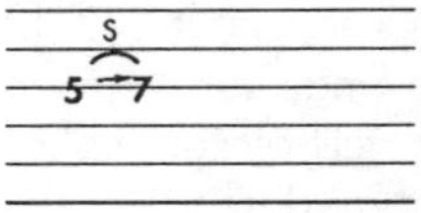

Der Finger, der die Seite greift, gleitet von einem Ton zu einem andern (hier vom 5. zum 7. Bund) und hält dabei die Seite gedrückt → S. 276

Vibrato

Durch Vibrieren eines Fingers auf der Saite wird der Ton verlängert und hervorgehoben. Die Saite schwingt länger → S. 241, S. 306

Flageolett

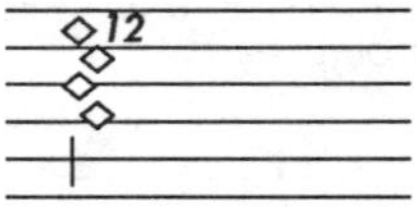

Werden Seiten leicht über bestimmten Bundstäbchen (hier dem 12.) berührt und sofort nach dem Anschlag losgelassen, entsteht natürliches Flageolett → S. 241
Weitere Techniken: → S. 241, S. 270, S. 276

Hammering on

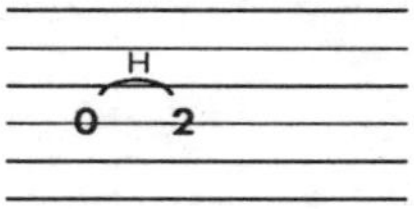

Das Aufsetzen eines Fingers erzeugt den Ton beim Hammering on → S. 249

Pulling off

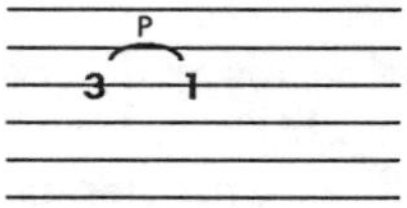

Beim Pulling off wird der Ton durch Wegziehen eines Fingers erzeugt → S. 249

Wer sich für die geschichtliche Entstehung der Tabulatur und ihrer Zeichen interessiert, dem sei das Kapitel → Entwicklung der Gitarre, Tabulatur und klassischen Spielweise, S. 229 ff, ans Herz gelegt.

Glossar und Index

Claves, Klanghölzer, Percussioninstrument in der lateinamerikanischen Musik, -Rhythmus → S. 260

Cluster-Töne, eng nebeneinander liegende Töne, die auf der Klaviatur mit der Hand oder dem Unterarm gleichzeitig angeschlagen werden, aus Halb- und oder Ganztonintervallen bestehen und als Zusammenklang im Sinne einer farbgebenden Klangfläche oder als Geräusch aufgefaßt und behandelt werden

Crosspicking, Folk-Spieltechnik auf der Gitarre, bei der Akkorde mit Hilfe eines Plektrums abgerollt werden. → S. 252

Dämpfen, hier eine Gitarrentechnik, bei der eine oder mehrere Saiten nicht voll zum Schwingen kommen, sondern abgedämpft werden. Verschiedene Techniken: trocken → S. 304; abgestoppt (staccato) → S. 242, S. 264, S. 304; perkussiv → S. 304. Welche Technik verwendet wird, hängt vom musikalischen Zusammenhang ab

Diskant, die hohe Tonlage des Instruments, die hohen Saiten

Dominante, der fünfte Ton einer Dur-/Moll-Tonart sowie der über ihm errichtete Dreiklang (Akkord)

Down Beat, Anschläge, die mit dem Beat zusammenfallen, → S. 308

Drive (engl. Antrieb), vorwärtstreibende Spielweise, entsteht u. a. durch verfrühtes (bis zum Wert einer Achtelnote vorgezogenes) Anspielen von Tönen, so daß trotz unverändertem Zeitmaß der Eindruck einer Tempobeschleunigung entsteht. → S. 308

Drumcomputer, (engl.) Schlagzeug-Computer.

Dur- Akkorde und Tonleiter → S. 239

Dynamik, die Veränderung der Tonstärke, z. B. An- und Abschwellen

Dynamik, Veränderung der Tonstärke als wesentliches Mittel der musikalischen Interpretation

E-Gitarre → S. 281

Extro (lat.), Nachspiel, meist instrumentaler Schlußteil

Feeling (engl. Gefühl), Einfühlungsvermögen in die Stimmungslage eines Stückes oder einer Stilrichtung. Im Zusammenhang damit auch der zugrundeliegende Anschlagsrhythmus, aus dem heraus sich die rechte Hand in Ab- und Aufwärtsschlägen auf der Gitarre bewegt. Im Achtelfeeling wird die Gitarrenbegleitung eines Stückes aus Achteln heraus gedacht, → S. 282, im Sechzehntelfeeling aus Sechzehnteln, usw.

Fill In, Einfügung rhythmischer Akzente zwischen die von Melodieinstrumenten gespieltenPassagen

Fingerpicking, eine Anschlagstechnik der Gitarre aus der amerikanischen Folkmusik, → S. 245

Flageolett, Obertöne, die durch leichtes Auflegen eines Fingers auf die Saiten über einem Bundstäbchen erzeugt werden. Wird die Saite in festem Verhältnis geteilt, spricht man von natürlichem Flageolett, andernfalls von künstlichem Flageolett. → S. 241. Vergleiche auch → S. 270 (Jaco-Pastorius-Flageolett), → S. 276 (Daumen-Flageolett)

Flamenco, südspanische Tanzlieder und Tänze, die deutlich arabische Einflüsse zeigen. Ein Flamenco-Anschlag ist der → Rasgueado

Flatpicking, Spieltechnik auf der Gitarre mit Hilfe eines Plektrums, in der Folkmusik beliebte Spielweise mit Wechsel zwischen einzelnen Baßtönen (sog. Wechselbässen) und Akkordspiel. → S. 247

Floaten, Technik, um auf der Gitarre einen ungedämpften Klang wie bei einem Pedaleinsatz am Klavier zu erreichen. → S. 255

Folk- Spieltechniken → S. 243 ff

Folk-Gitarre → S. 243

Folk-Rock → S. 279, -Rhythmen → S. 253

Funk → S. 296

funky (engl. irre), in den 60er Jahren wird damit eine Spielweise bezeichnet, die eine Rückbesinnung auf Elemente des alten Blues darstellt. Seit den 70ern die Eigenschaftsbezeichnung bestimmter heißer Rhythmen im Bereich der Popmusik

Geschlossener Anschlag, mehrere Töne werden gleichzeitig angezupft, → S. 238

Gitarrenmuster, siehe unter Anschlagsmuster

Gitarrenriff, siehe unter Riff

Glissando, siehe unter Slide

Groove, groovy, (engl. etwa: gut aufgelegt, fröhlich, good vibrations), in Rockkreisen Ende der 60er Jahre ein häufig gebrauchtes Wort für eine unbeschwerte Interpretation eines Stücks. In den Groove kommen oder eingrooven bedeutet also soviel wie: sich in die Schwingung des Stückes zu begeben

Grund(an)schlag, hier die Bezeichnung für ein Gitarrenmuster, mit dem das Lied durchgängig oder über weite Teile begleitet werden kann

Grundton, Akkord-, der Hauptton eines Akkordes, nach dem der Akkord auch benannt ist, z. B. beim C-Dur-Akkord: Grundton C;
Tonleiter-, der Ausgangston einer Tonleiter.

Halbefeeling, vgl. Feeling

Half Time (engl.), Feeling, das für Rockballaden typisch ist, um dem Stück einen ruhigen Charakter zu geben. Der Schlagzeuger geht auf halbes Tempo, während die übrigen Instrumente und die

Akkorde im ursprünglichen Tempo fortschreiten, die effektive Spieldauer des Stückes bleibt also gleich, siehe unter Rockballade → S. 298

Hammer(ing) on (engl. hämmern), in der Klassik als Aufschlagbindung bekannt. Nachdem ein Ton der Gitarre angeschlagen wurde, wird ein höherer Ton durch das Aufschlagen eines Fingers der Greifhand auf dieselbe Saite zum Klingen gebracht. → S. 249

Hard-Rock → S. 280, Hard-Rock-Riffs → S. 290

Harmonie (griech.) Eintracht, der Zusammenklang aufeinander bezogener Töne, meist gleichbedeutend mit Akkord benutzt

Harmonik, Harmonielehre, klassische- → S. 239, Rock- → S. 300

Heavy Metal → S. 280

Hemiola → S. 263

Hi(gh)-Hat (engl. hoher Hut), das Pedal-Becken des Schlagzeugs

High-String-Gitarre, siehe unter Nashville-Gitarre

Improvisation, das Musizieren aus dem Stegreif über ein festgelegtes Thema (z.B. eine Akkordfolge) oder ein freies Phantasieren unter Verwendung gängiger Spielfiguren und Satztechniken

Intermezzo (ital.), Zwischenspiel, ursprünglich Zwischenaktunterhaltung während der Aufführung von Schauspielen oder Opern

Intervall, der Abstand zwischen zwei Tönen. Er wird auf der Grundlage der Stammtöne (Stufen) einer diatonischen Tonleiter (Dur- oder Molltonleiter) mit lateinischen Ordnungszahlen benannt: 1 = Prime, 2 = Sekunde, 3 = Terz, 4 = Quarte, 5 = Quinte, 6 = Sexte, 7 = Sept(ime), 8 = Oktave, 9 = None, usw. Ausgehend von der C-Dur-Tonleiter ist der Grundton C die Prime, der nächste Ton D die Sekunde, der folgende Ton E die Terz, usw.

Intro (lat.), Vorspiel, meist instrumentale Einleitung

Jazz- Rhythmen → S. 266; Aufbauschema → S. 267; Harmonien → S. 268; Spiel in Oktaven → S. 270

Jazz- Spieltechniken → S. 265 ff

Jazz-Gitarre → S. 265

Jazz-Rock → S. 279

Kadenz (lat.), die Akkordfolge, die den Abschluß eines Tonsatzes oder eines Abschnitts herbeiführt

Kapodaster, auch Kapo oder Capo, eine verschiebbare mechanische Klammer für den Gitarrenhals, um alle Saiten gleichzeitig in einem Bund niederzudrücken. Die Stimmung der Gitarre wird dadurch erhöht, häufig mit dem Ziel, schwierige Tonarten in einfachen Griffen zu spielen

Keyboard (engl. Tastatur), alle Tasteninstrumente vom Piano bis zur elektronischen Orgel

Klassik- Spieltechniken → S. 229 ff

Klassik-Rock → S. 279

Konzert-Gitarre, Entwicklung → S. 232

Lage, Gitarren-, Stellung der linken Hand auf dem Griffbrett

laid back, zurückhängende Spielweise, → S. 308

Latin- Spieltechniken → S. 257 ff

Latin-Rock → S. 279

leere Saite, siehe unter offene Saite

legato (ital. gebunden), Spielanweisung, die Töne weich und sanft ineinander fließen zu lassen, ohne jeden Ton einzeln anzustoßen. Zeichen dafür ist der Bindebogen unter oder über den Noten oder der Tabulatur. Gegensatz: staccato

Melodiespiel, klassisches → S. 242

Metronom, Zeit- und Taktmesser, ein mechanisches oder elektronisches Gerät, das zur exakten Festlegung des Tempos eines Stückes sowie als Rhythmushilfe beim Üben dient. Die Zahl der hörbaren Schläge pro Minute läßt sich je nach Gerät mehr oder weniger beliebig verändern. In den Spielhilfen sind für jedes Stück die Metronomangaben der Platteneinspielung vermerkt. Das Metronom wird in der Regel entsprechend dem vorgegebenen Takt eingestellt, im 4/4-Takt in Viertelnoten, im 6/8 Takt in Achtelnoten. → S. 307

Metrum (griech. Maß), das Verhältnis von betonten und unbetonten Zählzeiten im Takt, vgl. → S. 307

Modulation, das Überwechseln von einer Tonart in eine andere

Moll- Akkorde und Tonleiter → S. 239 f

Nashville-Gitarre, auch High-String-Gitarre, ein vor allem in der Country-Musik beliebtes Instrument. Bei ihr werden die G- und die Baßsaiten gegen Saiten ausgetauscht, die eine Oktave höher gestimmt sind, so daß die Stimmung e a d´ g´ h e´ entsteht. Durch die fehlenden Baßtöne klingt die Nashville-Gitarre hell und klar. Sie läßt sich gut im Zusammenspiel mit einer normal gestimmten Gitarre verwenden. Obwohl ursprünglich als Rhythmusgitarre konzipiert, erhält auch Fingerpicking auf ihr eine neue ›rückwärts‹ anmutende Komponente

New Wave → S. 280, -Rhythmen → S. 293

None, siehe unter Intervall

Off Beat (engl. weg vom beat), alle Schläge die zwischen den Beatschlägen als den Grundschlägen eines Taktes liegen, z. B. die unbetonten und-Zählzeiten. → S. 308.

offene Saite, auch leere Saite, eine beim Spiel nicht durch einen Finger abgedrückte Saite

offene Stimmung, (Um)stimmen einer Gitarre auf einen reinen Dur- oder Moll-Akkord.

Oktave, siehe unter Intervall

On Beat (engl. auf dem Beat), Anschläge, die exakt mit dem Beat zusammenfallen → S. 308

Ostinato, das ständige Wiederholen derselben Tonfolge, desselben Motivs

Pentatonik, Fünftonreihe, ohne Halbtonfolgen, Blues- und Dur- → S. 302 f

Percussion, Instrumente zum Schlagen, Schütteln, Reiben, usw., wie sie vor allem in der afro und lateinamerikanischen Folklore benutzt werden. Membraphone wie Pauke, Conga, Trommel sowie Idiophone wie Gong, Maracas, Guiro oder Xylophon fallen darunter. Im Rockbereich wird der Begriff auch als Abgrenzung zum Schlagzeug gebaucht

Perkussivanschlag, rhythmusbetonter gedämpfter Anschlag, bei dem die Saiten der Gitarre nicht klingen, sondern Geräusche ähnlich denen von Percussioninstrumenten erzeugt werden. Verschiedene Techniken: S. 304, → S. 253, → S. 291

Phrase, eine Folge von Tönen, die im musikalischen Zusammenhang eine überschaubare Einheit bilden

phrasieren, das Gliedern musikalischer Abläufe als Interpretation z. B. durch Hervorheben, Binden einzelner Melodiebögen oder Phrasen

Picking (engl. Zupfen), siehe auch unter Fingerpicking, Flatpicking, Crosspicking

Plektrum (lat. Plättchen), auch Plektron, mechanisches Hilfsmittel zum Anschlagen von Saiten aus Kunststoff oder Zelluloid, gewöhnlich zwischen Daumen und Zeigefinger gehalten

Polyrhythmik, gleichzeitiges Auftreten verschiedener Rhythmen

Pull(ing) off (engl. wegziehen), in der Klassik als Abziehbindung bekannt. Nachdem ein Ton der Gitarre angeschlagen wurde, wird ein tieferer Ton auf derselben Saite (der ebenfalls bereits gegriffen ist), durch seitliches Wegziehen des Greiffingers des ersten Tons zum Erklingen gebracht. → S. 249

Punk → S. 280, -Rhythmen → S. 293

Quarte, siehe unter Intervall

Quinte, siehe unter Intervall

Rasgueado, Flamencoanschlag, → S. 242

Reggae → S. 294

relaxed, entspannte Spielweise

rezitativ, im Sprechgesang gehalten, mit sparsamer Akkordunterlegung

Rhythm & Blues → S. 278, -Rhythmen → S. 283 f

Riff (engl), eine sich ständig wiederholende rhythmische oder melodischen Phrase von zwei oder vier Takten für Gitarre oder andere Instrumente. Im Hard Rock bildet er meist das Thema der Komposition. Hard-Rock-Riffs → S. 290 ff

ritardando (ital.), Tempoangabe: Verzögerung

Rock ´n´ Roll → S. 277, -Rhythmen → S. 282

Rock- Improvisation → S.302 f; Komposition → S. 300 f; Solotechniken S. 304 f

Rock- Spieltechniken → S. 277 ff

Rockabilly → S. 277, -Rhythmen → S. 282

Rockballaden → 298

Rockrhythmus, Rhythmusebenen im Rock → S. 288

rubato (ital.), Aufhebung des Tempos, freies Tempo

Rumba, Rhythmus der lateinamerikanischen Musik mit einer 123 123 12 Einteilung des Taktes. Betont sind die erste, vierte und siebte Achtel, → S. 261

Saitenziehen, Rock- → S. 305; Country- → S. 256

Sampler, sampeln, Gerät und Technik zum Aufnehmen und Wiedergeben von Geräuschen und Tönen auf digitale Weise, zum Bearbeiten und zur Gestaltung neuer Sounds und um die Klänge in Musikstücke einzubinden, z. B. den Ton und die Klangfarbe einer akustischen Flöte, Klavier, Schlagzeug, oder Tonfolgen und Sounds anderer Tonträger.

Satz, die Art und Weise, in der ein Musikstück ausgearbeitet ist, z. B. als mehrstimmiger Instrumental- oder Vokalsatz

Satzregeln, klassische → S. 240

Scat, Improvisationsgesang im Jazz, bei dem Silben ohne Wortbedeutung und ohne zusammenhängenden Sinn als lautmalerische Nachahmung instrumentaler Phrasen aneinandergereiht werden, z. B. Sku bi du da dap ...

Sechzehntelfeeling, siehe unter Feeling

Sept(ime), siehe unter Intervall

Sequenzer, Kleincomputer zur Speicherung von Tonfolgen, Sequenzen, die nach Bedarf beschleunigt oder verlangsamt abgerufen werden können. Aufnahme und Wiedergabe erfolgt in Verbindung mit einem Keyboard, Drumcomputer usw.

Sexte, siehe unter Intervall

Shuffle, Interpretation der Achtel im Blues → S. 272

Slide (engl. gleiten), auch Glissando, beliebte

Gitarrentechnik aus dem Blues, bei der ein schneller Vorschlag mithilfe einer blitzschnellen Gleitbewegung des Fingers auf der Saite nach oben oder umgekehrt gemacht wird. → S. 276

Snare Drum, die kleine Trommel des Schlagzeugs, sie kann unter dem Fell mit Schnarrsaiten versehen sein und wird mit Trommelstöcken oder dem Jazzbesen gespielt

Solo (ital. allein), Einzelgesang oder das Spiel mit nur einem Instrument

Sound, charakteristische Klangfarbe

staccato (ital. getrennt), siehe auch Abstoppen, Spielanweisung, die Töne kurz und deutlich voneinander getrennt klingen zu lassen. Zeichen dafür sind Punkte unter oder über den Noten, bzw. der Tabulatur. Gegensatz: legato, gebunden. Auf der Gitarre wird staccato als Abstopptechnik ausgeführt. → S. 242, → S. 264, → S. 304

Stahlsaiten-Gitarre, siehe Folk-Gitarre → S. 243

Stratocaster-Gitarre, siehe E-Gitarre → S. 281

Strumming (engl klimpern), das rhythmische Anschlagen mehrerer Saiten, hier meist Schläge mit den Fingern

Stufen, die Aufeinanderfolge der Töne einer Dur- oder Moll-Tonleiter, vergleiche → S. 239

Subdominante, der 4. Ton einer Dur-/Moll-Tonart sowie der über ihm errichtete Dreiklang (Akkord)

Sweep Picking, Technik zum schnellen Anschlagen aufeinander folgender Einzeltöne, → S. 251

Swing (engl. Schwung), neben der Bezeichnung einer Jazz-Stilrichtung, Swing-Jazz → S. 265, auch die Bezeichnung für ein typisches rhythmisches Phänomen des Jazz. Siehe unter Swing-Achtel.

Swing-Achtel → S. 285.

Swingfeeling, siehe unter Feeling, siehe unter Swing-Achtel → S. 285

Synkope, synkopiert, Verschiebung eines Akzents von der betonten auf eine ursprünglich unbetonte Taktzeit, a) durch Überbinden eines auf unbetontem Taktteil eintretenden Tones an den auf betonten Taktteil unmittelbar folgenden, b) durch das Aussparen betonter Taktteile mit Pausen, c) durch eine dem ursprünglichen Metrum entgegenwirkende Akzentuierung. Das führt zu belebender Spannung im Stück. In der lateinamerikanischen Musik wird die Synkope zum wichtigen gestaltenden Rhythmuselement, vgl. → Calypso S. 258

Synthesizer, kurz Synthi, elektronisches Gerät zur Erzeugung künstlicher, synthetischer Klänge sowie der Imitation verschiedener akustischer Musikinstrumente; meist integriert in ein Tasteninstrument.

Tabulatur (von lat. Tabula: Tafel), hier die im Buch verwendete Griffschrift für die Lage der Finger oder Fingersätze auf den Saiten der Gitarre. (Siehe Erklärung der Tabulatur → S. 315 f, zur geschichtlichen Entwicklung → S. 229 f)

Tempo, die Geschwindigkeit eines Musikstückes, wie sie durch das Metronom oder eine genauere Tempo-Angabe, z. B. andante (gehend) oder allegro (schnell) bestimmt wird

Terz, siehe unter Intervall

Timing, wichtige Komponente der Interpretation, Moment des Plazierens der Töne. → S. 308

Tirando (span.), klassischer Anschlag, → S. 233

Tonalität, melodisches und harmonisches Bezugssystem von Tönen auf einen Zentralton (Tonika)

Tonika, der Grundton einer Dur-/Moll-Tonart sowie der über ihm errichtete Dreiklang (Akkord)

transponieren (lat. hinübersetzen), Übertragung eines Stückes aus der Tonart, in der es geschrieben ist, in eine andere

Triole, Gruppe von drei Tönen, die im Takt denselben Zeitwert besitzt wie zwei Töne. Die Triole wird durch eine über oder unter die Noten oder die Tabulatur gesetzte 3 gekennzeichnet

Triolen-Feeling, von Triolen ausgehender Grundschlag, vgl. auch Feeling

Vibrato, Klassik- → S. 241, Rock- → S. 306

Vocal (engl.), Gesang

Waldzither, -Stimmung, offene G-Stimmung → S. 255

Walking Bass (engl), ein auf allen vier Zählzeiten marschierender Baß als rhythmisch durchlaufende Begleitform des Basses vor allem im Blues und Boogie-Woogie, auch in Rock und Jazz

Wechselbaß, ein aus dem klassischen Gitarrenspiel stammender Anschlag des Akkordgrundtons im Wechsel mit anderen Baßtönen (meist Akkordtöne wie Terz und Quinte). Auch im Folk beliebt. → S. 236

Wechselschlag, klassische Anschlagstechnik der Gitarre, bei der aufeinanderfolgende Töne nicht mit demselben sondern mit verschiedenen Fingern gezupft werden. Am gebräuchlichsten ist der Wechselschlag von Zeige- und Mittelfinger. Siehe Tirando → S. 236 und Melodiespiel → S. 242

Western-Gitarre, siehe Folk-Gitarre → S. 243

Zählzeit, die Unterteilung des Taktes in zählbare Zeiteinheiten, z.B. in Viertel- oder Achtelnoten, entweder entsprechend der Taktangabe oder nach dem Feeling des Anschlags. Die Hauptzählzeit wird unterhalb der Tabulatur mit Zahlen angegeben, Nebenzählzeiten mit u (= und).

Alphabetisches Verzeichnis der Spielhilfen

Urheberrechte der Songs aus Magische Momente

Abschminklied, © 1984 beim Autor und Mitteldeutscher Verlag Halle-Leipzig
Alter Adel, © 1987 Wunschklang Musikverlag, Witten
Bi, © 1975 bei den Autorinnen
Blaue Augen, © 1980 P.O.E.M. Musikverlag KD Mueller, Berlin
Bodo Ballermann, © 1976 ROBA Music Verlag, Hamburg
Ciao Bella, © 1983 stille-music, Berlin
Dann will ich bei Dir sein, © 1978 Turnstar Musikverlag, Köln
Das Feuer, © 1978 beim Autor, Reutlingen-Gönningen
Daumen im Wind, © 1972 Star Musik, Hamburg
Dein Name, © 1985 beim Autor, Grasberg bei Bremen
Déjà Vu, © 1982 Edition Spliff, SBK Songs Musikverlag
Denn ich will, © 1973 bei den Autoren, André Heller, Wien
Der Clown, © Nomen+Omen Verlags GmbH, Neckarhalde 33, Tübingen
Der Clown hat den Blues, © 1984 Turnstar Musikverlag Köln/Chlodwig Music
Der Feuervogel, ©1975 stille-music, Berlin
Der Hugenottenfriedhof, © 1977 Kiepenheuer & Witsch, Köln
Der letzte Cowboy, © 1979 Turnstar Musikverlag, Köln
Der Spieler, © 1981 Gorilla Musik-Verlag, Großensee
Der Traum ist aus, © 1972 David Volksmund Verlag, Stadum
Der wilde Mohn, © 1984 beim Autor und Mitteldeutscher Verlag Halle-Leipzig
Die alte Moorhexe, © 1975 Eres Musikverlag, Lilienthal/Bremen
Die Freundin, © 1984 Musikverlag 69, Heidelberg
Die Muschel, © 1984 Schnoog Musikverlag, Rheinau-Diersheim
Die Tänzerin, © 1983 Stablo Musikverlag, c/o SBK Songs Musikverlag
Die Zauberformel, © 1983 bei den Autoren
Do kanns zaubere, © 1982 Edition Melodia Hans Gerig, Köln
Easy Rider, © 1981 Edition Joe Menke, Seevetal
Ein Junge weint nicht, © 1985 beim Autor, Berlin
Fata Morgana, ©1985 Wintrup Musik, Detmold/Blanko Musik, München
Flußabwärts, © 1985 SBK Songs Musikverlag
Frach misch net, © 1984 Rhein Main Musikverlag, Offenbach
Frag mich Fragen, © 1982 bei den Autoren, Berlin
Frau lauf weg, © 1981 bei den Autoren, Erika Pluhar, Wien
Frauen kommen langsam aber gewaltig, © 1986 Mobi Musik I. Deter Musikverlag, Köln
Für dich tu ich fast alles, © 1977 Löwenherz-Verlag Ulla Meinecke
Für immer Punk, Text © 1987 Die Goldenen Zitronen, Hamburg Musik © 1984 Rolf Budde Musikverlag, Berlin
Gelöstes Haar, © 1974 Hansa Musikverlag, Berlin
Genug ist nicht genug, © 1977 Liedermacher Musikverlag, Berlin
Gib mir deine Zigarette, © 1985 SBK Songs Musikverlag
Haß mich oder lieb mich, © 1982 More Music, Hamburg
Haus der drei Sonnen, © 1985 Edition Hate, SBK Songs Musikverlag
Helden deiner Träume, © 1986 Eres Musikverlag, Lilienthal
Herz, © 1981 Harlekijn Holland B. V., Westbroek
Herzkasper, © 1988 Verlag Gefühl und Stärke, Duisburg
Hohlraum in der Zeit, © 1985 Kick Musikverlag, Köln
Ich geh meinen Weg, © 1981 Peter Braukmann, Ihlienworth
Ich hab ein zärtliches Gefühl, © 1973 Harlekijn Holland B.V., Westbroek
Ich habe meine Träume noch, © 1981 Peter Braukmann, Ihlienworth
Ich tu das, © 1987 bei den Autoren, Maria Bill, Wien
Ich will den Tag nicht halten, © 1978 Angi Domdey, Stuttgart
In der Sprache die sie verstehn, © 1986 Weltverbesserer Musikverlag, Osnabrück
Jupp, © 1981 Edition Melodia Hans Gerig, Köln
Jean Harlow-Lied, © 1970 bei den Autoren, André Heller, Wien
Kanon im Kopf, © 1984 Volker Rebell, Frankfurt
Kathrin malt, © 1981 Verlag Lied der Zeit, Berlin
Klang der Stille, © 1981 Verlag Lied der Zeit, Berlin
Kleiner Fratz, © 1973 Harlekijn Holland B. V., Westbroek
Komm bleib heut Nacht bei mir, © 1982 Mirage Music, für Deutschland, Österreich und Schweiz: Essex Musikvertrieb, Köln
König der Kinder, © 1975 stille-music, Berlin
König von Deutschland, © 1986 George Gluck Musik, Berlin
Kugel im Colt, © 1981 ROBA Music Verlag, Hamburg
Küß die Hand, schöne Frau, © 1987 Wintrup Musik, Detmold/Blanko Musik, München
Laß es zu, © 1983 bei den Autoren, Erika Pluhar, Wien
Laß mich fallen wie Schnee, © 1985 Musikverlag 69, Heidelberg
Laß uns 'n Wunder sein, © 1983 David Volksmund Verlag, Stadum
Laß uns auf die Reise gehn, © 1971 bei den Autoren
Laß uns leben, © 1983 More Music, Hamburg
Lelolei, © 1988 Eres Musikverlag, Lilienthal/Bremen
Lied vom Clown, © 1982 bei den Autoren
Männer, © 1984 Kick Musikverlag, Köln
Marlowe, finden Sie Mabel, © 1986 Weltverbesserer Musikverlag, Osnabrück
Mercedes Benz, © 1975 Strong Arm Music, USA, für Deutschland, Österreich und Schweiz: Rolf Budde Musikverlag, Berlin
Mir träumte, © 1983 bei den Autoren, André Heller, Wien
Mit Leidenschaft, © Mobi-Musik I. Deter Musikverlag, Köln
Mondin, © 1981 Bruni Regenbogen, Hamburg
Monopoli, © 1984 Musikedition Chlodwig, Köln
Morgen und Abend, weiblich © 1986 bei den Autoren, Berlin
Neue Männer braucht das Land, © 1982 Mobi Musik I. Deter Musikverlag, Köln
New York (Zu fett fürs Ballett), © 1981 Löwenherz-Verlag Ulla Meinecke und Herwig Mitteregger
Nie wieder, © 1983 Edition Hate, SBK Songs Musikverlag
Nochmal, © 1985 Jochen Wiegandt, Hamburg
Nora, © 1978 Angi Domdey, Stuttgart
Nur dafür laßt uns leben, © 1982 Liedermacher Musikverlag, Berlin
Puppe kaputt, © 1986 Edition Hate, SBK Songs Musikverlag
Satt zu essen, © 1985 bei den Autoren, Berlin
Schlaflied für Emilia, © 1982 bei den Autoren, Berlin
Sechs Uhr vierzehn, Bahnhof Zoo, © 1986 Echo Musikverlag, Berlin
Second-Hand-Mädchen, © 1975 Originalverlag Breeze Music Ascona, Schweiz, für Deutschland u. Österreich: Breeze Music Pulheim, Germany
Spar deinen Wein nicht auf für morgen, © 1981 Verlag Lied der Zeit, Berlin
Tanzen wir, © 1981 bei den Autoren, Erika Pluhar, Wien
Treiben, Gleiten, Treiben, © 1987 C. Bertelsmann Verlag, München
Trinklied der Schwestern, © 1987 bei der Autorin, Berlin
Übers Meer, © 1987 George Gluck Musik, Berlin
Unbeschreiblich weiblich, © 1978 Edition Spliff, SBK Songs Musikverlag
Unter dem Pflaster, © 1978 Angi Domdey, Stuttgart
Verdamp lang her, © 1981 Edition Melodia Hans Gerig, Köln
Volle Lotte, © 1984 Rhein Main Musikverlag, Offenbach
Vollmond, © 1988 Kick Musikverlag, Köln
Vonne Maloche, © 1976 bei den Autoren, Dortmund und Duisburg
Was passierte in den Jahren, © 1984 Liedermacher Musikverlag, Berlin
Was soll das, © 1988 Kick Musikverlag, Köln
Wenn du mich nicht festhältst, © 1984 Rolf Budde Musikverlag, Berlin
Wenn Frauen sprechen könnten, © 1986 bei der Autorin, Berlin
Wintertraum, © 1981 Rolf Budde Musikverlag, Berlin
Wounded Knee, © 1982 Peter Braukmann, Ihlienworth